プロ野球を統計学と客観分析で考える

セイバーメトリクス・リポート 4

目次

リポートブロック	3
2015 シーズンの注目点	
TOPIC 1　支配的な影響力見せてきた選手たちが迎える曲がり角	4
TOPIC 2　米挑戦からの復帰組という補強チャンネルの今後は？	6
TOPIC 3　「攻撃的な二塁手」が続々登場　変わるか守備位置のイメージ	8
TOPIC 4　尽きぬ投手起用手法の議論　コンディション管理に注目	10
戦術と戦略を考える	
01　映像解析で盗塁阻止に対する捕手の貢献を探る　（大南 淳）	12
02　チームの得点力を効率的に高める打者構成　（Student）	19
03　ホームアドバンテージの発生状況から考える　（市川博久）	25
選手と評価を考える	
04　編成視点で考える大谷翔平の二刀流　（三宅博人）	29
05　守備力の評価に視点を追加する　（Student）	34
06　外国人捕手の戦力化を考える上でのヒント　（水島 仁）	43
07　バイオメカニクスから見た打たれにくい投手の特徴　（神事 努）	48
指標を考える	
08　得点推定式を読み解く　（蛭川皓平）	54
球史から考える	
09　NPBにおける投打二刀流史と、その選択の価値　（道作）	83
10　4割打者の絶滅　（道作）	91
11　オールタイム・ゴールデングラブ賞への道　（morithy）	101
データブロック	126
2014 リーグスタッツ	128
2015 主要戦力と 2014 チームスタッツ	130
チームスタッツページの読み方	
福岡ソフトバンクホークス	132
オリックス・バファローズ	136
北海道日本ハムファイターズ	140
千葉ロッテマリーンズ	144
埼玉西武ライオンズ	148
東北楽天ゴールデンイーグルス	152
読売ジャイアンツ	156
阪神タイガース	160
広島東洋カープ	164
中日ドラゴンズ	168
横浜DeNAベイスターズ	172
東京ヤクルトスワローズ	176
2014 WAR ランキング	180
セイバーメトリクス用語解説	193

リポートブロック

2015シーズンの注目点
戦術と戦略を考える
選手と評価を考える
指標を考える
球史から考える

TOPIC 1
支配的な影響力見せてきた選手たちが迎える曲がり角

阿部の一塁コンバートの衝撃

　野球はチームスポーツではあるが、優れた選手が大きな影響力を見せチームを勝利に導くこともある。そうした選手は選手のレベルが均質に保たれにくいアマチュア野球などでよく見かけるものだが、プロ野球の世界にもごく少数ながら存在する。2014年のオフは、そんな「1人の能力でリーグ内のパワーバランスを動かす」ことができる選手たちに動きがあった。

　捕手としては群を抜くレベルのバッティングで、長年チームに得点力でライバルに対するリードをもたらしてきた巨人・阿部慎之助は、2014年10月末に原辰徳監督との直接会談を行い一塁へのコンバートが決定した。36歳に達した年齢を考慮し、守備での肉体的負荷を取り除くことで、2014年に落とした打撃成績を回復させることが目的と見られる。

　遊撃手から三塁手、外野手から一塁手など、守備の負担の軽いポジションにベテランを移し、代わりに若手を置く場面は世代交代の過程で日常的に見かける。しかし、阿部の捕手から一塁へのコンバートは、そうしたものとは一線を画すものだと考えるべきだ。

　例えば2014年、NPB全打者の平均打率は.261だが、全ての捕手として打席に立った選手の平均打率は.222で大きく引き離されている。長打や、安打以外の出塁も考慮したwOBA（Weighted On-Base Average）でもNPB平均.324に対し捕手平均は.264。今、NPBの捕手はとにかく攻撃力を欠いているのである。そのポジションに、NPB全打者の中でも屈指の確実性と長打力を兼ね備えた阿部のような選手を置けた巨人は、誤解を恐れず少し極端な例えをするなら「投手が打席に立つルールのリーグで、1球団だけDH制を用いている」ような状態で戦えていたのだ。逆にディスアドバンテージの下で戦うことになった他球団は、当然ながら苦しいペナントレースを強いられていた。

　今回のコンバート――阿部を捕手からはずし、ほかの選手を捕手で出場させる方針は言わば「DHの解除」に当たる。無論代わって出場する小林誠司や相川亮二が好成績を残せば巨人のアドバンテージは保たれるが、他球団はやっと巨人と同じ平面で戦える時代が来たと言える。「次の阿部」登場まで、セ・リーグは混沌期に入る可能性もある。

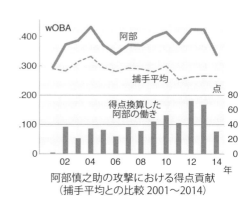

阿部慎之助の攻撃における得点貢献
（捕手平均との比較 2001～2014）

難しくなってくる鳥谷の起用法

　捕手ほどではないが打撃よりも守備が優先される遊撃で抜きん出た成績を残してきた鳥谷敬

も、キャリアを通じ大きな影響力を見せてきた。優勝からやや遠のいている阪神だが、コンスタントにAクラスに留まれているのは、遊撃手に鳥谷を抱えていることが大きい。

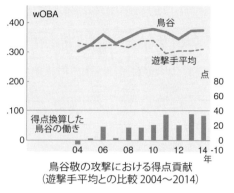

鳥谷敬の攻撃における得点貢献
(遊撃手平均との比較2004〜2014)

鳥谷はこのオフMLB球団への移籍に向けて動いた。これは実現せず引き続き日本でプレーすることが決まったが、四球、ヒット双方で出塁が期待でき、阪神の日本人選手では数少ない得点力にプラスをもたらせる戦力だった鳥谷の残留は阪神にとって大きい。鳥谷は攻撃面でNPBの平均的な遊撃手を30点余り上回る得点貢献を果たしており、これが失われていたら広島に競り勝つことも、巨人を追撃することも難しくなっていただろう。阪神はこれであと2年程度は大きな転落をせずに、次の時代に向けた編成を模索できるだろう。

ただ楽観視できないのが鳥谷の守備だ。基本的に名手といってよいキャリアを築いてきたが、2014年は守備の成績を大きく落としている。報道された右ひざの故障が深刻だった可能性がある。これが影響し阪神のゴロを処理してアウトにする割合は12球団ワーストまで落ち込んでいる。阪神の投手陣の働きは12球団でもトップクラスだっただけに守備が足を引っ張った格好だ。鳥谷の守備が復調するかには注目したい。

復調した場合は阪神の失点減にもつながり、鳥谷の存在感はまた際立つはずだ。一方、守備力は打撃よりはるかに衰えが早いと考えられ、今シーズン迎える34歳という年齢を考えるとこのまま戻らない可能性はある。下げ止まらない場合は、阿部と同じように守備の負荷を下げる選択を阪神は検討する必要が出てくる。そのとき、やはり同じように遊撃手であることで増していた鳥谷の価値は小さくなる。また鳥谷は開幕前の時点で歴代3位となる1466試合連続出場を続けておりこれが起用の柔軟性を失わせている。後進の遊撃手の育成が進めにくく鳥谷のコンディショニングも難しくしている。記録にどうこだわるかの判断も気になるところだ。

巨大補強を吹き飛ばす可能性あった金子千尋の去就

オリックスのエース、金子千尋も国内FAを宣言し移籍に向けて動いた。ここ2年は稼働量・投球の質ともに申し分なく、この期間に日本球界で最も影響力のあった投手なのは間違いない。仮に金子が移籍した場合、オリックスは190イニングと控え投手との比較で70失点ほどの補填が必要だった。この穴は2013年オフに海を渡った田中将大(ニューヨーク・ヤンキース)とほぼ同じで、もし移籍していたら優勝を見据え積極的に補強を進めてきたオリックスの目論みをご破算にする可能性もあった。なお、右ひじに遊離軟骨が判明したが、手術を経てリハビリも順調な模様で、2015年を棒に振るような状況ではなさそうだ。

オフの序盤で予想された阿部が捕手を退き、鳥谷、金子がNPBから姿を消す状況に比べれば、2015年のNPBは現状が保たれる方向でシーズンは進むだろう。しかし、球界の力関係を決定づけている選手も30歳を超えており能力はピークアウトしている可能性は高い。下げ幅次第では、思わぬ球団の台頭もあり得るかもしれない。

TOPIC 2
米挑戦からの復帰組という補強チャンネルの今後は？

挑む選手の数が増え、極端になった結果の出方

　野茂英雄のロサンゼルス・ドジャースとの契約から20年。節目となるシーズンにMLBのローテーション投手として十分需要のある黒田博樹が古巣・広島に復帰した。黒田と広島の契約は推定4億円と伝えられているが、複数のMLB球団から受けていたとされる巨額のオファーを断っての復帰は驚きをもって受け止められた。黒田は2010～2014年に5年連続で190イニング以上を投げ、積み上げたWAR（Wins Above Replacement）17.3は同時期にMLBに在籍した先発投手全体で16位、投球回1018.1も11位とMLBでも屈指の成績を残した。黒田をMLBからやってくる外国人選手だと考えると、これほどの実績を残した先発投手を日本の球団が獲得できた例は過去にない。「最強の"助っ人"先発投手」とするのが自然な評価となる。

　2007年から8年にわたりアメリカでプレーした松坂大輔もソフトバンクへ入団し日本球界復帰を決めた。ボストン・レッドソックスとの6年契約が終了した2012年のオフ頃から、複数球団が日本球界復帰を持ちかけていたようだ。また、中島裕之、田中賢介両内野手もメジャー定着かなわず、それぞれオリックスと日本ハムで日本球界に復帰する。

　野茂の挑戦から20年を経て、日本で一定の成績を残した選手のMLB移籍はステップアップの選択肢として一般化し、アメリカでプレーする日本球界出身者の数は激増した。しかし同時にMLBのロスター枠を掴みとれない選手も増え、そうした選手がアメリカでのさらなるチャレンジと日本球界への復帰を天秤に掛ける場面も多くなってきた。

ブルペンでは多い成功例。先発投手と野手は苦戦

　2009年以降に日本球界に復帰した選手の成績を見ると、ブルペン投手についてはここ数年MLBからの復帰組が働きを見せているのがわかる。ともにソフトバンクで国内復帰した岡島秀樹（2012年）、五十嵐亮太（2013年）は登板数や投球回などの稼働量、FIP（Fielding Independent Pitching）やFIP-（平均的な投手を100とし低値ほど好評価）に表れる投球の質、いずれも申し分ない内容だった。外国人選手に期待するレベルの力量を備えながら外国人枠を使わずに済み、日本球界へのアジャストが容易であ

近年MLBから国内復帰した投手の復帰1年目の成績

名前	復帰	試	回	勝	敗	S	H	防御率	FIP	FIP-
福盛 和男	パ09	35	45.1	7	1	10	4	2.18	3.01	75
大家 友和	セ10	22	121.2	7	9	0	0	4.59	4.32	105
藪田 安彦	パ10	63	65.2	2	5	1	28	3.15	4.41	112
高橋 建	セ10	26	30	4	5	0	8	9.30	7.07	171
小林 雅英	セ10	12	14	0	0	1	1	5.14	3.83	93
藪 恵壹	パ10	11	11	0	0	0	2	4.91	6.67	169
井川 慶	パ12	12	62	2	7	0	0	4.65	4.17	137
岡島 秀樹	パ12	56	47.2	0	2	9	24	0.94	1.82	60
川上 憲伸	セ12	7	28.2	3	1	0	0	2.83	3.96	139
五十嵐 亮太	パ13	51	53.1	3	3	12	11	2.53	2.07	58
斎藤 隆	パ13	30	26.2	3	0	4	4	2.36	2.78	78
高橋 尚成	セ14	10	51	0	6	0	0	5.29	7.05	181
岡島 秀樹	パ14	44	42.2	4	4	0	27	2.11	3.38	94
建山 義紀	セ14	8	7.1	0	0	0	0	3.68	3.48	90

る復帰組救援投手は日本の球団にとって魅力的な存在だ。

　一方で先発投手の復帰後の成績はあまりよくない。稼働量で合格点を与えられるのは、2010年に横浜に復帰した大家友和までさかのぼらないと見つからない。質的(FIP-)な成功まで求めるとほぼ見当たらず、井川慶(オリックス)や川上憲伸(中日)ら米移籍前にエースだった投手も復帰後は苦戦している。黒田や松坂にはネガティブな環境だ。

　日本球界に復帰した打者は、投手よりさらに苦戦している。2009年の井口資仁(ロッテ)や2010年の城島健司(元阪神)は投資に見合う十分な成績を残したが、近年の野手の復帰組の成績はいまひとつで、移籍前の活躍を基準にすると

近年MLBから国内復帰した打者の復帰1年目の成績

名前	復帰	試	打席	安打	本	四	打/出/長	wOBA	wRC+
井口 資仁	パ09	123	530	126	19	68	.281/.391/.475	.380	139
城島 健司	セ10	144	602	168	28	27	.303/.352/.507	.371	134
田口 壮	パ10	53	131	31	3	7	.261/.302/.387	.301	83
松井 稼頭央	パ11	139	572	140	9	26	.260/.294/.381	.296	105
岩村 明憲	パ11	77	197	32	0	17	.183/.258/.217	.222	39
西岡 剛	セ13	122	549	144	4	45	.290/.346/.382	.332	103
福留 孝介	セ13	65	241	42	6	28	.198/.295/.335	.282	64

厳しい結果となることが多い。それでも短期的にチームのポジションのギャップを埋めるチャンネルと割り切ることもでき、中島などは内野の選手層が薄いオリックスの弱点を埋めるよいピースとなるだろう。ただし日本人野手のアメリカでのニーズ低下はしばらく続くと見られ、このチャンネルからの野手の供給は今後先細りしそうだ。

　日本人有力内野手の苦戦について考えるときには、日米の環境差が能力の発揮に与えている影響をどう捉えるかという視点も重要だ。日本人か外国人か、投手か野手かを選ばず、所属リーグで好成績を残しながらリーグの変更でそれまでの力を全く発揮できなくなるケースは多い。国際的な移籍では言語・文化・生活習慣まで変化を求められ心身に負荷がかかるのは当然だが、そうしたもののパフォーマンスの影響は未だブラックボックスの中にある。これは日本球界が外国人選手の獲得時に対峙し続けている問題で、現在は日本人を供給源とし始めたMLBの球団が試行錯誤している。逆に言えば合理的な判断基準を得たりサポートのノウハウを築ければ、他チームを上回るチャンスとなるポイントともいえる。

黒田がプロ野球選手のキャリア観を変える可能性

　待遇面でMLBに及ばなくとも、選手が復帰先の選択肢に入れる動機をもたらせるリーグとなることは、NPBのレベル維持のために重要だ。MLBで成功できるかどうかは、個人の資質以外の影響も受けるものだと認識し、妥当な評価を下し復帰しやすい環境をつくることは選手・リーグ・球界の長期的な利益につながる。

　今回の黒田の結果次第では「キャリアの終盤を日本でプレーする」メリットを内外に印象づけ、プロ野球選手のキャリア観を変えるシーズンになるかもしれない。またMLBの環境や習慣に苦しんだ松坂や中島が日本で輝きを取り戻せば、彼らの実力の再評価はもちろん、NPBとMLBをまたいで活躍するために必要な条件が見えてくるかもしれない。それがNPBの独自性や価値を見出すヒントを与えてくれる可能性もある。

　今のところ、MLBから復帰した選手が市場に出てくるケースは限定的で年俸も高い。多くの球団が手を挙げられる状況ではないが、日米でトップクラスの成績を残してきた選手が、キャリアを日本で終える選択が一般化すれば、チャンネルとしての重要性はより高まるだろう。

TOPIC 3
「攻撃的な二塁手」が続々登場 変わるか守備位置のイメージ

日米で異なる二塁手事情

2014年はヤクルトの二塁手、山田哲人が一気に才能を開花させ.324/.403/.539 29本塁打というMVP級の成績を残した。日本のプロ野球では通史的に二塁手には小粒な選手が配置されることが多く、山田の好成績は異例のケースだった。

二塁を守った選手の全体的な打撃成績を調べると捕手に次いで打撃成績が低く、これはNPB創

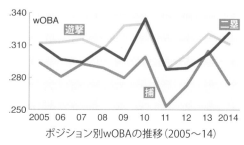

ポジション別wOBAの推移（2005〜14）

成期からほぼ一貫している。これは守備に重きを置く人選が続いてきたことを意味する。肩の強さなどが求められる遊撃手は二塁手以上に守備に長けた選手を配置する必要があるが、二塁手はこれと比較しても多くのシーズンで攻撃力で劣っている。

MLBでは捕手に次いで攻撃が犠牲にされるポジションは遊撃手で、二塁を守る強打者も見かける。2014年秋の日米野球にも、通算本塁打が200本を超えるロビンソン・カノ（シアトル・マリナーズ）と2014年のア・リーグ首位打者であるホセ・アルトゥーベ（ヒューストン・アストロズ）など打てる二塁手が来日しプレーしていたが、二塁にどんな選手を配置するかは日米間で事情が大きく異なるところだ。日米で二塁手の攻撃力に差が生まれたのには、次のような理由が考えられる。

①選手層の薄い日本では「打てる野手」の数に限りがあり、二塁に人材が回らなかった
②守備のシフトへの対応や併殺などもこなせる判断力に長けたスマートな選手を求めた結果
　それが文化として根づいた

歴代の二塁手は他ポジションに比べ、圧倒的な攻撃スタッツを残した選手がそれほど多くなく、各所で行われる歴代ベストナインの選考でも決め手を欠き、歴史的にスポットの当たりにくいポジションだった。そうした状況を逆手にとって強打者をあてる判断をする球団もあまり見られず、どの球団も似通った選手が務め差がつきにくいのが二塁というポジションだった。

二塁の攻撃力で、チーム間に生まれる差

しかし、2014年はその状況に変化が訪れた。2013年はポジションで最も攻撃力のなかった二塁手が捕手と遊撃手を上回った。山田や広島の菊池涼介、さらには西武の浅村栄斗などが二塁手全体の攻撃力を押し上げた。今のところ短期的なトレンドでしかなく、特定選手の活躍

の影響が大きいのは間違いないが、二塁手のレギュラーに強打者がこれだけ並ぶことは稀なケースと言える。山田の台頭は、攻撃面で大きな差がつきにくかった二塁手選手群の成績の"天井"をはずした。2014年のポジション別wOBAの球団平均を見ると、トップとワーストの差が二塁手は最大となっている(.136)。二塁手は最もばらつきの大きいポジションで、仮に最も攻撃力で優れた二塁手を抱えるヤクルトと最も劣る二塁手を抱えた楽天が、二塁手に同じ600打席を消化させる

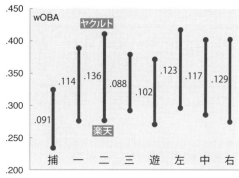

球団ポジション別wOBAの最高・最低の差

と、得点にして65.7点もの差が生じることになる。(もちろんヤクルトと楽天はリーグが違うためこの差は仮定でしかない)

　しかし、守備に関わる機会が多く失点を阻む貢献を稼ぎやすい二塁手であっても、ここまで攻撃面で突出する選手を抱えるチームが出てくると、ほかのチームが守備で埋め合わせて追いつくという方法が非常に難しくなる。

　山田はフルシーズン働いたのが2014年だけで、成績の下振れも考えなければならないが、もし2015年も同様の成績を残した場合は、得点力でヤクルトに大きなアドバンテージをもたらし、セ・リーグの力関係を動かす存在になる可能性がある。

　広島の菊池は守備による貢献が大きく、二塁手として一定レベル以上の攻撃力を見せている。現時点の攻守合わせた得失点の収支は山田に及ばないが、攻撃力の上積みができれば肉薄も可能だ。これまでの日本の伝統的な二塁手像をそのまま攻守でレベルアップさせたような存在だ。

　浅村は2014年に一塁から二塁にコンバートされ大型二塁手の大本命と期待されたが、故障などで本来の力を発揮できなかった。ただ二塁手へのコンバート自体は、横並びの状況を出し抜き、浅村の影響力を最大化するためのよいチャレンジだったと言える。パ・リーグの二塁手に攻撃力で秀でた存在が少ない状況は変わっておらず、チャンスはまだ続いている。

二塁手に求めるものが変わる？

　攻撃力を備えた二塁手が現れ「平均点が上がる」状況への対処に苦労しそうな球団もある。中日や楽天は守備力に長けたNPB的二塁手がチームを支えてきた。ただし攻撃力は限定的で、抜け出しつつある選手との差を守備力で埋めるのにも限界が近づいている。ロッテ、オリックス、巨人も二塁手でつけられる差をうまくコントロールできないと足かせになりそうだ。特にオリックスは補強した中島裕之、小谷野栄一ら強打の内野手をどう起用するがカギとなる。

　ヤクルト、広島を除くセ・リーグの他球団は、中長期的に二塁手のマイナスをどこかで補填する算段をつけないと、大きなマイナスを計上したままの戦いを強いられそうだ。そうした状況からの脱出を図るべく、守備を多少犠牲にして攻撃力のある選手をあてようとする、これまでの二塁手像を捨てるチームも出てくるかもしれない。そうした動きが、相乗的に二塁手の攻撃力が上がる流れをつくる可能性もある。今シーズンは多くの新監督がデビューするが、二塁にどんな選手を配置してくるかにも注目したい。

TOPIC 4
尽きぬ投手起用手法の議論 コンディション管理に注目

投手の起用法をめぐる議論

　投手の登板間隔や球数、ローテーションに関する議論は尽きないが、2014年もよく話題となった。ニューヨーク・ヤンキースに移籍した田中将大が右肘靱帯の部分断裂で戦線離脱し、この負傷の1つの原因として MLB 流の「中4日」の先発ローテーションの影響が注目されたり、トミー・ジョン手術を受ける若手投手が続出する状況にダルビッシュ有(テキサス・レンジャース)が、球数管理だけではなく登板間隔を広げることを考えるべきではないかという提言を行うなど、投手の起用法、先発ローテーションはどうあるべきかは、例年以上に関心を集めたと言えるだろう。

　投手の起用法はアメリカと日本を比較しその違いを指摘した上での議論が多いが、国内各球団間であってもかなりの違いが見られ、先発投手のローテーションの違いなどによく表れている。各球団の状況認識は混然としつつあるようにも映る。

　NPB の先発ローテーションの概況としては、6人を中6日で回すのが主流としてある。そして、それが戦力不足から崩れ変則的なものになっている球団が存在する。そして 2014 年は両者とはまた別に、意図的に異なるパターンに取り組んでいる球団が目立った。

　投打"二刀流"に挑んだ大谷翔平の配置を考慮し発案されたと見られる日本ハムの「8人」ローテーション。投手の選手層の厚さを存分に生かし、また積極的な育成を図ることも目的と見られるソフトバンクの「9人」ローテーションなど、シーズンの一時期ではあったが、登板間隔をルーズにする方向の施策が見られた。

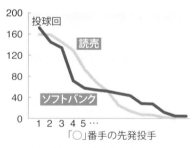

先発投手の投球回(2014)

　逆にタイトにした球団もあった。巨人は6人ではなく、1人減らした5人の先発投手でローテーションを組んだ。1人の投手の登板間隔が狭まることによるコンディショニング面での影響と、能力で少し落ちる投手に先発をまかせることによる失点増のリスクを天秤にかけ、前者をとったのだろう。楽天も一時期、巨人と同じように中4日の5人ローテーションを目指す動きを見せていた。日米の違いはもとより、国内でも12球団中4球団が変化をつけているわけであり、ローテーションの「普通」がどこにあるかは、曖昧になってきているといってよい。

投手起用はもっと複雑に？

　改めて「在籍している投手で、最大のパフォーマンスを生み出す選手起用」が最終的なゴールであると意識し直すと、「中4日」や「中6日」、「100球」や「120球」といった基準はかなり"お

おざっぱ"なもので、ペナントレースのスケジュールを回していくことを第一に、便宜的に導入されているものとも言える。どういう条件であればコンディションが保たれ能力を安定的に発揮できるかは、個々の選手でもっと細かな違いがあるはずだ。技術の発展により投球に関する様々なデータが取得できるようになっており、その情報を用いることで選手のコンディションの数値的な把握が劇的に進んでいるであろうことを考えれば、細かなコンディションを考慮した上での最適な投手起用・管理というのが、新しく発案されていく可能性はありそうだ。

　かつては年間400イニングを登板する投手がいた状況が、最大でも200イニング近辺に収まっている。プロ野球の常識というものは思っているよりも迅速に、大きく変化する側面もある。ローテーションについても変化の余地はまだ十分あるだろう。

ローテーション戦略、積極的に取り組める球団は

　とはいえ、実際に球団が実施している起用法と、戦略の理想としているであろう起用法は別物だと考えるべきだろう。コンディションを優先して多くの先発投手でローテーションを回したくとも、適当な投手がいなければ実現するものではない。逆に間隔を狭め、少ない投球数で回そうとすれば、救援陣の数が必要になる。現実には投手起用の戦略の幅は持てる戦力の実情によって大きく制限がかかることがほとんどだろう。

　そんな中でも2015年、自分たちから戦略を選んでいける状況にある球団はどこだろうか。概観した感じでは、やはりソフトバンクや巨人がそのレベルに達しているようである。巨人は、2015年も原辰徳監督が投手5人で先発を回すことを継続するようだと報じられている。だが救援投手のパフォーマンス次第で、5人、6人いずれも選んでいける状況にあると見られる。楽天も伝えられている松井裕樹のリリーフ起用案などからは、それが先発ローテーションのシステム変更にまで至るかは不透明だが、救援投手を厚めにして戦う気配だ。

　オリックスは、ブライアン・バリントンを加え先発投手の枚数に少し余裕が生まれた。そこそこの失点で実績のある救援陣につないでいく戦い方は不変であろうが、このスタイルをさらに安定させて戦っていくことができそうだ。

　大谷を抱える日本ハムは、何かしら変則的なローテーションを組むことにはなるのだろう。大谷をどの程度打者として起用し、またどんなコンディションにあるかなどを、より緻密に管理していく必要に迫られそうだ。

　どのように投手を起用するか、どんなローテーションを組むかは、日程や保有戦力、順位やアクシデントなど様々な要素に左右され、どこまでが球団の積極的な判断なのかを見極めるのは難しい。

　しかし、そうした諸要素を考慮した上で、選手のコンディションの管理に対するスタンスに注目し、球団の中長期的な成功の見通しを図ってみるのも面白い野球の見方ではないかと思う。2015シーズン開幕にあたって、ぜひ提案しておきたい。

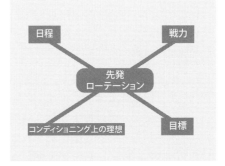

先発ローテーションを決定するもの

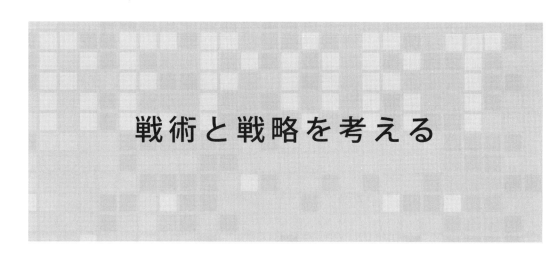

戦術と戦略を考える

リポート01

映像解析で盗塁阻止に対する捕手の貢献を探る

大南 淳　Jun Ominami

　盗塁阻止が投手と捕手の共同作業によって実現するという認識は、指導の現場や熱心なファンの間では一般的なものだろう。だが、アメリカでは盗塁阻止に対する捕手の影響力は極めて小さいのではないかという分析もなされている。

1.『捕手のスローイングの過大評価』

　2013年、大手セイバーメトリクス系サイト『FanGraphs』（http://www.fangraphs.com/）にMax Weinsteinによる「The Overrated Value of Catcher's Throwing Arms」というリポートが掲載された。表題を訳すと『捕手のスローイングの過大評価』。盗塁阻止における捕手の能力の重要性に疑問を呈するものであった。この記事の研究では対象を二塁への盗塁に絞り、映像をコマ単位で解析。「投手が投球動作を始めてから捕手のミットに収まるまでの時間（投手タイム）」、「捕手が捕球してから送球が二塁ベースカバーの選手のグラブに収まるまでの時間（捕手タイム）」をそれぞれ記録した。

　計測結果を盗塁の結果と比べてみると、「捕手が捕球してから送球が二塁ベースカバーの選手のグラブに収まるまでの時間（捕手タイム）」は、盗塁阻止の成否状況とはほぼ相関が見られず、影響が大きいのは投手が使う時間である。そしてその中でも最も重要なのは投手のクイックの速さであるという主張がなされていた。

　捕手の使う時間が盗塁阻止と関係ないのではないか、というのは従来の野球観を大きく揺るがす驚きの研究結果ではないだろうか。そこで今回はNPBにおいても同じようなことが言えるのか、2013年の映像から各種タイムを計測し検証してみたい。

2．盗塁データの計測と影響

　この研究では盗塁阻止への影響を明確にするため、走者一塁の状況に絞り、ディレイドスチールや、投球がワンバウンドになる隙に次の塁を狙った盗塁企図、牽制の際にスタートを切ったものなどを除外した。また次の6つのポイント全てが計測できなかったもの（映像抜けなども含め）も除いた。

■表1　計測点について

① 投手初動	投手タイム
② 投手のリリース	
③ 捕手捕球	捕手タイム
④ 捕手リリース	
⑤ 二塁ベースカバーの野手が捕球	
⑥ 野手が走者をタッチした瞬間	

■表2　計測点間の時間が意味する技術・能力

①～② 投手のクイックモーションの速さ
②～③ 投手のボールの速さ
③～④ 捕手の捕ってからの速さ
④～⑤ 捕手のボールの速さ
⑤～⑥ 捕手の送球の正確性

　Weinsteinの分析に追加する形で、④と⑥の時間を計測した。⑥を計測したのは、捕手の送球の正確さを計るためである。二塁手、または遊撃手が素早くタッチできるところに投げる制球力も捕手の能力の1つであろうという考えに基づいた。その能力を計るのが目標なので、悠々アウトのタイミングで、とうに送球が届いているのに走者が二塁に到達するまでタッチを待たねばならないケースは、例外的にタッチの時間ではなく、タッチするゾーンにグラブを持っていった瞬間を記録した。この6つの計測点間の時間は、表2の技術・能力を意味するものと考えられる。投手タイムと捕手タイムはそれぞれが責任を持てる範囲を表す。二塁タッチは捕球側の技術も関係しているかもしれないが、今回は捕手のみの能力と位置づけた。

　使用した映像は2013年NPB公式戦からで、以上の条件に当てはまった盗塁、盗塁死、それぞれ200件で、それをフレーム単位で計測した。映像は30fps（1秒当たり30コマ）である。

（1）捕手捕球～二塁タッチ（捕手タイム）

　まず、Weinsteinの分析の分析においてほとんど影響を持たないとされた捕手タイムと盗塁阻止率の関係はこのようなものだった。今回の計測では二塁タッチの時間も含んでいるため、捕手タイムは捕手が捕球してから二塁で走者がタッチされるまでの時間となる。結果はWeinsteinのものとは異なり、相関係数は-0.705という高い相関を示している。捕手が使う時間を短縮することで、盗塁阻止率を上げることができるといっていい数字だろう。

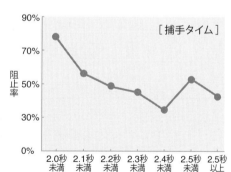

■図1　捕手捕球～二塁タッチまで（捕手タイム）の秒数と盗塁阻止率

■表3　捕手捕球～二塁タッチ（捕手タイム）の秒数と盗塁阻止率

秒	2.0秒未満	2.0～2.1秒未満	2.1～2.2秒未満	2.2～2.3秒未満	2.3～2.4秒未満	2.4～2.5秒未満	2.5秒以上
盗塁企図	18	103	128	91	29	17	14
阻止（CS）	14	58	62	41	10	9	6
阻止率（CS%）	77.8%	56.3%	48.4%	45.1%	34.5%	52.9%	42.9%

（2）初動〜捕手捕球(投手タイム)

投手タイムはWeinsteinの分析と同じように相関係数-0.959と高い相関を示し、きれいな右肩下がりのグラフになった。投手タイムと捕手タイムを比べると、Weinsteinの分析ほどの大きな差はないものの、相関係数は投手タイムのほうが大きな数字になっている。投手のボールを捕球するまでに時限的な制限がある捕手は、盗塁阻止について投手よりもコントロールできる幅が小さいことがわかる。

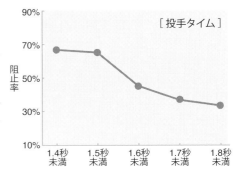

■図2　初動〜捕手捕球まで(投手タイム)の秒数と盗塁阻止率

■表4　初動〜捕手捕球(投手タイム)の秒数と盗塁阻止率

秒	1.4秒未満	1.4〜1.5秒未満	1.5〜1.6秒未満	1.6〜1.7秒未満	1.7〜1.8秒未満
盗塁企図	33	106	155	79	21
阻止(CS)	22	69	70	29	7
阻止率(CS%)	66.7%	65.1%	45.2%	36.7%	33.3%

2．盗塁阻止に影響する要素は？

（1）投手：クイックの速さ、ボールの速さ

次に投手タイム、捕手タイムのそれぞれの中味に触れていく。投手と捕手それぞれの要素が、どれだけ盗塁阻止との関係があるのだろうか。まず投手タイムから探っていく。Weinsteinの分析では、「クイックの速さ」と「ボールの速さ」の2つに分けられる投手タイムの中で、クイックの速さが盗塁阻止に大きな影響があると述べられていた。上が初動〜リリースまで、すなわち「クイックの速さ」のデータで、下がリリース後、ミットに収まるまでの時間に関する「ボー

■表5　初動〜投手リリースまでの秒数と盗塁阻止率

秒	0.9秒未満	0.9〜1.0秒未満	1.0〜1.1秒未満	1.1〜1.2秒未満	1.2秒以上
盗塁企図	66	139	130	47	18
阻止(CS)	44	78	54	20	4
阻止率(CS%)	66.7%	56.1%	41.5%	42.6%	22.2%

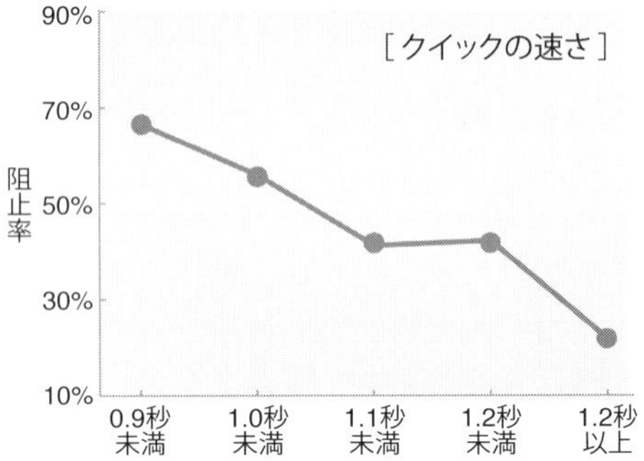

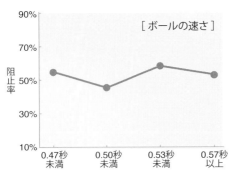

■図4　投手リリース〜捕手捕球までの秒数と盗塁阻止率

■図3　初動〜投手リリースまでの秒数と盗塁阻止率

■表6　投手リリース〜捕手捕球までの秒数と盗塁阻止率

秒	0.47秒未満	0.47〜0.50秒未満	0.50〜0.53秒未満	0.54秒以上
盗塁企図	108	161	79	32
阻止(CS)	59	73	46	17
阻止率(CS%)	54.6%	45.3%	58.2%	53.1%

ルの速さ」のデータとなる。図3のクイックの速さのグラフは右肩下がりになっており、盗塁阻止率との相関係数は-0.965。図4のボールの速さでは0.185。投手のクイックの速さは盗塁阻止率に強く影響し、一方でボールの速さはほとんど関係しないという結果だ。投手として盗塁を阻止するためにすべきなのはクイックの速さの管理であり、ボールの速さの部分では効果を生み出しにくいと見られる。

（2）捕手：捕ってからの速さ、ボールの速さ、正確性

捕手についても見ていく。上から「捕手の捕ってからリリースまでの速さ」「捕手のボールの速さ」「捕手の送球の正確性」である。

■表7　捕手捕球〜捕手リリースまでの秒数と盗塁阻止率

秒	0.6秒未満	0.6〜0.7秒未満	0.7〜0.8秒未満	0.8秒以上
盗塁企図	40	239	100	21
阻止(CS)	17	122	52	9
阻止率(CS%)	42.5%	51.0%	52.0%	42.9%

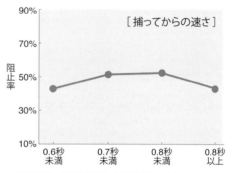

■図5　捕手捕球〜捕手リリースまでの秒数と盗塁阻止率

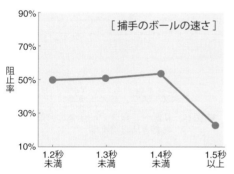

■図6　捕手リリース〜二塁捕球までの秒数と盗塁阻止率

■表8　捕手リリース〜二塁捕球までの秒数と盗塁阻止率

秒	1.2秒未満	1.2〜1.3秒未満	1.3〜1.4秒未満	1.4秒以上
盗塁企図	8	161	200	31
阻止(CS)	4	82	107	7
阻止率(CS%)	50.0%	50.9%	53.5%	22.6%

■表9　二塁捕球〜タッチまでの秒数と盗塁阻止率

秒	0.1秒未満	0.1〜0.2秒未満	0.2〜0.3秒未満	0.3秒以上
盗塁企図	64	176	119	41
阻止(CS)	38	90	53	19
阻止率(CS%)	59.4%	51.1%	44.5%	46.3%

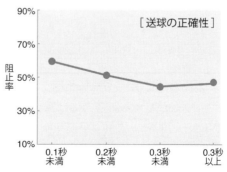

■図7　二塁捕球〜タッチまでの秒数と盗塁阻止率

相関係数は次の通り。

捕手の捕ってからリリースまでの速さ　0.051
捕手のボールの速さ　-0.641
捕手の送球の正確性　-0.890

　捕手の捕ってからの速さにほとんど相関は見られなかったが、捕手のボールの速さ、捕手の送球の正確性は共に高い相関を示している。Weinsteinの分析とは違った結果であった。これがNPBとMLBの差なのか、何なのかを探るにはさらなる分析が必要だが、興味深い結果だ。
　また新しく計った、捕手の送球の正確性が高い相関を示したことから、盗塁阻止には二塁ベースカバーの選手が走者にタッチしやすいところに投げる細かい制球力、投手で言うところの"コマンド"が効果を生むと言えそうだ。

（3）全体の時間

　最後に投手の初動からタッチまでの合計時間と盗塁阻止の関係性を見る。

■ 表10　初動～二塁タッチ（全体の時間）まで秒数と盗塁阻止率

秒	3.5秒未満	3.5～3.6秒未満	3.6～3.7秒未満	3.7～3.8秒未満	3.8～3.9秒未満	3.9秒以上
盗塁企図	21	71	130	94	50	34
阻止（CS）	18	50	70	35	17	10
阻止率（CS%）	85.7%	70.4%	53.8%	37.2%	34.0%	29.4%

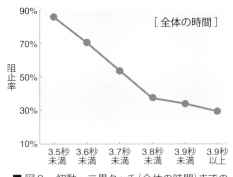
■ 図8　初動～二塁タッチ（全体の時間）までの秒数と盗塁阻止率

　相関係数は-0.968と高く、時間の短縮が盗塁阻止率を高めることは、当然ながら確かであるようだ。各要素と盗塁阻止率の相関係数をまとめておく。

■ 表11　各要素と盗塁阻止率との間の相関係数

全体の時間				
-0.968				
投手タイム		捕手タイム		
-0.959		-0.705		
クイックの速さ	投手のボールの速さ	捕手の捕ってからの速さ	捕手のボールの速さ	二塁での捕球からタッチ
-0.965	0.185	0.051	-0.641	-0.890

　「全体の時間」が最も高い相関を示すのは当然としても、その中の一部でしかない「クイックの速さ」がが与える影響力には驚かされる。改めて図3を見ると「1.2秒以上」で大きく阻止率が下がっている。これより遅くなると捕手が送球をする前に勝負は決まる、いわゆるフリーパスに近い状態になってしまうので、投手は最低でも1.2～1.3秒までに収めるクイックモーションの技術が必要ということなのかもしれない。

3．まとめ

Weinsteinの分析では、捕手のスローイングはほぼ盗塁阻止に影響を与えられないとの論調だったが、今回の分析ではそのように言い切れるものではないという結果になった。投手のクイックの速さほどの影響はないものの、新たに計測した捕手の送球の正確性を含め、捕手が担当する時間を短縮することで盗塁阻止率は高められる。

総合指標のWAR（Wins Above Replacement）では全野手の中で捕手の守備負担が最も大きいものと考えられており、ポジション補正でも大きなプラスを受ける。なぜ守備負担が大きいとされているかというと、他のポジションに比べ求められる能力が非常に多いからである。キャッチング、リード、投手とのコミュニケーション能力、肩の強さ、フットワーク、今回計測した二塁送球の正確性など、言い出せばきりがない。

その中の肩の強さの重要性が従来考えられているよりも低いとなれば、捕手を担うためのハードルが下がり、捕手起用の選択肢が広がる可能性がある。こうした分析をさらに深めることは、何を優先するべきかを見極めていく上で示唆をもたらす可能性がある。

4．捕手盗塁阻止防御点の提案

続いて、投手と切り離した形で捕手単体がどれだけ盗塁阻止に貢献したかを得点化できるのではないかという実験を行った。まず新たに2014年NPB全試合の映像から全ての「走者一塁からの二盗」の場面（例外を除く1135回）の投手タイム（初動～捕手捕球までの時間）を計測した。

2014年のデータにおいても投手タイムに比例して盗塁阻止率が上がるという特徴が見られ、きれいな右肩下がりのグラフを描いている。

この特徴を活かし得点化を試みる。例えば投手タイムが1.4秒～1.5秒未満だった場合、捕手が投球を捕球した段階で41.6%盗塁阻止を完成させていると考える。

この41.6%を100%（盗塁阻止成功）に引き上げられるかは捕手次第だ。盗塁阻止に成功した場合100-41.6=58.4%分が捕手の盗塁阻止貢献となり、これに二盗を二盗死にすることの平均的得点価値0.51（2014NPBデータから算出）を掛けあわせることで得点化する。0.51に58.4%を掛けると0.30なので、このケースの盗塁阻止では捕手が0.30点防いだと推定する。盗塁を許した場合は、投手が獲得した41.6%を0にすることになるので、0.51 × 41.6% =

■ 表12 初動～捕手捕球(投手タイム)の秒数と盗塁阻止率(2014)

秒	1.40秒未満	1.4～1.5秒未満	1.5～1.6秒未満	1.6～1.7秒未満	1.7秒以上	ワンバウンド
企図	130	353	348	143	76	85
盗塁	74	206	242	114	62	76
阻止(CS)	56	147	106	29	14	9
阻止率(CS%)	43.1%	41.6%	30.5%	20.3%	18.4%	10.6%

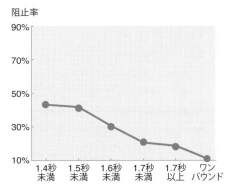

■ 図9　初動～捕手捕球(投手タイム)の秒数と盗塁阻止率(2014)

0.21点をマイナスする。この計算をシーズンデータすべてで繰り返し、12球団平均と比較したものを捕手盗塁阻止防御点とする。構造的にはUZR(Ultimate Zone Rating)の算出方法に近い。

なおワンバウンド投球は投手タイムにかかわらず低い阻止率になることがわかったため、別枠で計算した。ワンバウンド投球から盗塁阻止をした場合、かなり高い得点を獲得できる形になっている。表13と表14が2014年のNPBのデータより試算した捕手盗塁阻止防御点である。1つの考え方の実験の域を出ないが、紹介しておく。

■ 表13 捕手盗塁阻止防御点の試算（NPB・2014）

選手	チーム	走者一塁の状況							
		被盗塁企図	盗塁阻止	盗塁阻止率 %	順位	盗塁阻止得点	許盗塁得点	捕手盗塁阻止防御点 防御点	順位	50盗塁企図換算
炭谷 銀仁朗	西武	76	41	53.9%	1	13.7	5.5	8.1	1	5.4
市川 友也	日本ハム	36	17	47.2%	2	5.5	2.6	2.9	3	4.0
黒羽根 利規	DeNA	62	27	43.5%	3	9.2	5.3	3.9	2	3.2
田村 龍弘	ロッテ	31	13	41.9%	4	4.3	2.6	1.7	5	2.7
大野 奨太	日本ハム	53	20	37.7%	5	6.5	4.4	2.1	4	2.0
鶴岡 一成	阪神	30	11	36.7%	6	3.5	2.7	0.8	6	1.4
梅野 隆太郎	阪神	41	15	36.6%	7	4.9	4.2	0.7	7	0.8
阿部 慎之助	読売	46	16	34.8%	8	5.2	4.7	0.5	9	0.5
鶴岡 慎也	ソフトバンク	45	15	33.3%	9	5.0	4.5	0.6	8	0.7
會澤 翼	広島	30	10	33.3%	10	3.4	3.5	-0.2	12	-0.3
松井 雅人	中日	31	10	32.3%	11	3.2	3.8	-0.5	14	-0.9
谷繁 元信	中日	50	15	30.0%	12	4.9	5.7	-0.7	15	-0.7
細川 亨	ソフトバンク	71	21	29.6%	13	7.3	7.3	0.0	10	0.0
吉田 裕太	ロッテ	28	8	28.6%	14	2.7	2.8	-0.1	11	-0.2
中村 悠平	ヤクルト	53	15	28.3%	15	4.7	5.9	-1.1	16	-1.0
嶋 基宏	楽天	85	23	27.1%	16	7.9	9.1	-1.2	17	-0.7
山崎 勝己	オリックス	20	5	25.0%	17	1.6	2.1	-0.5	13	-1.3
伊藤 光	オリックス	65	15	23.1%	18	4.9	7.8	-2.8	21	-2.2
石原 慶幸	広島	31	7	22.6%	19	2.2	4.1	-1.9	18	-3.1
相川 亮二	ヤクルト	33	5	15.2%	20	1.5	4.3	-2.7	20	-4.1
小関 翔太	楽天	20	2	10.0%	21	0.6	3.0	-2.4	19	-5.9

※ 被盗塁企図20以上

■ 表14 捕手盗塁阻止防御点（チーム別）

チーム	捕手盗塁阻止防御点
西武	7.4
日本ハム	4.0
DeNA	2.7
ソフトバンク	1.2
ロッテ	0.7
阪神	0.2
巨人	0.2
中日	-2.3
楽天	-2.7
オリックス	-3.4
ヤクルト	-3.7
広島	-4.2

※ 映像の問題で投手タイムが計測できなかったものに関しては、今回の全投手タイムの平均値1.52秒で計算している。
※ 表13内の盗塁阻止率がNPB公式記録と異なるのは走者一塁のものだけを対象にしているなど、条件を絞っているため

参考文献
Max Weinstein, "The Overrated Value of Catcher's Throwing Arms"　http://www.fangraphs.com/blogs/the-overrated-value-of-catchers-throwing-arms/
Baseball Concrete Blog, "盗塁阻止における捕手の肩の重要度"　http://bbalone.blog119.fc2.com/blog-entry-561.html

リポート 02

チームの得点力を効率的に高める打者構成

Student

　平均的な打率、出塁率、長打率など攻撃指標が同じような値を示すチームでも、個々の選手の成績に目を向けると中味は様々であることは多い。選手がまんべんなく攻撃力を備えているチームもあれば、核となる選手の極めて高い攻撃力で値を高めているチームもある。得点を生み出す上ではどちらが効率的なのか。

1．はじめに

　「興一利不若除一害」
　これは元の時代の中国の耶律楚材という政治家の格言で、日本語に読み下すと「一利を興すは一害を除くにしかず」となる。利益を生む取り組みを1つすることは、害となっているものを1つ取り除くのに及ばないものだという意味で、目的を果たす上で足を引っ張っているものに目を向ける大切さを説いた言葉である。
　この言葉は国家の政を想定してのものだが、スポーツの世界にあてはめて言い換えるなら「チームの強みをつくる前に、まずは弱点を除くべきだ」といったところになる。果たしてこれは正しいのだろうか。
　サッカーではそうした考え方が妥当でありそうだという報告がある。クリス・アンダーゼンとデイビッド・サリー の著書『サッカーデータ革命　ロングボールは時代遅れか』（辰巳出版）では、チームのパフォーマンスにとっては、最も質の低い選手の質を高めることは、最も質の高い選手をさらに向上させることよりも効果が高いと指摘されている。
　野球でも同じことが言えるのだろうか。それを考えるために、2007年から2014年までのNPB12球団のチームの得点と所属する打者のOPS（On-base plus slugging）を使って分析してみたい。

2．打者の成績をどう捉えるか

　一般に補強というと、チームの強みとするための選手の獲得を意味することが多い。今回のテーマは、そのような「チームの強みとなった打者の成績」がチーム全体の得点に及ぼす効果と、「チームの弱みとなった打者」の成績がチーム全体の得点に及ぼす効果を比較することで、それぞれ影響の大きさを比較することだ。
　しかし、各チームの打者の構成はバラバラで、何をもって強みや弱みとするかを定義する必要がある。そこで今回は、1打席以上の記録のある打者のOPSを基準に、以下の8グループに打者を分類した。

(1).300 未満　　　　　（2）.300 以上 .400 未満　　── OPS が非常に低い
(3).400 以上 .500 未満　（4）.500 以上 .600 未満　　── OPS が平均以下
(5).600 以上 .700 未満　（6）.700 以上 .800 未満　　── OPS が平均レベル
(7).800 以上 .900 未満　（8）.900 以上　　　　　　　── OPS が高い

　この分類ごとに、打者の総打席数を求めた。これらの分類の中で OPS の高いグループの打席数が多くなれば、それはチームの強みといえるだろう。逆に、OPS の低いグループの打席数が多くなれば、それはチームの弱みといえる。

　例として 2014 年のセ・リーグとパ・リーグの 1 位と 6 位のチームのデータを表 1 と表 2 に示す。表には各グループに該当する打者の人数と総打席数を示している。チームの強みや弱みとなるグループの打席数を比較することが可能だ。

　次に、分析対象期間の NPB 平均値を求めたものを表 3 に示す。OPS.300 未満の打者数と打席数はセ・リーグのほうが多い。これはセ・リーグでは投手が打席に立つことが原因と考えられる。

■表1　OPS からみる打者の構成例（2014 年 セ・リーグ）

2014年 セ・リーグ		巨人 (596得点)		ヤクルト (667得点)	
		打者数	打席数	打者数	打席数
非常に低い	（1）.300 未満	12	163	13	145
	（2）.300 - .400	3	106	2	52
平均以下	（3）.400 - .500	4	204	2	155
	（4）.500 - .600	2	58	8	578
平均	（5）.600 - .700	6	1313	11	1226
	（6）.700 - .800	6	2330	4	1282
高い	（7）.800 - .900	7	1304	3	1083
	（8）.900 以上	1	2	3	1132

■表2　OPS からみる打者の構成例（2014 年 パ・リーグ）

2014年 パ・リーグ		ソフトバンク (607得点)		楽天 (549得点)	
		打者数	打席数	打者数	打席数
非常に低い	（1）.300 未満	11	52	9	88
	（2）.300 - .400	1	33	1	111
平均以下	（3）.400 - .500			3	217
	（4）.500 - .600	4	566	6	337
平均	（5）.600 - .700	3	947	8	2211
	（6）.700 - .800	4	1614	4	1845
高い	（7）.800 - .900	7	2415	2	588
	（8）.900 以上	2	4	1	58

■表3　打者の構成の平均値（2007 年～ 2014 年）

NPB 平均		セ・リーグ		パ・リーグ		全体	
		打者数	打席数	打者数	打席数	打者数	打席数
非常に低い	（1）.300 未満	15.4	219.1	8.6	63.7	12.0	141.4
	（2）.300 - .400	2.8	98.7	1.9	62.7	2.3	80.7
平均以下	（3）.400 - .500	3.2	169.6	2.9	206.8	3.1	188.2
	（4）.500 - .600	5.3	588.5	5.2	595.7	5.3	592.1
平均	（5）.600 - .700	6.5	1404.7	6.7	1613.5	6.6	1509.1
	（6）.700 - .800	4.8	1461.7	4.8	1642.2	4.8	1551.9
高い	（7）.800 - .900	2.9	999.3	2.6	984.0	2.8	991.6
	（8）.900 以上	2.3	481.9	1.7	291.7	2.0	386.8

表1と表2のデータに表3のNPB平均の値を合わせつくったグラフを図1と図2に示す。

このグラフによってチームの打撃成績の構成を視覚的に確認することができる。高得点だったヤクルトとソフトバンク、低得点だった巨人と楽天とでは、「OPSの高いグループ」の打席数が異なることが確認できる。以上は例として示したデータであるので、以降は分析期間の全てのチームを対象にデータを見ていきたい。

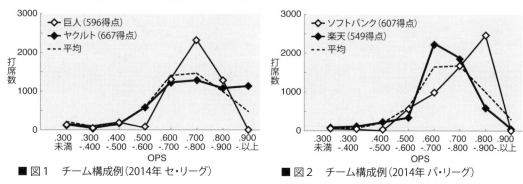

■ 図1　チーム構成例（2014年 セ・リーグ）　　■ 図2　チーム構成例（2014年 パ・リーグ）

3．OPSとチームの得点の関係

OPSとチームの得点の関係を分析するために、分析対象期間の各チームの、OPSの分類グループそれぞれとチームの得点の関係をリーグ別に分析した。データを図3から図10に示す。

黒い◆がセ・リーグのデータで、白い◇がパ・リーグのデータとなる。

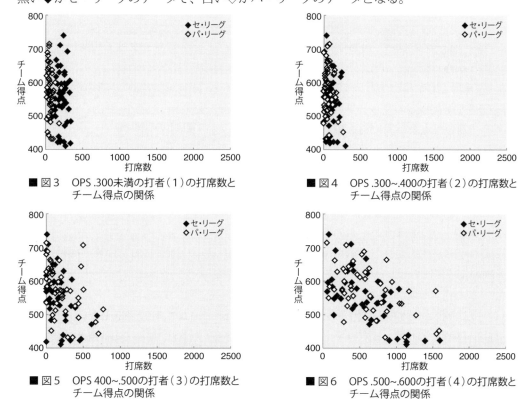

■ 図3　OPS .300未満の打者（1）の打席数とチーム得点の関係

■ 図4　OPS .300~.400の打者（2）の打席数とチーム得点の関係

■ 図5　OPS 400~.500の打者（3）の打席数とチーム得点の関係

■ 図6　OPS .500~.600の打者（4）の打席数とチーム得点の関係

チームの得点力を効率的に高める打者構成　21

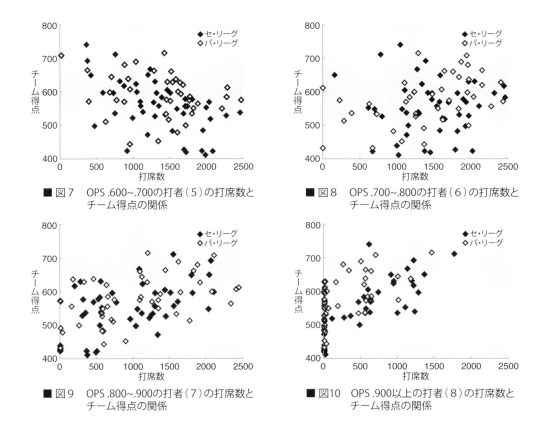

■ 図7　OPS .600~.700の打者（5）の打席数とチーム得点の関係

■ 図8　OPS .700~.800の打者（6）の打席数とチーム得点の関係

■ 図9　OPS .800~.900の打者（7）の打席数とチーム得点の関係

■ 図10　OPS .900以上の打者（8）の打席数とチーム得点の関係

　これらのデータについて相関分析を行った結果を表4に示す。リーグ間で相関係数に多少の違いはあるが、全体的な得点との関連にそれほど差は認められなかった。

　まずOPSが非常に低いグループ（1・2）では、チームの得点との関連は認められなかった。次にOPSが平均以下のグループ（3・4）では、チームの得点との間に負の相関関係が認められた。さらにOPSが平均並みのグループ（5・6）では、セ・リーグでは相関が認められなかったが、パ・リーグでは弱い正の相関が認められた。最後にOPSが高いグループ（7・8）では、チームの得点との間に正の相関が認められた。結果をまとめると次のようになる。

■ 表4　チーム得点との相関関係

相関関係			セ・リーグ	パ・リーグ	全体
OPS	非常に低い	（1）.300 未満	-0.048	-0.266	-0.180
		（2）.300 - .400	-0.210	-0.173	-0.223
	平均以下	（3）.400 - .500	-0.469	-0.432	-0.423
		（4）.500 - .600	-0.662	-0.508	-0.576
	平均	（5）.600 - .700	-0.552	-0.538	-0.504
		（6）.700 - .800	0.003	0.319	0.196
	高い	（7）.800 - .900	0.604	0.495	0.543
		（8）.900 以上	0.686	0.557	0.583

・OPSが非常に低いグループ（1・2）の打者の打席数は、**チームの得点と関連しない**。

・OPSが平均以下のグループ（3・4）の打者の打席数が多くなると、**チームの得点は低くなる**。

・OPSが平均並みグループ（5・6）の打者の打席数は、**チームの得点と関連しない**。

・OPSが高いグループ（7・8）の打者の打席数が多くなると、**チームの得点は高くなる**。

OPS が高いグループ(7・8)の打席数が多くなると、チームの得点は高くなるのは当然の結果といえるだろう。この得点への効果と比較して、OPS が低い打者の得点への効果がどの程度であるのかということが、今回の分析の本題である。

　OPS が非常に低いグループ(1・2)の打席数がチームの得点と関連しないという結果は、そもそもこのグループの打席数がそれほど多くないことが原因であると考えられる。図3と図4を他の図と比較すると打席数が少ないことが確認できるが、あまりにも成績の悪い打者はメンバーから落とされるため、このグループの打席数は増えにくくなっていると推測される。

　仮に、このグループに該当する打者に出場機会を与え続ければ、チーム得点への影響はマイナスになると考えられるが、そんなことをするメリットはほとんどないために、このような得点に影響しないレベルの打席数となっているのだと考えられる。

　一方、OPS が平均以下のグループ(3・4)の打席数が多くなると、チームの得点は低くなる効果が認められたのは、このグループの打席数が少なくないためだろう。したがって、チームの得点力を高めるために除くべきグループは OPS が非常に低いグループ(1・2)ではなく、OPS が平均以下のグループ(3・4)であるといえる。このグループの得点との相関係数を、OPS が高いグループ(5・6)と比較すると近い水準の値となっており、得点へのマイナスの影響は、OPS が高いグループ(5・6)の得点へのプラスの影響に近い水準であるといえる。

　分析の最後に、以上のような得点との関連の裏を取る意味も兼ねて、グループ間の打席数の相関関係を確認しておきたい。仮に、OPS が .500 以上 .600 未満(4)と OPS が .900 以上(8)

■ 表5　グループ間の打席数の相関関係(セ・リーグ)

相関関係・セ		OPS							
		非常に低い		平均以下		平均		高い	
		(1) .300未満	(2) .300-.400	(3) .400-.500	(4) .500-.600	(5) .600-.700	(6) .700-.800	(7) .800-.900	(8) .900以上
非常に低い	(1) .300未満		-0.315	-0.052	-0.014	-0.230	0.024	0.131	-0.012
	(2) .300-.400			0.009	0.258	0.085	-0.090	-0.213	-0.022
OPS 平均以下	(3) .400-.500				0.279	-0.054	0.035	-0.099	-0.464
	(4) .500-.600					0.129	-0.158	-0.465	-0.318
平均	(5) .600-.700						-0.231	-0.532	-0.380
	(6) .700-.800							-0.325	-0.184
高い	(7) .800-.900								0.101
	(8) .900以上								

■ 表6　グループ間の打席数の相関関係(パ・リーグ)

相関関係・パ		OPS							
		非常に低い		平均以下		平均		高い	
		.300未満	.300-.400	.400-.500	.500-.600	.600-.700	.700-.800	.800-.900	.900以上
非常に低い	(1) .300未満		-0.050	0.117	-0.159	0.250	-0.172	-0.051	-0.119
	(2) .300-.400			-0.188	0.230	-0.104	0.067	-0.134	-0.011
OPS 平均以下	(3) .400-.500				0.100	0.009	-0.069	-0.224	-0.198
	(4) .500-.600					-0.112	-0.165	-0.240	-0.186
平均	(5) .600-.700						-0.612	-0.302	-0.243
	(6) .700-.800							-0.316	0.077
高い	(7) .800-.900								-0.104
	(8) .900以上								

のグループに非常に高い負の相関関係があると仮定すると、得点への影響が（4）のグループの打席数が多いことによる得点へのマイナスの効果なのか、（8）のグループの打席数が少ないことによる得点へのマイナスの効果なのかが判別できないためである。

　これを確認するための相関分析の結果を表5と表6に示す。相関係数を比較すると、リーグにより相関関係に違いがあるといえる結果だ。セ・リーグでは、OPSが平均以下のグループ（3・4）は、OPSが高いグループ（7・8）との相関が認められている。一方パ・リーグではそのような関係は認められなかった。

　この結果は、セ・リーグではOPSが平均以下のグループ（3・4）の打席が多いことによる得点へのマイナスの影響には、OPSが高いグループ（7・8）の打席が少ないことによる得点へのマイナスの影響も混在していることを意味する。一方パ・リーグにおけるOPSが平均以下のグループ（3・4）の得点への影響は、OPSが高いグループ（7・8）の打席数の影響をあまり受けずに、マイナスに影響していると考えられる。

4．まとめ

　「一利を興すは一害を除くにしかず」という格言は、野球にもある程度当てはまると考えられる。ただし、OPSが非常に低いグループ（1・2）は打席数自体が少ないので得点には影響しないといった、野球ならではの側面もあることが確認できた。野球において除くべきは、それよりも少しOPSが高い平均以下のグループ（3・4）の打席数である。

　相関係数を比較すると、OPSが平均以下のグループ（3・4）の打席数がチームの得点に及ぼす影響は、OPSが高いグループ（7・8）と同等か少し小さい程度であるといえる。マイナスの影響は小さくはないが、プラスの影響を超えるほどではないという理解でよいと思う。

　また、セ・リーグの場合は、OPSが平均以下のグループ（3・4）の打席数が増えることで、OPSが高いグループ（7・8）の打席数が減少する傾向があるので、単純に平均以下のグループ（3・4）の影響のみが得点のマイナスに影響しているとは言えない点には注意が必要である。一方、パ・リーグはこうしたグループ間の関連が弱く、OPSが平均以下のグループ（3・4）の打席数が直接得点のマイナスに影響していると考えられる。

　チームの強みとなるような選手の獲得は費用の面で高くつくため、積極的に行えるチームは限られている。今回の分析結果は、資金面で制約のあるチームにとっては有用な情報となり得るのではないかと思う。強みとなる選手を連れてくることだけではなく、弱みとなる選手をカットすることも補強となり得ることを今回のデータは示している。

参考文献
『サッカー　データ革命　ロングボールは時代遅れか』
　クリス・アンダーゼン、デイビッド・サリー（著）　児島 修（訳）　辰巳出版

リポート03

ホームアドバンテージの発生状況から考える

市川 博久　　Hirohisa Ichikawa

　スポーツにおいて、本拠地で試合を行うチームが相手チームよりも有利に戦いを進められるホームアドバンテージが存在することは広く知られている。日本のプロ野球でもそうした現象は存在する。ホームチーム年間通算の勝率は毎年おおむね.530〜.550となっており、ホームチームが優位なのがわかる。このようなホームアドバンテージはどのようにして生まれているのだろうか。NPBにおける2013年及び2014年の試合の結果を用いて検討してみたい。

1．ホームチームはより多くヒットを打ち、四球を選び、長打を放っている

　検討に入る前に、ホームアドバンテージを生じさせる要因として考えられるものをいくつかあげてみたい。ホームチームとビジタチームの環境にはどんな違いがあるだろうか。
①まず考えられるのは、ホームチームは年間の試合数の半数近くを行う球場で試合ができるのに対し、ビジターチームは年間の試合数の1割にも満たない（交流戦であれば多くても2試合）球場で試合を行うこと。野球で使用される球場はフェアグランドやファウルグランドの広さ、形状、フェンスの高さがそれぞれ異なっており、芝の種類や特性、天候の影響の有無・程度に至るまでさまざまな違いがある。こうした**球場の特徴をよりよく知っている**ホームチームの方がビジターチームよりも優位に試合を進められるということが考えられる。
②次に考えられるのは、**移動の負担**だろう。ホームチームは宿舎や選手の自宅から球場まで容易に移動できるのに対し、ビジターチームは長時間の移動を伴うことが一般的である。そうした負担によりビジターチームが不利な戦いを強いられるという可能性もある。
③**ルールの違い**も考えられる。NPBではホームチームが自動的に後攻となるが、このような違いがホームアドバンテージを生み出しているのかもしれない。
④**審判のバイアス**も考えられないことはない。審判がホームチームに有利な判定を行っているとすれば、ホームチームの成績が優れていることを説明できるだろう。
　このように、ホームアドバンテージを生み出している要因はいくつか考えられる。このうちホームアドバンテージに関係しているものはどれか、またその中でも関係が深いものはどれかを探るため、ホームチームとビジターチームの成績を比較してみた。

　今回検討の対象としたのは、2013年及び2014年のNPBセ・パ両リーグペナントレースの成績である。このうち本拠地球場で試合を行うチームをホームチーム、相手チームの本拠地球場で試合を行うチームをビジターチームとした。地方球場での試合や阪神の京セラドームでの試合、日本ハムの東京ドームでの試合などは除外した。なお、オリックスについては試合数が比較的多いことから、ほっともっとフィールドでの試合についてもホームチームとしての試合

として扱った。さて、ではホームチームとビジターチームの成績を見てみよう。

■表1　ホームチーム・ビジターチームと各種スタッツ(1)　＊数字は全て打者が記録したもの

区分	試合	打席	得点	安打	本塁打	四球	死球	三振	併殺打	失策出塁
ホーム	1599	59956	6540	13793	1219	5055	590	10506	1070	561
ビジター	1599	62418	6441	14030	1255	5131	563	11294	1168	568
ホーム÷ビジター	1	0.961	1.015	0.983	0.971	0.985	1.048	0.930	0.916	0.986

　一見すると意外にもビジターチームの方が優れている成績もあるように思える。得点こそホームチームが多いものの、安打数や本塁打数などビジターチームが多い成績も存在する。しかし、だからといってビジターチームが優れた成績を残しているとは限らない。というのは、9回表終了時点でホームチームがリードしている場合裏の攻撃は行われず(Xゲーム)、9回裏の途中でもホームチームがリードした時点で試合が終了する(サヨナラゲーム)というルールが存在するため、ホームチームはビジターチームと比べて攻撃の機会が少ないためだ。

　こうした機会の差異を修正するためには、打率や出塁率、長打率のような残した結果を機会で割った成績を比較するのが適切だ。本塁打や四死球、三振についても打席数当たりの数を出して比較してみたい。結果は以下のようになった。

■表2　ホームチーム・ビジターチームと各種スタッツ(2)　＊数字は全て打者が記録したもの

区分	打率	出塁率	長打率	OPS	ISO	BABIP	BB%	HBP%	K%	HR/PA
ホーム	.263	.332	.386	0.718	0.123	0.306	8.1%	0.98%	17.5%	2.03%
ビジター	.256	.324	.376	0.700	0.120	0.299	8.0%	0.90%	18.1%	2.01%
ホーム÷ビジター	1.027	1.026	1.027	1.026	1.026	1.021	1.011	1.091	0.968	1.011

　打率をはじめとしてあらゆる成績でホームチームが優れた成績を残していることがわかる。ホームチームはより多くのヒットを打ち、四球を選び、長打を放っている。ほとんどの成績でビジターチームの成績よりも2％から3％ほど高い数字となっている。

　この中で比較的ホームチームとビジターチームの差が大きいのは三振の割合(K%)だ。ホームチームの選手たちはビジターチームの選手たちよりも3.2％三振をする確率が低い。一方で四球の割合については、1.1％とそれほど変わらない。仮に審判の判定に大きなバイアスがかかっているとすれば、三振の割合・四球の割合ともにホームチームとビジターチームで大きな差があってもおかしくないはずだが、その差は三振と四球で多少違いがあるようだ。

　また、ホームランの割合についてもその差は1.1％とそれほど大きくない。ホームチームの打者が球場の大きさや形状を熟知して、ちょうどフェンスを越えるような打球を放つというような器用な打撃をすることは難しいのかもしれない。

　こうしてみると、あらゆる面でホームチームが優位になっていることがわかったが、成績ごとにその大きさは違いがあるようだ。

2．ホームチームはより適切な守備を行えている

　続いて、もう少し細かく成績を見ていきたい。今度はBIP（Ball In Play＝打球の内、ファウルとホームランを除いたもの）のうち、どれだけの打球がヒットや長打になったかを見ていく。BIPとは野手が処理できる可能性のあった打球を意味するから、これによって守備面でのホームチームとビジターチームの違いがわかるはずだ。

■ 表3　ホームチーム・ビジターチームと各種スタッツ(3)

区分	1B/BIP	(2B+3B)/BIP	失策出塁/BIP	GDP/BIP	2B/BIP	3B/BIP
ホーム	24.39%	6.17%	1.36%	2.6%	5.54%	0.64%
ビジター	23.82%	6.12%	1.33%	2.74%	5.64%	0.48%
ホーム÷ビジター	1.024	1.009	1.022	0.950	0.982	1.325

　BIP のうち単打となった打球の割合はホームチームが 2 %ほど高い。一方で二塁打または三塁打になった打球の割合の差は 0.9 %とそれほど差異がない。また、失策出塁もホームチームの方が 2.2 %ほど高く、ビジターチームの方が打球を処理して打者をアウトにすることに苦労している様子がうかがえる。

　また、BIP に対する併殺打の割合もビジターチームの方が 5 %ほど高い。既に見たようにビジターチームの方が出塁は少ないことからすれば、併殺打が成立する可能性のある場面が少なかったにもかかわらずこのような結果となっていることは驚きである。

　二塁打と三塁打の個別の数字を見ると、二塁打はビジターチームの方が多く、三塁打はホームチームの方が多い。二塁打と三塁打を合わせた数を BIP で割るとホームチームがわずかに有利であるのに対し、二塁打と三塁打を分けて比べるとこのような結果となったのはなぜか。

　これは同じような打球でもホームチームの方が適切に処理をして二塁打にとどめているのに対し、ビジターチームは三塁打としてしまうことが多いためではないだろうか。守備位置の取り方やクッションボールの処理に巧拙が出ているのかもしれない。こうした一連の結果からすると、ホームチームの方がビジターチームよりも適切な守備を行っていると考えられる。

3．リーグ戦と交流戦では影響の大きさが違う

　続いて、ホームチームとビジターチームの成績をリーグ戦と交流戦とにわけて比較してみる。こうしてみると交流戦の方がよりホームアドバンテージの影響が出やすいようだ。もっとも、サンプル数が十分でない可能性もあるため、慎重に取り扱うべきだろう。

■ 表4　ホームチーム・ビジターチームと各種スタッツ(リーグ)　＊数字は全て打者が記録したもの

区分	打率	出塁率	長打率	OPS	ISO	BABIP	BB%	HBP%	K%	HR/PA
ホーム(リーグ戦)	.262	.332	.385	0.716	.122	.305	8.1%	1.00%	17.5%	2.01%
ビジター(リーグ戦)	.256	.325	.377	0.702	.120	.299	8.2%	0.92%	18.0%	2.04%
ホーム÷ビジター	1.024	1.019	1.021	1.020	1.015	1.019	0.987	1.084	0.972	0.988

■ 表5　ホームチーム・ビジターチームと各種スタッツ(交流戦)　＊数字は全て打者が記録したもの

区分	打率	出塁率	長打率	OPS	ISO	BABIP	BB%	HBP%	K%	HR/PA
ホーム(交流戦)	.266	.337	.394	0.731	.128	310	8.3%	0.94%	17.7%	2.15%
ビジター(交流戦)	.252	.315	.367	0.682	.115	.298	7.3%	0.82%	18.4%	1.83%
ホーム÷ビジター	1.056	1.070	1.073	1.071	1.111	1.043	1.144	1.148	0.963	1.171

　以上のような結果から、ホームアドバンテージの原因を考えてみる。多くの試合を行っている本拠地球場で試合をすることはおそらく影響しているだろう。とりわけ球場の差異の影響を受けやすいと思われる長打関連の数字の差が大きいこと、年間での試合が少なくビジターチームが慣れていないと思われる交流戦の方が、リーグ戦よりもホームアドバンテージの影響が大きく出ていることからすると、本拠地球場で試合が行えるという要因は大きいだろう。選手自

身がボールの跳ね方やフェンスからの跳ね返り方などを熟知していることのほか、多くの実戦データが存在することによりベンチから適切な守備位置を指示することができるということが影響していると思われる。

　ただし、それだけでは説明が困難な現象も見られる。四球や三振のようなおよそ球場の影響を受けにくいと思われる要素についても差異が認められるためである。このあたりは(意識的か無意識的かは不明ながら)審判のバイアスがかかっている可能性も否定できない。とはいえ、三振と四球とでホームアドバンテージの大きさが異なることなど、審判のバイアスがあるとすれば不自然な結果も存在する。もっとも、判定の正確性について網羅的・定量的に検証するには映像解析などが必要となり、現段階でのこれ以上の検証は難しい。

　また従来言われていた、後攻が有利であるという説については正しいとも間違っているとも言えない。ただ、後攻であることによって選手の成績が上昇するということは考えがたいので、ホームチームとビジターチームの勝率の差異を、後攻チームが有利であることのみから説明することはできない。この点の検証については、地方球場での主催試合と本拠地球場での主催試合での成績を比較する方法が考えられるが、十分なサンプル数がなかった今回は断念した。

4．地の利はそこまで大きくない

　ここまでホームアドバンテージを検証してきた。その結果、原因まではっきりと明らかにすることはできなかったが、あらゆる面でホームアドバンテージが存在することがわかった。しかし、検証の結果からすると、実のところホームアドバンテージについてはあまり重要視すべきでないものともいえる。

　ホームチームの勝率は.550～.530と有利であることは間違いない。しかし、これは他のスポーツと比べても小さいホームアドバンテージである。なお、アメリカ4大スポーツの中でもMLBが最もホームアドバンテージが小さい。野球というスポーツの特性なのだろう。

　また、リーグ優勝チームの勝率は5割後半から6割前半程度であることが多く、5割5分を切ることはまれだ。仮に平均的な戦力のチームが全試合を本拠地球場で戦えたとしても優勝ラインには届かない。そのため、現状見られる本拠地球場での試合数や地方遠征の多少の違いはペナントレースの行方に影響を与えていないと考えられる。

　より多くのデータを、視点を変えて検討すれば、こうした影響を戦略に応用できる可能性はある。しかし、それが大きな効用をもたらす可能性はそう高くないと考えられる。ペナントレース全体を考えたときにはホームアドバンテージをあまり過大視しない方がよいだろう。

参考文献
Matt Swartz, "Home-Field Advantages, Part One",Baseball Prospectus,2009　http://www.baseballprospectus.com/article.php?articleid=9372
Matt Swartz, "Home-Field Advantages, Part Two",Baseball Prospectus,2009　http://www.baseballprospectus.com/article.php?articleid=9408
Matt Swartz, "Home-Field Advantages, Part Three",Baseball Prospectus,2009　http://www.baseballprospectus.com/article.php?articleid=9443

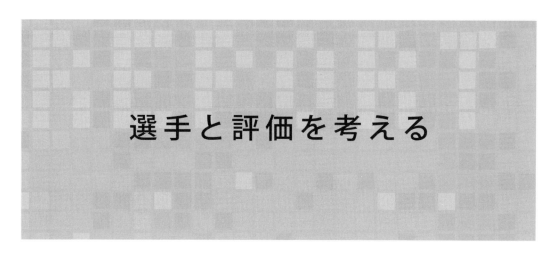

選手と評価を考える

リポート04

編成視点で考える大谷翔平の二刀流

三宅博人　Hiroto Miyake

　日本ハムの大谷翔平は投手、野手双方に挑む"二刀流"選手として、2年目で成績を大きく伸ばした。しかし、日本ハムのDHのポジションにおける得点創出は他チームに比べ劣っていた。日本ハムは「大谷＋大谷欠場時のDH」の併用で結果を出す道を選ぶべきなのか、フルタイムのDHを置くべきなのか。そのあたりの観点から二刀流を考察する。

1．アナリストとベースボール・オペレーション・システム

　現地時間の2014年12月17日、MLB 3チーム11人が絡むトレードが表面化した。ワシントン・ナショナルズ、タンパベイ・レイズ、サンディエゴ・パドレスの間で発生したウィル・マイヤーズ（タンパベイ→サンディエゴ）がメインピースとなるトレードで、毎年大胆なトレードが起きているMLBでも驚きを持って報道された。

　これほどの人数となると、主要選手以外の選手がなぜトレードの対象となったのかを説明するのは、よほどチームに精通していないと困難である。また、トレードで獲得した選手の別のトレードへの転用を目論んだケースも多く、外から見ている者にとっては何が起きているのかさっぱりわからない状況となる。

　2013年に刊行されたセイバーメトリクスについてのノンフィクション『The Sabermetric Revolution』（Benjamin Baumer, Andrew Zimbalist 著）によると、2012年現在、専従のデータアナリストを抱えているMLBのチームは全30チーム中22チームであるという。そのうち2人以上の専従者がいるのはタンパベイの8人を筆頭に17チーム。パートタイマーで在籍して

いる 4 チームを加えると、計 26 チームが何らかの形でデータ分析していることになる。

また MLB 機構は今季からトラックマンシステム（グラウンド上のアクティビティをレーダーを用いて計測するシステム）の試用を開始する予定で、同システムによって採取される大型データをベースボールオペレーションに活用できるデータアナリストの導入ニーズはさらに高まると見られ、人員は現在も増加傾向にあるようだ。

ここで留意すべき点として、データアナリスト＝セイバーメトリシャンではないということがある。もちろんセイバーメトリクスを用いて分析する者も少なくないが、アナリストの役割は多岐に渡り、チーム戦略や選手評価のほか、育成やフィジカル面の管理などでもアナリストは活躍しているとみられ、一部のアナリストにはセイバーメトリクスという言葉すら知らない人間もいるようである。セイバーメトリクスの体系にとらわれず、それぞれのチームが独自の指標群を用いて、それぞれの目標に向かっているということであろう。

ところで先のトレードに関わったチームはいずれもデータアナリストを抱えているチームである。球団としての意思決定権は彼らにはなかっただろうが、動きの中で大きな役割を果たしたであろうことは容易に想像できる。従ってトレードされた 11 人それぞれに何らかの客観的理由があるのであろう。

NPB にも、日本ならではのニーズを満たすために客観的思考を活用しているチームもいくつかあるようだ。その代表的なチームが日本ハムである。日本ハムが選手管理にベースボール・オペレーション・システム（BOS）を採用しているのは有名な話だ。このシステムについては私の知識外のことであり想像の域は出ないが、BOS はチームのワークフローを表現するためのツールであろうと考えている。セイバーメトリクスに類する指標を使っている可能性も高いが、それ以外も含めた多くの情報の共有を通じ、新たな評価軸を創造するためのデータベースとしても活用されているのではないか。

いずれにしても、「管理システムを使用すること」自体よりも、いかに球団の考え方や手法をソフトウエアに落とし込めたかが重要であり、日本ハムの BOS が注目されたのは、それに成功していると見られていたからであろう。実際にどのように活用されているかはベールに包まれているが、BOS は北海道に移転してからチームの運営方針が変わったと言われる日本ハムの象徴の 1 つとなっている。

2. 大谷翔平の投打での貢献度

ところで投手、野手（打者）双方でプレーする大谷翔平の"二刀流"は、BOS 上ではどのように管理されているのだろうか？ 彼の昨季の結果について、私なりに 2014 年の貢献度を算出したものが表 1 である。表における貢献度は、以下のものを使用している。

■表 1　大谷の稼いだ得点と阻止した失点

項目	打者	投手	計
貢献度	8.3	24.0	32.3
打席と対戦打者	234	639	873

打者貢献度：RCAA（Runs Created Above Average）
特定の打者が、平均的な打者に比べて、どの程度得点貢献を果たしているかを示す指標

投手貢献度：RSAA（Runs Saved Above Average）
特定の投手が、登板を通じ平均的な投手に比べて、どの程度失点を防いでいるかを示す指標

付け加えると、RCAA は XR ベース[1]、RSAA は FIP ベース[2]であり、それぞれの係数は一般的に知られている MLB 仕様のもので、NPB の状況とは若干異なる。また RSAA は失点をどの程度抑制したかを表すものなので、平均よりも優秀な投手であった大谷の場合マイナス表示となるべきであるが、打者貢献度と合算するため、あえてプラス表示としている。

表を単純に解釈すると、大谷は「打者として 873 打席に立ち、平均的な打者よりも 32.3 点多く得点を創出した」、あるいは「投手として 873 人の打者と対戦し、32.3 点分平均的な投手よりも多く失点を防いだ」のいずれかと同じ分だけ "二刀流" によって貢献したことになる。873 と言う数字は、打者の打席数としてはレギュラーのリードオフマンでも不可能な数値であり、その点のみからでも十分に二刀流のメリットがあったと考えることができる。では、先発投手としてはどうであろうか？ 873 人の打者に相対することは先発投手であれば可能である。ただ 2014 年の大谷がそれができたかは微妙なところだ。

仮に大谷が阪神のランディ・メッセンジャー程度の 31 試合の登板を果たしたとすると、実際よりも 7 試合多く登板できたこととなる。大谷の 1 試合あたりの対戦打者数をこの 7 試合に掛け算し、先の実際の対戦打者数に足し算すると 825 という結果が出た。つまり二刀流によって想定された対戦打者数 873 との差である 48 打者分二刀流の効果があったということになる。これを貢献度として得点に換算すると、先発に専念した場合より 1.3 点分余分に貢献できた計算だ。

二刀流の効果は先発投手としても存在したと考えてもよいとは思うが、二刀流というノウハウを新たに築く必要のあるチャレンジをした見返りとして、1.3 点は充分なものと言えるだろうか？ ただ、この結果は先にも述べたように米国仕様の係数を使った計算結果によるものであり、条件を整えて計算をやり直すと別の結果になる可能性ももちろんある。日本ハムがどのあたりを成功と見ているかは興味のあるところであるが、それはともかく、二刀流による貢献度加算分が劇的に多くなることはなさそうではある。

3.「フルタイム DH」か、「大谷＋大谷欠場時の DH」か

そこで次に以下のような仮説を立てて話を進める。

「大谷は先発に専念し、フルタイムの DH と新たに契約することがチームにとってはベター」

2014 年、大谷の打席を含め日本ハムのチームとしての DH の打席数は 549。表 2 の日本ハムの 73 という XR は、その打席から生み出されたものだが、数字は 6 球団で下から 2 番目であり、改善の余地がある。

■ 表 2
パの DH の貢献（2014）

チーム	XR
ソフトバンク	93
西武	85
楽天	85
オリックス	77
日本ハム	73
ロッテ	68

日本ハムより高いXRを稼いだオリックスではウィリー・モー・ペーニャが、楽天ではアンドリュー・ジョーンズがDHを務めたが、仮に日本ハムが彼らのようなレベルのフルタイムDHと契約できれば得点能力はアップする計算になる。

加えて大谷が投手に専念すれば登板イニングをもう少し増やせるため、昨年大谷の代わりに投げていた、レベルの劣る投手を起用を減らすことができる。その分失点も減るだろう。「大谷は先発に専念し、フルタイムのDHと新たに契約する」ことで、日本ハムは得点増、失点減が見込め、勝率は上昇する可能性がある。

もちろん大谷の二刀流を継続したままでも、大谷の欠場する試合だけをまかせられるレベルの高いDHと契約できれば近い効果は生み出せるだろう。しかし、現実問題として二刀流の影響による出場機会制限が付いた契約を結びたがる選手は限られてくるのではないかと思える。ならばDHとして契約した選手を、大谷出場時には他のポジションを守らせ、出場機会を確保してはどうか。しかし、それは出場機会制限の問題が他のポジションに移動するだけである。

大谷は投手に専念、一定レベルのフルタイムのDHを置くという策はコスト高にはなりそうだが、二刀流よりも効果的な一面はありそうである。

4．「併用」が大半という事実

今度はNPBの実情から仮説を考察してみる。あるポジションを誰かに固定するということは、チーム編成の理想として語られることが多い。しかし実のところポジションを固定される選手というのはかなり限られている。

表3は2014年のパ・リーグ各チームの各ポジションの全出場機会を100%とし、その中で90%を超えて出場した選手のリストである。西武の栗山巧（左翼）、秋山翔吾（中堅）も、基準に若干欠ける程度であるので、上のリストに加えてもよいかもしれない。

■表3　ポジション内出場率9割以上の選手

位置	選手
捕手	−
一塁	−
二塁	藤田一也（楽）
三塁	ヘルマン（オ）
遊撃	安達了一（オ） 今宮健太（ソ）
左翼	−
中堅	柳田悠岐（ソ）
右翼	岡島豪郎（楽）
DH	ペーニャ（オ）

何を基準にポジションを固定されたと判断するかについては、どこかで主観的に境目を定めなければならないので、恣意的にならざるを得ないが、90%の占有率を「固定」の基準、境目にすると、ポジションを固定された選手というのはさほど多くはないことに気づく。ちなみにその境目を70%以上として枠を広げた場合、表2と西武の2人を含め17名が該当する。これを多いと見るかどうかはともかく、選手起用の実情は、2人以上の複数の選手の組み合わせにより1つのポジションを成立させることが平均的な状態であると考えることもできる。その場合どのような組み合わせで選手起用するかは、貢献度を高めるために重要な要素であり、それに対応できる選手をいかにストックしておくかがチームの編成に求められているのだろう。

話を日本ハムと大谷に戻すと、大谷のDH起用とそのパートナー選びは、NPBにおける平均的な状況の1つであると考えることもできるわけだ。ところで日本ハムは1つのポジションに対する選手の併用で結果を出しているチームである。DHに関しては先に述べたように成功したとは言いがたいが、大野奨太と市川友也が併用された捕手、中島卓也と西川遥輝が併用

された二塁、オリックスへの移籍が決まったが小谷野栄一と近藤健介が併用された三塁は、ポジションごとの総計で、リーグ平均を上回る貢献度を残した。

　この結果が、ベースボール・オペレーション・システムにより導かれたのかは不明だが、選手起用が複雑化している球界において、各選手に対しての客観的な評価と、その評価を体系的に表現できる何らかのツールが必要ではありそうである。特に日本ハムは選手に対しての予算が他チームと比較し限られているようなので、その必要性は高そうだ。

　日本ハムがこのシステムの運用の結果で、捕手や二塁、あるいは三塁の成功を導いているのであれば、大谷が絡むDH起用でも数字を高めることに成功する可能性はある。

　ただし、戦力的に大谷の二刀流が、投打どちらかに専念する形よりも劇的な効果をもたらすわけではなさそうであることはすでに述べた。また編成上も複雑さを助長しているようである。ただ興行面では二刀流の話題性などによりかなりのプラスにはなりそうであり、これが大谷を二刀流として売り出している最も大きなモチベーションなのかもしれない。

5．MLBへのチャレンジに向けて

　最後に、大谷がいつまで二刀流を続けることができるかについて考えてみる。おそらくこのまま順調に成長すれば、彼の夢であるMLBでのプレーは現実のものになるであろう。表4は大谷と田中将大(ニューヨーク・ヤンキース)、ダルビッシュ有(テキサス・レンジャーズ)のNPBでの2年目の投手成績、同じく松井秀喜の2年目の打撃成績を比較したものである。投手成績については2人を凌いでいると言ってもよく、打撃に関しては量的不足はあるものの内容は同等である。MLBでの実績十分な彼らを物差しとすると、私が言わずとも誰もが大谷のMLBでの活躍を予測できるであろう。

■表4　大谷とスター選手の2年目の成績との比較

	選手	投球回	防御率	WHIP	K/9	BB/9
投手	大谷 翔平	155.1	2.61	1.17	10.4	3.3
	田中 将大	172.2	3.49	1.30	8.3	2.8
	ダルビッシュ有	149.2	2.89	1.28	6.9	3.8
打者	選手	打席	打率	出塁率	ISO	OPS
	大谷 翔平	234	.274	.338	.231	.842
	松井 秀喜	569	.294	.368	.181	.843

　しかしMLBにおいて二刀流を続けられるかについては懐疑的にならざるを得ない。その理由は、MLBの編成は各ポジションに漏れなく選手を埋めることを基本姿勢としており、DHのパートナー選びや先発投手の補充など、編成上の手間がかかる二刀流は、その姿勢に馴染まないのではないかと考えるからだ。これは私の個人的な考えなので、全く違う発想ができるチームが存在する可能性は否定できないが、もし私の説が正しいとすると、大谷の二刀流は日本でプレーしている間ということになる。

1　XR（Extrapolated Runs）を用いて貢献を得点に換算し、リーグ平均をどの程度上回るかを計算しRCAAとした。
2　FIP（Fielding Independent Pitching）を用いて9イニング当たりの失点を推定し、リーグ平均FIPとの差と投球イニングから抑止した失点の余剰分を計算しRSAAとした。

リポート 05

守備力の評価に視点を追加する

Student

アメリカでは浸透が進み、日本でもその存在が知られ始めている守備指標の多くは、個人の働きを得点換算し、端的な数字で表し評価する。攻撃や投球など守備以外の働きとその価値を比較したり、数多くの選手の能力を大まかに捉える際には便利だが、端的な数字にしてしまうことで、野手の働きの"中味"が見えなくなることもあるのではないか。

1. はじめに

野球における守備力の評価は、一般には守備率が参照されることが多い。NPBの公式サイトでも見ることのできるこの指標は、守備機会に対し「エラーをしなかった」割合を示したものである。守備においてエラーをしないことは重要だが、エラーをしないように無理な打球は追わなかった場合も、守備率が高く算出されてしまうという問題がある。この問題を解決する守備力の評価指標が UZR（Ultimate Zone Rating）である。責任範囲の打球に対する獲得したアウト数をベースに算出されるこの指標は、守備力の評価指標として主流となりつつある。

今回のテーマは、この守備力の評価方法に新たな視点を追加できないだろうかというものだ。具体的には「状況と連携」という視点からの評価を試みた。以降、状況と連携について項を分けて分析していくこととする。

2. 状況による守備成績の変化

状況といっても様々な状況がある。今回は試合展開と得点差という状況に着目し分析する。
2015年より福岡ソフトバンクホークスで監督としてチームを指揮する工藤公康氏の著書『野球のプレーに、「偶然」はない』（カンゼン）において

「一塁手と三塁手は接戦で迎えた試合終盤は、一塁線と三塁線を締めるべきである。」

という指摘がある。抜けると長打になりやすい一塁線と三塁線際の打球でアウトを獲ることを重要視すべきという考えだ。この考えを、三塁手を例にまとめると図1のようになる。三塁手の守備位置においてゴロが転がる頻度は、定位置から三遊間方向のほうが多い、一方ゴロが安打となった時に失点につながるリスクは三塁線方向のほうが高い。試合終盤で勝敗の行方がまだ定まっていない状況では、失点リスクの高

■図1　守備範囲におけるゴロの頻度と失点リスク

さに重きを置いて備えるべきだという指摘である。

　実際にプレーしている選手たちにしてみれば当然のことかもしれないが、この指摘はなかなか興味深い。UZRの算出ではグラウンドをいくつかのゾーンに分割し、得点期待値に基づいて設定されるゾーンごとの失点リスクを、アウトを獲得することでどれだけ回避したかなどの情報から評価を行う。この際、ゾーンごとの失点リスクは状況を問わず一定に設定される。

　工藤氏の指摘は、試合の展開によって守備において重視すべきゾーンが変わるというものである。同じゾーンに飛んだ打球にはらむリスクを、状況によって変動させる考え方はUZRにはない。UZRは主に物理的な守備範囲を評価するが、工藤氏のような考え方に基づくなら、ゲームの展開を踏まえたリスクの管理能力も含め守備を評価する形もあり得ることになる。

　こうした発想を守備力の評価に反映できないだろうか。工藤氏が所属していた時代の西武ライオンズは、チームの方針として点差やイニングを意識した守備を徹底していたともある。そうした検討の足がかりとして、現代の選手のこうした状況に応じた守備成績がどうなっているのかを分析してみたい。

3．分析データ

　今回は三塁手を対象に分析を行った。分析対象としたのは2013年から2014年までのNPBで三塁手が処理したゴロのうち、図2に示す距離3へのゴロとした。

　分析は、「接戦の試合終盤」での守備成績を見ていくことを目的とするので、選手の成績をかなり細かく分類していく必要がある。しかし、1シーズンフルに出場したような選手であっても、細かくゾーンに分けて成績を見ていくとサンプル数が心許ないところがある。そこで、2013年と2014年の2年間で十分な出場機会のある選手をピックアップし、2年分の成績を合計して分析することにした。選手のリストを表1に示す。

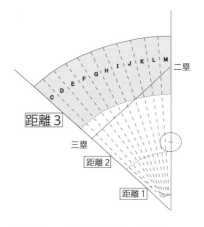

■図2　二三塁間のゾーンの区分

　以降、この3名の選手を分析していくこととする。村田修一（巨人）は2013年と2014年通してUZRはマイナスだ。一方、松田宣浩（ソフトバンク）は2年ともプラスとなっている。今江敏晃（ロッテ）は2013年はプラス、2014年はマイナスだが、他の2選手よりは±0に近い成績といえる。

■表1　分析対象選手のリスト

選手	チーム	シーズン	守備イニング	UZR
村田 修一	巨人	2013年	1227.2	-7.9
		2014年	1198.1	-5.8
松田 宣浩	ソフトバンク	2013年	1286.1	21.7
		2014年	911.1	9.5
今江 敏晃	ロッテ	2013年	1126.1	3.7
		2014年	994	-3.1

　三者三様UZRは異なるが、状況別に成績を見た場合にどうなるかを以降は比較していきたい。

4．守備成績の比較

まずは、各シーズンの成績を選手ごとに比較し、表2から表4に示す。表では三塁側CからIのゾーンまでの処理状況をまとめている。JからMまでの二塁寄りのゾーンを対象としていないのは2013年から2014年の間に三塁手がアウトを獲得していないからである。

表にしているのは各選手が獲得したアウト、内野安打と失策の合計(内+失)、これらの合計に外野へ抜けてヒットになったゴロを含めた総ゴロ数になる。総ゴロ数のうちアウトとなったゴロの値をアウト率とし、選手ごとにシーズンの成績を比較したものを図3から図5に示す。

■ 表2　村田修一(巨)の距離3へのゴロの守備成績

期間	結果	C	D	E	F	G	H	I
2013年	総ゴロ数	35	43	55	65	87	83	94
	アウト	18	33	41	19	7	1	
	内+失	6	5	2	1			
2014年	総ゴロ数	55	36	81	89	90	73	57
	アウト	23	34	53	24	7	2	
	内+失	5		5	1	1		
2013～14年計	総ゴロ数	90	79	136	154	177	156	151
	アウト	41	67	94	43	14	3	
	内+失	11	5	7	2	1		

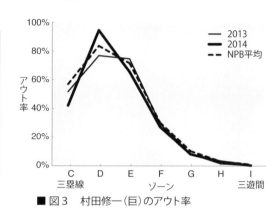

■ 図3　村田修一(巨)のアウト率

■ 表3　松田宣浩(ソ)の距離3へのゴロの守備成績

期間	結果	C	D	E	F	G	H	I
2013年	総ゴロ数	37	44	59	57	79	73	64
	アウト	26	40	53	24	11	2	2
	内+失	2	3		3			1
2014年	総ゴロ数	19	34	43	45	50	38	59
	アウト	12	30	33	11	10	2	1
	内+失	5	3	2	2	2		
2013～14年計	総ゴロ数	56	78	102	102	129	111	123
	アウト	38	70	86	35	21	4	3
	内+失	7	6	2	5	2		1

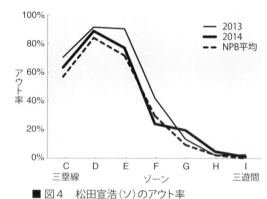

■ 図4　松田宣浩(ソ)のアウト率

■ 表4　今江敏晃(ロ)の距離3へのゴロの守備成績

期間	結果	C	D	E	F	G	H	I
2013年	総ゴロ数	31	40	53	56	67	63	72
	アウト	21	35	38	15	5	1	
	内+失	2	3	3	3	1		
2014年	総ゴロ数	39	28	47	63	54	61	68
	アウト	25	27	28	12	6	1	
	内+失	4	1	4		1		
2013～14年計	総ゴロ数	70	68	100	119	121	124	140
	アウト	46	62	66	27	11	2	
	内+失	6	4	7	3	1	1	

■ 図5　今江敏晃(ロ)のアウト率

基本的に UZR の高い選手ほど、NPB 平均と比較してアウト率が高くなっている。2013 年の松田の UZR 値は今回の分析対象選手の中で最高値だが、図 4 を見るとアウト率も非常に高くなっているのが確認できる。一方、村田は 2 年とも UZR がマイナスとなっているが、図 3 を見るとアウト率の低いゾーンがシーズンで異なることが確認できる。2013 年は D のゾーンのアウト率が NPB 平均より低くなっていたが、2014 年はこのゾーンのアウト率が上がり平均を超えている。しかし一方で三塁線際 C のゾーンのアウト率が低下している。

　このように UZR として 1 つの数値に集約されてしまう前の「ゾーン別のアウト率」を見ることで、端的な値だけでは見えてこない選手の守備力を評価することが可能である。この結果をベースに状況による守備力を比較していきたい。

5. 状況による守備成績の比較

　それでは本題の試合展開による守備成績の比較を行いたい。まず「接戦時の試合終盤」という状況を、今回は次のように定義した。
・7 回以降　　・得点差 ±1 点差以内　　・走者なし

　7 回以降というのは工藤氏の著書を参考とした。接戦については、勝敗の行方が十分に定まっていない点差として、＋1 点、0 点、－1 点の状況と定義した。また、走者がいる場合は守備に制約が出て個人の能力の算出は難しいと考え除外した。今回は走者なしの状況のみを分析の対象としている。

　以上の定義の下で、分析対象 3 選手の 2013 年と 2014 年の成績を合計し、状況別の成績を示したものが表 5 から表 7 となる。走者なしの状況で「1 回から 6 回まで」と「7 回以降」、得点差「±1 点差」と「±2 点差以上」に分類したものだ。

　表の数字をグラフ化したものを、図 6 から図 8 に示す。図中の「2013～14 計」として示したものは、各選手の 2 シーズンの成績を合計しアウト率を計算したもので、個人の平均アウ

■ 表5　村田修一（巨）の走者なし状況における守備成績

回	状況	結果	C	D	E	F	G	H	I
1～6回	±1点差	総ゴロ数	16	12	37	40	49	47	39
		アウト	6	10	27	10	3	1	
		内＋失	3	1	1	1	1		
		アウト率(%)	37.5	83.3	73.0	25.0	6.1	2.1	0.0
	±2点差以上	総ゴロ数	9	4	14	8	10	11	12
		アウト	5	3	8	1	2		
		内＋失	4						
		アウト率(%)	55.6	75.0	57.1	12.5	20.0	0.0	0.0
7回以降	±1点差	総ゴロ数	15	18	25	23	26	13	20
		アウト	8	14	17	8	1	1	
		内＋失	1	1	1				
		アウト率(%)	53.3	77.8	68.0	34.8	3.8	7.7	0.0
	±2点差以上	総ゴロ数	10	11	12	22	25	19	11
		アウト	5	9	5	8	2		
		内＋失		1	2				
		アウト率(%)	50.0	81.8	41.7	36.4	8.0	0.0	0.0

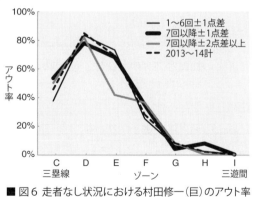

■ 図6　走者なし状況における村田修一（巨）のアウト率

■ 表6　松田 宣浩（ソ）の走者なし状況における守備成績

回	状況	結果	C	D	E	F	G	H	I
1〜6回	±1点差	総ゴロ数	19	15	31	24	31	26	37
		アウト	11	12	27	6	5	1	2
		内+失	2	2	1	1			1
		アウト率(%)	57.9	80.0	87.1	25.0	16.1	3.8	5.4
	±2点差以上	総ゴロ数	5	7	5	7	10	5	8
		アウト	3	6	3	4			1
		内+失	2						
		アウト率(%)	60.0	85.7	60.0	57.1	0.0	0.0	12.5
7回以降	±1点差	総ゴロ数	13	17	9	17	18	16	23
		アウト	11	17	8	5	6		
		内+失	1						
		アウト率(%)	84.6	100	88.9	29.4	33.3	0.0	0.0
	±2点差以上	総ゴロ数	1	9	8	15	14	16	11
		アウト	1	9	8	6		2	
		内安+失策				1	1		
		アウト率(%)	100	100	100	40.0	0.0	12.5	0.0

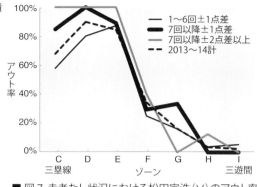

■ 図7　走者なし状況における松田宣浩（ソ）のアウト率

■ 表7　今江敏晃（ロ）の走者なし状況における守備成績

回	状況	結果	C	D	E	F	G	H	I
1〜6回	±1点差	総ゴロ数	15	17	14	34	24	36	35
		アウト	7	16	12	10		1	
		内+失		1	1				
		アウト率(%)	46.7	94.1	85.7	29.4	0.0	2.8	0.0
	±2点差以上	総ゴロ数	4	1	10	11	12	11	10
		アウト	4	1	5	3		1	
		内+失			1			1	
		アウト率(%)	100	100	50.0	27.3	0.0	9.1	0.0
7回以降	±1点差	総ゴロ数	12	11	16	12	20	11	22
		アウト	10	10	13	2	1		
		内+失			1				
		アウト率(%)	83.3	90.9	81.3	16.7	5.0	0.0	0.0
	±2点差以上	総ゴロ数	10	9	16	13	10	12	11
		アウト	6	8	13	3	2		
		内+失	3	1	1				
		アウト率(%)	60.0	88.9	81.3	23.1	20.0	0.0	0.0

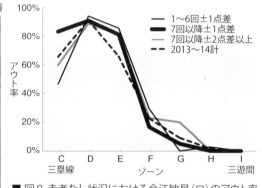

■ 図8　走者なし状況における今江敏晃（ロ）のアウト率

ト率というべきものだ。これと状況別の成績を比較した。

　図7の松田と図8の今江は、他の状況と比べ、7回以降±1点差の状況で、三塁線方向Cのゾーンのアウト率が高くなっている。図6の村田は、状況による成績にそれほど大きな違いは認められなかった。

　以上の結果は、選手が状況に合わせ守り方を変えていることを示唆するものである。また今回の3人の中では、UZRの高い選手ほどその傾向が強いことも確認できた。

　今回は3人のみの分析ではあったが、将来的にはこうした対応も守備能力と考え、評価に組み込んでもよいのではないだろうか。ただし、今回のデータはあくまで守備の結果を見ただけであり、試合展開を考えて守備位置を三塁線に寄せたのか、それとも通常の守備の延長で意識を三塁線に寄せたのかはわからない。また、今回は走者なしの状況のみの分析だったが、走者のいる状況での対応も検討されるべきだろう。

6．三遊間の連携によるゴロの処理

次は「連携」について分析を行う。ここでは2人の野手（三塁手と遊撃手）がチームとしてどれだけアウトを獲得できたかという観点から分析していきたい。

野球は個人記録の採取が発達したスポーツだ。守備率やUZRも全て個人成績である。しかし、野球における守備の目的は、チームとして安打を打たせずアウトを獲得することである。こうしたチームの目的は、個々人の成績を合計することで捉えられるものなのだろうか。試しに2013年から2014年のNPBにおける二三塁間（距離3）に転がったゴロがどう処理されたかの結果から少し考えてみる。

図9の白い領域はアウトを、グレーの領域は内野安打とエラーを、黒い領域は安打となったゴロの数を示している。三塁手と遊撃手の間に安打の領域が広がっているのが確認できるが、この三遊間での安打数を、いかに少なく抑えるかが三塁手と遊撃手の守備の目的となる。では、この三遊間の守備の状況は三塁手と遊撃手の成績を単純に合計すればわかるのだろうか？

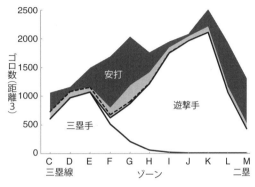

■ 図9　三塁手と遊撃手による二三塁間の守備
（2013-14）

7．分析データ

ここでも「状況」の分析で対象とした3名の三塁手を対象に分析を行った。ペアとなる遊撃手をピックアップし、ペアが同時に守備についていた際のゴロの処理状況を分析対象とする。対象選手のリストを表8に示す。

■ 表8　分析対象選手のリスト

選手	チーム	シーズン	守備イニング	UZR	選手	チーム	シーズン	守備イニング	UZR
村田 修一	巨人	2013年	1227.2	-7.9	坂本 勇人	巨人	2013年	1206.2	26.2
		2014年	1198.1	-5.8			2014年	1226	22.5
松田 宣浩	ソフトバンク	2013年	1286.1	21.7	今宮 健太	ソフトバンク	2013年	1254.1	5.9
		2014年	911.1	9.5			2014年	1294	15.6
今江 敏晃	ロッテ	2013年	1126.1	3.7	鈴木 大地	ロッテ	2013年	1070	-15.3
		2014年	994	-3.1			2014年	870.2	-17.8

三塁手と遊撃手共に2013年から2014年にかけて十分な出場機会のある選手を選んだ。遊撃手のUZRを見ると、坂本勇人（巨人）と今宮健太（ソフトバンク）はプラスで、鈴木大地（ロッテ）はマイナスとなっている。こうした三塁手と遊撃手個人のUZRと三遊間の守備成績の関係を見ていきたい。

それでは、各三遊間のペアの成績を表9から表11に示す。表はシーズンごとの成績を捕球者別に示したものである。二塁寄りのゾーンではわずかに二塁手が処理したゴロもあるが、そ

れは除外して分析した。

さらに、三塁手と遊撃手が獲得したアウト数を合計し、アウト率を求めたものを図 10 から図 12 に示す。比較用に NPB 全体のアウト率の平均値を示した。

図 12 の今江・鈴木のデータを見ると、2014 年の三遊間方向のゾーンのアウト率は NPB 平均並みの成績となっている。2014 年の UZR はマイナスの鈴木だが、三遊間では平均並みにアウトが獲れていたことがわかる。一方二塁方向のゾーンのアウト率は低くなっており、このアウト率の低さが影響し鈴木の UZR はマイナスとなっていると考えられる。

これらの結果を総合すると、少なくとも三遊間でのゴロに関しては、UZR の数字から受ける印象以上の守備をしたといえるのではないだろうか。

図 10 の村田・坂本のデータを見ると、遊撃手寄りのゾーンでのアウト率は高く、三塁手寄りのゾーンは NPB 平均並みで、全体的に見れば三遊間は堅い守りであるといえる。

図 11 の松田・今宮のデータは、三遊間のアウト率が 2013 年と 2014 年では少し異なっており、2013 年は NPB 平均と比較すると三遊間のアウト率は低くなっている。2 人の UZR は 2 年ともプラスなのだが、場所によっては平均以下の処理を見せたゾーンもあるということだ。

■表9 村田・坂本守備時の二三塁間へのゴロ・捕球者別成績

年	捕球者	結果	C	D	E	F	G	H	I	J	K	L	M
2013年	-	総ゴロ	33	38	53	63	80	78	89	72	96	68	57
	村田(3B)	アウト	17	28	39	18	6	1					
		内+失	6	5	2	1							
	坂本(SS)	アウト				5	35	62	80	69	89	48	18
		内+失			2	5	11	8	6	2	3	3	2
	外野手	安打	10	5	10	34	28	7	3	1	4	17	37
2014年	-	総ゴロ	55	36	81	89	90	73	57	80	107	64	56
	村田(3B)	アウト	23	34	53	24	7	2					
		内+失	5			5	1	1					
	坂本(SS)	アウト				11	41	58	53	74	93	33	19
		内+失	1				12	13	7	2	2	3	4
	外野手	安打	26	2	23	41	28	6	2	4	11	30	33

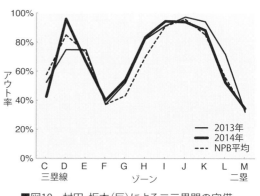

■図10 村田・坂本（巨）による二三塁間の守備
　　　　（2013-14）

■表10 松田・今宮守備時の二三塁間へのゴロ・捕球者別成績

年	捕球者	結果	C	D	E	F	G	H	I	J	K	L	M
2013年	-	総ゴロ	35	43	58	56	78	70	63	104	97	83	59
	松田(3B)	アウト	24	39	52	23	11	2					
		内+失	2	3	4		3		1				
	今宮(SS)	アウト			1		7	41	54	102	92	60	23
		内+失		1		5	11	12	4	1	4	3	5
	外野手	安打	9		4	25	49	16	2	1	1	20	31
2014年	-	総ゴロ	19	34	43	45	50	38	59	57	87	45	30
	松田(3B)	アウト	12	30	33	11	10	2	1				
		内+失	5	3	2	2	2						
	今宮(SS)	アウト			1	2	20	22	55	55	79	28	13
		内+失				2	7	5	2	2	3	4	1
	外野手	安打	2	1	7	28	11	9		5	13	5	16

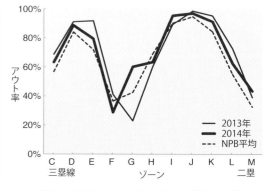

■図11 松田・今宮（ソ）による二三塁間の守備
　　　　（2013-14）

■ 表11 今江・鈴木守備時の二三塁間へのゴロ・捕球者別成績

年	捕球者	結果	C	D	E	F	G	H	I	J	K	L	M
2013年	-	総ゴロ	26	40	44	47	56	51	59	64	80	63	66
	今江(3B)	アウト	19	35	32	11	5	1					
		内+失	2	3	1	2	1						
	鈴木(SS)	アウト				4	13	28	49	61	66	38	18
		内+失				2	11	5	2	2	2	2	4
	外野手	安打	5	2	11	28	26	17	8	1	12	23	44
2014年	-	結果	39	28	47	63	54	61	68	80	92	54	35
	今江(3B)	アウト	25	27	28	12	6	1					
		内+失	4	1	4			1					
	鈴木(SS)	アウト				6	19	48	59	70	66	24	3
		内+失				7	7	6	1	5	8	4	4
	外野手	安打	10		15	38	22	5	8	5	18	26	28

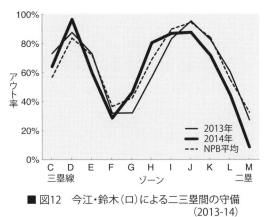

■ 図12 今江・鈴木(ロ)による二三塁間の守備(2013-14)

　最後に、各チームの打球の処理状況を、図9で示した形式で図示し、図13〜15に示す。これは2013年と2014年の成績を合計したものだが、二三塁間へのゴロをどのように処理したかを視覚的に把握するには見やすいグラフではないかと思う。

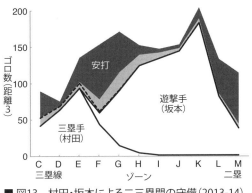

■ 図13 村田・坂本による二三塁間の守備(2013-14)

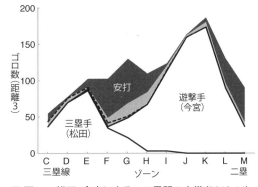

■ 図14 松田・今宮による二三塁間の守備(2013-14)

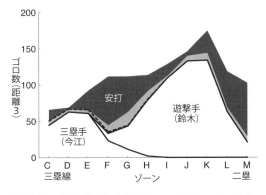

■ 図15 今江・鈴木による二三塁間の守備(2013-14)

8．まとめ

　三塁手と遊撃手のゴロに対する成績をまとめて評価することで、個人のUZRの合計では捉えられない結果がわかることが確認できた。従来のUZRと併用することでより有用性を高めることができるのではないだろうか。

　セイバーメトリクスという言葉が広まっていく過程で様々な指標が開発されたが、その多くは個人指標である。これは移籍市場が盛況で選手の流動性が高いMLBの事情も影響しているのではないかと考えられる。今回分析した三塁手と遊撃手の2人合わせた成績の分析は、移籍市場で優れた選手を探す際などにはあまり有用な情報とは言えない。チームが変わればペアを組む選手も変わってしまうからだ。したがってMLBではこうした情報の需要は低いかもしれない。

　しかしながら、NPBではよくも悪くも選手の流動性が低く、翌年も同じペアで守っていくようなケースが多い。そのような場合には、現状の強みと弱みを把握し改善を目指すためにも活用できる情報ではないかと思う。

　以上、「状況と連携」という観点から、守備の評価に新しい視点を追加できないだろうかというテーマのもと分析を行った。試験的な分析のため、用いたのはごく少ないサンプルに過ぎず、今回の分析結果を過度に一般化することは危険であることには注意が必要である。

　しかしながら、今回の分析が示したように現行のUZRではまだまだ捉えきれない要素が守備の評価にはあるということは確かだ。そうした要素に対する研究を深めていく上での一助となれば幸いである。

参考文献
『野球のプレーに、「偶然」はない～テレビ中継・球場での観戦を楽しむ29の視点～』　工藤公康（著）　カンゼン

外国人捕手の戦力化を考える上でのヒント

水島 仁　Jin Mizushima

　捕手は独自性の強いポジションである。働きがいかに戦力に影響を与えているか解明されていない部分も多く、日本のプロ野球においても、捕手に対してはコーチらの経験則に基づく評価が下されていると見られる。この起用における客観性、柔軟性が失われているポジションに、外国人選手を据えることでアドバンテージを生み出すことはできないだろうか。

1．異国の地で捕手に挑んだ城島健司の成績

　2013年の秋、アメリカのセイバーメトリクス関連の論考が掲載されているウェブサイト『FanGraphs』に「捕手の盗塁阻止力は肩の強さとは関係がない」というリポートが発表された。近年加速度的な勢いで研究が進むセイバーメトリクスだが、捕手の力の全容についてはまだ解明されていない。肩の強さ、リード、インサイドワーク、バッテリーの呼吸など、十分に客観的に把握されていない要素もが多く存在する。また、2014年4月には2013年にオリックスでプレーしたヴィニー・ロッティーノが韓国プロ野球(KBO)で捕手として出場し、4月10日の試合では、アンディ・ヴァン・ヘッケンと韓国球史上初めて外国人バッテリーを組んだというニュースを耳にした。日本では外国人捕手は数少ない未開拓分野のひとつだが、慣習を捨て、外国人選手の捕手としての起用を考えてもよいのではないか。今回はそのような策の可能性をデータから探ってみたい。

　外国人捕手起用に対して最大の壁となっているのは、おそらく投手とのコミュニケーションだろう。そこで日米の過去のデータを振り返ってみたいと思う。検証の対象として、まず日本人としてMLBでプレーした唯一の捕手である城島健司を取り上げたい。

■ 表1　城島健司と他の捕手が務めた際のマリナーズの投手成績の比較

2006	守備イニング	防御率	四球	三振	K/BB	K/9	BB/9	CS%
城島	1172.2	4.81	456	856	1.88	6.57	3.50	33.7
他	274	3.68	104	221	2.13	7.26	3.42	37.5

2007	守備イニング	防御率	四球	三振	K/BB	K/9	BB/9	CS%
城島	1106.2	5.03	438	764	1.74	6.21	2.99	46.5
他	327.2	3.74	108	256	2.37	7.03	2.97	17.9

2008	守備イニング	防御率	四球	三振	K/BB	K/9	BB/9	CS%
城島	833.1	4.57	374	606	1.62	6.54	4.04	32.5
他	602	4.95	252	410	1.63	6.13	3.77	23.1

2009	守備イニング	防御率	四球	三振	K/BB	K/9	BB/9	CS%
城島	580	4.84	226	505	2.23	7.84	3.51	53.7
他	872.2	3.23	308	538	1.75	5.55	3.18	31.4

■表2　城島健司と他の捕手を務めた際の投手成績の比較（投手別・2006〜09）

ヘルナンデス

	守備イニング	防御率	四球	三振	K/BB	K/9	BB/9	CS%
城島	455.2	4.21	110	327	2.64	8.06	3.04	33.3
他	365	2.69	154	406	2.97	8.02	2.71	17.5

ウオッシュバーン

	守備イニング	防御率	四球	三振	K/BB	K/9	BB/9	CS%
城島	425.1	4.78	144	238	1.65	5.04	3.05	52.0
他	242	3.09	61	145	2.38	5.39	2.27	36.4

　城島と、城島以外の捕手がマスクを被った際の投手成績が表1である。そして特定の投手との「呼吸」を探る手がかりとして、城島がプレーした4年間、シアトル・マリナーズのローテーションを守った主力先発投手であるフェリックス・ヘルナンデスとジャロッド・ウォッシュバーン（2010年に引退）について、城島と城島以外の捕手がマスクを被った際の成績を調べたのが表2である。

　表1を見ると、他の捕手がマスクを被った際に比べ、防御率、BB/9、K/9などの数値で城島が劣った数字を記録しているのがわかる。2008年のみ少し傾向が異なるが、四球が多いことは変わらない。BB/9が4を超えていると、投手だけではなく城島にも何らかの問題があると見なされた可能性はあり、信頼を勝ち取るのが難しかったのではなかろうか。

　表2の主力先発投手との呼吸も今ひとつだったことがわかる。唯一、盗塁阻止率が高いことが城島の長所として挙げられるが、もし冒頭のリポートが示唆する「強肩と盗塁阻止は関連しない」という説が事実であれば、守備において城島を起用したことでチームが得たメリットは見出しにくい。

2．マイク・ディアズのケース

　日本で外国人捕手が先発出場した試合は、90、91年にロッテ・オリオンズでプレーしたマイク・ディアズまで遡ることになる。彼が先発出場したのは2年間で合計18試合。これを振り返ってみたい。

■表3　マイク・ディアズがマスクを被った際の投手成績

1990

日時	勝敗	先発	先発投手の投球回	打者	安打	与四死	三振	自責
7/29	●	小宮山 悟	7	28	8	2	2	3
7/30	○	村田 兆治	5.2	27	6	4	5	2
7/31	●	園川 一美	1	3	0	0	0	0
8/1	○	笠原 栄一	1.2	9	2	3	1	2
8/2	●	前田 幸長	2.1	13	6	0	0	5
8/3	○	森 廣二	4	20	7	1	1	3
8/4	●	小宮山 悟	4	20	7	2	2	6
8/7	●	村田 兆治	4.1	21	4	5	5	4
8/8	○	小宮山 悟	3	16	6	1	3	2
8/10	○	伊良部 秀輝	9	36	9	3	5	1

8/14	●	小宮山 悟	1.1	9	3	3	0	3
8/16	○	伊良部 秀輝	6.2	30	7	5	4	1
通算	6勝6敗	-	50	232	65	29	28	32

1991

日時	勝敗	先発	先発投手の投球回	打者	安打	与四死	三振	自責
6/2	●	荘 勝雄	9	36	7	2	5	2
6/6	●	伊良部 秀輝	6	29	6	5	5	3
6/8	●	荘 勝雄	3.2	18	6	1	1	3
6/9	●	笠原 栄一	3	11	1	1	0	1
6/11	●	森 廣二	1.2	9	3	1	3	3
6/12	●	伊良部 秀輝	4	23	7	5	2	5
通算	0勝6敗		27.1	126	30	15	16	17

　データの細かな内訳が得られず精査することはできないが、初回で降板した園川一美とバッテリーを組んだ際以外は全て先発投手が失点している。また捕手としての18試合で引き出したクオリティ・スタートがわずか5試合となると、先発捕手として何か問題があったことが疑われる。特定投手との呼吸においては、後にMLBでプレーする小宮山悟と伊良部秀輝とバッテリーを組んでいることに注目したい。小宮山とは4度組んで15.1回で防御率8.22。一方の伊良部とは同じく4度組み25.2回で防御率3.51。3度はクオリティ・スタートだ。伊良部はMLBで活躍し、小宮山は期待に応えられなかったが、このあたりの外国人捕手との相性が明暗を分けたと考えるのは結論を急ぎすぎだろうか。

3．高まる外国人投手依存は、外国人捕手起用のメリット生むか

　ディアズが活躍していた91年はまだ外国人枠が2人のみだった時代である。台湾出身を除く外国人の投手の獲得が盛んではなかった時代であり、あれから20年以上の時を経て、外国人投手をどの球団も抱えるようになった。

　2012〜14年の3年間で、各チームの全守備イニングに占める外国人投手が登板した割合は表4の通りである。ここでは台湾、韓国出身の外国人投手は除いている。

■表4　全守備イニングに占める外国人投手（アジア系を除く）が登板した割合

球団	2014			2013			2012		
	総計	外国人	割合	総計	外国人	割合	総計	外国人	割合
阪神	1282	208.1	.163	1296	385.2	**.298**	1272.1	349	.274
巨人	1306.1	117.1	.090	1300.2	177.2	.137	1285.2	246	.191
広島	1283.2	232	.181	1290.2	241.1	.187	1272.1	283.1	.223
中日	1293.1	101.1	.078	1298	209	.161	1285.1	137	.107
ヤクルト	1283	217.2	.170	1285.1	126	.098	1269.2	233.1	.184
DeNA	1289.1	192.2	.149	1279.1	124.2	.097	1258	130	.103
オリックス	1294	204.2	.158	1292.1	208.2	.161	1278	182.2	.143
楽天	1271	88.2	.070	1281	182	.142	1278	235.1	.184
西武	1288.1	152.2	.118	1290.2	95.2	.074	1274.2	87.1	.069
ソフトバンク	1303	302.1	**.232**	1286.1	148	.115	1275.1	52	.041
日本ハム	1288.1	265.2	**.206**	1276.1	184.1	.144	1279.2	177	.138
ロッテ	1277	41.2	.033	1283	163	.127	1272.2	231.1	.182

さらに2014年については、下の①〜③にあてはまる試合が何試合あったかを調べた（表5）。

① 先発投手と救援投手の合計6イニングを超えた試合
② 複数の救援投手が合計2イニングを超えた試合
③ ②以外で救援投手が連続で登板した試合

表4を見ると、チームの全守備イニングの2割を外国人投手が担っているチームも見られる。表5では2014年、ソフトバンクや広島、ロッテが外国人投手が長いイニングにわたり登場する試合をつくっていたことがわかる。ソフトバンクはジェイソン・スタンリッジとデニス・サファテという組み合わせが、広島はブライアン・バリントン（オリックスへ移籍）とキャム・ミコライオ（楽天へ移籍）という組み合わせが目立った。いずれも安定感のある先発とクローザーの組み合わせである。

西武のようにマイケル・ボウデンとランディ・ウィリアムス（共に退団）の外国人救援投手2人が頻繁に投げたケースもある。西武の場合、ウィリアムスとボウデンがそろって登板した試合が19試合（②＋③）もあり、そのうち15試合（②）は2人で合計2イニング以上投げている。

■表5
外国人投手（アジア系を除く）起用の傾向（2014）

球団	①	②	③
巨人	4		
阪神			
広島	10	2	
中日	3		
DeNA	8		
ヤクルト	7	8	
楽天	1	15	1
西武	4	15	4
ロッテ			
ソフトバンク	15		
オリックス	5		
日本ハム	13	17	2

外国人投手のチームでの存在感はかなりのものだが、もしそこに外国人捕手をあてることでより力を発揮させられるのであれば、その戦術は実現しやすそうではある。

①のパターンでは、外国人投手＆捕手のバッテリーで試合をスタートし、先発が降板したところで、外国人捕手は別の守備位置に就く。そして外国人クローザーの登板に合わせて捕手として再度マスクを被ればよい。

②、③は外国人救援投手が連続で登板したり、2イニング以上投げるときに、他のポジションから捕手に就く。前述のディアズは、試合の途中で捕手に就いたケースも三度あった。先発捕手としてプレーした2試合でも、捕手→一塁→捕手というポジションチェンジがあった。今思うと、随分と柔軟な野球が20年以上も前に行われていたことがわかる。

4．打てる捕手不在のNPB

次に攻撃面に触れておきたい。表6は2014年の12球団の捕手OPSとwOBAランキングである。2014年は不調だったとはいえ、阿部慎之助の攻撃力は素晴らしいものがある。ヤクルトの中村悠平も、打席数では及ばないが阿部と肩を並べるほどで、今後リーグを代表する攻撃的捕手になれるかに期待がかかる。

その他の捕手は数字の上では大した差がない。巨人の戦力が他球団に差をつけるものであったのは、捕手に中心打者である阿部が置けたからだろう。2015年は一塁にコンバートという話が出ているが、一塁はもともと強打者が多いポジションでもあり、巨人が誇ってきたアドバ

ンテージを潰してしまうとも考えられるのだが、このコンバートが巨人の成績にどう影響するかは興味深いところである。

MLBの攻撃的捕手と言えば、野茂英雄とバッテリーを組んだマイク・ピアザ、松井秀喜とチームメイトだったホルヘ・ポサダ、ダルビッシュ有とバッテリーを組んだマイク・ナポリあたりが挙げられる。この3捕手のポジション別（捕手・非捕手）打撃成績は表7の通りである。

■表6　主な捕手のOPSとwOBA（2014）

捕手	球団	打席数	OPS	wOBA
阿部 慎之助	巨人	526	.765	.341
中村 悠平	ヤクルト	365	.733	.320
嶋 基宏	楽天	432	.684	.326
伊藤 光	オリックス	429	.643	.299
黒羽根 利規	DeNA	374	.635	.284
梅野 隆太郎	阪神	265	.581	.275
谷繁 元信	中日	274	.573	.281
石原 慶幸	広島	223	.570	.255
炭谷 銀仁朗	西武	423	.535	.241
大野 奨太	日本ハム	304	.524	.245
細川 亨	ソフトバンク	294	.521	.240
田村 龍弘	ロッテ	148	.426	.222

■表7　MLBの攻撃的捕手の捕手出場時と他ポジション出場時の成績比較

ピアザ（2004）

出場	打席	打数	HR	打点	四球	三振	打率	OPS	BB%	K%
捕手	210	181	11	24	27	28	.331	.972	12.9%	13.3%
他	312	269	9	30	40	48	.227	.706	12.8%	15.4%

ポサダ（2010）

出場	打席	打数	HR	打点	四球	三振	打率	OPS	BB%	K%
捕手	322	270	13	42	45	61	.256	.844	14.0%	18.9%
他	117	102	4	14	13	34	.245	.754	11.1%	29.1%

ナポリ（2011）

出場	打席	打数	HR	打点	四球	三振	打率	OPS	BB%	K%
捕手	243	209	19	43	31	43	.364	1.142	12.8%	17.7%
他	183	155	11	32	26	42	.265	0.926	14.2%	23.0%

　ポジションと打撃成績の関係をうかがうため、捕手とその他のポジションで併用されたシーズンの数字をピックアップしたが、3人とも、捕手として出場した試合のほうがよい数字を残している。これ以外にも、上述のディアズは90年に捕手として先発出場した試合は39打数14安打10打点の打率.359を記録していた。もちろんこれらはほんの数例であり、根拠とするには不十分だが、不慣れなポジションや指名打者に就くのに比べ、捕手のほうが打撃力を発揮しやすい選手もいるのかもしれない。

　近年の国内の話題としては、DeNAが2013年ケビン・モスカテルというベネズエラ人の捕手を育成契約した。彼は2013年にイースタンリーグ4試合に先発出場し、そのときの先発投手陣の成績は、投球回25、被安打24、与四球5、奪三振20、自責点7、防御率2.52であった。先発出場時の打撃成績は12打数3安打1打点であり悪いものではない。近年、中南米出身の外国人投手を獲得しているDeNAなので外国人バッテリー誕生に期待していたが、引退となってしまった。

　2014年のオフには、楽天がやはりベネズエラ人の捕手アレハンドロ・ゼゴビアと育成契約した。ただしゼゴビアは2012年に捕手として出場したが、ここ2年間は一塁、指名打者、外野で起用されており捕手としてはプレーしておらず、どこまで捕手として期待しているのかはわからない。外国人捕手の起用を前向きに検討する球団はないものだろうか。

バイオメカニクスから見た打たれにくい投手の特徴

神事 努　　Tsutomu Jinji

　バイオメカニクスとは、生理・解剖学的な生体（バイオ）の運動現象を力学（メカニクス）に照らして解明する学問である。本リポートでは、バイオメカニクスの観点から投球されたボールの運動を概観し、筆者がこれまで計測してきた 500 名以上のボールスピンのデータから、打たれにくい投手の特徴について述べていく。

1．ボールが曲がるしくみ

　投球されたボールは、回転しないボールと回転するボールの 2 つに大別され、ボールの曲がるメカニズムは大きく異なる。前者の代表的な球種として、ナックルボールが挙げられる。ゆらゆらと揺れながらホームベースに到達する球種であるが、このボールの曲がりの原因となっているのが盛り上がっているボールの縫い目である。この縫い目に気流が接触することによって、ボールに力が作用する。縫い目の位置次第で力が変わってしまうため、ナックルボールは毎回異なった方向に変化する。

　一方、回転するボールは、マグヌス効果がボールを変化させる原因となっている。純粋なバックスピンの速球を投球した場合、ボールの周りの空気が摩擦で引きずられ、ボールの上側では流れが速くなり圧力が下がる（図 1）。一方、下側では速度が遅くなり、圧力が上がる。このボールの上下の圧力の不均衡によって、圧力の高いほうから低い方へとボールを曲げようとする力が作用する。この力が揚力である。このような原理から考えると、ボールの回転速度が大きくなると、圧力差が大きくなり、揚力も大きくなる。多くの指導書でボールに回転を与えることの重要性が示されていることから、揚力を大きくさせて、速球であればホップするようなボールを、変化球であれば大きく曲げることが、打者を打ち取るためには重要であると考えられている。

　また、揚力の大きさを決定する重要な要素として、ボールの回転軸の向きが挙げられる。もし、ボールが進行方向と回転軸の方向が一致したライフル回転をしていた場合、揚力はどうなるだろうか。先述したボールの曲がる原

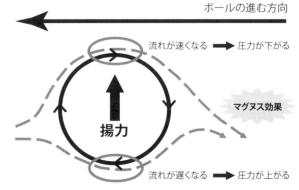

■ 図 1　ボールが回転することによって揚力が発生するメカニズム

ボールの周りの空気が摩擦で引きずられ、ボールの上下の圧力の不均衡に生まれる。これが揚力の原因となっている。ボールがライフル回転すると、上下で速度差が生まれないため、揚力は発生しない。

理が圧力差に起因していることから考えると、ライフル回転のボールには圧力差は発生せず、ボールに揚力は働かない。つまり、ボールは重力どおりに落ちる。ライフル回転のボールに関する議論はいくつかあるが、ほとんど変化しないボールであると考えられている。このように、ボールの変化量はボールの回転速度と回転軸の方向によって決まり、ボールの変化量を大きくさせるためには、回転速度を大きくし、さらに純粋なバックスピンで投球することが重要である。また、回転速度がいくら大きくても、ライフル回転の成分が大きいとボールの変化量は少なくなってしまう。

2．ボールの曲がりの大きさの定量化

ボールは回転することによって、自由落下する放物線から逸脱する。では、ホームベース上で、どの方向へ、何cm逸脱するのか。図2は、右投手の典型的なボールの変化量（逸脱量）を示したものだ。横軸は横方向の曲がりの大きさを表し、正の値が大きいほどボールは三塁方向へ、つまりシュート方向へ曲がっていることを意味する。また、負の値が大きいほどボールは左方向へ曲がっている。縦軸は縦方向の曲がりの大きさを表し、正の値が大きいほど上方向へ変化している。負の値が大きいほど、下方向へ落ちていることを表している。

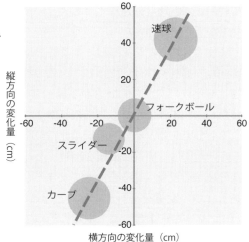

■図2　右投手が投げたボールの
　　　ホームベース上での変化量

ボールに揚力が作用せず、変化しない場合を原点とした。横軸は横方向の曲がりの大きさを、縦軸は縦方向の曲がりの大きさを表した。多くの投手は点線上の球種を投球している。

バックスピンで投球された速球は、上方向に到達する。ここで注目するのはシュート方向にも曲がっているということである。「シュートするボールはよくない」と指導の現場では言われているが、シュートする幅の大小はあるにせよ、99％の投手はシュートしている。

これは投球方法に由来している。投球動作は、肩関節を中心とした円運動とみなすことができる。腕を回転させてボールを加速させるため、ボールには遠心力（求心力）が働く。そして、タイミングよくリリースするために、この遠心力の方向にボールが抜けるのを指で押さえ込むことが必要となる。リリース直前では、ボールに加えていた力の作用線が、ボールの重心から外れることによって、モーメントアームが生じ、ボールに回転が掛けられる（図3）。つまり、遠心力の方向がその後のボールに回転を与える局面に影響を及ぼしていることになる。

この遠心力は、腕を振る面と平行になるため、ボールの回転軸と直角の方向に発生する揚力は、スリークォーターやオーバーハンドで投球すれば自然とシュートしてしまう。また、サイドスローのように腕を横に振ればもちろん、上方向への変化は小さくなり、シュートの成分が増えていく。

フォークボールのように回転速度の少ない球種は、ほとんど変化しないため図2の原点付近にプロットされる。また、多くの投手が投げるスライダーはライフル回転に近いため、回転速度が速球よりも大きいにもかかわらず、ボールは大きく曲がっていない。ライフル回転のボールは"ジャイロボール"として物議を醸した時期があったが、ほとんどの投手は、ジャイロボールに近いスライダーを投球していた。

またカーブに関しては速球と反対方向に曲がっている。カーブは速球よりもライフル回転の成分が大きいものの、回転速度は速球よりも大きい投手が多く、変化量が大きい球種となっている。

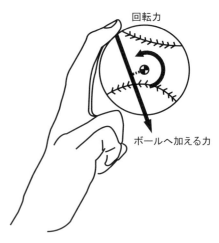

■ 図3　ボールに回転を与える

指からボールへ加える力の作用線がボールの重心から外れることによって、モーメントアーム（点線）が生じ、ボールに回転が掛けられる。ボールへ加える力を大きくすることで、回転力は大きくなる。

球種の分類に関して議論になることは多い。球種はボールの握りや投げ方に準じて決められる場合と、球速や変化の方向から判断される場合とに分けられる。しかし、いずれにしても判別の基準は判別者の主観によるものであり、その境界線は非常に曖昧である。ボールの軌跡は、環境の影響を無視すると、ボールの移動速度、回転速度、回転軸の方向、投射角の4つの変量の組み合わせで決まる（Kreighbaum and Hunt 1978）。本来ならば、連続量である4つの変量を線引きすることで球種を分類することが必要である。しかし、上述したように、ストレートはシュートし、その変化の度合いも投法に依存することから考えると、球種という概念そのものが、どの程度意味を持つのか考え直さないといけないのかもしれない。

3．ボールの回転と打ちにくさ

投手がリリースしてから打者に到達するまで約0.4秒かかる。この間に打者は、打つかどうかを判断し、投球されたボールにバットを合わせながらバットを振り、バットをボールに当てる。ただ当てればよいのではなく、数センチの芯にインパクトしなくてはならない。球速が大きい投手は、打者に判断の時間を短くさせることができるため、打ち取る確率は上がるであろう。

しかしながら、150km/hを超える速球を投球しても簡単に打たれてしまう投手も存在し、反対に130km/hであっても打ち取ることができる投手もいる。この事実を解説するときに頻繁に用いられるのが、「伸びるボール」、「棒球」、「重いストレート」など、いわゆる球質に関する言葉である。球質によるボールの評価は、ボールの速度以外の諸要素に目を向けたもので、ボールを総合的に評価するものと言える。このように表現されるボールはいったいどんな性質を持ったボールなのであろうか。

Higuchi et al.（2013）は、ピッチングマシンから発射される速球の回転速度を毎秒30、40、50回転の3種類用意し、それぞれを同速度（130km/h）に設定することで、回転速度によるバッティングパフォーマンスの違いを評価している。一般的な投手が投げる速球のボール回転速

度は毎秒30回転前後である。毎秒30回転の試技は、バットの芯付近でボールを打撃していたが、ボール回転速度が大きくなると、バットの上っ面で擦ったようなフライやファウルになる打球が多くなったことが報告されている。また、毎秒30回転以下のボールでは、バットの下っ面に当たってゴロになる打球が増える可能性についても言及されている。つまり、一般的な投手が投げる平均的なボール回転速度のボールの軌道は予測しやすく、バットの芯に当てやすい。それよりもボールの回転速度が大きくても、小さくても打者は打ちにくいということが実験により検証されている。

4．力学的な拘束がもたらす球速と回転速度の比例関係

Higuchi et al. が指摘した平均的なボールの回転速度は、球速によって異なる。図4は、速球を投球したときの球速(km/h)とボール回転速度(rps)の関係である。球速と回転速度には、正の相関関係が認められている。つまり、球速が上がると回転速度も大きくなる。投球動作は、肩関節を中心とした円運動であることを上述したが、この比例関係も円運動であることに起因している。

腕を回転させる速度(角速度)を上げると、球速も上がる。こ

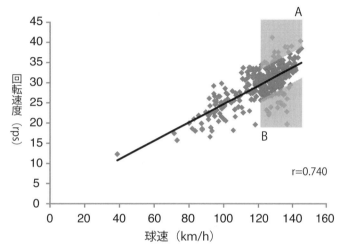

■ 図4　速球における球速(km/h)とボール回転速度(rps)の関係
球速のわりに回転速度が大きい投手をA、回転速度が小さい投手をBで表した。

れに伴って遠心力(求心力)も大きくなる。先ほどのボールに回転を与えるメカニズムから考えると、ボールに加えていた力が大きくなることによって、ボールを回転させる力も自ずと大きくなる。つまり、多くの投手は、球速に見合った回転速度で投球しているということである。打者は日々の練習や試合で、ボールの軌道を学習してスイングするプログラムを身につける。このとき、打者は球速の情報から、ボールの変化量を予測する能力を身につけていると考えられる。よって、回帰直線から大きく外れるボールは、プログラム化されていないため、打ち損じが多くなってしまうものと考えられる。

5．球速と回転速度のミスマッチから考える打たれにくい速球

投手の視点から考えると、打者が見慣れていない「外れ値」を目指すことが必要となる。まず、回帰直線の上にくるような(図4A)、球速が遅いわりにボールの変化が大きい速球は有効なボールとなる。このボールは空振りやフライを打たせる能力が高く、フライボールピッチャー

が投球している速球であることが推察される。一方、回帰直線よりも下にあるような（図4 B）、球速が速いわりに変化が小さい速球は、ゴロを打たせる能力が高い、グラウンドボールピッチャーが投じている速球であると考えられる。

　これまで、ボールの回転速度に焦点を当ててきたが、ボールの変化量には回転軸の方向も影響することを前に述べた。となると、ボールの変化量を大きくさせるには、回転速度を増やすだけでなく、純粋なバックスピンで投球する必要がある。一方、ボールの変化量を小さくさせるには、回転速度を減らすか、ライフル回転のボールを投球するかの2つの方法がある。しかしながら、ライフル回転のボールは、リリース直前の手の向きの問題から、ボールを後ろから押す力が弱まってしまい、球速が上がらない傾向が認められている。

　まとめると、低速で、かつ綺麗なバックスピンの回転速度の大きい速球を投げる投手は打たれにくい。また、高速で、回転速度が小さい、もしくはライフル回転の速球を投げる投手も同様に打たれにくいということになる。

6．解剖学的な拘束から考える打たれにくい変化球

　これまで計測してきた投手の球種の分布を見てみると、多くの投手は直線上に乗る（図2参照）。これには球種を投げ分ける上での、生理学的な拘束が関係している。永見ら（2012年）は、速球と速球に似た握り方をする変化球（カットボール、スライダー、カーブ）のボールの回転軸は、被験者固有の平面上に並んでいることを明らかにした。投手は球種を見破られないように、球種ごとに大きくフォームを変更させることはできない。よって、球種の投げ分けに関与する関節運動は限定される。これについて永見らは、前腕の回内と回外運動（図5）によって回転軸を制御するのがもっとも有効であると結論づけている。このような関節運動で制御されたボールは、図2の直線上に並ぶことになる。多くの投手が投球している球種ということは、打者はスイングのプログラムが形成されている可能性が高い。投手は、外れ値を目指す必要があることから、打者を打ち取るためには、平均値よりも変化の大きなボールを投球する必要があるだろう。

　マイノリティなボールを目指す方略はこれ

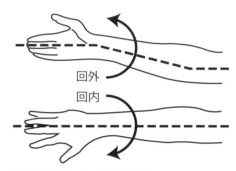

■ 図5　前腕の回内と回外の動き

多くの投手はドアノブを回すような動きでボールの回転軸を制御し、変化球を投じている。

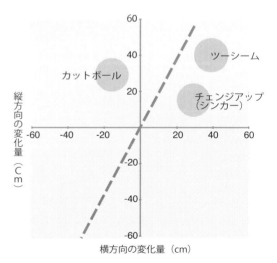

■ 図6　多くの投手が投球しない球種

多くの投手が投球している点線上の球種から大きく離れる球種は、打者は見慣れておらず、打ち取ることができる可能性が高くなる。

だけではない。回内と回外の運動に頼らず、握りの異なる変化球を投球することである。先ほどの研究では、速球と握り方の異なる変化球（フォーク、チェンジアップ、シンカー）の回転軸は、この平面から大きく外れるものが多かったという。チェンジアップやシンカーは、多くの投手が投球する球種の軸から外れた曲がり方をする（図6）。この軸から外れれば外れるほど、打者は打ちにくさを感じるだろう。

また、これらの球種は、いわゆる"抜く"球種であることから、球速は遅くなってしまう。近年、高速に変化するカットボールやツーシーム（シュート）を投球する投手が増加している。特にカットボールは、指に掛けることで、球速を落とさずに（速球の変化から見て）真横に曲がるボールであるため、さらに打者は打ちにくさを感じるボールであろう。

7．まとめ

本リポートでは、投球されたボールだけに焦点を当ててきた。投手の中には、「腕の振りのわりにボールが来る」と称される者もいる。また、速球と腕の振りが同じでボールが来ない変化球を投球する投手もいる。このようなボールは、腕の振りと投球されるボールのミスマッチによって、奥行きで打者と勝負しており、本リポートのようなボールの変化量という2次元的な指標では評価できない。

いずれにしても平均値から外れるボールを投球するということが、打者には打ちにくさを感じさせている。しかも、平均値から外れたボールを投球する技術は、力学的、解剖学的な拘束が邪魔をするため、容易に獲得できるものではないであろう。そして、もし獲得できたとしても、それと同時に多くの投手も投げることができてしまったら、そのボールは外れ値ではなくなってしまう。打者は対応する。その対応を先回りすることが重要なのではないだろうか。探究心や好奇心を持ち、常に変化できる柔軟なマインドを持った人間が、打たれにくい投手の特徴なのかもしれない。

参考文献

Higuchi T., Morohoshi J., Nagami T., Nakata H. and Kanosue K. (2013): The Effect of Fastball Backspin Rate on Baseball Hitting Accuracy. Journal of Applied Biomechanics. 29:279-284.

Jinji T. and Sakurai S. (2006): Direction of Spin Axis and Spin Rate of the Pitched Baseball. Sports Biomechanics 5 (2): 197-214.

Jinji, T., Sakurai,.S. and Hirano, Y.（2011）: Factors Determining the Spin Axis of a Pitched Fastball in Baseball. Journal of Sports Sciences, Volume 29, Issue 7：761-767.

神事努(2013)：プロ野球投手のボールスピンの特徴．日本野球科学研究会第1回大会報告書：24-26．

Kreighbaum E.F and Hunt W.A (1978) : Relative Factors Influencing Pitched Baseballs． Biomechanics of Sports and Kinanthropometry: 227-236.

永見智行，矢内利政，彼末一之(2012)：野球投手が投じる変化球の回転の特徴．第22回日本バイオメカニクス学会大会大会論集：49．

リポート 08

得点推定式を読み解く

蛭川 皓平　Kohei Hirukawa

　セイバーメトリクスの世界には、多数の計算式（指標）が存在する。一般的な野球ファンには煙たがられる複雑な計算式の数々だが、当然それぞれに存在意義を持っている。その中で最も重要と言っても過言ではない計算式が、RC（Runs Created）を代表とする得点推定式（Run Estimators）である。

1．モデルとしての得点推定式

　Bill James が開発した RC は、セイバーメトリクスの世界に存在する指標の中で最も有名なものの1つである。今日のようなセイバーメトリクスをこの世に生み出した著作のシリーズ『Baseball Abstract』の第1作目で取り上げられたというから、RC の歴史はセイバーメトリクスの歴史と同じだけ古いといえる。Oakland Athletics のデータ活用の舞台裏を描いた書籍『マネー・ボール』にも RC の基本型が「得点公式」という和訳で登場している。最も基本的な形の RC の計算式は次の通りである。

RC（Basic）＝（安打＋四球）×塁打÷（打数＋四球）

　チームが記録した安打や四球の数をこの式に代入すれば、高い精度でチームの実際の得点数を予測することができる。1955 年から 2014 年までの NPB チーム打撃成績(n = 725)を対象に RC（Basic）と実際の得点との相関関係をグラフにしたものが図1である。RC で得点の変動がどれだけ説明できるかを示す決定係数は 92.26% であり、犠打や盗塁等が変数に入っていな

いにもかかわらずこれだけの精度が出るという発見は、それ自体極めて重要である。

　RCは「打者を評価する指標」だと説明されることも多いが、実のところそれはRCの使い方の一面を見ているに過ぎない。本質的に言えば、RCは試合の中で発生する事象[1]と得点とを結び付け、得点がどのように生じるかを説明するモデルである。

　「モデル(model)」という言葉は色々な分野で様々な使われ方をするが、ここでは「複数の数の関係を説明するもの」としておこう。モデルとしてRCを見れば、安打や四球と

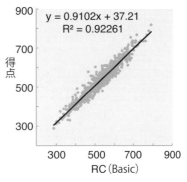
■図1　RC(Basic)と得点の相関関係

いった数と得点という数がどう関係しているかを説明しているわけである。モデルにはまた、現実を単純化した模型という意味合いもある。現実のグラウンド上で起きていることは複雑である。例えばヒット1本が得点にどう繋がるかを考えるだけでも、その日の天候や選手のコンディション、走者の脚力や相手チームの野手の守備力など把握しきれないほど多くの要素が絡んでくる。

　しかし「現実は複雑だ」と言っているだけでは野球においてどんな要素が重要であるか、また複数ある要素がどのように関係しているのかを知ることはできない。そこで実際に分析を行うためにある程度の単純化を行う必要がある。RCはそうして得点を説明する要素を「安打・四球・塁打・打数」に絞り込み、それらの関係としては出塁率と塁打の掛け算のような形になるとしているのである。このように考えると、RCは現実世界を単純化した模型とみなすことができる。

　さて、RC（Basic）はたまたま「(安打＋四球)×塁打÷(打数＋四球)」という式になっているが、安打や四球をどう組み合わせて得点を推定するかには様々な方法が考えられ、RC以外にも「打撃成績をインプットすると得点(の推定値)をアウトプットする式」は存在する。それらは一般に得点推定式と呼ばれる。材料として事象を入れると適当な加工をして得点の推定値を吐き出す機械のようなイメージである。（図2）

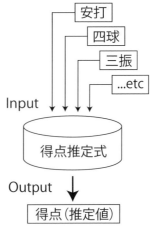
■図2　得点推定式のイメージ

　得点推定式はセイバーメトリクスの基礎として非常に重要である。得点推定式があれば様々な事象の影響力を得点という統一的な単位で比較することができる。また、得点推定式は試合の中で発生する事象と得点との関係を記述したものであるから、得点推定式の仕組みを学ぶことは野球の構造を学ぶことに繋がる。例えばRCの計算の仕組みは「出塁×進塁」であると表現できるが、なぜ出塁と進塁の掛け算で得点が表されるのか。これは野球そのものの構造を考える上で重要な点となる。ひとつの考え方として、出塁がゼロであればいくら進塁能力があろうとも得点は生まれようがないから出塁と進塁は掛け算にすべきだ、という見方ができる。そう考えると出塁と進塁は実際に相乗的な効果を持つと推察できる。このようにモデルと現実をリ

ンクさせることでモデルから現実を考えるヒントが得られる。

　また、RCは単なる打者の評価指標ではないと先に述べたが、得点推定式が現実を描写したモデルであると考えればその意味も明確になる。例えばヒット性の打球をアウトにする守備のファインプレーは、打撃成績に置き換えて考えれば、1本の安打を凡打に変えるプレーであるといえる。したがってRCの計算上安打を凡退の打席に置き換えてみれば、守備のプレーが得点にどれだけの影響を与えるかがわかる。あるいは投手の被打撃成績を評価する際も、仮にグラウンド上に飛んだ打球がアウトになる割合が平均的だった場合（すなわち、平均的な守備力を仮定した場合）にどのような被打撃成績になるかを計算してRCにインプットすれば、守備から独立した失点数を推定することができる。

　このように、得点推定式を知ることは、それによって野球の構造に触れることができるという意味で重要であり、さらに得点による評価を可能にする強力な分析ツールを得るという意味でも有益である。そこで本リポートでは様々な得点推定式を紹介しつつ、それらの特徴と相互関係を整理していきたい。

2．Runs Created

（1）打者の成功の尺度

　冒頭にも触れたが、得点推定式を考えるにあたっては、まずはRCを取り上げなければならないだろう。しかし、RCの得点推定式としての特徴を考える前に言及しておかなければならないのは、打撃成績を得点で表すというそもそもの発想の偉大さである。伝統的に打者個人の評価は打率や本塁打で行われてきたが、RCを用いることで打者を「生み出した得点」という観点から評価することができる。

　RCを開発したBill Jamesは著作『The New Bill James Historical Baseball Abstract』において、打者の仕事は高い打率を残すことや本塁打を打つことではないと論じている。それらは仕事の一部であっても、仕事そのものではない。では仕事そのものは何なのだろうか。

> 　仕事そのものは、得点を生み出すことである。これこそ全ての打者が毎回の打席でやろうとしていることだ。彼らは得点を生み出そうとしているのである。打者の成功を示す本質的な尺度は、どれだけの得点を生み出したかだ。[2]

　野球の試合の勝敗は両チームの得点で決まる。このため得点は野球において極めて重要な構成要素であり、勝利に対する貢献を計るためには選手の働きを得点という単位に乗せて評価をすることが求められる。

　得点の重要性は、また別のJamesの仕事である「ピタゴラス勝率」の観点からも理解することができる。ピタゴラス勝率は「得点の2乗÷（得点の2乗＋失点の2乗）」としてチームの得点・失点から予測される勝率を計算する式である。ピタゴラス勝率と実際の勝率の間には強い相関関係があり、一般的に、ピタゴラス勝率で実際の勝率の9割程度が説明できる。このことは、

結局、得点と勝利は密接に関連しており攻撃に関して言えば年間の勝利を増やすという目標は得点を増やすという目標に置き換えられることを意味する。つまり年間でいかに得点を増やし失点を減らすかがペナントレースの大部分を決める。失点というのも裏を返せば相手の得点であって、得点を理解することは勝利を理解することである。

（2）打者個人の得点

統計上、チームが生み出した得点数は明らかである。しかし、打者個々人がどれだけの得点を「生み出した」のかはわからない。もちろん走者を生還させた数としての「打点」や走者として本塁を踏んだ数の「得点」は記録されているが、これらは結果的にどれだけそれらの機会が訪れたかを表しているに過ぎず、打者個人がどれだけチームの得点に貢献したかを必ずしも適切に表してはいない。打点の多さが打席に入ったときの走者の数に左右されるため個人の評価として不平等であることはかねてから指摘されている。例えば三塁打で出塁した一番打者を二番打者がセカンドゴロでホームに押し込んだとき、二番打者がその1点を「生み出した」と考えるのは得点が生まれる仕組みの理解としてあまり有益なものではない。

結局、打者個人の評価に使えるのは直接的に打線の他の選手に影響されることのない安打や四球、凡打などの打席の結果の記録である。これらをいかに得点に変換するかが問題となる。それらの事象と得点の関係を明らかにしたモデルがあれば、そのような変換が可能となるはずである。

ここで RC を使うことを考えてみる。上述のように RC はプレーと得点を関連付けるモデルなのだから、打者の成績に前掲のような RC の式を適用すれば、打者の打撃成績が何得点分の働きに相当するかが直ちに計算できそうである。しかし、素朴な RC の計算式を前提にすると、実はこの計算には問題がある。

（3）掛け算の意味

なぜ RC は打者個人の成績に適用できないのだろうか。この問題を理解するためには、RC が「出塁×進塁」という計算構造である意味を改めて考える必要がある。

死球や犠飛を含んでいないという細部の問題を除けば、「（安打＋四球）×塁打÷（打数＋四球）」という RC（Basic）の計算式は「出塁率×長打率×打数」という計算と等しい[3]。打数は要するに打撃の機会を表しているから、機会あたりの得点の多さを考えるならば除外して考えてもいい。打数で割り戻すと（1打数あたりの）RC（Basic）は「出塁率×長打率」という形になる。こうして見ると、「出塁率＋長打率」として計算される OPS（On-base Plus Slugging）と類似しており、掛け算か足し算かだけがその違いであることがわかる。

この掛け算こそモデルとしての RC の勘所であり、James はかねてから掛け算の仕組みにこだわっている。

掛け算の意味を具体的に捉えるためには、長距離打者を補強する際に、出塁率が高いチームと低いチーム、どちらに入ったときにその効果が高いかを考えてみるのが有効である。出塁率

が高いチームでは、塁上が走者で埋まっている場合が多いから、長打が多くの得点を生みやすい。他方、出塁率が低いチームの場合、長距離打者が打席に入っても塁上が埋まっていない場合が多いから、長打を打っても得点に繋がらないことが多いはずである。

つまり、同じ長打を1本得るにしても、チームとして出塁率が高いか低いかによって増加する得点の量は異なる。長打率.400から.500への上昇は、足し算のOPSでは出塁率にかかわらず常に.100の効果である。しかし掛け算のRCでは、出塁率が.300なら0.03の効果、出塁率が.350なら0.035の効果であり、出塁率が高いほど長打を得ることの効果が大きい。同様に、出塁率の上昇も、長打率が高いほど現実の効果は大きいはずである。掛け算の構造で計算されるRCはこのような出塁と進塁の相乗効果を反映する。これは野球の仕組みのうまい描写になっているのであり、だからこそJamesはRCを掛け算にしているのである。RCをモデルとして解釈していくと、まずこの点が特徴として浮かび上がってくる。そして、RCを前提とすれば、出塁率と長打率はどちらか一方だけを高めても効果的ではなく、両者をバランスよく高めることが得点増加に有効であるという現実に対する含意が得られるのである[4]。

(4) 理論上のチーム補正

これまでの説明から直観的にわかるように、基本型のRCは得点とプレーの関係を、チーム全体として、打線ひとつながりとして考えている。すなわち、RCは実はチームの打撃成績に適用して計算することを暗黙の前提とした計算式ということになる。このことが、個人成績に直接適用できないという議論に繋がってくる。

RCをそのまま個人に適用するとどのような問題が起きるかは、出塁率と長打率が飛びぬけて高い全盛期のBarry Bondsのような選手を対象にして計算する場合を考えるとわかる。Bondsは出塁率6割・長打率8割というシーズンもあったが、単純にその2つの掛け算とすると、6割の出塁率を持つチームが常に塁上を混雑させながら毎回長打率8割の長距離打者を打席に迎えて攻撃を行っているような想定の計算になるのである。この場合、計算上はあたかもBondsが自ら出塁し、そして自らを長打で生還させるような試合を行っていることになる。しかし実際にはBondsの他に8人の打者がいるのであり、Bondsが打席に入るときには彼らの出塁率の分の走者がいるにすぎないし、Bondsが出塁してもその後打席に入るのは長打率8割には満たない打者である。掛け算がチームとしての出塁と進塁の相乗効果を描写する分、計算式を能力の極端な個人に適用すると、あたかも本人が本人を還すような非現実的な状況が想定され、過大な数値が出力されてしまう。平均的な打者について計算する場合は問題にならないが、能力の低い打者について計算する場合には強打者のときとは逆に過小な数値が出力される。

そこでJamesは、理論上チーム(Theoretical Team)補正というものを考えた。上記の問題は、モデルとしてのRCそのものの欠陥ではない。式をそのまま個人成績に当てはめるのは不適切だというだけである。ならば、RCの仕組みは維持しつつ、むしろそれを活用して、打線の中に9分の1として個人が加わったときにどういう影響があるかを測定すればいい。

理論上チーム補正を考える下準備として、RCのバージョンと計算式の記法を改めておこう。

RC（Tech）＝ A × B ÷ C

A ＝ 安打＋四球＋死球－盗塁刺－併殺打

B ＝ 塁打＋ 0.24 ×（四球－故意四球＋死球）＋ 0.62 ×盗塁＋ 0.5 ×（犠打＋犠飛）－ 0.03 ×三振

C ＝ 打数＋四球＋死球＋犠打＋犠飛

　一気に式が複雑になったように見えるが、先ほどから示している RC と基本構造は変わっていない。A は出塁、B は進塁、C は機会を表しており、A の出塁に死球が加わって盗塁刺・併殺打が引かれるようになったり B に四死球や盗塁、犠打等による進塁が加わったりする調整が施されているだけで、「A × B ÷ C」という計算の仕組みは変わらない。テクニカルバージョンなどとも呼ばれるが、以下ではこの A・B・C を使って RC の理論上チームバージョンを考えていく。

　理論上チームバージョンとはその名の通り、RC をそのまま打者個人の成績に当てはめて計算することができないため、打者の成績を仮想的にその他 8 人の平均的な打者と打線を組んだかのような状況におき、その数値を RC の計算式に当てはめるものである。

　例えば、出塁を表す A から考えてみる。打席（C）が 500 で出塁（A）220 の選手がいるとすると、この選手と平均的な 8 人の打者を合わせた 9 人で構成される打線の出塁数は、220 に対象とする選手と同じ機会数（C）500 に一般的な「A ÷ C」の比率 0.3 を掛け合わせたものの 8 人分を足し合わせた数字、すなわち「220 ＋ 8 × 0.3 × C ＝ 220 ＋ 2.4 × C ＝ 220 ＋ 2.4 × 500 ＝ 1420」である。この 1420 が RC の式にインプットする A となる。

　同様に進塁（B）も、対象選手の B が 300 で標準的な「B ÷ C」が 0.375 なら、「300 ＋ 8 × 0.375 × C ＝ 300 ＋ 3 × C ＝ 300 ＋ 3 × 500 ＝ 1800」となる。

　最後に理論上チームの C は、各打者に均等に打席が回ってくるものとして単純に対象選手の C に 9 を乗じた「9 × C ＝ 9 × 500 ＝ 4500」となる。

　最終的に、理論上チームとしての得点は素直に RC に従って「1420 × 1800 ÷ 4500 ＝ 568」と計算できる。このようにすれば計算上は対象の打者と平均的な 8 人が打線を組んだ場合の得点が計算されるのであって、RC にインプットされる出塁率と長打率は平準化され、強打者にそのまま RC を当てはめたときに起こる自分が出塁して自分で還すかのような計算をしてしまう問題は回避できる。

　なお 568 というのはチームとしての得点であって、対象の打者 1 人が創出した得点ではない。そこで最後に平均的な 8 人による得点創出「0.3 × 0.375 × 8 × C ＝ 0.9 × C ＝ 0.9 × 500 ＝ 450」を 568 から減じて「568 － 450 ＝ 118」が対象の打者 1 人が創出した得点となる[5]。

　理論上チーム補正を考慮して計算した RC が 118 であり、補正をせずに「220 × 300 ÷ 500」と計算すると 132 になる。比較すると前者の値が小さいことから、理論上チーム補正が機能していることがわかる。後者の値は自らと相互作用を起こすものとして計算された過大なものである。

　結論として現在広く使用される RC の計算式は次の形であるが、上記の説明と照らし合わせればその意味は明快だろう。

TT（Theoretical Team）RC ＝ {(A ＋ 2.4 × C) × (B ＋ 3 × C) ÷ (9 × C)} － 0.9 × C

　要約すれば、理論上チームバージョンの RC とは、RC の基本構造はそのままに、平均的な8人と組んだ打線を理論的に想定し、その打線が生み出した総得点から「対象とする打者以外」が生み出した得点を除外することで、差分として対象とする打者が創出した得点を評価するモデルなのである。
　土台となる RC を尊重しながら個人評価への対応を可能にした面白い計算方法と言えるだろう。後述する LWTS が存在することを考えれば、ただ単に個人の得点創出を評価したいのであればここまでまわりくどい計算をする必要はないという見方もあり得る。しかし James はあくまでも打撃事象が相互作用を持ちながら得点が生まれるという野球の仕組みの描写を重視しており、個人の評価もそのような仕組みを考慮した中で行いたいと考えたためにこのような計算方法の RC が存在するものと思われる。モデルにこだわっているのである。

（5）RC/G という観点

　RC 編の最後に、RC/G（Runs Created per Game、あるいは RC27）に触れておこう。RC/G は、創出された得点である RC を、27 アウトあたりの数字に直したものである（あるいは1試合の平均的なアウト数として、25.5 アウトあたりなど若干異なる数字で計算される場合もある）。

RC/G ＝ 27 × RC ÷（打数－安打＋犠打＋犠飛＋盗塁刺＋併殺打）

　打者ごとの RC の大小は、機会である打席の多さに大きく依存する。それほど優れた打者でなくても多くの打席を与えられれば絶対値としてはそれなりの RC を残すことも可能である。そこで打席数の異なる打者同士を生産性について公平に比較するために機会あたりの数字に直した RC/G が用いられる。安打数と打率の関係と考えればいい。
　しかしこの式は、計算の構造に注目すると「機会数の異なる個人間の比較ができる」という実益以上に興味深いものである。そもそも野球の攻撃は、9イニングの 27 アウトを消費する間にできるだけ多くの得点を稼ぐことを目的としている。上の RC/G の計算式を見ると、見事にその問題意識が定式化されていることがわかるだろう。漠然と「勝利のために得点を増やそう」と考えても、得点に関係する要素には数限りないものがあり、何を重視すればいいのか判然としない。これに対して RC/G を理解すれば、一定のアウトを消費する間にできるだけ出塁と進塁を稼ぐのが得点を増やすための打者の仕事であるという構図がクリアに見えてくるし、四球や長打や盗塁がどれだけ得点に影響するかを具体的に検証することもできる。単に打者を数字で評価できるというだけでなく、このように計算の仕組みを通じて野球の構造を見通せるようになるのが得点推定式を理解する重要な意味である。
　RC/G は『マネー・ボール』においても、「究極の評価方法」として登場する。なぜ RC/G が「究極」なのかと言えば、上述の通り、最終的に野球の攻撃が目指しているところの形式に即して打者を評価しているからである。これにより、打者個人とチームの攻撃力を比較することすら

可能となる。『マネー・ボール』では Oakland Athletics が獲得した Scott Hatteberg の攻撃力が New York Yankees の打線を上回ることを示すものとして用いられた。厳密に言えばシーズンの総得点に換算されているが、これは RC/G に年間の試合数を乗じるだけで求められる。

　シーズンが終了するたび、ポール・デポデスタは、アスレチックス全選手のデータをもとに、各選手が打席をどれぐらい有効に利用したかを調べる。究極の評価方法はじつに独特だ。もし1番から9番までその選手ひとりに打たせて試合をしたら何点入るか、を計算していく。たとえばハッテバーグだけで打順を組んで 2002 年のアスレチックス全試合を戦ったら、総得点はいくつになるのか？
　計算の結果、ハッテバーグのクローン人間9人でチームを作ると、940 ないし 950 点入ることがわかった。（中略）一方、重量級打線を誇るニューヨーク・ヤンキースは、897 得点だった。すなわち、ハッテバーグ9人のチームは、ヤンキースを上回る球界最高の攻撃力を持っているのだった。[6]

　なお RC/G は指標の意味の直観的な説明が「対象の打者で1番から9番まで打線を組んだとして1試合で平均してどれだけ得点できるかを表す数字」といった内容となるため、非現実な仮定により計算されたナンセンスな数字であるという批判がなされる場合がある。しかし計算の中身はこれまで見てきた通りであり、計算の元となる RC が理論上チームバージョンによって計算されている場合には特に、RC/G には実質的にアウトあたりの得点創出という意味しかない。単にアウトを消費する間にどれだけ得点を創出できるかという生産性を打者ごとに評価するものであり、その得点数を 27 アウト分にすれば仮想的には1試合分の得点が出るというだけである。27 を乗じるのは「RC÷アウト」だと馴染みのないスケールの数字になって評価がしにくいためであり、チームの平均得点と同じ感覚で見ることができるスケールにするという以上の実質的な意味はないと言えるだろう。27 を乗じても乗じなくても、選手間の比較には影響をもたらさないのである。

（6）RC をもたらす「偶然」

　ところで、例えば OPS は得点に「相関」しているが、数値そのものは .700 や .800 といった大きさであり、得点数に「近似」してはいない。得点を生み出す要素である安打や四球を適当に組み合わせて加減乗除を行えば得点に相関する数字を作ること自体は簡単である。他方で RC はなぜ、出塁率に塁打を掛けるという計算方法で得点に「近似」した値が得られるのだろうか。この点については、基本的には「偶然そうなる」と言うしかないのではないかと思われる。結果的に近い数字が得られる以上は、数式を分解して後付けの理由を考えることはできるかもしれない。しかし RC の式は普遍的に野球の構造を捉えているわけではなく、ある程度現実から離れた出塁率のレベルを想定すると結果が破綻することが知られている。結局のところ、出塁率と塁打を掛ければ得点に近い数字が得られるというのは、たまたま一般的なプロ野球の出塁率の水準ではそうなるというだけのことなのである[7]。

3．Base Runs

（1）RC の課題と超克

　次に、David Smith が開発した得点推定式である BsR（Base Runs）について考えていく。BsR は日本ではあまり用いられることはないが、セイバーメトリクスの世界では得点推定式の王様として扱われる非常に優れたモデルである。

　BsR は、位置付けとしては RC の改良版にあたる。RC が得点の近似として成り立つのはたまたまだと述べたが、RC の計算はそもそも論理的に得点が生まれる仕組みを表したものではないという批判がある。確かに、漠然と「出塁と進塁には相乗効果がある」ということには頷けるとしても、出塁数と進塁数を掛け合わせたら数字として得点数が出てくるというのは理論的な背景が判然としない。

　RC の計算の奇妙さは極端な例を考えてみるとわかる。RC（Basic）の「(安打＋四球)×塁打÷(打数＋四球)」を前提に「1 打数 1 本塁打」の場合と「100 打数 1 本塁打」の場合を考えると、前者は「1×4÷1＝4」となり、後者は「1×4÷100＝0.04」となる。前者はチーム成績として考えればソロホームランが発生しただけであるのに 4 点が計上されるため描写としては異様であるし、後者は本塁打が発生しているにもかかわらず 1 点に満たない点数しか計上されないため、ナンセンスである。このように RC は得点が生まれる構造を大事にするものであると言われつつも状況によっては破綻した結果を返すものであり、特に本塁打の扱いに問題がある。

　これに対して改良版である BsR の式は次の通りである。BsR にも多数のバージョンが存在するが、一般的に使われるものを掲げている。

BsR＝ A ×{B ÷(B ＋ C)}＋ D
　A ＝安打＋四球＋死球－本塁打－ 0.5 ×故意四球
　B ＝{1.4 ×塁打－ 0.6 ×安打－ 3 ×本塁打＋ 0.1 ×(四球－故意四球＋死球)＋ 0.9 ×(盗塁－盗塁刺－併殺打)}
　　　× 1.1
　C ＝打数－安打＋盗塁刺＋併殺打
　D ＝本塁打

　いくつかのコンポーネントを持ち、それらを組み合わせることによって得点を導こうとしている形が RC に似ている。本塁打をセパレートで扱っているのが特徴的であり、RC と同様 A が出塁を表すが BsR の場合本塁打は出塁に数えない。B は進塁であり、C はアウト、D は本塁打を表している。

　BsR の式の骨格は「走者数×生還率＋本塁打」と表せる。式で言えば走者数が A、本塁打が B、そして生還率が「B ÷(B ＋ C)」の部分に対応している。塁に出た走者のうち、進塁を原因として一定割合が生還し、それが点になる。そして本塁打は本塁打の分、独立して点が入る。BsR の骨格はこのような理屈を的確に定式化しており、論理的には完全に正しい形をしている。具

体的な計算式に落とせるかは一旦別として、「塁に出たうち生還した走者と本塁打の合計がチームの得点である」という構成については反論のしようがない。

　RC の計算が破綻するケースとして 1 打数 1 本塁打と 100 打数 1 本塁打のケースを挙げたが、BsR はいずれのケースについても 1 得点という正確な結果を返す。他方で、出塁が多いほど長打の効果が高い、長打がある場合ほど出塁の効果が高いという出塁と進塁の相乗効果についても反映される計算式になっており RC の長所は維持している。これは本塁打をセパレートで扱っている結果であり、BsR は RC の長所をそのままに欠点だけを克服したようなモデルとなっている。RC のような「出塁×進塁」という漠然とした定式ではなく論理的な組成をしている点を見ても、後発である分、優れているモデルであることがわかる。

（2）生還率

　BsR の要点は明らかに生還率の部分にある。塁に出た走者の数（A）と本塁打（D）は比較的曖昧さなく定義できるが、どうすれば生還率を的確に見積もることができるかは問題である。生還率さえ適切であれば BsR は「定義上」正確な得点数を算出することができる。Tangotiger は BsR こそが得点が生まれる仕組みを反映した優れた式であるとし、得点推定式の探究は BsR における生還率の推定方法探究の問題になったと論じている[8]。

　現状は進塁とアウトのうち進塁の割合という形をしており、論理的に生還率は出塁した走者が全く生還しない場合の 0 ％から全てが生還する場合の 100% までの数字であるため、割合を使うのはうまい計算の仕方であると言えるだろう。

　走者が各種のヒット等でどれだけ進塁するかは走者の脚力や守備の動きなどのフィジカルな事情に影響され野球の仕組みから理論的に演繹できるものではないため、経験的に決めるしかない。このためいくら理論的に構成した式を作ろうとしても B コンポーネントに係数が入ってくるのは仕方のないことである。

　逆に言えば経験的に係数を調整する必要があるのは B の部分だけであるため、例えば日本プロ野球に合わせた形式の BsR を作成しようと考えたときには B の調整だけをすれば足りる。

（3）BsR の活用

BsR と RC（Tech）の得点推定式としての精度を比較したのが以下の図3と図4である（対象は 1955-2014 年の NPB）。

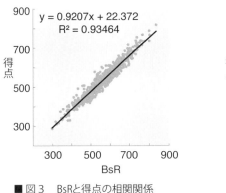
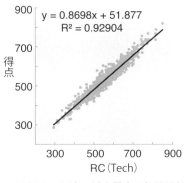

■ 図3　BsRと得点の相関関係　　■ 図4　RC（Tech）と得点の相関関係

決定係数は BsR 93.46% と RC(Tech) 92.90% であり、BsR は若干ながら RC を上回る精度を示している（RC は Basic の 92.26% からほとんど変化がない点に注意。Tech では盗塁や犠打が変数として加わっているが総得点にはさしたる影響を及ぼさないことがわかる）。

BsR は、一般的に分析に用いられる中では最も強力な得点推定式と言っていい。RC と同様、打者個人の得点創出を評価するのに用いるためには厳密に言うと理論上チーム補正が必要になるため、計算の煩雑さもあり、実際に使われる機会は多くない。しかしプレーと得点の関係を説明するモデルとして説得性があるため理論的な道具として重要であるし、実際の機能も優れているためシミュレーション等に用いることもできる。

実践的な問題として BsR の使用が望ましいと考えられる場面としては、例えば DIPS（Defense Independent Pitching Stats）の計算がある。

現状、守備から独立した防御率を計算する手法としては Tangotiger による FIP（Fielding Independent Pitching）が一般的である。「｛13 ×被本塁打＋3 ×（与四球－故意四球＋与死球）－2 ×奪三振｝÷投球回＋ C」[9] として計算される FIP は、どのような投手に対しても各種の事象に一定の得点価値を見込む計算方式をとっている。しかし再三述べてきた通り、事象の得点への影響は出塁率など得点環境[10] によって異なる。得点が生まれる原理をより適切に反映することを考えるならば、四死球が少なく奪三振が多いために許す出塁が少ない投手については本塁打を打たれた場合の得点価値は低く計算されるべきであり、逆もまた然りである。投手の被打撃成績を守備から独立したもの（例えば被安打の数を実際の数字ではなくボールインプレーにリーグの平均的な割合を見込むものとして計算したもの）に変換して BsR を適用すれば、得点のダイナミックな構造を反映した計算を行うことができる。

本リポート執筆時点で、大手セイバーメトリクス系サイト『FanGraphs』（http://www.

fangraphs.com/）は総合評価指標 WAR（Wins Above Replacement）の計算において投手を FIP によって評価している[11]が、このやり方は簡便ではあるものの厳密に言えば BsR を用いるほうが適切な評価が行えるものと考えられる。

このほかにも、簡便性の問題から簡易的なモデルが用いられているが本来的には BsR を用いるほうがより適切である場面は多い。いずれにせよ BsR は、得点推定式の中で最有力なモデルであり、従って広くセイバーメトリクスの世界において非常に重要な指標である。

4．Linear Weights

（1）LWTS とは何か

RC・BsR は事象間の相互作用を考慮するモデルであり、乗算モデルであるとかダイナミック・モデルなどと呼ばれる。ダイナミック・モデルにおいてある事象の価値は、他の事象の発生状況にも依存する。

これに対して特定の事象に常に一定の価値を見込む得点推定式があり、これは加算モデルとか線形モデルと呼ばれる。加算モデルの代表格が George Lindsey、Pete Palmer らの業績によって構築された LWTS（Linear Weights）である。LWTS の体系は 1984 年の『The Hidden Game of Baseball』という著作にまとめられているが、これはセイバーメトリクスの世界では古典的名著とされている。

LWTS の基礎には得点期待値の考え方がある。得点期待値とは、一定の塁・アウト状況から、そのイニングが終了するまでに平均してどれだけの得点が入るかを統計的に求めた数値である。Palmer が 24 の状況についての得点期待値を求めた MLB（1961 年から 1977 年）の得点期待値表は表 1 の通りである[12]。

この得点期待値表を使うと、安打や四球や三振等各種の事象が、平均的な環境を仮定した場合にどれだけ得点の増減をもたらすかを詳細に評価できる。

例えば無死走者なしの状況から平均的に見込まれる得点は 0.454 点であり、単打で無死一塁になると 0.783 点に上がる。この場合、単打は「0.783 － 0.454 ＝ 0.329 点」の価値があったことになる。もし一死一塁(0.478)から単打が出て一死一・三塁（1.088）になった場合には 0.610 点の価値となる。

■表1　1961-1977 年 MLB の得点期待値表

状況	無死	一死	二死
走者無し	.454	.249	.095
一塁	.783	.478	.209
二塁	1.068	.699	.348
三塁	1.277	.897	.382
一・二塁	1.380	.888	.457
一・三塁	1.639	1.088	.494
二・三塁	1.946	1.371	.661
満塁	2.254	1.546	.798

このように同じ種類の事象でも発生する状況によって価値は異なるが、発生した事象全てについてこのような計算を行い、事象ごとに得点期待値の変化の平均値をとると「その事象が平均的に得点の見込みを何点分高めるか（得点価値）」がわかる。これをまとめたものが BR（Batting Runs）と呼ばれる打者の評価指標であり、これについても多数のバージョンがあるが例えば次頁のような式になる。

BR＝0.47×単打＋0.78×二塁打＋1.09×三塁打＋1.40×本塁打＋0.33×(四球＋死球)－0.25×(打数－安打)
　　＋0.22×盗塁－0.38×盗塁刺

　単打は平均して 0.47 点だけチームの得点を増加させ、二塁打は 0.78 点、三塁打は 1.09 点……という具合になっている。アウト（打数のうち安打でなかったもの）は平均的な打席結果と比べると得点の見込みを減らすため、マイナスの価値が与えられる。この式を打者個人の打撃成績に当てはめると「同じ打席数を平均的な打者が打つ場合に比べてどれだけチームの得点（期待値）を増やしたか」を評価することができる。数字の意味における RC との違いは、RC は創出した総得点の形で数字が出力されるのに対して、BR では平均的な得点の見込みに対する増減を評価しているため、平均的な打者ではゼロという評価が与えられることである。平均的な打者の RC が 50 になる打席数で 80 の RC を稼いだならば、BR は 30 となる。差分に注目しているわけであり、マイナスの評価も生じ得る。

　ここで用語を整理しておくと、LWTS というのは広い意味では打撃の評価に限らずプレーに一定の加重を与えて評価する方法、すなわち加算モデル全般のことを指す用語である（従って後述の XR も広義の LWTS にあたる）。加算モデルを構築するために得点価値を割り出す方法はいくつも考えられるが、得点期待値から LWTS の加重を割り出して打撃成績に適用し打者の評価指標とする場合を特に Batting Runs と呼ぶことが多い。Palmer らは BR のほかに Fielding Runs、Pitching Runs 等を合わせた総合的な評価体系として Linear Weights System というものを考案しており、これ自体の呼び方も LWTS であるため、LWTS は加算モデル全般を指す用語でありつつ、特に Palmer らによる得点期待値をベースとした評価体系のことを含意する場合もあるので注意が必要である。本リポートでは LWTS というときには原則的に得点期待値から得点価値を求める Palmer らの評価方式を念頭に置き、特に後述の XR と区別したい場合には BR と呼称する。

（2）得点期待値という発明

　ここで注目すべきは、LWTS の元となった得点期待値という道具である。得点期待値の発明はセイバーメトリクス史上極めて重要なものの 1 つだと考えられる。
　グラウンド上で起きる事象には様々なものがある。安打や四球だけでなく、盗塁刺、パスボール、守備のファインプレー、等々である。そういった様々な事象について、盗塁成功率や守備率等、対象とする事象を数量的に評価する手法自体はそれなりに存在していた。しかし、盗塁成功率や守備率の数値にどれほどの意味があり、それがどのように勝利に関係しているのか。各種の数字を合理的に統合する手段がなかった。
　野球の勝利は得点によって決まるが、得点期待値を使えば、あらゆる事象についてどれだけ得点の変動をもたらすかを評価することができる。対象とする事象の前後で塁・アウトの状況がどのように変化をしたかを調べ、前後の得点期待値の差をとるだけである。これにより、その事象を達成することの技術的な難易度等にかかわらず、結局のところその事象によって客観的に観察できる塁・アウト状況がどのように変化したかさえ判断することができれば、どんな

事象であっても得点価値を割り当てることができる。そして各種の事象を、勝利を決定付ける得点への影響という観点から統一的に比較・評価することができるようになる。当然、得点期待値は犠打や盗塁など戦術を考察する上でも強力な道具になる。

　得点期待値及びそこから得点価値を導き出してプレーを評価するLWTSという概念の発明によって、あらゆる事象が得点価値で評価されるようになった。これはいままで漠然と捉えられていた様々なプレーの重要性を客観的に明らかにするものであり、これまで重要と思われていたプレーがそれほど重要ではないことがわかったり、逆に重要ではないと思われていたプレーが重要であることがわかったりすることを通じて、RCやBsRとは異なる「各種の事象の重み」という観点から野球の構造理解を進めるものとなった。

　従来セイバーメトリクスのような数字による評価に対しては「ライト前ヒットで一塁走者が三塁へ向かおうとするとき、ライトが強肩のイチローであれば進塁を思い留まるだろう。こういった数字に表せない要素はセイバーメトリクスでは評価できない」といった批判がなされることがあった。

　しかしこのような事象に対しては、一塁に走者がいるときに発生したライト前ヒットに関するデータを集め、リーグ全体ではどれだけの割合で進塁を許したか、守備者がイチローのときにはどれだけの進塁を許したかを計算してイチローが平均的な守備者に比べて走者を三塁に進ませなかった分の効果を得点期待値から割り出せば、直ちに「イチローが走者にプレッシャーを与えて進塁を許さなかった分の貢献度は○○点である」と具体的な得点数の評価を出すことができる。実際にこのような評価はアーム・レーティングとして既に実用化されている。一見評価が難しいような事柄であっても塁・アウト状況の変化にさえ落とすことができれば容易に得点による統合的な評価を行うことができるという、得点期待値の強力さを示す例である。なお、外野手の進塁抑止について同様の分析をRC・BsRで行おうとすれば、おそらく非常に煩雑になるだろう。

（３）得点推定式としてのLWTS

　LWTSの歴史は古い。セイバーメトリクスの発展過程では、打者を得点により評価する手法としてRCかLWTSか、という一種の対立軸があったようである。

　モデルとしてのRCとLWTSの違いは、RCがダイナミックなモデルであり事象間の相互作用を考慮するのに対し、LWTSはそれを考慮しないことである。二塁打1本をとっても、RCの世界では出塁率が高いか低いかによってその価値が異なる。しかしLWTSの世界では、二塁打の価値が例えば0.78点であるとした場合に、計算上二塁打は常に0.78点の価値となる。特定の事象には特定の価値がベタっと貼り付けられている。

　RCのところで得点が生まれる構造を考えてきた通り、LWTSのこのような計算方法は、モデルとしては正しくない。ある事象と他の事象との間には理論的に言えば相互作用があるはずであるから、本来はこれを反映するモデルが望ましい。

　しかし、そうであるにもかかわらず、LWTSは広く用いられており、昨今の総合評価指標WARの計算においてもwOBA（後述）という形で採り入れられている。LWTSが打撃の評価指

標として利用される機会は以前にも増して増えていると言っていい。これはなぜなのだろうか。

　1つには、得点期待値という理論的な基礎があるために個人評価に当てはめることの違和感が少ないという背景が考えられる。RC は個人にそのまま適用することができるモデルではなく、適用しようと思うと理論上チーム補正など煩雑な計算が必要になる。LWTS の場合得点期待値というミクロな状況の分析から出発しており、平均的な環境を仮定して選手の働きがどれだけの得点価値になるかということを素直に表せる。RC の場合はチームの成績に当てはめたときに実際の得点との一致がよいということがモデルの妥当性を示す根拠となったが、ある意味で LWTS に関してはこのようなチーム単位での検証を必要としない。「単打が平均的に得点期待値を 0.47 点増加させる」こと自体は分析のロジックとして正当なのであり、その結果導出された式でチームの得点を予測したときに近似の精度がよいかどうかとは直接には関係しないからである。このような性格のために各種の事象をバラバラに評価でき、追加したい事象があれば自由に追加できる点も評価体系を構築する上では便利である。

　そして何より大きな点として、結果として導出される式が非常に単純で扱いやすく、そのわりに精度がほとんど犠牲にならないという特性が指摘できる。LWTS は得点が生まれる仕組みを何ら反映せず各種の事象に一定の価値を割り当てるだけの評価方法だが、後に見るように、一般的な範囲においては、加算モデルによって計算しても結果は乗算モデルとほとんど完全に一致する。RC の理論上チームバージョンと BR の式を見比べれば直観的に BR のほうがわかりやすいのは明らかであるし、理論的な説明も簡単である。また、守備の得点換算による評価をRC や BsR で行うことは面倒だが、LWTS では獲得したアウトに得点価値を乗じる形で容易に評価が構築できる。打撃と守備を合わせて総合的な評価を行う際、打撃も守備も LWTS によって評価すれば全体をひとつの原理で統一的に説明することができるため体系が整合的になるという利点もある。これらの点を総合的に考えれば、LWTS の利用が広まるのは頷けるところである。

　計算方式が違いながら乗算モデルと結果が一致する理由は重要である。結局のところ、乗算モデルが重要視している高い出塁率と高い長打率の相乗効果というのは、出塁率が相当に極端な場合にしか実際的な影響を及ぼしてこないことになる。チームの出塁率はだいたい平均的な.330 程度を大きく外れることはないし、打者個人が傑出した出塁率を有していても、RC の理論上チーム補正で見たように、平均的な打者 8 人と打線を組むという想定をするのであれば打線としての出塁率の上昇幅はかなり限定され、相乗効果が定量的に大きな効果を生むというケースは極めて限られている。出塁率が平均的であれば、相乗効果を考慮しない LWTS で計算しても結果は変わらないのである。

　あえて問題が出るとすれば、BsR の項で述べたような投手の被打撃成績を評価する場合である。平均得点 4.50 点の打線に打者が 1 人加入して平均得点が 2.00 や 6.00 に変化することはまずあり得ないが、投手の側は防御率が 2.00 や 6.00 になることはあり得る。当然ながら投手の場合は打者と違って打席ごとに交代するものではないから投手の被出塁率・被長打率は直ちに相乗効果をもたらし、各種の事象は平均的な価値を離れた影響を持つということが起きやすい。これは LWTS の原理に基づく投手の評価式である FIP の問題点である。もっとも、加

算モデルと乗算モデルの差が比較的出やすいこの用途であっても、その差は定量的にはほとんど問題にならない範囲であるとされる。

　昨今の WAR 計算における LWTS の利用度を見るに、結局はあらゆる事象を統合的に評価できる原理である点と簡単さが強みになっているようである。LWTS はモデルの仕組みとしては面白くないが実用上は理不尽なほどに強力かつ簡便である、ということが言える。

（4）得点期待値の相対性と頑健性

　ところで、得点期待値は実際の試合の結果から集計するものであり、対象とする年度・リーグが異なれば数値が異なるものである。この意味で得点期待値は相対的であり、そこから計算される LWTS の係数も絶対的な値はなく状況によって変化するものである。例えば相手投手が極めて優秀な投手である場合、平均的な得点を見込む得点期待値を基準として得点の見込みを考えることは適切ではない。厳密に言えばその状況ごとに見込まれる得点（得点期待値表）があるはずであり、1つの得点期待値表をあらゆる局面に当てはめることは誤った分析結果を招きかねない。

　しかし、期待される得点の絶対的な水準は別として、局面ごとの期待値の大小関係は環境が変わってもそれほど変化しないことが経験的にわかっている。ここでは参考として、3種類の得点期待値表を比較してみる。第一に 2013 年 NPB の得点期待値表[13]、第二に同期間の MLB の得点期待値表[14]、第三にマルコフ連鎖という数理的な手法に基づいて 2013 年 NPB の打撃データから数学的に計算された得点期待値表（markov）[15] である。見やすさの関係から、無死・一死・二死それぞれの場合に分けて作図する。

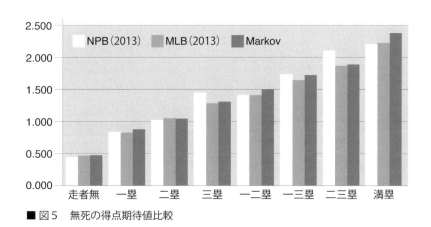

■図5　無死の得点期待値比較

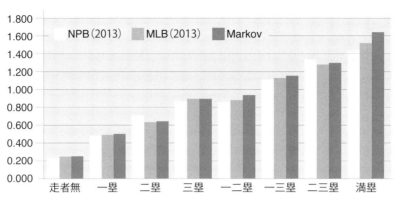

■図6　一死の得点期待値比較

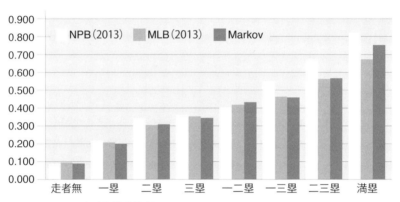

■図7　二死の得点期待値比較

　二死のケースなどでサンプル（球団数及び試合数）が少ないNPBの期待値が若干揺れる形となっているが、局面の間の大小関係はほぼ完全に一致していることがわかる。得点期待値が環境によって異なることの理解は重要だが、国が変わっても、計算の基礎が実際のプレーであっても理論的な導出であっても、結果はさほど変わらない。得点期待値には概ね一貫した野球の法則性のようなものが反映されていると考えられ、それなりに頑健な枠組みである。ここでは期間ごとの比較や平均得点が大きく異なる場合についての検討は省略するが、現実的には、MLBの得点期待値から導いた計算式をNPBに適用すると何ら意味のある結果が得られないとか、過去の得点期待値に基づいて現在のプレーを評価するのは全くナンセンスであるとかいうことにはならないのである。

　LWTSによって分析を行う際には常に適切な係数かどうかを注意することが必要であるが、そもそも係数は常に理論的に望ましい数値の近似にしかならないものであり完璧な計算はあり得ない。リーグの得点期待値自体がそのリーグにおける得点ポテンシャルを表すものとしては標本調査の結果に過ぎないとも言えるし、相手投手など状況に即した得点期待値をその都度計算しようとしてもそれには投手や打者の真の能力の推定が必要になり、これに関しても完全な推定は不可能だからである。係数が理論的な理想に一致しているかどうかというより、常に誤差はあるがそれは得点期待値の性格からして実用上問題をきたすような誤差ではないというこ

とを把握した上でLWTSを利用することが重要だろう。

　野球の構造理解という意味では、LWTSの式そのものというよりも得点期待値についての感覚を掴むことが大切かもしれない。

5．Extrapolated Runs

（1）重回帰分析による加算モデル

　最後の得点推定式として、XR（Extrapolated Runs）について考える。XRはJim Furtadoが統計学の分析手法である重回帰分析を使って作成した加算モデルの得点推定式である[16]。ここでいう重回帰分析とはおおまかには、チームの打撃成績データを元に、各種の事象に一定の加重を与えて得点を推定する場合にどのような加重とすれば最小の誤差で得点を推定できるかを導き出すものである。

XR = 0.50 ×単打 + 0.72 ×二塁打 + 1.04 ×三塁打 + 1.44 ×本塁打 + 0.34 ×（四球－故意四球＋死球）+ 0.25 ×故意四球 + 0.18 ×盗塁 － 0.32 ×盗塁刺 － 0.09 ×（打数－安打－三振）－ 0.098 ×三振 － 0.37 ×併殺打 + 0.37 ×犠飛 + 0.04 ×犠打

　計算式はひたすら横に長いが、BRと同様に打撃の結果に得点価値を付しているだけであり、仕組みは全く同じと言っていい。項目が多いだけである。見比べてみると単打の価値がBRでは0.47であったのに対してXRでは0.50など、係数そのものもかなり近い。つまりXRとBRは計算の方式としては同じ加算モデルであり式はかなり似ているが、その係数をどのように導出したかが異なるのである。BRでは得点期待値に基づいて係数を出したのに対して、XRは重回帰分析によってこれを導出している。参考までに、RC・BsRに対して計算したのと同じようにXRを計算して実際の得点との相関をとると図8のようになる。

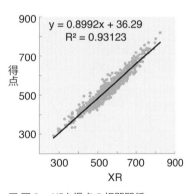

■図8　XRと得点の相関関係

　投手を評価する際に守備から独立した防御率を計算する方法としてFIPが一般化した現在となっては取り上げられる機会はないが、DIPSを開発したVoros McCrackenは当初、投手の被打撃成績を「平均的な守備陣をバックに投げたと仮定した場合」のものに修正し、その被打撃成績にXRを適用するという形で守備から独立した防御率を計算していた。この点を取り上げて言えば、セイバーメトリクス史上の歴史的な瞬間に立ち会っている得点推定式である。なお、McCrackenは後にBsRを適用する形に改めたDIPS計算式を作成したが、なぜそのような作業が必要だったかはBsRの説明の終盤で述べた通りである。

(2)"絶滅危惧種"の得点推定式

　XRの特徴は、式の性質以前に、出生の地である米国ではほとんど用いられるケースがなくなっているのに対して日本ではなぜか利用される機会が多いことである。たしかに式の形はわかりやすく、統計学的な手法によって作成された式だと言えば説得性も高い。端的に打者が創出した得点を表すため、数字の意味もわかりやすい。しかし、米国では滅多に使われることはない。

　その理由としては、重回帰分析で各種の事象に適切な得点価値を割り当てることができるかについて疑問が呈されていることがある。例えばPhil Birnbaumは自身のブログで「Don't use regression to calculate Linear Weights（得点価値を計算するのに回帰分析を使うな）」[17]という記事を発表しており、重回帰分析によっては得点価値が適切に計算されない恐れがあるため得点価値の計算に用いるべきではないとしている。

　Birnbaumは極端な例として、三塁打だけで得点を予測する式を回帰分析により作成した場合「731 － 0.44 ×三塁打」となる計算を示している。この例では三塁打が負の得点価値となっており三塁打を打つのは得点にとってマイナスであるという解釈になるが、これは当然ナンセンスである。可能性として、三塁打が多いチームは足は速いが小柄な選手が多く、三塁打は多いもののその他の長打は少なく得点が少ない傾向にあるのかもしれない。ここでの回帰分析は年間の結果としての得点合計と三塁打合計の相関関係しか見ないため、そのような場合に「三塁打が多いほど得点が少ない傾向にある」ものとして三塁打にマイナスの価値を与えることが起こり得る。

　次にBirnbaumが示しているのは三塁打と本塁打の2つで得点を予測する式を作った場合で、今度は「373 ＋ 1.84 ×三塁打 ＋ 1.93 ×本塁打」という式になる。三塁打がプラスの得点価値になったことはいいが、ほぼ本塁打と同等の価値となっていて不自然だし、いずれの得点価値も得点期待値から求めた得点価値と比較すると妥当な大きさではない。

　このように、回帰分析では変数の選び方によって個々の事象の得点価値としては適切でない加重が計算される可能性がある。XRを見ても、犠飛に四球を超える0.37ものプラスが与えられていることは若干疑問である。犠飛は常に得点を伴って現れるため、実際には得点を生み出す要因になっている（得点期待値を上昇させている）のは前の打者が三塁まで進んでいたことであったとしても結果的な相関関係としては犠飛が得点の要因になっているかのように見えてしまう可能性がある。

　もちろん、変数を増やしていけばBirnbaumが示した極端な例よりも相関関係は緻密に反映されるようになり適切な式に近付いていく。Jim Furtadoによる最終的なXRの式も、全体的には得点期待値による加重から見て妥当なように見える。しかし上記のような不安がある手法を、得点期待値がある状況であえて用いる必要があるかという問題になる。

　このような事情から、詳細なデータが整っており容易に得点期待値に基づいてBRを出すことができる米国ではXRは実質的に「絶滅」している。日本というガラパゴスでだけ生き残っている指標である。日本においても、得点期待値によるBRが得られるのであればあえてXRを使う理由はないものと思われる。

しかし、だからといって研究としてXRの価値がないと言っているのではない。むしろ、セイバーメトリクス発展の歴史において、XRが開発され検証されたことには大きな意味がある。まず、チームの打撃成績があれば作成できる指標であるから、データの整備が整っていないリーグでも用いることができる。得点期待値を算出するためにはプレーごとの詳細なデータが必要であり、実際、NPBについてはそのようなデータはオープンになっていない。これに対してXRは日本でもチームの打撃成績から作成することができる。この違いは大きいだろう。

そしてより重要なことだが、得点期待値に基づく導出とは違う重回帰分析という観点から加算モデルの係数を確認できることに意味がある。単打・二塁打・三塁打・本塁打・四死球等主要な項目についてはBRの係数とXRの係数はほぼ一致しており、別の観点からBRの妥当性を裏付ける材料となる。これはFurtado自身も述べている点である。

(3) BRとの違いからみるアウトの価値

BRとXRは計算式としてはほぼ同一である。しかし、よくよく見るとアウトの項目に大きな違いが見られる。BRでは打数から安打を除外したアウト部分については0.25点のマイナスという加重になっている。これに対してXRでは、凡打に0.09、三振に0.098のマイナスという加重になっており、凡打と三振を区別するかは別として、0.25のマイナスと0.09のマイナスとでは大きな違いがある。

この差異は、XRが計算結果として創出した総得点を出力するのに対して、BRは平均的な得点創出をどれだけ上回ったかの数字を出力するという性質の違いに基づいている。XRでは80と評価される打者がBRでは30と評価されるような形となり、その違いはアウトの係数によるのである。

一般的にアウトの係数は、適正な総得点を出すためのマイナス分である0.10と、平均的に見込まれる得点を消費してしまう分のマイナスである0.15とに区分される。前者のマイナスだけを考慮するのがXRであり、両方のマイナスを合わせて考えるのがBRである。後者の0.15を英語ではInning Ending Valueなどと呼ぶ。攻撃の機会であるイニングを終わらせてしまう分の価値、といったニュアンスだろうか。野球は限られたアウトカウントの中で得点を上げることを目指しており、アウトには平均的に取れるはずの得点の期待が乗っかっている。ということは、アウトを増やすという行為は、その期待される得点を失うことに等しい。27アウトに対して平均的に4.05点が記録されるリーグなら、1アウトには期待として0.15点が乗っかっていることになる。

打者のXRが80であれば、その打者は絶対的な得点数としては80を創出しているということである。しかし、他方でその打者が330のアウトを消費していれば、330に0.15を乗じた49.5点の「期待された得点」を失ってもいるのである。そうすると、差し引きの「期待された得点を上回って創出した得点」は30.5点になる。これがBRである。

このXRとBRの相違はどこを見るかの違いであって、どちらがよいとか正しいとかいうものではない。XRのアウトの係数にInning Ending Valueである0.15のマイナスを乗せればBRと同じ意味になるし、BRのアウトの係数から0.15のマイナスを除外すればXRと同じように

総得点を表す指標になる。

　重要なのは Inning Ending Value の考え方である。RC/G のところでは式の仕組みが限られたアウトの貴重さを表している旨を述べたが、ここでは「攻撃の機会であるアウトを消費するということはそこに期待される得点を失うことに等しい」というまた別の観点からアウトの重要性が式に表現されていると読み解くことができる。

　野球の試合では得点が相手の得点を上回ってはじめて勝利となるものであり、その意味では相対的な比較こそが本質的である。Inning Ending Value は、平均得点が 4.05 のときには 0.15 だが平均得点が 5.00 のときには 0.19 に上昇する[18]。すなわち絶対的な得点が多くてもそもそも得点が多い環境であれば、Inning Ending Value を考慮すると多くの点数がマイナスされて高い評価を受けることはできない。BR の評価方法にはこのように、環境における傑出という観点で選手を評価する視点が反映されている。

　また Inning Ending Value の考え方は、戦術を考察する際にも重要である。得点の見込みが高いときほど、その反面としてアウトを消費することの損失は大きくなる。犠打や盗塁企図はアウト（になる可能性）というコストを支払って進塁という利得を得ようとするものであり、打者の能力が高い場合には Inning Ending Value の増加によりその戦術のマイナス面が大きくなる。犠打や盗塁は打撃の見込みが低いときに有効であるとするセイバーメトリクスの理論の背景はこのような考え方からも垣間見ることができる。

６．乗算モデルと加算モデル

（１）得点推定式ごとの得点価値

　BR や XR の計算式は、各種の事象を何点分の価値があると評価しているのかが一目瞭然である。この点乗算モデルである RC や BsR が例えば四球の得点価値をいくつと評価しているのかは式からは判然としないし、実際、それは他の事象の数に依存する。しかしプラスワンメソッドという方法を使うと平均的な打撃環境を仮定した場合にそれぞれの事象がどの程度の点数で評価されているかを知ることができ、各種の得点推定式の特徴を把握する上で有用である。

　プラスワンメソッドの考え方は非常に単純で、まず、平均的な打撃環境として例えばリーグの打撃成績の合計値から RC を計算する。そして、計算元の打撃成績に目当ての事象（例えば四球）の打席を１つ加えて、改めて RC を計算する。そうすると、前後の RC を比較することで四球によりどれだけ RC が増加したかを計測することができ、RC に基づく四球の得点価値がわかる。

　2014 年の両リーグの打撃成績の合計を基準としてプラスワンメソッドにより主要な事象の得点価値を割り出したものが表２である。

■表２
各得点推定式における事象の得点価値

事象	RC	BsR	BR	XR
単打	0.56	0.50	0.47	0.50
二塁打	0.86	0.82	0.78	0.72
三塁打	1.15	1.15	1.09	1.04
本塁打	1.45	1.46	1.40	1.44
非故意四球	0.34	0.33	0.33	0.34
故意四球	0.27	0.15	0.33	0.25
盗塁	0.18	0.21	0.22	0.16
盗塁刺	-0.38	-0.30	-0.38	-0.32
犠打	0.04	--	--	0.04
犠飛	0.04	--	--	0.37
凡打	-0.11	-0.09	-0.25	-0.09
三振	-0.12	-0.09	-0.25	-0.10
併殺打	-0.49	-0.40	--	-0.37

どのモデルによっても概ね得点価値の傾向は一致している。得点の発生プロセスを重視した乗算モデル、得点期待値、重回帰分析という性格の異なる3つの手法から導き出した得点価値が一致した傾向を示すということは、得点価値の数字は堅いものであると推測できる。

なお、得点環境の変化に柔軟に対応する乗算モデルには、特定の得点環境における得点価値を算出するという機能がある。例えば「飛ばないボール」が導入された年度において打者を加算モデルによって評価したいが得点期待値が利用できない場合、リーグの打撃成績をBsRに入力してプラスワンメソッドによりその環境における得点価値を計算することが可能であり、異なる得点環境で作成された加算モデルをそのまま用いるよりは妥当な計算になると考えられる。

(2) 乗算方式と加算方式の比較

これまで加算モデルと乗算モデルは計算方式が異なりながら実際的な適用の場面においてはそれほど大きな差をもたらさないことを述べてきた。このことを視覚的に確認しておこう。平均的な環境を仮定した場合にRCが各事象に割り当てている得点価値は表2により判明しているため、この得点価値を用いればRCを加算モデルとして計算することができる。このRC (Linear) と通常通り乗算方式で計算するRCを比較すれば、計算方式のみの違いによって結果にどのような影響が出るかを検証することが可能となる。

RC (Linear) = 0.56×単打 + 0.86×二塁打 + 1.15×三塁打 + 1.45×本塁打 + 0.34×(四球－故意四球＋死球) + 0.27×故意四球 + 0.18×盗塁 － 0.38×盗塁刺 + 0.04×(犠飛＋犠打) － 0.11×(打数－安打－三振) － 0.12×三振 － 0.49×併殺打

前提として、まずは図9でRC (Linear) とRC (Tech) を「理論上チーム補正をしないで」打者の個人成績に適用した場合における、それぞれのRC/Gを比較する（2014年のセ・パ両リーグで100打席以上出場した打者170人が対象）。

理論上チーム補正をしないで乗算方式のRCを打者個人成績に適用したということは、打者が自分自身と相互作用を起こすような計算がなされているという形になる。本来はこのような計算は用いるべきではないが、ここではモデルの性質を確認する目的のために行っている。

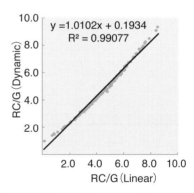

■図9 RC (Linear) とRC (Tech) の比較

図9の点の並びは若干「しなって」おり、事象が集中するとその平均的な価値の加算分以上に得点が増加する様子が表れている。これこそがBill Jamesが乗算モデルにこだわる理由である。こうした現象が起きないのであれば、乗算モデルを用いる意味がない。

次に、理論上チーム補正を適用して計算したTTRC (Tech) によるRC/Gとの比較を行ったグラフが図10である。上の図9で見られた「しなり」がほとんど消えており、単なる加算モデルとして計算する場合の結果とほぼ完全に一致している（決定係数99.89%）。創出した総得点

の値に直しても評価に実質的な影響を及ぼすような差はまず見られないのであり、結局加算モデルと乗算モデルの結果が変わらないというのはこういうことである。James は乗算モデルにこだわっているが、加算モデルによって打者を評価しても差はほとんど生じない。ここでは方式の違いの効果のみを抽出するために通常の RC と加算モデルとして計算する場合の RC との比較を行ったが、RC と BR・XR を比較しても若干の係数の違いによる差異が出る以外は同じ意味の結果となる。

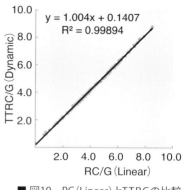

■図10　RC（Linear）とTTRCの比較

7．OPS・GPA・NOI・wOBA

（1）OPS

　最後に、得点推定式ではないが、OPS や GPA など打撃機会あたりの率で打者を評価するいわゆる「レートスタッツ」について得点推定式との関わりを考えながら整理しておきたい。
　まず OPS は非常に有名で、出塁率と長打率の和で簡単に求められる指標でありながら打撃の生産性を総合的に評価することができる。『The Hidden Game of Baseball』は、出塁を全て等しく扱ってしまう出塁率と長打に重みをかけるが四球を無視してしまう長打率、として2つの指標に触れた上で、両者を足し合わせることで「片方の短所が、他方の長所によってほとんど完全に補完される」[19] と説明している。また開発者である Pete Palmer は OPS の指標としての位置付けを「LWTS の近似である OPS+ の近似」としている[20]。なお OPS+ とは OPS にリーグ平均値と球場の補正を加えたものである。
　近似的な計算を行う簡易版であるのはいいとしても「出塁率＋長打率」という計算の理論的な妥当性はどのように担保されるのであろうか。分母を違う数字を足し合わせるのはおかしいという批判はよくあるし、「出塁率×塁打」として計算される RC が何らの理論的な基礎を持っていなかったような気持ち悪さが残る式ではある。
　Palmer が実際にどのような思考を辿って OPS を開発したのか頭の中を覗くことはできないが、おそらく1つの捉え方としては、理論的な背景には厳密にこだわらずに実用を重視した道具であるとするのが妥当なのではなかろうか。
　「出塁率＋長打率」という結論をいきなり見ると強引であるようにも感じられるが、いずれにせよ打撃指標を構築する上で使えるのは安打や四球などの記録である。それらに適当に加重を与えて組み合わせたりして指標を作っていくという大枠に関して言えば、BR であれ OPS であれ本質的な違いはないという見方もできる。そのときに、一種のショートカットとして既に出塁や長打を集計している指標である出塁率や長打率を利用するのである。分母の異なる率を足し合わせることの違和感にこだわってしまうと受け入れ難いが、安打や四球を工夫して組み合わせていけば得点と相関の強い指標を作ることができるのは自然なことであって、そこを緩く捉えれば OPS はさほど無理筋な指標ではないことになる。簡便さを重視した近似計算なのだ

から、結果的に各種の事象がそれなりに適切に重み付けされればそれでいいのである。

何より、OPSは相当に強力な指標である。図11に示すように、OPSは簡単な計算で求められる指標でありながら、得点推定式ほどではないものの得点との相関関係は強い[21]。

OPSがここまで得点との相関が強いことには、結果的にはもちろん理由がある。よく言われる説明としては「出塁率は四死球：単打：二塁打：三塁打：本塁打を1：1：1：1：1の比率で評価し、長打率はそれぞれ0：1：2：3：4で評価する。両者を足し合わせることで1：2：3：4：5の比重で評価されることになり、得点への貢献度に沿った形で加重がなされるようになるからOPSは得点と強く相関する」といったものがある。直観的でわかりやすい説明だが、ここではもう少し掘り下げてみたい。

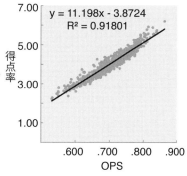

■図11　OPSと得点の相関関係

OPSの実態を明らかにする方法として、前述のプラスワンメソッドの利用が考えられる。各種の得点推定式に対して行ったのと同じように、プラスワンメソッドによりOPSが各種の事象に与えている加重を計算し、単打の値がBRの得点価値と同じ0.47になるように全体に定数を乗じると次の表3が得られる。

一見してBRに近い加重である。計算式そのものを見るだけではわからないが、実態としてOPSはこのようなバランスで事象を評価する指標である。細かくBRと比較すると四球を過小評価し長打を過大評価している傾向はある。しかしOPSの係数は結果的に、統計的に計算された妥当な加重と近しい。打数と四球のバランスによって打者ごとに若干加重は変わってくるが大きな影響ではない。

■表3　OPSにおける得点価値

事象	BR	OPS
単打	0.47	0.47
二塁打	0.78	0.86
三塁打	1.09	1.24
本塁打	1.40	1.63
四死球	0.33	0.23
アウト	-0.25	-0.26

なおBR・XRのような人工的な係数が並ぶ指標はどうしても一般的な野球ファンには受け入れがたく、OPSのような係数がない指標ならば受け入れられやすいという見方があるが、これはあくまでも表面的な見え方だけの問題である。上記のように中身を分析すると、明示的に書かれていないだけでOPSも固有の係数を持っており評価の方式はBR・XRと等しいことがわかる。得点の推定値を出力するわけではないものの、各種の事象にその指標固有の加重を与えて評価するという点でBR・XRと何ら変わるところはないのであり、その加重がリーグの状況と合っていなければ指標の高低と得点への影響がうまく対応しなくなるという性質についても加算モデルの得点推定式と同様である。つまり「一定の係数を持つBR・XRはリーグに適した係数が出せない限り不適切な結果をもたらすが、係数を持たないOPSは普遍的に使用できる」というように考えるのは、実質的な意味においては適切ではない。

（2）GPA

OPSの改良版として一時期人気を博した指標に、Aaron Gleemanが開発したGPA（Gross

Production Average）がある。計算式は「（1.8 ×出塁率＋長打率）÷ 4」であり、出塁率を 1.8 倍しているところに OPS との違いがある。出塁率を 1.8 倍するというのは、そうするとチームの打撃成績で検証したときに得点との相関関係が最も強くなることを根拠としているようである。最後に全体を 4 で割っているのは数字のスケールを打率に近くして直観的にわかりやすくするためであり、分析上の意味はない。

　別の角度から GPA の妥当性を裏付ける材料として、Tangotiger が行った出塁率と長打率に関する分析がある[22]。Tangotiger はチームの成績ではなく打者個人の成績を用いて、打席あたりの BR を手本とし、BR を近似するためには出塁率と長打率をどのような比率で計算すればいいかを検討した。重回帰分析の結果、長打率を 1 として出塁率には約 1.7 の加重を与えることが妥当という結果になった。GPA による 1.8 という加重とほぼ等しい。すなわち GPA は得点を予測する精度が高いという観点だけでなく出塁率と長打率を使って BR をうまく近似しているという観点からも妥当性が確認できるのである。GPA にプラスワンメソッドを適用し単打の数値が 0.47 になるようスケールを整えた得点価値を計算したものが表 4 だが、BR との比較において、OPS に見られた長打の過大評価が修正されている。

　GPA は出塁率の比重を高めることで OPS の欠点を改善し、BR の加重に近づいている。とはいえ、得点価値を細かく比較すればたしかに違いは見られるものの、実践的に選手を評価する範囲においては結局のところ OPS による評価とそれほど違いが生じないため GPA は一時期流行しつつも現在では使われるケースは見られない。近年では後述の wOBA が台頭しているため、何かしら算術を施すのであればいっそのこと wOBA を使えばいいと言えてしまうことも衰退の理由であるかもしれない。

■ 表 4　GPA における得点価値

事象	BR	GPA
単打	0.47	0.47
二塁打	0.78	0.75
三塁打	1.09	1.02
本塁打	1.40	1.30
四死球	0.33	0.30
アウト	-0.25	-0.25

（3）NOI

　『マネー・ボール』には、球団の GM である Billy Beane の補佐を務める Paul DePodesta が、出塁率の追加的 1 ポイントは長打率の追加的 1 ポイントよりもどのくらい重要だろうかという問題を考える場面がある。OPS は暗黙のうちに出塁率と長打率を 1 対 1 の比重で扱っている。GPA であれば、出塁率を 1.8 倍重視している。『マネー・ボール』によれば、DePodesta は以下のように出塁率の 1 ポイントのほうが 3 倍重要であると結論している。

　出塁率と長打率はどっちがどのぐらい重要なのだろう？　ひとまず頭のなかで考えてみる。チームが出塁率 10 割、すなわち全員が全部出塁と仮定すると、何点入るか？　もちろん無限大だ。いつまでたってもアウトカウントが増えない。では、長打率が 10 割、つまり打者ひとりにつきひとつずつ進塁と仮定すると、何点とれるだろうか？　状況によって変わってくるが、無限大よりずっと小さいことはまず間違いない。（中略）ジェイムズが "得点公式" を導いたときと同じように、ポールは当てずっぽうに数式をつくっては、データを代入してみた。試行錯誤の末、いままでになく正確にチームの得点力を表せる数式を発見した。出塁率と長打率に 3 対 1 の比重を与

えればいい。[23]

この発見に従い、OPS の計算にあたって出塁率に 3 倍の比重を置いて計算する場合があり、出所が明らかでないが、そのようにして計算する指標は NOI（New Offensive Index）などと呼ばれることがあるようである。慣例的に、出塁率を 3 倍するのではなく長打率を 3 分の 1 にする「（出塁率＋長打率÷3）×1000」の形で計算される。

■ 表5　NOI における得点価値

事象	BR	NOI
単打	0.47	0.47
二塁打	0.78	0.66
三塁打	1.09	0.86
本塁打	1.40	1.05
四死球	0.33	0.35
アウト	-0.25	-0.25

しかし、GPA のときに見たような出塁率を 1.8 倍にしたときに実際の得点との相関が最も高まるという話からしても、BR と対応させる裏付けからしても、3 倍は出塁率を重視しすぎなのではないかという疑問が生じる。これまで通りプラスワンメソッドによって NOI の加重を割り出しても、BR との近似は明らかに崩れている。

米国でもこの点は話題になったようで、様々な検証が行われている。得点との相関関係を検証する際に対象とする年度・リーグによっては出塁率を 3 倍にするのが最適になるとか、シミュレーション的に分析をしてみると特定の打順において出塁率の得点への寄与が長打率の 3 倍になるとか、特殊な見方をすれば出塁率に 3 倍の加重が正当化されるとする発見はなされている。しかし、やはり一般的にはせいぜい出塁率を 2 倍にする程度が妥当で、出塁率を 3 倍にする論拠はこれといって見つかっていない。

実は『マネー・ボール』の原著を辿ってもう少し直接的に意味をとると、日本語版ほど単純に出塁率と長打率が 3 対 1 だとは書かれていない。DePodesta は Bill James による RC の彼独自のバージョンをいじり続けた結果、知る限り最も正確に得点を予測することができるモデルを得て、そのモデルにおいては出塁率の追加的 1 ポイントは長打率の追加的 1 ポイントの 3 倍の価値がある、とされている[24]。

追加的な 1 ポイントで考えている点が、単なる「出塁率と長打率の比重」とは異なる。無論米国でも様々な検証がなされたように、単純に出塁率を 3 倍して長打率と足す計算のことを言っていると解釈するのもひとつの可能性ではあるが、あえて追加的 1 ポイントという言い回しが使用されていることからすると、DePodesta は単純に出塁率を 3 倍にして足すという計算は想定していなかったのかもしれない。ましてや独自の RC を作っていたと書かれているし、RC は出塁率と長打率の掛け算である。OPS のような足し算をする際に出塁率を 3 倍にする、という考えとは馴染まないようにも思われる。

いずれにせよ出塁率を 3 倍にして長打率に足す計算は出塁率を強調しすぎて妥当性を欠いている。そして、そもそも考案者とされる DePodesta はそのような計算を考えてはいなかった可能性がある。現在、分析において NOI が使われる場面はまず見かけないし、基本的に使う理由もないと考えられる。

（4）wOBA

近年急速に普及している打撃指標が、Tangotiger が開発した wOBA（Weighted On-Base

Average）である。FanGraphs など主流派セイバーメトリクスメディアでは、他のレートスタッツを駆逐して wOBA のみが使用されているような印象すら受ける。

wOBA は Tangotiger を含む3名のセイバーメトリシャンが野球のセオリーを検証した『THE BOOK: Playing the Percentages in Baseball』[25] という書籍で紹介されている。wOBA は OPS と同じように打撃を総合的に評価するレートスタッツとして使うことができるが、BR と同様に得点期待値の原理に基づいており、式には明示的に係数が登場する。短く言えば BR のレートスタッツ版であり、元々の BR が示すような「同じ打席数を平均的な打者が打つ場合に比べてどれだけ得点を増やしたか」という形にもすぐに変換することができるし、RC や XR が示すような総得点の形に変換することも容易である。計算式は次の通りである。

wOBA =（0.72×（四球－故意四球）＋ 0.75×死球＋ 0.90×単打＋ 0.92×失策出塁＋ 1.24×二塁打＋ 1.56×三塁打＋ 1.95×本塁打）÷打席
　　　※解析の目的に応じて分母の打席数からは犠打、故意四球等を除く

係数を見ると BR とも XR とも異なるが、計算上の工夫が施されているだけで実質的には BR そのものであり、評価の意味としては「BR を打席数で割ったもの」という理解で差し支えない。wOBA では出塁率と同じようにアウトをゼロとして評価するために、BR の各種の得点価値からアウトのマイナス分を差し引く。例えば 0.47 点の価値がある単打は、0.25 点のマイナスであるアウトになる場合と比べると 0.72 点のプラスである。こうして事象の係数を調整し、さらに平均値が出塁率と等しくなるように定数を乗じてスケールを大きくすると wOBA の係数が出て来る[26]。当然ながら wOBA は BR と同等の有用性・妥当性を有しており、FanGraphs では毎年係数を調整する形で WAR の計算に wOBA を用いている。

前述したように得点期待値はリーグによって異なるものであるため、そのリーグの状況に合った wOBA を計算しようと思えば毎年係数を調整することが望ましい。他方で Tangotiger は、一種のスタンダードを設定しておくと便利であるとして wOBA のスタンダードバージョンを公表している。スタンダードバージョンは以下のように、シンプルに打撃の内容を評価する「ベーシック」と三塁打や盗塁など足の要素を積極的に加味する「スピード」に分かれる[27]。

バージョン1（ベーシック）
分子　　0.7：非故意四球＋死球　　0.9：単打＋失策出塁
　　　　1.3：二塁打＋三塁打　　　2.0：本塁打
分母　　打席－故意四球－犠打

バージョン2（スピード）
分子　　0.7：非故意四球＋死球　　0.9：単打＋失策出塁　　1.25：二塁打
　　　　1.60：三塁打　　　　　　2.0：本塁打　　　　　　0.25：盗塁　　　-0.5：盗塁刺
分母　　打席－故意四球－犠打

失策出塁のデータが得られない場合などは、単に無視すればいいとされている。係数は本来的に毎年変化するが微々たる変化であるため、簡略化したものを使っても正確性はほとんど犠牲にならない。そのため原則としてはスタンダードバージョンを頭に入れておくと様々な場面で便利である。

8．おわりに

理論的に細かい議論や技術的な説明等も多かったため、話の大筋をおさらいしておきたい。

得点推定式はグラウンド上で生じる事象と得点とを関連付けるモデルであり、これを理解することは得点の構造すなわち勝利の構造を理解するのに役立つ。

そして得点推定式には大きく分けて乗算モデルと加算モデルがあり、乗算モデルは事象間の相互作用を考慮しより野球の原理に即した形で得点の推定値を算出する。具体的な指標としてはRCとBsRがこれにあたる。RCは伝統的なモデルでありながらよく機能し、BsRはRCの改良版として位置づけられ、さらに精度が高い。

他方、加算モデルは事象間の相互作用を考慮しないため理論的には問題があるが、計算が簡単でその割りに精度もほとんど犠牲にならないことから実用的であり、広く用いられている。具体的な式としてはBRとXRがこれにあたる。XRは得点価値の導出方法に疑問が呈されているため現在では使用されておらず、BRは得点期待値が普遍的に有効な装置であることから現在でもWARの基礎になるなど幅広く活用されている。レートスタッツは計算方法が簡単でありながら得点推定式の近似として有効である。OPS、GPA、NOIなど様々なレートスタッツがある中で、現在では得点期待値の基礎を持つ加算モデルと同等のwOBAが主に利用されている。

最後に、これまでに議論されることが多かった乗算モデルと加算モデルの関係を改めて整理したい。モデルとしてはやはり、RCやBsRのような乗算モデルが「正しい」。どの程度の精度が実現されているかという程度の問題はあれ、得点が生まれる仕組みを反映しようとしているからである。しかし実際には、打者個人の評価にあたっては乗算モデルと加算モデルで99％等しい結果が得られる。それは結局のところ、1人の打者は打線においては9分の1の存在に過ぎず、得点環境そのものを変えるほどの影響力は持てないため、乗算モデルと加算モデルの計算方法の違いが結果に影響していこないからである。昨今のwOBAの普及は、結局加算モデルのほうが簡便であり実用上の問題はないことを裏付けている。

実はLWTSの体系を発表した1984年の『The Hidden Game of Baseball』の中で、Pete Palmerらは OPSの注釈としてさりげなく次のように書いている。

> 個人が平均的な打線に加えられた場合におけるその選手の得点創出は出塁率＋長打率に比例するが、チームの得点は出塁率×長打率に比例する。[28]

この記述は乗算モデルと加算モデルの性格の違いを踏まえてその使い分けの仕方を的確に示しており、これまでの議論の簡潔な要約にもなっている。セイバーメトリクスの歴史に名を残

す研究者は早くから本質を見抜いていたようである。

1　安打や四球、盗塁などのプレーをはじめとして、試合状況に変化をもたらすような事柄を事象や出来事と呼ぶ。米国の分析においてはイベント（event）と呼ばれることが多い。
2　Bill James, The New Bill James Historical Baseball Abstract, (Free Press, 2003), p.330.
3　式を若干変形して「{（安打＋四球）÷（打数＋四球）}×（塁打÷打数）×打数」とすれば、この意味はより明確である。
4　もっとも、必ずしも「出塁」と「進塁」にはっきりと区分する必要はない。塁上が混雑しているときほど得点に繋がりやすいのは四球でも単打でも同様である。要するに、打撃事象の集中による相乗効果を反映するということが重要となる。
5　平均的な出塁率・長打率の打者を想定する場合には、直接的に「A×B÷C」の計算で問題なく得点創出を計算することができることに注意。
6　マイケル・ルイス著・中山宥訳『マネー・ボール』241頁（ランダムハウス講談社 2004）
7　分析家のTangotigerは、得点が生まれる仕組みを研究した論考においてRCが機能するのは式の構造のためではなく純粋な偶然（accident）であるとしている。http://www.tangotiger.net/runscreated.html　ただし、一般的なプロ野球のレベルにおいてはRCが有効に機能する以上、この指摘はプロ野球の分析におけるRCの有用性を否定するものでは必ずしもない。
8　http://www.tangotiger.net/rc3.html
9　Cはリーグごとに異なる定数。「リーグ全体の［防御率－{13×被本塁打＋3×（与四球－故意四球＋与死球）－2×奪三振}÷投球回］」として計算され、通常は3程度になる。
10　リーグ・チームごとの平均得点や出塁率など分析対象を取り巻く得点に関連する状況を得点環境（Run Environment）という。
11　なおFanGraphsのWAR計算においては、奪三振に、打ち取った内野フライを含める形でFIPの計算方法が改変されている。
12　John Thorn & Pete Palmer, The Hidden Game of Baseball: A Revolutionary Approach to Baseball and Its Statistics, (Doubleday, 1984), p.153.
13　岡田友輔「2013年の得点期待値算出と関連報告」岡田友輔ほか『セイバーメトリクス・マガジン2』No.1871（デルタクリエイティブ 2013）。
14　Baseball Prospectus(http://www.baseballprospectus.com/) [Statistics] > [Sortable Statistics] > [Expected Runs Matrix]
15　TangotigerによるRun Expectancy Generator(http://www.tangotiger.net/markov.html)に2013年セパ両リーグの打撃成績合計を入力して計算した。おおまかに言えば、安打や四球が出る確率や事前に設定したヒットで走者が進塁する確率などの条件の下に、理論的に見込まれる得点を計算するものである。
16　http://www.baseballthinkfactory.org/btf/scholars/furtado/articles/IntroducingXR.htm
17　http://blog.philbirnbaum.com/2009/10/dont-use-regression-to-calculate-linear.html
18　BRは、厳密に言えば、リーグごとのアウトの価値の違いを反映する形で調整をして計算を行う。
19　John Thorn & Pete Palmer, op.cit., p.61.
20　http://www.baseballprospectus.com/article.php?articleid=5943
21　計算の対象はこれまでと同様1955年から2014年までのNPB延べ725チーム。ただし得点推定式と異なりOPSは機会あたりの得点の生産性を表す指標であるため「得点率＝得点×27÷（打数－安打＋犠打＋犠飛＋盗塁刺＋併殺打）」として計算した得点率との相関を計算している。
22　http://www.insidethebook.com/ee/index.php/site/proof_of_the_modified_ops/
23　マイケル・ルイス、前掲書、167-168頁。
24　Michael Lewis, Moneyball: The Art of Winning an Unfair Game, (W. W. Norton & Company, 2004), p.128.
25　Tom M. Tango, Mitchel G. Lichtman, Andrew E. Dolphin, THE BOOK: Playing the Percentages in Baseball, (Potomac Books, 2007).
26　より詳しい説明については、拙サイト参照。
　　http://baseballconcrete.web.fc2.com/alacarte/woba_allabout.html
27　http://tangotiger.com/index.php/site/article/standard-woba
28　John Thorn & Pete Palmer, op.cit., p.81.

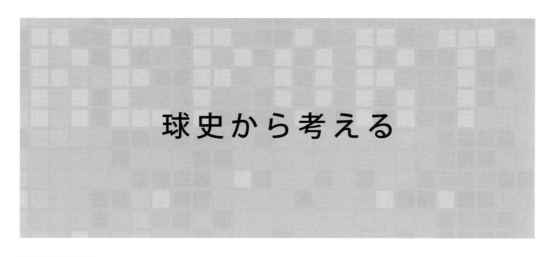

球史から考える

Sabermetrics Report part 4

リポート 09

NPBにおける投打二刀流史と、その選択の価値

道作　Dousaku

　アマチュア野球では日常的に目にするものの、現代のプロ野球においては常識外と見なされる投打"二刀流"。しかし球史上には数多くの二刀流選手がいる。彼らのスタッツを手がかりに二刀流に取り組んだ事情を探っていく。

1．投手と野手、双方で実績を残した選手たち

　2013年にデビューし、投手・外野手の"二刀流"で話題を呼んでいる北海道日本ハムファイターズの大谷翔平は、投手及び外野手としてのプレーを3年目も継続するようだ。

　過去の遺物と考えられていた投打の二刀流を復活させた大谷だが、同じようなプレーをした選手としては、NPBでは以下のプレーヤーが挙げられる。

　池田高校からプロ入りし南海・大洋等で活躍した畠山準は、1984年に投手として規定投球回をクリアした後、1993年及び1994年に打者として規定打席をクリア。NPBにおいて双方で規定をクリアした経験を持つのは今のところ彼が最後となっている。

　足利工業高校から大洋・横浜などで活躍した石井琢朗は、投手として勝ち星を挙げた後に2000本安打を達成した。長く遊撃手として活躍し、遊撃手としてのNPB史上最多の出場記録もつくっている。そして彼は最も少ない勝利を記録して名球会入りした投手でもある。

　MLBでは意外な強打を披露する投手が現在でも散発的に現れる。転向組も人材豊富で2000年に規定投球回をクリアして11勝7敗、194奪三振を記録した後、2008年に規定打席をクリアして25本塁打、長打率0.506をマークしたリック・アンキールらの例がある。歴史的には投手として2年連続で20勝を記録、最優秀防御率を獲得した上で714本塁打を記録した

ベーブ・ルースが最も有名な例であろうか。

しかし通常は彼らのことを二刀流とは呼ばない。彼らはコンバートされた後、別ポジションに実績を残した選手であり、一時的に兼任するような形のシーズンがあった場合でも、既に重心は投手か野手のいずれかに定まっていた。通常、二刀流と呼ばれるのは1つのシーズンに投手と野手を兼任し、どちらでも日常的に出場できる状態にある選手のことであろう。このようなプレーヤーが多く存在していたのは主に昭和20年代まで、NPB発足以後15年ほどの間だけのことであった。

2．"二刀流"のスーパースターたち

表1は二刀流のシーズンを経験した上に投打で顕著な実績を残した選手である。投打のタイトルが個人の経歴に並ぶと、そのインパクトはなかなかのものがある。

■表1　二刀流で顕著な実績を残した選手

選手	現役		主な記録
景浦 将	1936～43年	大阪阪神	首位打者の翌年に最優秀防御率獲得
西沢 道夫	1936～58年	名古屋・金星・中日	20勝のシーズンと首位打者・打点王のシーズンを経験
服部 受弘	1939～58年	名古屋・中日	2年連続20勝のシーズンと本塁打王のシーズンを経験
野口 二郎	1939～53年	阪急など	40勝のシーズンと31試合連続安打（当時日本記録）達成。最多勝1回、最優秀防御率2回、三振奪取王1回
野口 明	1936～55年	阪急・中日など	最多勝獲得後、兵役を挟んで打点王
関根 潤三	1950～65年	近鉄・巨人	投手と外野手でオールスター出場

しかし、「投手で4番」といったような言葉で伝えられる印象とは異なり、二刀流選手とはいえ同一シーズンに投打双方に均等に重心を据えてプレーをしている例は意外と少ない。例えば服部、関根、西沢、野口明は投手としての活躍時期と打者としての活躍時期があまり重なっていない。二刀流のシーズンでも、投手の側に軸足を置いて本業とし、野手としてのプレーは「軽くこなす副業」といった位置づけになっていたようだ。特に服部は、本塁打王を獲得するような強打の野手から、戦争を挟んで本業を投手にした「打者から投手へ」という珍しいパターンのコンバートになっており、時代を感じさせられる。

実は現代的な基準で規定投球回数と規定打席を同時にクリアした選手は、創成期の選手不足や、終戦直後で選手の復員が間に合わなかったといった非常事態の時期も含めカウントしても延べ25人に過ぎないのだ[1]。二刀流で試合に出続けることは、例え70年前であってもそれくらい難しいことなのだ。

本当の意味での「投手で中心打者」を複数年間務め上げたのは景浦将（2シーズン）、イーグルスの中河美芳（3シーズン）、そして野口二郎（7シーズン）に限られるのではないだろうか。

この中で、特に野口はミスター二刀流の名に最もふさわしい存在であろう。「投打同時規定到達」（規定投球回・規定打席の数字は現代のものを適用）を7シーズンも達成した上に、打率・防御率共にベストテン入りすること2回。1942年には規定打席に達し、打撃成績の12位に顔を出しながら41完投、歴代最多の19完封で40勝をマーク。専業投手でもこれを上回る

のはヴィクトル・スタルヒン[2]と稲尾和久だけなので、二刀流選手の勝ち星としてはもちろん最多になる。最多勝1回、最優秀防御率2回・最多奪三振1回、防御率10傑入り7回の記録は、投手専業で残したとしても秀逸な記録である。

1946年には、1971年に破られるまで四半世紀の間日本記録として残った31試合連続安打をマーク。この年も投打で規定に到達している。ところがこの記録は、NPBに見落とされてしまう。記録自体続いていることを本人が意識しにくい性質のものでもあったが、1949年に行われた記録全般に関する再調査が終わるまでは記録保持者であることを本人も理解していなかったそうである。

投手としての印象が強くてエアポケットに入ったのか、それとも記録の整理に関して今よりも雑な扱いがあったのか。投手としての出場も多く、休養日もあって出場が飛び飛びになったことから見落とされたという説もあるようだが、そうは思えない。なぜなら31試合連続安打が続いている1946年8月29日から10月26日まで、阪急は31試合しか挙行しておらず、つまり野口は1日も休まず31試合に連続出場してそのすべてで安打を放ったのだ。ちなみに野口はほとんどの試合で4番を打っており、高校野球などで大黒柱の象徴とされる「投手で四番」も、この期間だけで5試合ある。

投打双方で規定に到達した最後の選手もこの野口で、1949に達成した。ある意味時代遅れとなりつつあった二刀流を最も遅くまで務め上げたという点でも、彼はミスター二刀流の名にふさわしい。

3．投手・野手未分化の時代

さてその野口、基本は投手と見ることができるであろう。もともと中京商業時代から投手として鳴らし、器用なことから他のポジションも兼ねていた。投手である人間が複数ポジションをこなした形である。現代の大谷にも共通する形だ。

守備では外野手として268試合、一塁手として205試合、二塁手として99試合、三塁手として2試合に出場している。面白いのは1950年と51年に最も多く守ったポジションが二塁手であること。現代でも、高校野球でリリーフを出すとき、一時的に先発投手が外野か一塁に回ることが多い。そして先発投手は後でまたマウンドに戻ったりもする。

この高校野球の実例からも、現代の常識としては投手が守ることのできるポジションは外野と一塁に偏りそうなものだ。実際に野口が通算で最も多く守ったのも、投手以外では外野手と一塁手である。しかし、現役生活が終盤に差し掛かってから、現代の常識では守備の難所である二塁手を多く守ったことは意外に思われるかもしれない。この年の阪急は明石晃一、野口、藤井道夫の3人が日替わりで1年間ほぼ全試合、二塁手を務め上げている。このときの阪急の二塁手を守備指標RRF（Relative Range Factor）[3]で確認すると、守備能力はリーグ平均よりやや上、チーム全体の守備能力を計るDER（Defensive Efficiency Ratio）[4]の値もリーグ平均をやや上回るなど、二刀流選手の存在を感じさせない失点阻止能力を見せた。

ただしこのことは、各ポジションの守り方や求められる働きが、歴史を通して一定ではなかったことを意味するものでもある。この時点のNPBにおける二塁は、現在認識されるほどの

守備の難所ではなかったという見方も意識すべきだ。

　野口が器用な選手あったのは間違いないが、彼が二刀流で二塁を守っていたという事実は、彼の能力に加え、時代の違いも表しているのかもしれない。これについては、遊撃手や捕手と投手の二刀流についても同じことが言える。

　首脳陣が二塁手のどの程度の守備能力を求めるかといった感覚は目に見えるものではない。しかし曖昧ではあるが確かに存在する。それが時代ごと大きく変化している可能性には注意すべきだろう。長い年月が流れ選手、関係者、観客が世代交代したとき、「感覚」の形跡は野球のスタッツにだけに残されているということがある。野口の記録は、1940〜50年代までとそれ以後の守備状況の変化を物語る示準化石になる得るのかもしれない。

　表2は大谷登場以前に、同一シーズンに1球以上の投球を行い、かつ1度でも守備についた選手の、投手以外の累計出場数と守備機会数だ。二刀流の実際とポジションに求められる責任の、現代の常識との乖離が見て取れるかもしれない。

■ 表2
二刀流選手が守ったポジション

位置	出場試合	守備機会
一塁手	3243 試合	26955
二塁手	1197 試合	5859
三塁手	1631 試合	6219
遊撃手	401 試合	1854
外野手	5270 試合	10442
捕手	569 試合	2651

4．二刀流の周辺事情

　最初、二刀流は投手・野手が未分化の時代に発生した。選手が不足していた時期には二刀流はチームの力となり得るものだった。今でも遊撃手が二塁を守ったり、外野手が一塁を守ったり、共通する素養を生かせるポジションを兼務する例は珍しくない。戦前は現在と比べポジションごとの専門性は低く、複数ポジション兼務の敷居は低く、兼務の一選択肢に投手というポジションが含まれていただけなのであろう。今でも複数位置を兼務する選手は多くいるが、その中でも「遊撃手まではできません」といった選手は見かける。これと同じニュアンスで、昔は「複数守れますが、投手まではできません」という選手が多かっただけであったと見られる。

　これはプロに限った話ではない。戦前はプロ野球よりも注目されていた最盛期の東京六大学野球において、1927年春からの7シーズン中4シーズンで優勝し豪華布陣と謳われた慶應大学の看板選手2人は、そろって二刀流のエースであった[5]。

　戦後は少々微妙な時代である。投手と野手が未分化の時代はレベル的に終わりを迎えようとしていたが、選手の実数は不足していた。このとき技術的には少しずつはっきりと専業が進むトレンドにあったが、一方で戦争や2リーグ分立による選手不足という打ち消しあう方向のトレンドがあり、渾然した状況にあったようである。何せ新聞広告で選手を集めようとした球団もあったほどなのである。

　投手が足りなければ野手が投げてでも不足を埋めるほかはない。リーグ戦100試合を戦うのなら、だいたい900イニングはピッチングを行う人間が必要なのだ。こうして生き残った二刀流だが、生き残ってきた理由を考えれば、各球団の陣容が整う1950年代前半に消滅するのは自然の流れであった。この後、投打兼業はアクシデント的にしか発生しなくなるのである。MLBでも近い傾向が見られ、ピート・パーマーらが専業化の進行に関する研究を行い論文を発表している。

リーグ全体がレベルアップし各ポジションのハードルが上がり続けていくと、ベンチ入り人数などの制約がなければ、複数ポジションを守る人間は年々減少する。少なくとも20世紀中にそのトレンドが崩れることはなかった。だからこそ難易度が上がる状況下であえて挑戦する大谷のチャレンジのような事例に多くのファンはロマンを感じるようになることになる。

ただし、投手の分業化が進みベンチにおける投手が占める割合が高まりつつある状況は、野手に複数のポジションを守る能力を求める方向へとバイアスをかけているはずだ。

特にMLBでは「上がり」がないため、前日完投の投手まで含め常に25人の枠内で試合を挙行しなければならない。これに対して日本では当日出場を予定しない選手を除いてベンチ入りメンバーを組むのが可能であり、MLBよりは野手の複数ポジション要請は弱いだろう。

リーグのレベルアップが長きにわたり選手の専業化を推し進めてきた一方で、チームの戦術としては逆に兼業を求める方向へとバイアスがかかり始めているのは面白い。リリーフ含む投手陣の人数は年々肥大しており、ベンチ入り人数が変わらないのであれば、専業と兼業どちらに傾いていくかは予想しにくいところがある。

5．20世紀最後の本気の二刀流

大谷翔平が二刀流としてのプロ生活を始めるまでの間、アクシデント的にではなく、はっきり意識しての二刀流を最後に試した選手といえば、ヤクルトの外山義明である。これが1971年頃の話であるので既に40年以上経過していることになる。

40年といえばずいぶんと長い時間が流れたようであるが、実は私はこの外山の活躍をリアルタイムで見ていたわけなので少々複雑な心境である。現在ではすっかり忘れられたようだが、当時はそこそこ話題になっており、梶原一騎原作の人気漫画『侍ジャイアンツ』においても主人公が川上監督に対して外山の話題を言及する場面がある。

当時、外山義明の在籍したヤクルトの監督は三原脩。実はヤクルトの前に監督を務めた近鉄においても二刀流の選手を起用し、この選手が2年目に首位打者を獲得するなど大成功を収めている。永淵洋三がその人であるが、彼は水島新司の描いた漫画『あぶさん』のモデルであったことが、もしかすると最も知られているエピソードなのかもしれない。しかし、永淵の二刀流は投手としての登板は6月頃まで、打撃が予想していなかったほどよい結果を残したこともあってすぐに外野手に専念する恰好となる。二刀流と呼べる期間は適性を把握するお試し期間であったようなもので、実質3ヵ月程度のものだったようだ。

これに対して外山は少なくとも丸2年は二刀流を続けている。三原監督による話題づくりという面もあっただろうが、永淵のようにすぐに結果が出なかったので、お試し期間を結局2年間続けざるを得なかったのかもしれない。

投打どちらかで頭角を現すことを期待していたが、結局この期間では期待したような結果は出せなかったことになる。当時は勝敗に決定的な影響を与えるような、意外性のある活躍をしていたように感じていたが、今スタッツを確認するとそうでもないようだ。

元々制球はあまりよい方ではなかったが、2年目にストライクが入らなくなり、大量の四球を出すようになってしまう。この結果、出番が激減しロッテにトレードされる。このときのト

レード相手が強打ロッテの中心打者でもあったアルト・ロペス。ロッテの大沢啓二監督が、若返りと守り中心のチームづくりを目指し、ベテラン打者を放出して若手選手や投手を集めていたところだった。この流れに沿ったトレードではあったが、つりあいのとれたトレードとは全く言えず、世評でも予想外の声が強く、もちろん私も驚いた。一般紙にもトレード通告直後のロペスのインタビューが掲載されるなどした。

移籍先のロッテでも、その後移籍した南海でも、外山は芽が出なかった。最終的に二刀流ではなかった時期まで含めても418打席・283イニングで現役生活は終了。結果として二刀流の歴史の中でも特筆されるような結果を残すことはできなかった。それから40年間、二刀流は不在の時代を迎える。

6．二刀流の未来

特撮の映画やTVドラマにおいて、戦闘機のように超音速で空を飛び、潜水艦のように海中に潜り、様々な超近代兵器を駆使する万能戦艦や、合体・分離する戦闘機やロボットなどがよく登場する。しかし現代では既に常識かもしれないが、分離合体するメカを1セットつくるくらいなら、また、空を飛び海に潜る万能戦艦をつくるくらいなら、分離合体しないメカを数多くつくるか、戦闘機、潜水艦や戦艦を別々につくった方がはるかに安上がりである上に、能力的にも高いものが調達できる。ロマンはロマンとしてあるわけだが、現実世界で有用であるかはまた別の話である。

「海空両用の万能戦艦よりも戦艦と戦闘機」という理屈は、野球でも成り立ってしまうのか。ここで野球において二刀流が必要である条件とはどういうことなのか考えてみたい。

「4．二刀流の周辺事情」でも述べたように、二刀流が有用になる条件は限られている。しかし、過去にあった事態がそのままの形で今後再び起きるとは思えない。今後において、兼業が発生する可能性が増すとすれば、MLB方式のベンチ構成の下で増すことなるだろう。

歴史的に1チームに必要な投手の数は増え続けている。現代は実に多くの投手を必要とする時代になった。例えば（私がまさに今テレビで見ている）テキサス・レンジャーズは投手12、捕手2、内野6、外野5の編成である。これは日本人選手に縁の深いロサンゼルス・ドジャースと全く同じ。ボストン・レッドソックスなどはここから内野を1人削ってDHにするなど、バリエーションはあるが、どの球団も基本的に同じような構成にしている。

このような構成であれば、内野手の控えともなれば多くのポジションを守れなくてはチームが立ちゆかない。何せ内外野ともに控えは2人ずつしかない。昔よりも兼業が難しくなっているにもかかわらず、控えが複数ポジションをこなすことへの要請は強くなっているのだ。

MLBにおいては、25人のベンチ入りメンバーは基本的に変わらない。前日完投した投手まで含めての25人なのである。このため、内外野共に守ることのできる選手などは重宝される。

ここで仮に投手の必要数が14人に増えたとしよう。捕手・内野手・外野手で8人は絶対に必要である上、アメリカン・リーグならDHがある。投手14人と捕手と野手DHで9人なので、ここまで合計23人。少なくとも捕手・内野・外野のどこか1ヵ所には控え選手がいないことになってしまう。こうなったときには、二刀流はその効力を持ち得る可能性がある。

「重すぎない二刀流」として、例えばあくまで本職として投手を務め、投げない日には控え選手として出番に備えるような形が想定される。もちろんスクランブル的な試合になれば当然出場して試合を成立させるようにチームを支えるのである。ただし、仮にこのように多くの投手が必要とされる時代が来た場合は、ベンチ入りメンバーに関するルールが変更される可能性はかなり高くなりそうではある。

　日本は少々ルールが異なり（日米でこのルールが異なるのは昔からではある）28人の登録選手を定め、その中から試合当日の25人のベンチ入りメンバーを選択できるルールだ。

　前日先発した投手など、出場が考えられない選手は最初から外しておける。実質的にベンチ入りが3人多いのと同じことで、MLBに比べまだ少しは余裕ある構成である。だいたい捕手が3人いるベンチなんてMLBでは考えられない。このような状況では二刀流の意味はまた異なるものになってくる。以下は集客等については一切考慮しておらず、単に戦力的な観点のみからの記述であることはご理解いただきたい。

　まず、二刀流を目指す選手がいたとする。仮に名前をO選手としよう。O選手の投打いずれもが代替可能なレベル（リプレイスメント・レベル）ならば、チームの要請として二刀流の意義はない。他に戦力を向上させ得る選手は投打別々に調達することが可能であるからだ。ベンチ入りの人数に不都合がないのであれば、2人の専業選手を起用した方がチーム戦力は向上する。

　次に、O選手が投手としては優秀だが打者としては代替可能なレベルである場合。この場合は、もしも打者を兼業することにより投手としての登板数が少しでも制約されるようなら、それは本来得られるべき利得の機会を失っているわけで、チームとして損失を被っていることになる。この場合もやはりO選手は投手専業として、別に専業の野手を雇用した方が大きな利得を期待できる。O選手の打撃能力と投球能力が逆であっても、ポジションが逆になるだけで話の筋としては同じことになる。

　二刀流を推奨できるのはO選手が投打共に優秀な場合で、なおかつチームは投打どちらも十分な戦力を保有していない場合である。O選手は野手として守るのはおそらく一塁か外野であるため、ある程度の打力を備えていることは当然必要である。このため、せめて打つ方もリーグの平均レベルには達していたい。

　もし投打ともに優秀であったとしても、O選手が兼業することによって、O選手自身の投打いずれかの出場機会に制約が加えられるようならば、上に述べたチームの機会損失の事情が顔を出すことになる。そして「機会損失」は目に見えない利害であるため、あくまで慎重にカウントされなくてはならないだろう。

　ここまで二刀流について書いてきたが、読み返すと結論はやや悲観的なものになっているのは否定できない。それだけに、大谷には二刀流を有効とする諸条件や、過去に蓄積された（特に育成面での）常識を覆すような野球人生を期待したいところである。矛盾した期待ではあることを認めても、そのような期待を抱かせる魔力が「二刀流」にはある。単に野手と投手を両方務めることで生み出される価値を超えた、常識に挑むことがもたらす魔力である。

1　規定のルールはかなり恣意的に変わるので、当時のルールとは異なっても現代風の規定に統一した。のべ25人の中にはなかなか興味深い名前もある。川上哲治（1939年）や藤村富美男（1946年）、阪神時代の呉昌征（1946年にはノーヒットノーランも達成）がそれにあたる。「敗戦直後に選手の不足を補うためヘルプで投手を兼業したら投球回が意外に伸びた」「打者

へのコンバート途中で一時的に兼業したら現代における規定投球回に達してしまった」といった事情である。川上は現代風の規定投球回に届いた経験のあるうちで、最も多く首位打者になった投手ということになる。いずれにしても時代を感じさせる事情である。

2 スタルヒンは晩年に一塁手を多く守った。1951 年には 27 試合で何と 246 もの守備機会を記録している。延長など試合の流れの中のアクシデント的なものではなく、多少なりとも実際に守備について他ポジションを守る投手を二刀流選手であるとするならば、1951 年以後のスタルヒンは二刀流選手と見ることができる。

3 RRF はビル・ジェイムズ考案の守備指標。レンジファクターを基に、投手の奪三振数などのノイズを極力除外して守備力を把握する目的で考案されている。

4 DER は自軍の守備イニングに、三振や本塁打を除くフェアグラウンドに飛んだ(正確には邪飛も含む)インプレー打球のうち、アウトにできた割合を算出する。野球というスポーツを内側からではなく、遠景として客観的に見るとき、これが守備力算定のためのベースとなる数値となる。

5 この頃の東京六大学野球は慶應大学に宮武三郎・山下実・水原茂、早稲田大学に三原脩・小川正太郎、法政大学に若林忠志・苅田久徳と、まさにビッグネームだらけの黄金期。無敵慶應の最強時代でもあった。特に宮武は投手として 38 勝 6 敗(卒業時点で歴代最多勝)、打者としては長嶋茂雄に破られるまで六大学野球記録であった 7 本塁打をマーク。当時最高レベルの場所で、文字通りの「エースで四番」を務めていたわけで、戦前最高の選手・最強打者に挙げるオールドファンは多かったと聞く。慶應大学の試合で一塁と三塁から大スターの宮武と水原が代わる代わるマウンドに向かう姿は、漫画『キャプテン』での墨谷二中の谷口君やイガラシ君を彷彿させる二刀流の醍醐味であったはず。映像が残っていない(らしい)のが残念である。

リポート 10

4割打者の絶滅

道作　Dousaku

　著名な生物学者が進化学の学説を応用し、野球界で4割打者が生まれなくなったことについて評論していた。競技が長年続き選手のレベルが上がりきった結果、均衡状態が引き起こされているという仮説なのだが、それは誤りだと考える。野球のスタッツの"地平"は常に揺れ動いている。4割という基準が達成されるかどうかは、その揺れに大きく影響される。

1．グールド博士の野球評論

　スティーブン・ジェイ・グールド博士は、リチャード・ドーキンスなどの正統ダーウィニズムに対抗する、修正ダーウィニズムを唱える学派の最大の論客であり、1972年に提唱した「断続平衡説」(区切り平衡説)は、古生物学からの進化学への大いなる問題提議として有名である。日本では、NHKの番組「生命　40億年はるかな旅」で取り上げられていた"アノマロカリス"などのカンブリア紀の生物を紹介したベストセラー『ワンダフル・ライフ‐バージェス頁岩と生物進化の物語』(早川書房)の作者として知られている。

　進化論を否定するアメリカの宗教的原理主義である「創造論」に対して一貫して反論しており、さらには、欧米一般にある優生思想と人種主義を批判し、いかに科学的に差別が行われたかを伝えるべく『人間の測りまちがい——差別の科学史』(河出書房新社)を著している。抜群の人気を誇る科学エッセイストでもあり、生物学に触れる機会を一般に広めた功績は大きく、本邦における寺田寅彦のような役回りを生物学で演じてきた科学者でもある。

　もちろんのことだが、彼の本職である生物学の業績について疑義をさしはさむつもりは毛頭ない。疑義を呈したいのはグールド博士の趣味として知られる野球に関する評論のほうだ。
　2000年3月18日NHK教育テレビで、博士の著書である『フルハウス　生命の全容——四割打者の絶滅と進化の逆説』(早川書房)の内容を用いた『ETVカルチャースペシャル　なぜ四割打者は絶滅したのか？～プロ野球で見る進化論～』なる番組が放映された。話はMLBにおいて過去に多く存在した4割打者がどうして生まれなくなったのかを考察するところから始まる。考え方の基調として、以下のような内容が述べられている。
　どのようなスポーツであれ、トップの記録はいつか障壁のようなものに当たり停滞することになる。いかに絶え間ない進歩があったとしても「100 mを0秒」で走れるはずがない以上、これは当然のことだ。ただし、競技全般が未熟なうちは低い競技レベルに留まる選手の割合が高いが、大多数の、トップの選手に絶望的なまでに差をつけられていた層の選手は年々技術的に向上してゆくことになる。やがては壁にぶつかって停滞するであろうトップに比べ、壁に遠い大多数の選手は順調に進歩して徐々に追いついていくことになる。

こうして同じルールで長期的にプレーされる競技は、成熟するにしたがってトップと底辺の差が縮小する。両者は平均に吸い寄せられてやがては均衡し、トップと底辺の記録の線は平行と、なって推移してゆくはずだ。結論として、トップと底辺の差の縮小は全体の競技レベルの向上を表し、4割打者の消滅はMLBの全体的レベルが向上したことの表われである——。

博士はこれを確認するため19世紀から長期にわたり打率トップの5人の平均と打率下位の5人の平均を求め、その推移をグラフ化することとした。結果は見事に博士の予想通りのものとなり、仮説の裏付けとなったように見えた。

2．確認できなかった「差の縮小→均衡」という傾向

近い方法で私が2013年まで延長して作成したのが図1のグラフである。打率の上位5人と、下位5人の平均を求め、その差と上位の平均を下位の平均で割った傑出度を示してある。このグラフは数字が大きいほど散らばりが大きい、つまり差がつきやすい環境にあったことを意味する。

しかし、なぜかグールド博士の著書（以下「著書」）に掲載されたグ

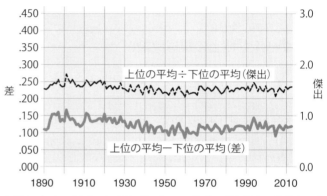

■図1 打率の「上位5人」と「下位5人」の平均値の差と傑出の推移（MLB）

ラフとは少々異なるものができてしまった。MLBの公式サイトの情報から誰でもつくれるグラフであり、普通は私のものと同じグラフができるはずなのだが少々謎である。著書のグラフは、博士の説を裏付けるようなはっきりとした均衡に向かっていく傾向が浮かび上がっているのだが、当方のつくったグラフは、かなり傾向があいまいになってしまった。グラフは著書では古い年度ほど、トップ選手と底辺の選手の間の差が大きなグラフになっている。しかし図1では、古い年度でも、現在に近い年度でも、上位と下位の差がそれなりにあることを示している。

博士の主張通りだとすると、1930年代まででこの「平均への回帰」すなわち打撃技術の改善は終了していることになる。その時点で既に均衡してしまっているのだから、「平均への回帰」をリーグ全体のレベルの向上の形跡だと捉える立場からはそうならざるを得ない。

しかし、本当にそんなことがあり得るのだろうか。戦役のため一流選手が大挙して戦地に取られてしまった1944年、1945年にはレベル低下の形跡はなく、ジャッキー・ロビンソンのデビュー後も改善の形跡は全く見られない。一般的な打者がスライダーを打てるようになったことは打撃の向上を意味していないことにもなる。

もっと言えば白人だけでプレーしていた時代から見て、リーグ全体の実力は向上していないことになるので、有色人種の選手が加入したことはMLBの能力向上に全く寄与していないことにもなる。白人だけでプレーしても、人種を問わず優秀な者を選りすぐってプレーしても結果は同じ。これはかなり矛盾した話であるし、そもそも博士の別の著作である『人間の測りま

ちがい』の理念と相反していないだろうか[1]。

　そして、最近の数値は均衡が崩れていく、つまり博士の視点からは「リーグ全体のレベルが低下している」トレンドまで見られるようである。

　図1では傑出（上位の平均÷下位の平均）の推移についても同様のグラフを作成し載せてある。たまたまリーグ平均打率が高かったシーズンに、上位の選手が下位の選手に対して他シーズンと同じような割合で差をつけた場合、表面的な数字は大きな差となってしまうからである。

　グラフを見たとき、まずトップ選手と下位選手の差の大きさについて、1893年、1894年及び1901年に「唐突な出っ張り」があるのは見て取れる。しかしその近くの年については差が小さく、現代と同程度の差に収まっている。

　3シーズンの出っ張りの理由には、ルールの変更があると見られる。1893年は投手のプレートから本塁までの距離が15.24メートルから18.44メートルに延長された年。1901年はアメリカン・リーグ創設という大エクスパンションによりチーム数が一気に2倍になり、メジャーレベルの選手が不足した年。アメリカン・リーグは、2ストライクを取られていなくてもファウルがストライクにカウントされなかったシーズンでもある。この頃に発生した大差は、特殊事情で一時的にハネ上がっただけのものなのではないか。

　これは傑出度のグラフを見ればより一層際立ってくる。特に注目していただきたいのは最も大きく差が開いたのが1901年であること。普通は1893年のように競技の場のサイズに大変化があれば、「対応できた者とそうでない者」「実は新しい環境に向いていた者とそうではなかった者」といった理由で最大の差が発生するシーズンになりそうだが、結果としてそうはならなかった。ピッチャーが3メートル下がって投げるよりも、チーム数を2倍にする方が、上位下位の差という点では大きなインパクトをもたらしたことをこのグラフは表している。

　1894年にはある1チームに4割打者がいっぺんに4人登場するなど、恐ろしく"打高"のシーズンとなっている。それを凌ぐ1901年の「大傑出」であるが、その理由はほとんど単に「数の問題」である。チーム数が増え、若い人たちの目に「野球で報酬を得るチャンスが広がった」と見えれば、有望なアスリートが大挙参入してレベル低下をある程度阻むことはあるだろう。しかし、短い期間では選手供給にも限度がある。1901年はいきなりメジャーリーガーを倍にしてしまったためメジャーレベルの選手が全く足りなくなっただけで、選手の進化がここから始まったわけでもない。結局のところ、環境の変化の方がスタッツに及ぼす影響は大きく、選手が環境変化に適応し進化していくことはこのグラフとは関係が薄いのではないだろうか。

3．4割打者以上の傑出度を何度も記録したトニー・グウィン

　この傑出を基にしたグラフは、「4割打者不在」が「トップが標準的な打者に対して差をつくり出せていない状況」を意味しないであろうことも示唆する。もし「意味する」という解釈がなされるのであれば、サンディエゴ一筋の外野手、トニー・グウィンには少々気の毒なことになる。4割達成打者らの打率に関する傑出度を示した次頁の表1、2を見ていただきたい。

グウィンのベストシーズンである 1994 年は、平均打率に対して約 1.48 倍の打率を残している。この数値は 20 世紀の 4 割打者延べ 13 人中の 7 人より大きな数値なのである。グウィンは他にも並の 4 割打者に匹敵する傑出のシーズンを 4 〜 5 回マークしている。1977 年のカルーにも同じことが言えるだろう。このシーズン、カルーの所属するアメリカン・リーグでは既に DH ルールが採用されており、リーグの打撃のレベルは当然上がっていたのだが、それでも 1.46 倍をマークした。実質的にこのシーズンのカルーは 1994 年のグウィンすら上回る驚異的なアベレージヒッターであったといえ、1960 年以後では最高の傑出がマークされたシーズンと位置づけられるだろう。

　テッド・ウィリアムスによって最後に 4 割が記録された後で記録された優れた打率の傑出もやはりテッド・ウィリアムスによるものとなる。1941 年に 4 割を打ったウィリアムスは、それから 16 年を経た 1957 年にも .388 で首位打者となっていた。この数値は平均打率の 1.522 倍となっており、20 世紀後半から現在までではこれが今のところ最大の数値。打撃ルールの概略が現代とほぼ同型になってからこのレベルに達したのは 1911 年、1912 年のタイ・カッブと、1941 年のウィリアムス本人の記録があるのみである。

　1957 年といえばカラードライン突破後で、まだ非白人は現在に比べ数が少ないとは言えウィリー・メイズ、ハンク・アーロンらのビッグネームは既にそろっている時期である。さらにウィリアムスはロングヒッターとしても名を成していたわけでもあり、MLB 創設以来 150 年を超える歴史上で、最も "異常" な打率の記録はウィリアムスの 1957 年の .388 になるので

■ 表1　20世紀の4割達成打者（MLB）

	名前	所属	打率	達成年	達成回数	打率	傑出倍率	傑出打率
1	ナップ・ラジョイ	フィラデルフィア・アスレチックス	.426	1901年	1回のみ	.426	1.541	.401
2	ロジャース・ホーンスビー	セントルイス・カージナルス	.424	1924年	2回目	.424	1.497	.389
3	ジョージ・シスラー	セントルイス・ブラウンズ	.420	1922年	2回目	.420	1.475	.384
4	タイ・カッブ	デトロイト・タイガース	.420	1911年	1回目	.420	1.536	.399
5	タイ・カッブ	デトロイト・タイガース	.409	1912年	2回目	.409	1.543	.401
6	ジョー・ジャクソン	クリーブランド・ナップス	.408	1911年	1回のみ	.408	1.494	.388
7	ジョージ・シスラー	セントルイス・ブラウンズ	.407	1920年	1回目	.407	1.437	.374
8	テッド・ウィリアムズ	ボストン・レッドソックス	.406	1941年	1回のみ	.406	1.522	.396
9	ハリー・ハイルマン	デトロイト・タイガース	.403	1923年	1回のみ	.403	1.425	.371
10	ロジャース・ホーンスビー	セントルイス・カージナルス	.403	1925年	1回目	.403	1.378	.358
11	ロジャース・ホーンスビー	セントルイス・カージナルス	.401	1922年	3回目	.401	1.376	.358
12	ビル・テリー	ニューヨーク・ジャイアンツ	.401	1930年	1回のみ	.401	1.322	.344
13	タイ・カッブ	デトロイト・タイガース	.401	1922年	3回目	.401	1.410	.367

■ 表2　高い傑出度を示した高打率記録（MLB）

	名前	所属	打率	達成年	達成回数	打率	傑出倍率	傑出打率
-	トニー・グウィン	サンディエゴ・パドレス	.394	1994年	-	.394	1.476	.384
-	ロッド・カルー	ミネソタ・ツインズ	.388	1977年	-	.388	1.457	.379
-	トニー・グウィン	サンディエゴ・パドレス	.351	1984年	-	.351	1.374	.357
-	トニー・グウィン	サンディエゴ・パドレス	.370	1987年	-	.370	1.420	.369
-	トニー・グウィン	サンディエゴ・パドレス	.336	1989年	-	.336	1.364	.355
-	トニー・グウィン	サンディエゴ・パドレス	.368	1995年	-	.368	1.397	.363
-	トニー・グウィン	サンディエゴ・パドレス	.353	1996年	-	.353	1.345	.350
-	トニー・グウィン	サンディエゴ・パドレス	.372	1997年	-	.372	1.415	.368
-	テッド・ウィリアムズ	ボストン・レッドソックス	.388	1957年	-	.388	1.522	.396
-	ジョージ・ブレット	カンザスシティ・ロイヤルズ	.390	1980年	-	.390	1.448	.377

はないか。

　ここから導き出されるのは、打率4割というものは基本的に、リーグの平均打率が高いシーズンに、グウィンやカルー並みの傑出を示した者が記録するというだけで、実際は単なる十進法表記の切れ目なのである。そこに特別な意義はないということである。

4．時代ごと長打率が大きく揺れる理由は

　さて、ここまで博士に倣って打率について調べ、書いてきた。しかし、ある程度セイバーメトリクスに馴染んだ方々は、打率より得点に直結する数値が他にあるのではないかとお思いだろう。私も同様の感想を抱いた。古い年代からの数字がMLBの公式サイトなどから取得可能な数値で、得点との連関が打率以上に強い長打率を選び同じグラフを作った。（図2）

　これを見ると長打率の推移は「打者が進化した結果、トップとその他の選手の差がなくなり……」という著書の説とはほど遠い状況であることがわかる。長打率のリーグ平均が高い、すなわち"打高"のシーズンには生の数字で大きな差ができている。長打率のリーグ平均が低い、すなわち"打低"のシーズンには生の数字で小さな差しかできない。それだけのことである。傑出については、特筆すべき傾向を見ることはできない。

　なお、打者のトレンドの変化が打率・長打率の数値に影響を及ぼしたという可能性は否定できないところである。1920年代に新しいボールが採用されるとともに大量生産も可能となったことから、これが"打高投低"のラビットボール時代へと繋がった。

　この頃から打率を最も重視してきた打撃スタイルを変える打者が増えはじめ、バットに当てることよりも強い打球を放つことにテーマが移ってきている。得点を得る効率的な方法として、確実性のほかに長打力が打者にとって重視されるようになってきた。少なくとも1930年代以降の打者は個々が意識するしないにかかわらず、打率の捉え方は1910年代以前の打者とは大きく異なっているだろうし、多くの選手にとって最大の興味ではなくなっているだろう。結果として打率の向上を最終的な目的としなくなった選手が増え、打率のグラフは長打率のグラフとは異なる推移を遂げたというのも1つの理由として考えている。打率というスタッツは、ボールの質の改善により、長打の生み出しやすさが高まった1920年代に、トレンドからやや取り残されたとするのは穿った見方だろうか。

　ラビットボールと表現されるこの時期のボールは、反発力が上がったことやサイズが少し小さくなったという理由よりも、大量生産が可能になったことのほうが打撃記録のインフレ化に大きな影響を与えたようである。それまでは1個のボールを消耗しきるま

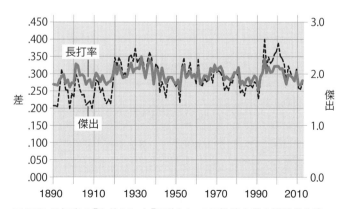

■図2 長打率の「上位5人」と「下位5人」の平均値の差の推移（MLB）

で使用するのが常態であったらしく、「1試合を1つだけでまかなえます」と耐久性を謳い文句にしたボールもあった。スピットボールの効能もこのような状況でこそ存在し得たと言える。

　投手がボールをグラウンドの土のある部分に落としたり土のついた手でこね、土や泥をつけて見えにくくする。雨の後なら水を吸わせることによりボールを飛ばなくさせる。さらに試合中に何十回となく打撃を加えられてもいる。

　硬式野球のボールを扱った経験があればご理解いただけると思うが、おろしたばかりのニューボールと、使い古しのときにはグラウンド上の水まで吸ったようなボールは飛び方どころか打感からして全く異なるものである。ボールの大量生産はこうしたダメージを緩和したであろうから打者にとってプラスの影響が生じたことは想像に難くない。

　なお、スピットボールについての非難は、Spit（つばを吐く）≒唾液をつけることよりも、傷をつけるといった類のボールへのおかしな細工をするな、といった意味のほうが大きかったのではないだろうか。そもそもは基本的に汚いボールでプレーするスポーツだったのだ。

5．制度の変更に連動して動く標準偏差

次にリーグ全体の標準偏差（記録のばらつきの大きさ）を見ていく。規定打席に到達した全ての打者の打率及び長打率の標準偏差が図3、標準偏差を平均打率または平均長打率で割ったものが図4である。図4は傑出の視点からのものであり、数値が大きいほど平均打率・長打率が伸びていない割に各選手の成績に大きな差がついていることになる。また、数値が小さければそれは平均の数値が大きい割に各選手の成績に余り差がついていないことを表している。

標準偏差はイベントのたびにハネ上がっているようである。その理由は2つ考えられる。1つにはイベント（環境、制度の大きな変化）に対して、すぐ対処できるタイプの選手とそうでないもの（または有利になるものと不利になるもの）があること。「素早く対処できる」か「新たに何か対処する必要のないスタイルの選手」と、そうでない選手が混在することにより偏差が大きくなる方向にバイアスがかかる。また、大型エクスパンションによる選手増はてきめんに

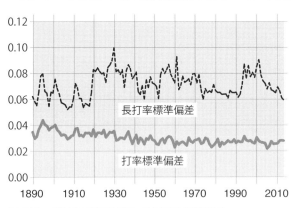

■図3　MLBにおける打率・長打率の標準偏差
（記録のばらつきの大きさ）

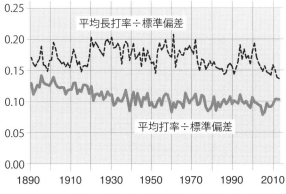

■図4　MLBにおける平均打率÷標準偏差・平均長打率÷標準偏差

偏差を拡大する。

　最初の方で触れた投手プレートとホームベースの間の3メートル延長や、アメリカン・リーグ参入によるチーム数の倍増といった大事件だけでなくとも、イベントは断続的に起きている。例えば第一次世界大戦期のフェデラル・リーグ創設によるチーム数増や、1910年頃のボールの芯にコルクを用いる材質変更などは、現在では振り返られることもまれになってきている、いわば忘れられたイベントである。

　しかし、後になってスタッツを子細に見れば、明らかにその形跡は残っている。歴史的には目立たないイベントだが、その影響力は他の大イベントと見なされているラビットボール採用などと比べ、引けを取るものではない。

　図3をもう一度見てほしい。インパクトあるイベントが繰り返し発生した1890年代～1920代は、なかなか標準偏差が安定しなかったのがわかる。そして偏差の面でも打率と長打率は異なる表情を見せてもいる。もし何かのスタッツで歴史的に標準偏差の縮小が見られたとしても、それを選手の能力向上の結果ととらえるならば、偏差の減少は当然他のスタッツにも及んでいなければならない。打率4割だけが優秀さを示すスタッツなのではない。「4割打者の絶滅（または何かの減少・増加）」というフレーズの「4割」のところに100盗塁や50本塁打、長打率6割または300奪三振といった言葉が入っても同じような議論ができるのだろうか？

　選手の能力が年々向上していることに疑義を差し挟むつもりはないが、その根拠を1種類のスタッツの偏差推移に求めることはできないと考える。

6．相対的記録である野球のスタッツ

　タイムを競う競技の場合、選手の限界の「壁」を規定するのは時計であり距離であり、絶対的なものである。野球の打者の場合、最も大きな「壁」となるのは投手である。

　仮に打者の集団の方が平均に向かって年々収斂してゆく過程にあるとすれば、その事情は投手の方だって同じはずである。その結果、両者のせめぎあいは絶対的な記録のように明確な方向性は出ないだろうし、そして実際のスタッツもその通り、絶対的な記録とは異なる推移を示している。タイムを競う競技にあるような絶対的な「壁」とは異なり、打者から見れば投手が壁、投手から見れば打者が壁なのだ。野球における壁はお互いに動き、壁までの距離は常に定まっていない。トップ選手から能力の限界としての壁は、距離が変わる上に、壁のある方角まで変化することさえある。

　野球はゼロサムゲームなのだ。こちらにプラスが記録されれば必ず相手には同じ大きさのマイナスが記録される。1勝と1敗。得点と失点。安打と被安打。

　①投手全体の能力が高まり、同様に打者の能力が高まった場合
　②投手全体の能力が低下し、同様に打者の能力が低下した場合
　③投手全体の能力が変わらず、同様に打者の能力が変わらなかった場合

　理論上、この3つの場合全てで「見た目のスタッツ」は変わらないはずである。そしてもし、

著書にあるようにあるリーグの打者の集団の能力が洗練されることにより、均一化する方向に進化するとしよう。

その結果、所属する打者の能力が極めて狭い範囲にしか分布しない、即ち傑出することが極めて難しい状況になるとき、原則的には投手の側の傑出は極大になることだろう。なぜなら、投手から見た「壁である打者の能力」が極めて狭い範囲にしか分布しないのだから、投手の能力はある一点の打撃能力を抑えることができるか否かの二分法で計られる状態に近づいていくことになる。運の要素を排除してこのモデルを究極化するならば、永遠に打たれ続ける投手と永遠に抑え続ける投手の2種類に収束することになるだろう。そして、そのような状況は今後も含め発生することはないだろう。

陸上競技のような絶対的記録と野球のスタッツのような相対的記録は絶対に峻別されなくてはならない。2種類の数字の意味が混同されてはならない。

その昔、とある浮世離れした侍が渡し船に乗って川の向こう岸へ渡っていたときの話。よろけたはずみでこの侍は財布を川の中に落としてしまった。この侍は何を思ったか船べりに刃物で印をつけている。向こう岸についた時、この侍は周囲を見渡し、印を指してこう言った。「財布はここから落ちた。すぐに探してくるように」

再度紹介すると、グールド博士の著書の考え方は「選手全体の能力が高まり、リーグが成熟するにしたがってトップと底辺の差が縮小し、打撃結果が平均に向かって収束する。トップと底辺は平均に吸い寄せられてやがては均衡しトップと底辺の記録の線は平行となって推移してゆくはずだ」というものだが、この時点で既に絶対的な記録と相対的な記録についての混同が見られるようだ。

さらに、もしも打率が絶対的な数値であったとしても、の話である。仮に絶対的な記録の特性として、トップの記録がいずれ壁に当たるのは解る。しかしなぜトップではない選手の伸びまでが縮んで、いつまでもトップとの差を平行に保たなくてはならないのだろうか。トップ以外の選手まで同じタイミングで壁に当たるわけではない。仮説に従うならば、現在も少しずつでもトップと平均との差は縮小していかなくてはおかしいのではないか。

しかし、グールド博士はこの考え方を採ることに抵抗があったであろうことも想像できる。なぜなら博士はダーウィンの進化観を系統漸進説と呼んで批判し、それに変わる新たな理論として断続平衡説を提唱した人物である。ここでもし、「現在も少しずつでもトップと平均との差は縮小していかなくてはおかしい」という考え方をするならば、それはまるで（博士が批判した）漸進説の方のモデルである。

実際には相対的なスタッツは様々な全く異なる形式のグラフを示し、何かの理論だけを支持するような挙動は示していない。スタッツの方から「学者社会の2つの派閥の考え方」のどちらかに合わせる義理はないのだ。

7．NPBのスタッツもやはり揺れ動く

　日本においてプロ野球(NPB)がリーグとして競われるようになったのは1936年なので、もうすぐ80年ということになる。ずいぶんと長い期間生き残ってきたようであるが、世界的な打撃ルールの変遷といった面から見ると、新参者であり、リーグが始まったのは主要な変化が終了してからである。途中でバッテリー間が3メートルも広がったり、ノーカウントだったファウルをストライクに数えたりするような大変更にさらされた事情はない。このため、NPBにおける傑出の大きさを左右するような根源的な環境の変化は

　①創成期から戦争直後までの選手層の問題
　②使用するボールの品質問題

の2つに絞られるだろう。リーグ結成当時にリーグ全体のレベルを高く維持するような選手層を確保するのが難しいことは、どのようなリーグでも変わらないようである。

　NPBにおいても打率・長打率に関して標準偏差のグラフを作ってみた。これが図5である。リーグ創成期はあまりに試合数が少なすぎることや、1944年の戦争により中断したシーズンは35試合にすぎなかったことから、今回の問題についてはサンプル数に問題があると考え（流石にノイズが大きすぎる）、グラフのスタートを1946年からとした。(～2013年)

　当初の1946年には選手不足の影響が明らかに見て取れる。打率の標準偏差は0.0390を超えており、このようなシーズンはこれ以後出現しておらず、戦死者多数・戦地からの復員が間に合っていないなどの理由で打率面では最も差がつきやすかったシーズンであると言える。ところが長打率の側を見ればこれは史上最低レベル。統一球時代を除けばこのように低い年代はない。低反発球や品質の落ちるボールは長打率で差がつきにくいものなのだ。

　このグラフからは打率の標準偏差は1946年から現在まで極めて緩やかなペースであるが縮小を続けている。実際の試合の中では影響が顕在化するほど強い傾向を示しているとは言えないが、確かにその傾向はある。均衡しているとは言えない。これに対して、長打率の方はボールの性能の変化といったイベントに、打率以上に大きな影響を受けながらも、現在まで標準偏差は拡大の傾向があるようである。こちらも極めて緩やかなトレンドであり、1950年頃などの不自然な形の突出や統一球時代の不自然な凹みといった大イベントにかき消されそうである。しかしこちらもやはり「縮小の後の均衡」などは発生しているわけではない。

　参考までに1シーズン制の下で戦われ、シーズン試合数が100試合を越えた1940年と1942年を例として見るならば、1940年は打率の標準偏差が

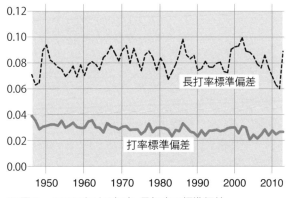

■図5　NPBにおける打率・長打率の標準偏差
　　　（記録のばらつきの大きさ）

0.0383、長打率が 0.0654 であり、1942 年はそれぞれ 0.0340 と 0.0564 である。特に 1942 年は ISO [2] の標準偏差が 0.0311 に過ぎず、他の年代の半分に届かない。創成期と呼べるような年代については、長打の出現に極めて差がつきにくい状況が確かにあったと言えるだろう。このレベルの偏差になれば、長打の出方は「誰が打ってもあまり変わらない」環境にあったと言っても過言ではない。このような中では打率の数字に注目が集まることは自然の成り行きであり、この時代に形成された打撃スタッツ観が長年影響を与え続け、打撃の実情が変わったのちも誤った認識を与え続けた可能性はある。

しかし、この 2 つのスタッツの偏差のカーブは、特に意識されずとも打者総体の意識にトレンドの変化が起きていることを表している。「得点との連関が強いのは打率よりも長打率である」というセイバーメトリクスの常識などは知らずとも、強打者の関心事・意識は強い打球を飛ばすことに徐々にシフトしてきたようである。

ちなみに 2012 年の偏差は打率が 0.0244、長打率が 0.0561 といずれも戦後最低、ISO が 0.488 で 1948 年以来と、統一球の影響が相当にいびつな結果となって表れている。この意味でも、2011 年から 2012 年の野球は戦争前後の環境を再現したようなものである。近年、メディアなどで盛んに唱えられた、つなぎ、守り勝つ、手堅い野球こそが目指されるべきといった、野球理論は実際に行われている野球に対応したものだとは考えられないものが多かった。行き過ぎた低反発球の導入は、正しい理論を構築するのではなく、唱えられている理論が正しくなるように実際の野球を変更しようとする試みのように見えた。手段と目的の転倒は忌避されるべきものであり、服に合わせて手足を切るような試みがなされてはならない。

1 昔から存在した差別(特に人種的な差別)を助長する方向に進んでしまった科学的手法について指弾した著作。科学がいかに政治的な主張に利用されてきたか、またその経過において捏造や恣意的な切り取りなどの誤った手法が横行した歴史にも言及した秀作である。ただし web 上ではこの作品ですら一部の政治的立場の者から、都合のよい方向で引用される傾向があるのは著者が存命なら不本意と感じるであろう。

2 かつて IsoP(Isolated Power)と表記されたものが最近では ISO と略されている。安打のうち、長打によって記録した塁打を打数で割ったもので、純粋な長打力を表す。要するに(塁打数−安打数)÷打数 で求められる。

参考文献
『フルハウス 生命の全容―四割打者の絶滅と進化の逆説』 Stephen Jay Gould(著) 渡辺 政隆(訳) 早川書房

リポート 11

オールタイム・ゴールデングラブ賞への道

morithy

　趣味で野球の数字いじりをはじめて以来、歴史的なプロ野球に関する数値の変遷を全体俯瞰したいと考えてきた[1]。近年日本でもセイバーメトリクスが一定の地位を得はじめ、その中で特に守備に関して、日本プロ野球についても細かいデータが入手できるようになってきた。そこで本リポートでは、NPB公式以外のデータを活用し、過去のプロ野球選手の守備力を算定し、オールタイム・ゴールデン・グラブ賞選定に向けた叩き台とすることを目指す。

　具体的には、DELTAより提供された2014年のNPBにおける守備のゾーンデータを用いて1プレーあたりの価値を得点化し、日本プロ野球私的統計研究会（http://npbstk.web.fc2.com/）が集計し発売しているスタメンデータベースを資料として用い、外野手3区分をはじめとした推計守備イニングを詳しく求め、守備評価の精緻化を目指した。

1．ゾーンデータとレンジデータの関係

　MLBに追うように、この数年日本プロ野球においてもゾーンデータが取得されるようになり守備力評価の環境は大きく変化した。一方でゾーンデータをある程度以上過去にさかのぼって取得することは困難であり[2]、歴史的な名選手の守備力を評価するためには刺殺数・補殺数を基本とするレンジによる守備力評価が不可欠である。これを踏まえ、本リポートでは「刺殺・補殺・失策」などの公式守備指標、ゾーン系守備指標、そして「セカンドゴロ」「レフト前ヒット」といったテレビ、新聞、日常会話で用いられる守備プレーの対応関係を整理し、それぞれの間に互換性を持たせ、特にレンジデータを得点化するときの助けとすることを目指す。具体的には2014年NPBゾーンデータを用いて、レンジデータとゾーンデータの得点換算を目指す。

（1）守備記録とゾーンデータの相互関係

・打球の偏り
　本分析のために、地理情報システムフリーソフト『MANDARA』を用い、球場の打球分布を図示してみた。図1は2014年度NPBにおけるゾーン別打球分布を示したものである。フェアゾーン上に満遍なく打球は分布し、内野への打球はゴロが大半、中域で比較的ライナーの比率が高く、外野への打球はほぼ大半がフライであることがわかる。なお、ファウルゾーンの打球は一三塁線フェアゾーンの打球に統合している。

　ただし、打球の分布については、球団ごとに偏りが大きい。特に偏りが大きい球団の例として、図2に広島のデータを示す。2014年の広島の打球分布は12球団でおそらく最も偏っている。ともかく右方向へのゴロが多く、左方向のゴロと外野フライが少ない。真っ黒に塗りつぶ

されている部分はリーグ平均値と比べ 10 機会以上の傑出があったというところなので、2014 年に広島投手陣が打者に打たれた右方向へのゴロ数はリーグ平均からの予測値と比べて数十本は多いということになる。

右方向のゴロが相対的に多い大きな理由として、投手の左右構

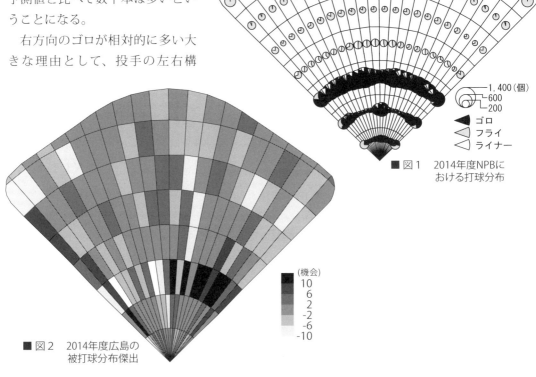

■ 図 1　2014年度NPBにおける打球分布

■ 図 2　2014年度広島の被打球分布傑出

成が挙げられる。2014 年の広島投手陣における左腕の投球回数は 147.1 回で、2013 年の 181.1 回をさらに下回った。これは 12 球団平均の左腕率 29.8% に対し、13% と 12 球団平均の半分以下で最低値である。

野球の守備の研究書として名高い『Fielding Bible』シリーズ(John Dewan 著)でも、チームの左腕率が上がると(おそらく相手チームが右打者を優先的に起用するようになるため)左方向の打球が増えることが指摘されているが、広島

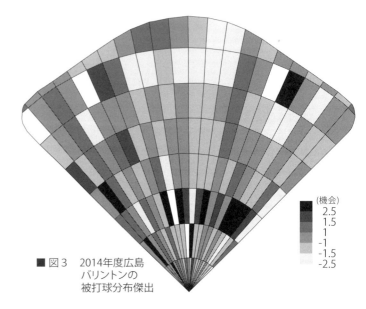

■ 図 3　2014年度広島バリントンの被打球分布傑出

ではその逆の現象が起きていたと思われる。さらにゴロを打たせるピッチャーが多かったことにより、右方向のゴロの割合が極端に増えている。一例としてブライアン・バリントンの打球分布を図3に載せておく。

また、2013年、2014年と広島の二塁手の菊池涼介は記録的な補殺数を残したわけであるが、その理由は次のようなものが考えられる。

①菊池本人の守備力の高さ
②チーム投手陣の奪三振の少なさ
 (2013年は916個、2014年は933個と広島投手陣の奪三振数は2年連続リーグ最少)
③チーム左腕率の低さ
④ゴロピッチャーの多さ

DELTAのUZR (Ultimate Zone Rating)評価で菊池涼介はリーグトップでないにもかかわらず、補殺数が記録的な数となったことについては、これら諸要因がすべて菊池の補殺を増やす方向に働いた結果であると説明できる。チームの勝率を高めるという観点からいうとこの起用法は悪いやり方ではなく、一番ボールが飛んでくるところに一番の名手が配置されることによって効率的に失点を防ぐという相乗効果が現れているとは思うが、チーム戦略のような形で意図的にそのような状況をつくりだすのは難しく、近年の広島の守備がこのような状況になっているのは、一時的な戦力バランスが生み出した僥倖というべきであろう。

・送球の偏り

刺殺・補殺系、レンジ系の記録とゾーン系記録の間に誤差が生まれる要因として、送球処理の問題も挙げられる。レンジで守備力を評価しようとした場合の大きな問題の1つが、特に刺殺について、打球を処理してついた記録なのか、送球を処理してついた記録なのかわからない点である。ゾーン系データにおいても送球処理の評価法はほぼ確立されておらず、打球処理については大抵の場合最初の処理者に全責任があるとして計算している場合がおそらくは多い。そこで、刺殺、補殺の記録と打球処理、送球処理の関係を調べていきたいと思う。

まず、どんなときに守備記録がなされるかを考え、最もバリエーションが見られそうな例として二塁手の刺殺記録を挙げる。

2014年、どのようなシチュエーションで記録されたかがゾーンデータから推計できる範囲の二塁手刺殺数は4,185。うち二塁手の単独プレーは1,356ある。このうち989がセカンドフライ、304がセカンドライナーとフライナーだが、二塁手が自分でベースを踏んでアウトにしたであろうセカンドゴロも63記録されている。残りの刺殺は他の選手の送球を受けたものとなっている。最も二塁手に送球を送っているのは遊撃手で960。外野への打球に対し二塁手の刺殺がついている記録は31あり、これらは外野へ安打を打った打者が二塁を狙ったところで、外野からの送球を受けた二塁手がタッチアウトにした時に記録されたものと思われる。

二塁手が2つ目のアウトを獲った併殺は58記録され、フライ・ライナーでの併殺が21、ゴロ併殺が最終的に二塁手で終わった例が37記録されている。二塁手がライナーを捕球した

後、自分でベースを踏んで1人で併殺を完成させたプレーも5つ記録がある。

守備位置ごとの補殺と刺殺の関係を表1にまとめる。

守備位置別の全刺殺の中で、記録時に他の野手の補殺が記録されていない刺殺数(なしの欄

■表1 2014年NPBにおける守備位置別補殺と刺殺の関係

		刺殺(PO)									
		投手	捕手	一塁	二塁	三塁	遊撃	左翼	中堅	右翼	総計
補殺(A)	投手	0	40	1534	837	46	160	0	0	0	2617
	捕手	7	0	120	223	45	39	0	0	0	434
	一塁	538	37	0	239	18	152	0	0	0	984
	二塁	27	44	4761	0	13	659	0	0	1	5505
	三塁	7	46	2284	555	0	14	0	0	1	2907
	遊撃	21	48	4023	973	33	0	0	0	1	5099
	左翼	1	39	4	23	12	1	0	0	0	80
	中堅	0	27	2	7	23	8	0	0	0	67
	右翼	0	32	7	2	10	18	0	0	0	69
	なし	164	474	2254	1356	869	1343	2941	3679	3323	16403
	総計	46	739	14906	4185	1011	2370	2941	3679	3324	33901
自力刺殺率(%)		22.0%	64.1%	15.1%	32.4%	86%	56.7%	100%	100%	100%	48.4%

の数字)の割合を示す「自力刺殺率」を見ると、外野はほぼ100%、三塁手も86%もあり、これらの守備位置で記録された刺殺はおおむね打球処理でついたものと考えてよいだろう。

対照的に、一塁手の自力刺殺率は15.1%と全守備位置中最低で"生"の刺殺数が一塁手自身の打球処理能力をあまり反映していないことがわかる。次いで投手の自力刺殺率も低く、大半が一塁ベースカバーなどを通じた一塁手の補殺を受けてのものであることが特徴的である。

捕手はほぼ全ての守備位置の補殺を受けた刺殺がまんべんなく記録されている。二塁手と遊撃手も、刺殺の記録をそのまま打球処理能力と考えられるほどには自力刺殺率が高くない。なお、これは打球についてのみ集計し、三振や盗塁刺は除外している。刺殺1つにつき複数守備位置の補殺が同時に記録されることもあるので、総計は縦方向の数値を合計した値とは異なる。

球団ごとの自力刺殺率の差異を表2に示す。一塁手自力刺殺率でいうと最高値が楽天で17.6%、最低値が日本ハムの13.2%で4.4%の差がある。プレーでいうと55プレーの差となり看過できない。Bill JamesはRRF(Relative Range Factor)の算定において、一塁走者数を説明変数とし、一塁走者数が増えるほど遊撃手の刺殺数は増えるという補正を加えていた。(『The Fielding Bible』p.201)

表2には一塁走者数を加えたが、相関係数を見ればわかる通り、単年データのみから自力刺殺率を推測することは困難そうである。

■表2 2014年 NPBにおける球団守備位置別自力刺殺率

球団	一塁	二塁	遊撃	一塁走者数
オリックス	16.6%	29.9%	57.5%	1596
広島	15.2%	36.3%	50.0%	1706
中日	15.8%	23.6%	55.6%	1752
DeNA	14.4%	33.9%	61.3%	1756
楽天	17.6%	33.5%	61.1%	1650
日本ハム	13.2%	31.5%	61.9%	1738
巨人	14.7%	38.5%	58.0%	1638
ソフトバンク	14.1%	38.3%	55.0%	1525
西武	15.6%	32.5%	54.5%	1803
ロッテ	16.3%	27.9%	53.9%	1766
ヤクルト	14.7%	28.9%	58.5%	1795
阪神	13.5%	35.8%	53.4%	1707
一塁走者数との相関	-0.055	-0.524	0.001	-

（２）ゾーンデータから計算する

・補殺と刺殺の守備貢献得点

（１）で見た偏りを踏まえた上で、ゾーンデータとレンジデータの互換性を考える。具体的には、2014年度のゾーンデータを用いて各守備位置刺殺・補殺の守備貢献度がどの程度か計算し守備得点を求めた。手順は以下の通りである。

①まず2014年のゾーンデータとシチュエーション別得点期待値表を用いて、全プレーのプレー前とプレー後の得点期待値を比較し、各プレーの得点価値を求める。

②そして各プレーについて、プレーと公式記録の補殺・刺殺の関係を推測し[3]、各守備位置ごとに1補殺・1刺殺が失点期待値をどの程度減らしたか平均値を出す。これを守備得点とする。

結果は図4の通りである。同じ刺殺・補殺でも守備位置ごとに相当得点価値が異なることがわかる。ここでは守備得点 0.2、0.15、0.1でプレー重要度を区分し解説する。

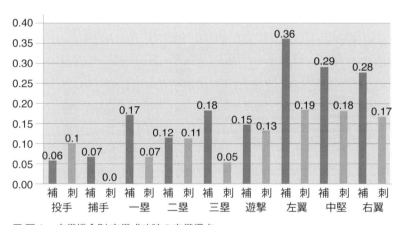

■図4　守備機会別 守備成功時の守備得点

①守備得点 0.2 以上のプレー

　外野補殺すべてが該当する。"レーザービーム"に代表されるこのプレーが出る状況の大半は有走者で外野にボールが飛んだという状況であり、プレーに失敗すると高確率で直接失点につながるので、プレー成功の価値は最も大きい。

②守備得点 0.15 以上のプレー

　一三塁の補殺と外野刺殺が該当する。①と異なりプレー失敗が直接失点に結びつくとは限らないが、失敗すると高確率で長打になるのでやはりプレーの価値は高い。

③守備得点 0.1 以上のプレー

　投手刺殺と二遊間の守備が該当する。②と異なりプレーに失敗しても後ろに他の野手がおり、

長打にはなりにくいので1プレーあたり守備得点は低くなる。しかし、プレーの絶対数が多いので、守備力の高い選手がこれらの守備位置には置かれる。

④守備得点0.1未満のプレー

　投手と捕手の補殺、捕手・一三塁の刺殺が該当する。投手と捕手の補殺につく守備得点が低い理由は、たとえ対象打球が取れなかったとしても他の野手がとってアウトにする可能性がまだ残されている打球だからであると考えられる。捕手・一塁・三塁の刺殺の守備得点の低さは、ファウルフライが多く混じっているためかと思われる。ファウルフライはたとえ取れなかったとしても直接的に出塁・失点にはつながらない。現在筆者がゾーンデータから守備貢献度を計算するにあたって未だにファウルフライのうまい評価法が思いついておらず、ほぼゼロ評価としてしまっている。特に捕手の打球処理による刺殺の大半はファウルフライなので、捕手刺殺の守備得点はほぼ0点である。

　守備貢献値の得点化を行おうというとき、もう1つ問題がある。「もし守備に失敗してしまったときのマイナス」をどう考えるかだ。図5はそれぞれの選手が各守備範囲においてうまく打球を順当にアウトにできなかった場合、失点期待値がどの程度増えるかを示したものである。

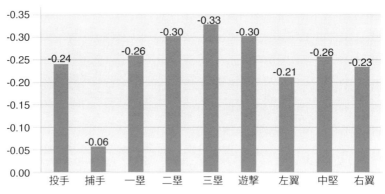

■図5　守備位置別 プレー失敗後の失点期待値上昇

　おおむね1プレー失敗につき0.2点から0.35点ほど守備得点上の失点が出ることがわかる。内野のほうが外野より野手の責任が大きいのは、そもそも外野にボールを飛ばされる時点で投手の責任がより重くなり、相対的にプレーに失敗したとしても野手の責任が軽くなるためと思われる。捕手のプレー失敗時の失点期待値上昇が極端に少ないのは、捕手が自分の守備範囲内で打球を処理しなかった事例のうち、多くの割合を犠打処理とファウルフライが占めており、こうした場合、捕手の守備範囲に他の野手が入ってきて結局アウトを獲れる確率が高いからであろう。

　問題は、守備貢献得点を求めようとするとき、このプレー失敗による失点期待値上昇をどのように計算に入れるかである。「そのプレーがなければこのような感じで失点期待値が上がっていた」ということを表現するという意味では、プレー成功時の得点期待値とプレー失敗時の

失点期待値の差をそのプレーの得点価値とすべきなのかもしれないが、UZR（Ultimate Zone Rating）分析においてとられるのはあくまで打球の価値との差で、これと整合性が取れない。かといって、プレー数がプラスのときとマイナスのときで係数を変えるというのも理に叶わない。迷った末、成功時の得点と失敗時の失点の絶対値の平均を今回の守備評価で用いる係数とした（表3）。ゾーンデータを用いた分析は、わかりやすさの点で問題をどうしても抱えてしまう。

■表3 本守備評価で用いる1プレーの得点評価

守備記録	係数
1A	0.07
1PO	0.12
2A	0.09
2PO	0.01
3A	0.19
3PO	0.08
4A	0.14
4PO	0.12
5A	0.20
5PO	0.06
6A	0.17
6PO	0.14
7A	0.41
7PO	0.19
8A	0.44
8PO	0.19
9A	0.40
9PO	0.17

（3）重回帰分析による補正方法の提案

・既存守備記録得点化の課題
（1）と（2）を踏まえ、既存の入手可能な守備記録から過去の選手の守備力を推計する際、注意すべき点をまとめる。

①左右の打球の偏り。投手の左右比率にある程度連関する。
②ゴロ・フライの偏り。これがおそらく一番問題で、他のデータから極めて類推しにくい。例えば内野補殺が多く、外野刺殺が少ないチームがあったとして、その原因が、ゴロピッチャーが多かったせいなのか、内野に名手がそろい外野が技術に欠ける選手ばかりだったのか、既存の守備記録では区別をつけることができない。戦力の偏り具合によっては後者も十分あり得る。
③送球の偏り。特に内野手の刺殺数は個人の守備力以外に、塁状況やチームとしての守り方が大きな変動要因となり、一塁走者数などからある程度は説明できるが、全体の変動は複雑である。

2014年のデータから見出すことのできる問題点をまとめると以上のようになる。いくつかの問題は他のスタッツを活用し補完できそうな一方、ゾーンデータがないと如何ともし難い問題もあるということがわかる。

・重回帰分析による補正
そこで歴史的守備力分析を試行段階に持ち込ことを優先し、（2）までの分析を一度脇に置き、あまり美しくない力技とも言える分析を試してみた。
「今のところ打球の偏りや送球の偏りについて、ゾーンデータがない状態できちんと理解するのは不可能である。うまく偏りを排除できた状況ができれば、各守備位置の守備得点に相関がない状態となることは確かなのだから、とりあえず重回帰分析を行って相関を排除してしまう」という処理を行ってみた。具体的な手順は以下の通りである。

①全球団の盗塁刺のデータが公開され、現在と同じ守備スタッツがそろう1969年以降、2014年までの守備記録を対象データとし、全チーム・全守備記録のBIP（インプレー打球を放った）打

オールタイム・ゴールデングラブ賞への道　107

席数に対する比率を求める。

②①の際、捕手の守備記録としては「盗塁刺」の他「実質補殺」「実質刺殺」を計算して用いる。「実質補殺＝公式記録の補殺数－盗塁刺」「実質刺殺＝公式記録の刺殺数－チーム奪三振数」である。その他の守備位置については、公式記録の補殺数と刺殺数を分析対象とする。

③各守備記録について、守備位置間の守備得点の相関を取り除くため、その他の守備位置の守備記録を説明変数として重回帰分析を行う[4]。目的変数がある守備位置の補殺のとき、同じ守備位置の刺殺は説明変数から外す。

④補殺と刺殺の関係について、必ず補殺が原因で刺殺が結果であると考える。そこで補殺が目的変数のときは補殺を説明変数から外す。ただし外野刺殺は無関係と考え、説明変数に入れる。

結果、表4のような係数が得られた。重回帰分析を18回やってみただけのことであるので、例えば重回帰分析と重回帰分析の間の論理的整合性などは全く考慮されていない。論理的には穴だらけと思いつつも、試行段階に持ち込むことを優先し、ここではたたき台を提供する心づもりで数値を出してみた次第である。ともかく、この表からいくつか読み取れることがある。

■ 表4 重回帰分析による守備機会間の関係

プレー	1A	CS	2A-CS	3A	4A	5A	6A	7A	8A	9A	1PO	2PO	3PO	4PO	5PO	6PO	7PO	8PO	9PO
1A		-	-0.31	0.18	-0.17	0.23	-0.16				-	-	-	-	-	-	-0.14	-0.13	-0.22
2A-CS	-0.05	-			0.03	-0.04	0.05										-0.08	-0.06	
3A	0.06	-		-		-0.09		0.40									-0.09		-0.11
4A	-0.17		0.22		-	-0.24	0.09										-0.34	-0.36	-0.41
5A	0.31		-0.29	-0.45	-0.31	-	0.19	1.14											-0.20
6A	-0.18		0.35		0.10	0.15	-										-0.44	-0.21	
7A						0.01		-	0.11	0.21									
8A								0.13	-	0.14									
9A								0.23	0.13										-
1PO	-		0.12	0.62	-0.09		-0.05							-0.02			-0.06	-0.03	
2PO-K	0.04	-			-0.12	0.06	-0.07	0.58	0.71	0.66		-			0.31	0.13	0.07		-0.06
3PO	0.82			-	0.81	0.84	0.67	-1.39	-0.74		-0.37			-0.69		-0.31		-0.15	-0.13
4PO	0.41		0.62	0.54	-	0.24	0.29				-0.91		-0.34	-	-0.29	-0.30	-0.14		-0.24
5PO		0.24	-0.30		-0.10	-	-0.13				0.21		-0.05		-		-0.06		-0.08
6PO	0.12	0.41					-				0.15	-0.09	-0.14			-		-0.16	-0.17
7PO	-0.12	0.29	-0.28		-0.20		-0.25				-0.33				-0.13		-		
8PO				-0.34	-0.19		-0.08				-0.27		-0.09			-0.17		-	0.13
9PO	-0.08		-0.21	-0.22	-0.28	-0.08					-0.16				-0.12	-0.12	0.09	0.13	-

①内野守備を目的変数とした場合、外野刺殺の係数は必ずマイナスとなる。逆にゴロが増えればフライが減ることも表れている。

②外野補殺を目的変数とした場合、他の外野補殺の係数は必ずプラスとなる。これは共通要因としてチームが許した走者数を考えるべき。走者が常に塁を賑わしているチーム、与四死球や被安打が多い一方被本塁打が少ないチームはいずれの外野補殺も多くなりそうである。

③投手刺殺と一塁補殺の強い相関。スコアブック上での「3－1A」プレーがそれぞれの守備機会においてかなりの割合を占めることがうかがえる。

④一塁刺殺と二塁刺殺においては、いずれも内野補殺の係数が大きなプラスとなる。

⑤左投手補正はこの係数一覧にほとんど表れなかった。対象とした1969年度から2014年度にかけて、おそらく投打の左右に関するセオリーへの意識はかなり変遷しており、この補正値は時代によって変わってくるのだろうと思うが、現状手元にあるデータからはまだそこまで分析できない。

本リポートでの過去のプロ野球選手守備力推計においては、この係数を用いて異なる守備位置間の傑出度の相関を補正した上で、（2）で計算した1プレーあたり得点を加重して評価を行いたい。

3．数字に見る日本プロ野球守備史—特に外野守備史—

ここからは「日本プロ野球私的統計研究会」[5]の選手起用データベースを活用し、特に公式記録では起用の別が明らかにできない外野のうちの左翼・中堅・右翼について区別し、より細かく守備の歴史的変遷を分析してみた。プロ野球が創設された1936年から2014年に至るまでの全選手の全守備位置、先発出場試合数をすべて入力し[6]、フル出場試合数・途中交代試合数・途中出場試合数を推計し、途中出場の場合はとりあえず2イニング出場として出場イニング数を推計し、レンジ系指標を算出した。

（1）日本プロ野球における守備分担の変化概説

個人データを用いて個人の守備貢献度を評価する前に、1936年のプロ野球創設以来、2014年に至るまでのプロ野球における守備戦術の変化を数値により追ってみたいと思う。

守備戦術について過去の選手と現在の選手を比較するにあたって必ず確認しておかないといけない事実がいくつかある。図6は日本プロ野球における1試合1チームあたりの三振数の変化である。最も三振の少ない時期が1940年代で1試合あたり3個しかないのに対し、最も多い時期がまさに現代で、約7個と倍以上になっている。1ゲームあたりのアウト数が27個であることはもちろんプロ野球創設以来変わっていないので[7]、三振によるアウトと、三振以外によるアウト、つまり野手がゴロやフライ、盗塁刺で獲ったアウトの比率は、1940年代には3:24だったのに対し、現在は7:20ということになる。三振以外によるアウトが減った分、野手が守備で活躍を見せる機会もそれだけ減っているはずである。

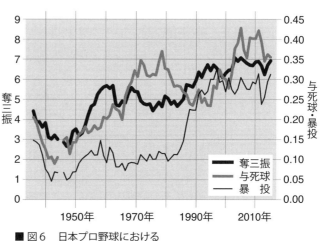

■図6　日本プロ野球における
1試合あたり奪三振・与死球・暴投数の変化

三振増加の要因については、BABIP（Batting Average on Balls In Play）の上昇が一因かもしれない。図7は日本プロ野球におけるBABIPの変化を示す。当然左打者のBABIPは右打者のBABIPより常に高い[8]。

BABIPは基本的に一貫して上昇傾向にあり、現在グラウンドに飛んだ打球の安打になりやすさは最もBABIPが低かった第二次大戦期の1.5倍程度だ。これはプレー技術の向上やバットを始めとする道具の進歩が進んだことが一因と思われる。

興味深いのはボールの飛び具合との関連である。1試合あたりの本塁打数とBABIPを比較すると、短期的に見ればBABIPと本塁打数は似たようなグラフの

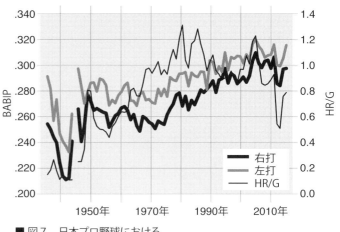

■ 図7　日本プロ野球におけるBABIPとHR/G（1試合あたりの本塁打）の推移

形を見せているのだが、長期的にはかなり異なるトレンドとなっている。長期的に見るとボールが飛ぶ飛ばないに関係なくBABIPは上がり続けているといえそうだ。BABIPが上昇し打たせて取ることが難しくなった結果、そもそもバットをボールに当てられない、三振を奪える投手が成績を出せるようになったことがうかがえる。先の図6に載せた1試合あたりの与死球数と暴投数の変化も傍証となるだろう。これらが奪三振に歩調を合わせるように増加しているのを見ると、多少のリスクを背負ってでも奪三振を増やさなければ生き残れないようになっていったプロ野球投球戦術の進化がうかがえる。

さらに、各守備位置の重要度変化を数値により確認する。まず図8は本塁打以外の打球数に対する内野手の守備記録の比率である。内野手の記録に関しては道作氏がすでにいくつかの発見をされているので[9]、今回の説明はそれを軽く後追いするに留める。

①遊撃手はプロ野球史全体を通じて、最も多くの打球を処理する守備位置である。

②二塁手はプロ野球草創期においては遊撃手より補殺率の少ない守備位置であったが、現代に至るまで補殺率は増え続け、現在に至っては遊撃手を凌ぐほどになっている。

③三塁手は、二塁手とは逆に補殺率を減らし続けている。②③の要因として、左打者比率の上昇による左方向

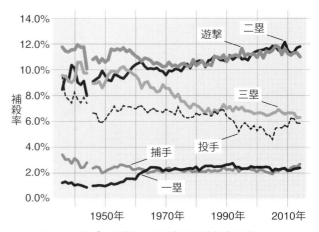

■ 図8　日本プロ野球における内野手補殺率の変化

打球の比率減少と右方向打球の比率増加、そして打球速度上昇のあおりを受け、三塁線への強い打球を三塁手が処理できる割合が減ったことなどが考えられる。

④一塁手の補殺率はこの数十年変化していない。ただし、1950年代から1960年代にかけ補殺率の急増が見られる。これは、一塁手が自力で一塁まで戻れない範囲の打球を処理したとき、投手が一塁のカバーに入る「3－1A」プレーがこの時期に体系化したためと考えられる。

続いて外野手刺殺率の変化を示したのが図9だ。こちらはスタメンデータベースをもとに筆者が左翼・中堅・右翼ごとの守備イニングを推計し、それをもとに個人刺殺数を配分して計算したものでオリジナルのものである。

中堅はやはり全時代を通じてもっとも刺殺率が高く、ついで右翼→左翼となっている時期が、現代も含め多くの割合を占める[10]。ただし右翼と左翼の刺殺率の差については時代ごとにやや状況が異なるようである。1970年代から1980年代にかけて、右翼と左翼がほぼ対等に刺殺数をシェアしている時代がある。草野球などにおいては「ライパチ」といわれるように最もプレーの下手な者が右翼に配置されることは多いが、プロ野球において明らかに刺殺数が左翼＞右翼となっているのは1940年から1946年までの戦中戦後の混乱期であり、この時代のプロ野球における人材不足がうかがえる。

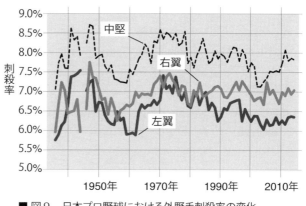

■図9　日本プロ野球における外野手刺殺率の変化

グラフ全体の上下を見ると、外野に飛んでくる打球の割合自体が増えたり減ったりしているようにも見える。外野手の守備の歴史的変遷について考える場合、特に球場の大きさの変化については絶対に頭に入れておかないといけないところではあるのだが、図9を見ると球場が大きくなったからといって外野手の守備機会数がそれに合わせて変化しているというわけでもなく、球場の変化に外野手起用戦術が対応していっている様相も読み取れる。

外野手の補殺についても図10に示す。こちらは刺殺と異なり守備位置間で大差は見られない。強いていえば強肩選手の配置されやすい右翼でやや数が目立つか。外野補殺率は基本的に減少傾向にあり、それは攻撃側における三塁コーチのノウハウ洗練化などが要因ではないかと考えられる。

このように、日本プロ野球の守備戦術においては時代ごとに変化が見られることを考慮し、本リポートでは道作

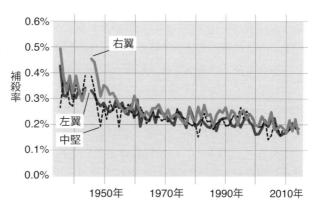

■図10　日本プロ野球における外野手補殺率の変化

氏の先行研究[11]に倣い、日本プロ野球史を4時代、約20年ごとに分け、各時代ごとに個人ランキングを決定していくこととする。

(2)日本プロ野球史の時代区分

各時代ごとの特徴は表5の通りである。

■表5　戦術史に基づくプロ野球史時代区分

時代	年	全般	投手	打撃	守備
Ⅰ期 (草創期)	1936 -1954	徴兵など戦争の影響、頻繁な球団創設と消滅、実業団や国民リーグへの移籍などにより、選手は長年にわたって安定的な成績を収めることが極めて困難／リーグのプレーレベルも不安定／投打二刀流多数	先発完投時代	超投高打低からラビットボール採用による長打の時代への突入と、変化が激しい	失策数は現在の数倍にのぼり、ゴロ打ちが推奨される／BABIPは極めて低い／三振が少ない分守備の重要性は高い
Ⅱ期 (成長期)	1955 -1974	2リーグ12球団体の成立と2軍制度によるプレーレベル安定／投手・野手分離／テレビ放映を軸とするビジネスモデルの確立	完投率は減少する一方、先発救援は未分離で先発投手は非先発時に救援に回る	長打と得点はおおむね増加傾向も、現代と比べると総じて投高打低	三塁の重要度低下の一方、二塁の重要度上昇
Ⅲ期 (安定期)	1975 -1994	パリーグが指名打者制導入／投手野手の分離が進む	先発・救援分離が進み、セーブ記録が導入され、抑え制度が確立	飛ぶボール騒動により反発係数試験が導入され、本塁打数が一定レベルで頭打ちに	BABIP上昇と三振率増加により、野手守備の重要度そのものが相対的に低下
Ⅳ期 (現代)	1995 -2014	トップレベルの選手(特に投手)のMLB移籍／テレビ放映権料ビジネスモデルの弱体化にともない、フランチャイズ強化など新たなビジネスモデルが模索されるようになる	完投が滅多に見られなくなり、セットアップをはじめ中継ぎの戦術が重要度を増す。複数選手継投が標準化	飛ぶボールと飛ばないボール、統一球の模索	二塁手の重要性が増し続ける

2つ以上の時代にまたがる選手に関しては独断で全盛期の時代を判定し、キャリア全体で成績を評価した。ランキング方法は以下の通りである。

まず各年度(1936～1938年度においては春季・秋季を分ける)・各リーグ・各選手の守備位置別補殺・刺殺数について、平均からの傑出度を、2-(3)で得た補正方法も用いて算定し、2-(2)で得た係数を掛け得点化する。そして算出された各年度各個人各守備位置の守備得点のうち、値がプラスの年の合計値が高い順にランキングを付ける。

マイナスの年の数値を除外するのは「全盛期に優れていた選手」を選び出すためである。名手といわれる選手であっても、レギュラー定着時や選手生命晩年は何年も続けて値が大きなマイナスとなり、結果トータル値もマイナスとなってしまう事例もある。このようなマイナス値も加えて評価を行うと、衰えとともにレギュラーを外された選手の数値は高いままなのに、現役晩年に粘ってレギュラーの地位を維持し続けた選手は評価が下がるという理不尽なことになってしまう[12]。ただし、同時に野球史トータルの分析を行うにあたっては「守備が際立って下手だった選手」についても場合に応じて取り上げたいので、その場合はマイナスの年についても考慮する。

4. 外野手のオールタイム・ゴールデングラブの検討

(1) 中堅手

まずは外野手の花形、中堅手の結果を表6に示す。筆者の評価ではオールタイム最優秀中堅手はⅡ期の広瀬叔功となった。妥当な選出結果ではなかろうか。

前述した計算法による守備得点プラス年合計値は71.6点となり、この値は2位の比較的現代の選手である飯田哲也と比べても13点差で圧倒的である。得点を打撃成績や投手成績と比べると、三冠王や沢村賞クラスの選手であれば平均からの得点傑出が1年で50点を超えることもあるのに対し、表8に挙げた各年度最多得点を見ればわかるように、中堅手の守備得点は最高で10点を超えることもあまりないので一見小さい数値であるようにも見えるが、Run-Win換算で大体5点が貯金1となることを考えれば、無視できる値でもない。ただ、他の選手を見ると、4期の10位で、明らかに「名手」に含めていいと思われる森本稀哲の生涯中堅守

■表6　年度別中堅最優秀選手

Ⅰ期

期内順位	総合順位	名前	プラス計	GG
1	6	古川 清蔵	38.6	-
2	12	坪内 道則	34.1	-
3	13	青田 昇	31.7	-
4	15	呉 波	28.7	-
5	21	小鶴 誠	23.5	-
6	26	山田 伝	20.7	-
7	33	堀尾 文人	17.6	-
8	40	小田野 柏	14.8	-
9	50	黒田 一博	13.0	-
10	56	初岡 栄治	11.8	-

Ⅱ期

期内順位	総合順位	名前	プラス計	GG
1	1	広瀬 叔功	71.6	72
2	3	中 利夫	58.3	-
3	9	平山 智	35.8	-
4	11	柴田 勲	34.2	72-74, 76, 77
5	16	高倉 照幸	27.0	-
6	17	吉田 勝豊	26.6	-
7	19	ラドラ	25.9	-
8	23	弘田 澄男	21.6	73-77
9	30	山本 公士	19.0	-
10	31	西田 孝之	18.8	-

Ⅲ期

期内順位	総合順位	名前	プラス計	GG
1	4	山本 浩司	49.1	72-81
2	7	島田 誠	36.2	81-85, 87
3	8	福本 豊	36.1	72-83
4	14	平野 謙	30.0	82, 85, 86, 88-93
5	20	屋鋪 要	23.8	84-88
6	27	村上 隆行	20.4	-
7	28	新井 宏昌	20.2	87
8	29	秋山 幸二	19.6	87-96, 99
9	35	長嶋 清幸	16.9	83, 84, 86, 87
10	36	高沢 秀昭	16.4	84, 87, 88

Ⅳ期

期内順位	総合順位	名前	プラス計	GG
1	2	飯田 哲也	58.4	91-97
2	5	新庄 剛志	43.2	93, 94 96-00, 04-06
3	10	井出 竜也	35.5	97, 02
4	18	金城 龍彦	26.3	05, 07
5	22	赤松 真人	21.9	00
6	24	青木 宣親	20.9	06-11
7	25	赤星 憲広	20.9	01, 03-06, 08
8	34	緒方 孝市	17.6	95-99
9	38	柴原 洋	15.7	00, 01, 03
10	41	森本 稀哲	14.8	06-08

備得点プラスシーズン合計値が約 15 点である。これは広瀬の約 1/5、Win 換算で 1.5 勝相当で、守備で他のチームと差をつけることの困難さが読み取れる。

広瀬の年度別成績が表 7 だ。奪アウト率を一応掲載したが、図 8 で見たように奪アウト率の相場感は時代により異なるので、今回のような分析においては感覚的に使いにくい。とはいえ、常に年度平均を上回っていることはわかる。守備得点 /144G は 144 試合フル出場したと想定した場合の得失点の推計で、この守備分析における率的な指標であると考えてほしい。推計出場率が 50% 未満の場合は、推計出場率の誤差がかなり大きくなってしまうことは近年のデータで確認しているので、このデータは推計出場率 50% 以上のときのみ掲載している。将来的にはこのような表をいくつも並べて、守備に関するキャリア分析を行ってみたいところである。広瀬に関しては、33 歳の年に大きな変化があったこと(以降も並以上の中堅手であるが)がうかがえる。

1972 年にゴールデングラブ賞が創設され、Ⅲ期とⅣ期においてはメディア上の守備評と計算された得点を比較することができる。ゴールデングラブ賞の外野手部門はそもそも左翼・中堅・右翼を区別しておらず、今回の分析にきっちりとは対応しない点については注意する必要があるが、それでも受賞歴を見るとおおむね得点の高い中堅手は評価されているといえよう。

ただし年度ごとに見ると(表 8)、最高得点者のゴールデングラブ賞取得率はあまり高くないように思える。印象では最高守備得点年の翌年あたりにゴールデングラブ賞を取得している例が多いか。もしこれが「過去 2〜3 年のプレーを見た結果の賞」であったとしたなら、納得のいくような感じにも思える。一方で松井秀喜や坂口智隆など、何度もゴールデングラブ賞を受賞しているにもかかわらず、守備得点においては低調な選手が見たところ何人かおり、このあたりの齟齬がどこで生じているのかも考えてみたいところである[13]。

表 8 の単年度データで面白いのは、推計中堅出場率 50% 以下の控えの選手が最高得点であ

■ 表7　広瀬叔功の生涯中堅守備成績評価

年度	年齢	中堅試合数	中堅先発出場数	中堅推計出場率	中堅推計刺殺数	中堅推計補殺数	奪アウト率	補殺傑出	刺殺傑出	守備得点	守備得点/144試合
1959	23	18	8	6.9%	18	1	7.7%	0.8	0.6	0.5	0.0
1960	24	29	16	12.5%	44	4	10.6%	2.8	12.6	3.6	0.0
1961	25	65	55	36.1%	122	4	9.3%	0.6	30.2	6.0	0.0
1962	26	102	97	71.6%	242	6	9.0%	-2.4	41.4	6.8	10.2
1963	27	144	144	95.0%	353	12	9.0%	2.7	61.9	12.9	12.9
1964	28	136	107	73.2%	277	6	9.2%	-1.7	47.0	8.2	10.8
1965	29	122	122	83.5%	296	12	9.7%	4.2	43.8	10.2	12.5
1966	30	98	92	65.8%	216	8	9.3%	2.0	21.2	4.9	8.2
1967	31	72	39	32.5%	87	5	7.6%	2.1	0.0	0.9	0.0
1968	32	118	100	71.1%	284	8	10.6%	-0.3	59.1	11.1	16.6
1969	33	108	106	78.1%	263	7	9.0%	0.1	0.3	0.1	0.1
1970	34	124	118	90.0%	319	7	9.8%	-0.7	13.9	2.3	2.9
1971	35	121	115	86.3%	283	8	8.9%	-0.2	6.1	1.1	1.4
1972	36	92	89	66.1%	241	3	9.8%	-3.2	12.2	0.9	1.5
1973	37	3	0	0.5%	2	0	11.1%	0.1	0.3	0.1	0.0
1974	38	20	15	11.6%	40	1	9.9%	-0.2	3.4	0.6	0.0
1975	39	3	3	2.1%	7	0	8.3%	0.0	-0.5	-0.1	0.0
1976	40	9	6	4.5%	11	1	7.0%	0.6	-3.7	-0.4	0.0
1977	41	22	20	12.7%	57	0	11.7%	-0.9	9.9	1.5	0.0
総計	-	1406.0	1252.0	900.0%	3162.0	93.0	-	6.3	359.7	71.1	-

る年が何度か見られる点である。レギュラークラスで突出した守備力の中堅手がいない場合、守備固め要員の控え選手やシーズン途中で台頭した若手選手が守備得点最高値を計測することがある。

■表8　年度別中堅最優秀選手

1リーグ時代

年度	名前	得点	規定到達最高	得点
1936	桝 嘉一	1.8		
1937	山口 政信	4.0		
1938	寺内 一隆	5.1		
1939	山田 伝	4.7		
1940	堀尾 文人	7.9		
1941	森田 実	1.6		
1942	呉 波	7.5		
1943	坪内 道則	9.2		
1944	坪内 道則	1.1		
1946	一言 多十	5.1		
1947	坪内 道則	3.1		
1948	青田 昇	9.1		
1949	古川 清蔵	7.4		

セ・リーグ

年度	名前	得点	規定到達最高	得点
1950	小鶴 誠	8.2		
1951	矢野 純一	5.0		
1952	初岡 栄治	11.0		
1953	青田 昇	6.6		
1954	青山 浩	6.1	与那嶺 要	1.9
1955	田宮 謙次郎	7.5		
1956	中 利夫	7.9		
1957	本多 逸郎	6.1		
1958	平山 智	5.6		
1959	平山 智	9.3		
1960	平山 智	10.2		
1961	平山 智	8.9		
1962	国松 彰	8.2		
1963	中 利夫	12.5		
1964	大和田 明	5.4		
1965	吉田 勝豊	7.6		
1966	安藤 統夫	4.2	中 利夫	3.9
1967	柴田 勲	9.1		
1968	柴田 勲	9.9		
1969	山本 浩司	5.1		
1970	中塚 政幸	3.4		
1971	中塚 政幸	6.9		
1972	山本 浩司	5.9		
1973	ウィリアム	8.1		
1974	山本 浩司	6.6		
1975	山本 浩司	7.4		
1976	柴田 勲	1.6		
1977	山本 浩司	8.3		
1978	山本 浩司	5.6		
1979	中塚 政幸	3.7	長崎 慶一	3.5
1980	松本 匡史	6.6	山本 浩司	4.8
1981	平野 謙	3.7	ピータース	1.9
1982	平野 謙	7.2		
1983	長嶋 清幸	7.7		
1984	平野 謙	9.4		
1985	屋鋪 要	5.3		
1986	平野 謙	3.8		
1987	北村 照文	4.2		
1988	大野 久	7.6		
1989	栗山 英樹	9.9		
1990	山崎 賢一	6.8		
1991	飯田 哲也	10.5		
1992	飯田 哲也	3.2		
1993	新庄 剛志	5.8		
1994	飯田 哲也	8.1		
1995	飯田 哲也	6.8		
1996	飯田 哲也	10.1		
1997	飯田 哲也	7.5		
1998	新庄 剛志	3.2		
1999	波留 敏夫	5.6		
2000	多村 仁	2.8	真中 満	2.1
2001	金城 龍彦	7.6		
2002	赤星 憲広	5.3		
2003	金城 龍彦	7.5		
2004	多村 仁	5.8		
2005	青木 宣親	6.6		
2006	赤星 憲広	7.1		
2007	赤星 憲広	3.8		
2008	赤松 真人	6.9		
2009	赤松 真人	11.1		

年度	名前	得点	規定到達最高	得点
2010	青木 宣親	3.2		
2011	鈴木 尚広	5.3	青木 宣親	2.5
2012	荒波 翔	7.8		
2013	大島 洋平	7.5		
2014	大和	3.5		

パ・リーグ

年度	名前	得点	規定到達最高	得点
1950	滝田 政治	5.3		
1951	古川 清蔵	6.9		
1952	黒田 一博	7.7		
1953	小田野 柏	8.9		
1954	高倉 照幸	5.6	菅原 道裕	3.9
1955	高倉 照幸	5.1		
1956	高倉 照幸	10.3		
1957	穴吹 義雄	4.6		
1958	ラドラ	8.5		
1959	ラドラ	11.4	高倉 照幸	1.5
1960	広瀬 叔功	3.6	ラドラ	3.1
1961	広瀬 叔功	6.0	吉田 勝豊	4.1
1962	吉田 勝豊	8.7		
1963	広瀬 叔功	12.9		
1964	広瀬 叔功	8.2		
1965	広瀬 叔功	10.2		
1966	西田 孝之	6.8	広瀬 叔功	4.9
1967	池辺 巌	4.7	三好 守	3.0
1968	広瀬 叔功	11.1		
1969	竹之内 雅史	6.3		
1970	ポインター	3.8		
1971	福本 豊	7.7		
1972	島野 育夫	4.4	阿部 良男	4.2
1973	弘田 澄男	3.0		
1974	弘田 澄男	11.2		
1975	福本 豊	4.6		
1976	栗橋 茂	7.5	新井 宏昌	5.6
1977	ロザリオ	12.0		
1978	島田 誠	7.8		
1979	島田 誠	5.7		
1980	島田 誠	3.4		
1981	福本 豊	6.1		
1982	島田 誠	4.3		
1983	新井 宏昌	6.4		
1984	高沢 秀昭	9.1		
1985	岡村 隆則	2.6		
1986	島田 誠	3.7		
1987	秋山 幸二	3.9		
1988	佐々木 誠	6.1		
1989	嶋田 信敏	3.5	秋山 幸二	2.1
1990	村上 隆行	6.5	嶋田 信敏	3.5
1991	嶋田 信敏	5.5	秋山 幸二	2.2
1992	秋山 幸二	5.3		
1993	鈴木 慶裕	4.2		
1994	鈴木 慶裕	1.7	秋山 幸二	1.3
1995	村上 隆行	3.1	諸積 兼司	-0.9
1996	中根 仁	5.3	井出 竜也	2.9
1997	大友 進	7.2		
1998	立川 隆史	2.6	大村 直之	2.4
1999	井出 竜也	4.3	柴原 洋	3.2
2000	井出 竜也	4.8		
2001	井出 竜也	3.4		
2002	井出 竜也	11.2		
2003	石本 努	4.3		
2004	新庄 剛志	8.9		
2005	大塚 明	3.6	新庄 剛志	2.7
2006	平野 恵一	5.2	村松 有人	4.5
2007	森本 稀哲	10.4		
2008	早川 大輔	3.3		
2009	栗山 巧	2.1		
2010	糸井 嘉男	6.2		
2011	城所 龍磨	8.7	糸井 嘉男	2.3
2012	秋山 翔吾	9.6		
2013	岡田 幸文	5.4		
2014	陽 岱鋼	5.6		

選手起用法の歴史を見るヒントとするため、守備得点累積ワースト10も掲載する。最下位は白仁天でマイナス30点。ただ、ここで、では白仁天の中堅起用が間違っていたかというとそういうわけでもない点は考えねばならない。30点という点は白仁天の打撃成績から見れば吹けば飛ぶような値であり、このような選手を中堅に置けば、チーム全体の得点力を大きく向上できる。そもそも外野守備が下手ならはじめから中堅手に起用されるわけがないのだ。

比較的近年の選手としてワースト10には前田智徳、谷佳知、アレックスらの名が挙がるが、これらの選手はいずれも打撃に定評があった選手で、この守備得点のマイナスがチームの戦力ダウンになったとは考えにくく、ゴールデングラブ賞も受賞しているこれらの選手が外野手として低レベルであったともいうわけでもなく、世評通り、守備でもチームに貢献した選手であると考えてもよいと思われる。

■ 表9　ワースト（通期）中堅手

順位	名前	総計	GG受賞年
1	白 仁天	-29.9	
2	長崎 慶一	-27.3	
3	田宮 謙次郎	-23.7	
4	並木 輝男	-20.3	
5	後藤 次男	-19.9	
6	大下 弘	-18.8	
7	前田 智徳	-18.4	91-94
8	長谷川 繁雄	-17.9	
9	谷 佳知	-17.7	01-04
10	アレックス	-14.8	04

（2）右翼手

右翼手のランキングを表10に示す。

■ 表10　年度別最優秀右翼選手

I期

期内順位	総合順位	名前	プラス計	GG
1	2	中島 治康	44.3	-
2	3	原田 徳光	36.3	-
3	9	南村 不可止	22.4	-
4	11	簑原 宏	22.2	-
5	13	呉 新亨	21.2	-
6	24	飯島 滋弥	16.2	-
7	33	大下 弘	14.2	-
8	35	渡辺 博之	13.6	-
9	39	小林 茂太	12.9	-
10	40	玉腰 忠義	12.8	-

II期

期内順位	総合順位	名前	プラス計	GG
1	4	毒島 章一	29.3	-
2	5	門田 博光	26.9	-
3	6	藤井 栄治	25.7	-
4	7	樋口 正蔵	24.3	-
5	10	田中 久寿男	22.3	-
6	12	江尻 亮	22.0	-
7	15	深沢 修一	19.5	-
8	17	横山 光次	18.4	-
9	18	平山 智	18.2	-
10	21	森 徹	17.8	-

オールタイム・ゴールデングラブ賞への道

III期

期内順位	総合順位	名前	プラス計	GG
1	16	ウイリアムス	18.7	76, 78
2	19	山崎 隆造	18.1	84, 85 87, 88
3	22	ライトル	17.1	-
4	23	佐々木 恭介	16.9	-
5	26	平野 謙	15.1	82, 85, 86, 88-93
6	29	山本 和範	14.6	86
7	32	ブラッグス	14.3	-
8	41	簑田 浩二	12.6	78-85
9	44	末次 民夫	11.3	-
10	45	北村 照文	11.1	82, 83

IV期

期内順位	総合順位	名前	プラス計	GG
1	1	稲葉 篤紀	47.0	06-09
2	8	小関 竜也	23.0	02
3	14	福留 孝介	19.5	02, 03, 05, 06
4	20	サブロー	18.1	05, 07
5	30	緒方 孝市	14.4	95-99
6	31	井上 一樹	14.4	-
7	34	平田 良介	14.1	-
8	36	柴原 洋	13.6	00, 01, 03
9	37	イチロー	13.2	94-00
10	38	亀井 義行	13.2	09

　中堅手と比べると、これをそのまま守備力ランキングと考えることにやや抵抗がある。端的に言えば、「もし本当に守備がうまい選手だったら中堅を守ることになるのでは」という問題である。総合ランキング1位は昨季引退の稲葉篤紀(IV期)で得点は47点。プロ野球草創期のスター、中島治康(I期)の44点と双璧を誇る。では、なぜ稲葉篤紀は中堅を守らなかったのかといえば、リアルタイムの記憶をたぐるか丹念に調べていけばすぐわかる。稲葉が右翼を守っているとき、中堅にはヤクルト時代には飯田哲也、真中満、日本ハムに来てからは新庄剛志、森本稀哲と常に優秀な中堅手がいたため稲葉が中堅を守ることがなかったのだろう。逆に考えれば稲葉篤紀をして外野守備一番手とはみなされていなかったともいえるわけである。

　実際にI期の7位は中堅手部門でワーストの方にランクインしていた大下弘であり、平山智、平野謙、緒方孝市、柴原洋と、中堅と両方でランクインしていた選手も何人かいる。イチローの累積が思ったほど目立たないのは、同じ時代に刺殺数において明らかにより優れた数値を残している小関竜也の影響が大きいと思われる。

　時代ごとのランキングを見て気になるのは、II期とIII期で傑出しやすさに大差が出ている点である。II期の10位の森徹は総合順位で21位とかなり高めなのに対し、III期の1位のウイリアムスは総合順位で16位。図8を見ればわかる通り、右翼手の重要度自体が下がっているというわけでもなく理由がよくわからない。ワースト順位も一応出しておくが、値があまり大きくないこと、昔の選手が多くイメージがつかみにくいこと、上に述べた右翼手という守備位置の微妙な立ち位置と合わせ、解説しにくいところである。

■ 表11　ワースト(通期)右翼手

順位	名前	総計
1	戸倉 勝城	-34.9
2	田川 豊	-24.2
3	笠原 和夫	-23.0
4	岩本 義行	-22.9
5	山本 一義	-20.6
6	クルーズ	-18.5
7	マーチン	-17.3
8	マニエル	-16.3
9	広沢 克己	-15.3
10	藤井 勇	-14.9

■ 表12　年度別右翼最優秀選手

1リーグ時代

年度	名前	得点	規定到達最高	得点
1936	山崎 文一	1.2		
1937	小林 茂太	5.0		
1938	中島 治康	3.4		
1939	中島 治康	6.1		
1940	中島 治康	5.8		
1941	鬼頭 政一	5.4		
1942	中島 喬	4.8	岡村 俊昭	3.4
1943	中島 治康	6.1		
1944	鬼頭 勝治	1.5	田中 豊一	0.7
1946	中島 治康	7.0	野口 二郎	1.2
1947	小松原 博喜	7.0		
1948	加藤 正二	7.1	玉腰 忠義	6.9
1949	呉 新亨	9.8		

セ・リーグ

年度	名前	得点	規定到達最高	得点
1950	呉 新亨	10.7		
1951	原田 徳光	8.0		
1952	原田 徳光	7.3		
1953	町田 行彦	5.9		
1954	原田 徳光	4.8		
1955	平山 智	5.1		
1956	平山 智	6.1		
1957	平山 智	5.9		
1958	宮本 敏雄	6.1		
1959	横山 光次	7.1		
1960	国松 彰	6.1	黒木 基康	3.8
1961	横山 光次	3.9		
1962	藤井 栄治	10.7		
1963	藤井 栄治	7.7		
1964	森 徹	7.0		
1965	葛城 隆雄	4.4		
1966	高山 忠克	1.9	森永 勝治	1.7
1967	山本 一義	3.4		
1968	カークランド	7.5		
1969	カークランド	7.3		
1970	江尻 亮	4.1		
1971	深沢 修一	4.4	江尻 亮	4.4
1972	末次 民夫	3.8		
1973	水谷 実雄	3.2	ロペス	1.3
1974	深沢 修一	6.9	江尻 亮	3.4
1975	テーラー	3.0		
1976	末次 民夫	4.8		
1977	江尻 亮	1.9	柳田 俊郎	1.5
1978	高木 好一	4.4		
1979	ライトル	6.1		
1980	ライトル	2.6		
1981	豊田 誠佑	5.6	トマソン	2.4
1982	杉浦 享	5.2		
1983	長嶋 清幸	3.5	杉浦 享	3.2
1984	小川 淳司	4.2	田尾 安志	-0.4
1985	山崎 隆造	2.6		
1986	山崎 隆造	2.9		
1987	山崎 隆造	4.2		
1988	山崎 隆造	4.1		
1989	山崎 隆造	2.3		
1990	西田 真二	3.8	田尾 安志	0.3
1991	レイノルズ	6.0		
1992	亀山 努	5.3		
1993	ブラッグス	8.3		
1994	クラーク	4.5	ブラッグス	2.7
1995	ブラッグス	1.8		
1996	緒方 孝市	4.9		
1997	緒方 孝市	5.3		
1998	井上 一樹	3.5		
1999	井上 一樹	6.4		
2000	稲葉 篤紀	5.7	井上 一樹	4.3
2001	稲葉 篤紀	8.1		
2002	稲葉 篤紀	2.7		
2003	高橋 由伸	4.5		
2004	稲葉 篤紀	5.4		
2005	金城 龍彦	5.0		
2006	福留 孝介	3.2		
2007	福留 孝介	7.9	ガイエル	3.2
2008	ガイエル	2.6	吉村 裕基	1.7
2009	亀井 義行	7.0		
2010	桜井 広大	4.0	廣瀬 純	1.2
2011	マートン	3.3		
2012	平田 良介	7.4		
2013	荒波 翔	3.9	平田 良介	2.1
2014	平田 良介	1.4		

パ・リーグ

年度	名前	得点	規定到達最高	得点
1950	飯島 滋弥	3.0	東谷 夏樹	2.3
1951	簑原 宏	6.8	片岡 照七	6.3
1952	伊藤 庄七	6.1		
1953	簑原 宏	4.2		
1954	岡本 伊三美	10.8		
1955	簑原 宏	5.5	大下 弘	2.0
1956	栗木 孝幸	3.8	大下 弘	3.3
1957	毒島 章一	7.4		
1958	毒島 章一	6.7		
1959	石川 進	2.3	関根 潤三	0.8
1960	加藤 昌利	2.5	花井 悠	0.5
1961	田中 久寿男	4.4	矢頭 高雄	1.6
1962	毒島 章一	7.4		
1963	田中 久寿男	7.1		
1964	樋口 正蔵	7.1	矢頭 高雄	4.3
1965	北川 公一	4.3	井石 礼司	3.3
1966	樋口 正蔵	6.4	北川 公一	1.3
1967	樋口 正蔵	4.3		
1968	島野 育夫	5.0	矢野 清	0.0
1969	長池 徳二	5.1		
1970	門田 博光	5.9	ロペス	3.4
1971	永淵 洋三	3.4		
1972	クリスチャン	5.9		
1973	池辺 巌	6.1	門田 博光	0.7
1974	門田 博光	6.8		
1975	ネトルス	4.8	ウイリアムス	4.5
1976	岩崎 忠義	3.9	佐々木 恭介	3.2
1977	佐々木 恭介	8.0		
1978	ウイリアムス	6.5		
1979	新井 宏昌	2.5	ウイリアムス	1.4
1980	佐々木 恭介	3.0		
1981	簑田 浩二	5.2		
1982	タイロン	4.0		
1983	簑田 浩二	4.4		
1984	山本 和範	5.0		
1985	山本 和範	3.6		
1986	ブコビッチ	6.3		
1987	高沢 秀昭	3.0		
1988	高沢 秀昭	4.8		
1989	平野 謙	7.2		
1990	平野 謙	5.1		
1991	五十嵐 章人	5.6	佐々木 誠	0.8
1992	柴原 実	5.6		
1993	藤井 康雄	1.4		
1994	藤井 康雄	2.4	田中 幸雄	0.8
1995	ジャクソン	3.9		
1996	鈴木 一朗	3.7		
1997	平井 光親	3.8	上田 佳範	2.2
1998	小関 竜也	6.0		
1999	小関 竜也	5.9		
2000	小関 竜也	4.6	鈴木 一朗	2.1
2001	柴原 洋	2.9	小関 竜也	0.4
2002	小関 竜也	3.0		
2003	大島 裕行	3.6	立川 隆史	2.3
2004	宮地 克彦	4.3	磯部 公一	0.5
2005	大村 三郎	5.4	稲葉 篤紀	3.7
2006	稲葉 篤紀	4.7		
2007	大村 三郎	4.0		
2008	稲葉 篤紀	2.8		
2009	稲葉 篤紀	1.9		
2010	カラバイヨ	2.0	土谷 鉄平	0.8
2011	森山 周	3.1	土谷 鉄平	1.2
2012	清田 育宏	3.4	牧田 明久	3.1
2013	牧田 明久	3.1	角中 勝也	0.4
2014	加藤 翔平	2.0		

(3) 左翼手

　左翼手に関していえば、むしろ得点が高いほうより低い方に着目すべきであろう。表13は4時代に分けてもあまり有名な選手が上位に出てこないので、全時代を通じたベスト20とⅣ期のみのベスト10を出している。

　最高得点選手は往年の大打者・山内和弘で約40点、2位が清水隆行で約29点である。清水隆行は現役時代に名手と呼ばれたことはおそらく殆ど無く、よく弱肩を揶揄されていた選手である。俊足な選手ではあったはずなので、実は守備範囲は比較的、具体的には同時期にセ・リーグで左翼を守った金本知憲や鈴木尚典、高橋智に比べれば広かったであろうという点については再評価してもいいのではないかと思う[14]。ただ、とはいえ、それはあくまで「左翼手とし

ては」という範囲でのものである。No.1 右翼手の稲葉篤紀であれば、まだ中堅手の中で下位に属する前田智徳や谷佳知と比肩しても優れている部分はあるように感じるが、さすがに清水隆行がこれらの選手と比肩しうるとは考えにくい。

ゴールデングラブ賞受賞歴を見ても、左翼守備をメインにしてゴールデングラブ賞を受賞した選手はパ・リーグでのべ7人、セ・リーグに至っては実に0である。守備位置間の比較をきちんと行うためには「外野手」を「外野手」として統合的に評価する基準が必要なのかも知れないが、守備位置間調整については今後の課題である。

ワーストランキングを見ると、張本勲、金本知憲、ラミレスとある意味ビッグネームが並ぶ。その得点マイナスの絶対値も、中堅・右翼よりはるかに大きく、ベスト選手の絶対値よりワースト選手の絶対値のほうが高いのは左翼のみだ。

ただ、今挙げた3人の名誉のためにいっておくと、表15を見ればわかる通り、3人とも守備の「全盛期」においては左翼守備得点リーグ最高値を複数年にわたって挙げている。

年度別成績を見ると、特に近年規定出場率をクリアしていない選手が守備得点最高値になる年が増えていることがわかる。そのような年において、規定出場率をクリア中最高の選手の守備得点がマイナスになっている年も何度もある。これはつまり、レギュラー選手の守備力がことごとく並以下で、結果控えの守備固めの選手の守備得点がリーグ最高点となったということだ。

さらに、特に1980年台後半以降のパ・リーグにおいては、規定出場率をクリアした選手が球団数の半分にあたる3人以下という年が増えており、1992年と2009年のパ・リーグに至っては、規定出場率をクリアした選手が0という事態となっている。特に指名打者制があるパ・リーグでは打撃特化の選手、またケガを抱えながら試合に強行出場し続ける選手の一時的な守備位置として、指名打者と左翼(及び一塁と右翼も？)の使い分けがなされた結果として、左翼定位置の選手が生まれにくい状況になっているようにも見える。ここに

■ 表13　左翼手守備得点ランキング
（ベスト20と40位以内のIV位の選手）

順位	名前	プラス年計	GG受賞	得点
1	山内 和弘	44.9	-	
2	清水 隆行	29.9	-	
3	金田 正泰	29.3	-	
4	高田 繁	29.3	72-75	
5	庄司 智久	28.5	-	
6	大熊 忠義	27.5	77	
7	田口 壮	23.7	95-97, 00, 01	3.4
8	和田 一浩	23.3		
9	重松 省三	20.8	-	0.7
10	島野 育夫	19.5	73-75	1.2
11	堀井 数男	19.3		
12	森本 稀哲	19.3	06-08	6.9
13	若松 勉	19.2	77, 78	
14	水谷 実雄	18.5	-	
15	吉田 猪佐喜	18.3		
16	森下 重好	18.3		
17	玉造 陽二	17.9		
18	土井 正博	17.5		
19	穴吹 義雄	17.1		
20	新井 宏昌	17.1	87	
21	村松 有人	16.2	03, 04	
27	栗山 巧	13.3	10	
28	福地 和広	13.2	-	
32	デューシー	11.7	-	
34	高橋 智	11.3	-	
36	飯原 誉士	11.1	-	

■ 表14　ワースト（通期）左翼手

順位	名前	総計	GG受賞年
1	張本 勲	-65.6	
2	金本 知憲	-49.1	
3	長田 幸雄	-37.6	
4	ラミレス	-36.1	
5	江藤 慎一	-31.0	
6	藤井 勇	-21.4	
7	鬼頭 数雄	-20.2	91-94
8	関口 清治	-19.7	
9	安部 理	-19.2	01-04
10	石嶺 和彦	-18.3	04

オールタイム・ゴールデングラブ賞への道

至ってはそもそも「正左翼手」などというポジションがあるのかを疑いたくもなる。

■ 表15　年度別左翼最優秀選手

1リーグ時代

年度	名前	得点	規定到達最高	得点
1936	山下 好一	3.1		
1937	寺内 一隆	4.3	石田 政良	3.2
1938	山田 伝	3.0	青木 幸造	2.4
1939	平井 猪三郎	6.6		
1940	岩垣 二郎	4.0	山下 好一	2.5
1941	岩本 章	3.9	織辺 由三	3.1
1942	吉田 猪佐喜	10.6		
1943	吉田 猪佐喜	4.6		
1944	堀井 数男	1.7		
1946	森下 重好	7.3	青田 昇	6.6
1947	金田 正泰	2.5		
1948	杉山 悟	6.0		
1949	木村 勉	3.0	常見 昇	0.9

セ・リーグ

年度	名前	得点	規定到達最高	得点
1950	金田 正泰	4.0		
1951	岩橋 利男	5.7		
1952	金田 正泰	3.4		
1953	金田 正泰	5.4		
1954	銭村 健四	3.5		
1955	高橋 眞輝	4.4	新井 竜郎	3.4
1956	沖山 光利	3.9		
1957	佐藤 孝夫	2.7	沖山 光利	2.0
1958	沖山 光利	4.5		
1959	岩本 堯	2.4	大和田 明	0.5
1960	横山 光次	2.0	与那嶺 要	-0.6
1961	ソロムコ	3.0		
1962	丸山 完二	3.7	長田 幸雄	0.5
1963	江藤 慎一	3.5		
1964	高林 恒夫	5.0		
1965	柳田 利夫	5.3	山本 一義	2.1
1966	柳田 利夫	5.3	丸山 完二	1.0
1967	相羽 欣厚	3.7	山内 和弘	0.6
1968	高田 繁	6.2	山内 和弘	-2.8
1969	高田 繁	7.0		
1970	高田 繁	5.4		
1971	水谷 実雄	6.0		
1972	渋谷 通	2.9	谷沢 健一	1.5
1973	上垣内 誠	3.3	若松 勉	0.8
1974	井上 弘昭	7.9		
1975	水谷 実雄	5.1		
1976	若松 勉	1.9		
1977	ロジャー	2.2		
1978	田尾 安志	3.2		
1979	中塚 政幸	6.0	ギャレット	2.1
1980	田尾 安志	4.9		
1981	ガードナー	7.4		
1982	若松 勉	4.6		
1983	佐野 仙好	8.2		
1984	若松 勉	4.0		
1985	松本 匡史	3.1		
1986	大島 康徳	3.8		
1987	松本 匡史	5.1		
1988	山崎 賢一	3.5	ランス	-3.6
1989	杉浦 享	4.3	大豊 泰昭	-1.6
1990	真弓 明信	3.2	パチョレック	1.1
1991	宮里 太	3.7		
1992	土橋 勝征	2.3	シーツ	-0.5
1993	町田 公二郎	4.2		
1994	金本 知憲	4.4	ジェームス	1.2
1995	金本 知憲	2.4		
1996	清水 隆行	5.4		
1997	清水 隆行	4.1		
1998	ホージー	5.2		
1999	清水 隆行	5.9		
2000	清水 隆行	4.3		
2001	清水 隆行	3.6		
2002	ラミレス	3.5		
2003	ラミレス	3.0		
2004	清水 隆行	3.3		
2005	小池 正晃	2.6		
2006	森笠 繁	1.5	ラミレス	-0.7
2007	森野 将彦	4.2		
2008	飯原 誉士	4.8		
2009	和田 一浩	6.4		
2010	和田 一浩	5.2		
2011	浅井 良	3.5	和田 一浩	0.7
2012	ミレッジ	5.6		
2013	井手 正太郎	2.6	ミレッジ	0.8
2014	野本 圭	1.5	バレンティン	1.3

パ・リーグ

年度	名前	得点	規定到達最高	得点
1950	森下 重好	5.5		
1951	堀井 数男	4.2		
1952	関口 清治	3.6		
1953	堀井 数男	6.2		
1954	日下 隆	9.9		
1955	高野 价司	3.6	山内 和弘	3.6
1956	山内 和弘	7.3		
1957	大沢 啓二	3.6	中田 昌宏	2.6
1958	穴吹 義雄	5.2		
1959	山内 和弘	4.2		
1960	衆樹 資宏	3.7	山内 和弘	3.6
1961	山内 和弘	7.7		
1962	玉造 陽二	10.5		
1963	山内 和弘	8.1		
1964	池辺 巌	3.6	土井 正博	3.5
1965	張本 勲	3.7		
1966	張本 勲	3.5		
1967	池辺 巌	5.6	張本 勲	0.3
1968	大熊 忠義	5.6		
1969	島野 育夫	6.1	ボレス	0.7
1970	大熊 忠義	4.8		
1971	大熊 忠義	5.9		
1972	大熊 忠義	3.8		
1973	ビュフォード	6.4		
1974	高橋 二三男	1.8	土井 正博	1.7
1975	大熊 忠義	4.6		
1976	島本 講平	4.0		
1977	島本 講平	3.7		
1978	栗橋 茂	2.7	簑田 浩二	1.8
1979	簑田 浩二	4.8		
1980	庄司 智久	7.8		
1981	庄司 智久	11.0		
1982	高沢 秀昭	4.1	庄司 智久	2.3
1983	南牟礼 豊蔵	3.1	二村 忠実	-0.4
1984	庄司 智久	5.1		
1985	金森 栄治	4.9		
1986	ブリューワ	3.1		
1987	ブリューワ	2.1		
1988	二村 忠実	2.1	古川 慎一	0.6
1989	新井 宏昌	3.0	岸川 勝也	-3.8
1990	苫篠 誠治	2.3	石嶺 和彦	0.3
1991	高橋 智	3.7	ウインタース	-0.3
1992	高沢 秀昭	2.0	該当者なし	
1993	ライト	3.5	田中 幸雄	2.3
1994	高橋 智	4.1	ミューレン	0.3
1995	井出 竜也	3.9	垣内 哲也	2.4
1996	デューシー	10.0		
1997	田口 壮	10.1		
1998	田口 壮	3.9	西浦 克拓	2.7
1999	ブレイディ	4.4	ローズ	0.4
2000	村松 有人	4.2		
2001	田口 壮	2.3		
2002	バルデス	3.0		
2003	ローズ	5.5		
2004	谷 佳知	3.1		
2005	坪井 智哉	3.6	和田 一浩	2.3
2006	森本 稀哲	3.7		
2007	竹原 直隆	2.3	和田 一浩	2.1
2008	工藤 隆人	5.8	栗山 巧	-0.2
2009	森本 稀哲	4.5	該当者なし	
2010	森本 稀哲	4.9		
2011	伊志嶺 翔大	5.6	岡田 貴弘	0.6
2012	中田 翔	5.5		
2013	ロッティーノ	2.7	栗山 巧	1.6
2014	坂口 智隆	5.1	栗山 巧	3.5

（4）補殺得点

せっかく外野手データをまとめたということで、表16として3つの外野守備位置総合の補殺得点合計値ランキングをつくってみた。

刺殺の場合どうしてもポジションごとで数に差が出てしまうが、図9で示したように補殺数は大差がないので、異なる守備位置間で記録した補殺数の大小を比較したり足し引きしたりしても大きな問題はないはずだ。

この表がこのまま強肩ランキング・弱肩ランキングとして機能してくれれば楽なのだが、実際には外野手ホールド、つまり走者をアウトにはしないがエクストラの進塁は阻止する、というプレーのデータがないため、「肩の強さ」による貢献のうち一部しか表せていない。

ただ、上位者は強肩で知られる選手、下位者はその逆という雰囲気にはなっている。上位者は大半が刺殺得点でもやはり上位者であり、考えてみれば打球によく追いついたほうが補殺のチャンスも増えるわけでそれは当然でもある。

■ 表16　外野手補殺得点ベスト・ワーストランキング

選手	補殺得点	選手	補殺得点
平野 謙	13.4	谷 佳知	-4.3
江尻 亮	11.6	佐藤 孝夫	-4.3
飯田 哲也	7.8	桧山 進次郎	-4.4
山本 浩司	7.8	与那嶺 要	-4.7
木村 勉	7.5	長田 幸雄	-4.7
柴原 洋	7.1	富松 信彦	-4.8
平山 智	7.0	坪内 道則	-4.8
福留 孝介	6.6	青田 昇	-5.0
町田 行彦	6.6	西村 徳文	-5.0
簑原 宏	6.5	福本 豊	-5.1
金城 龍彦	6.4	長崎 慶一	-5.4
田口 壮	6.3	鈴木 尚典	-5.4
吉田 猪佐喜	6.3	山本 一義	-6.3
小田野 柏	5.9	藤井 勇	-6.4
門田 博光	5.8	田宮 謙次郎	-6.7
鈴木 慶裕	5.4	諸積 兼司	-6.7
原田 徳光	5.4	長持 栄吉	-6.8
吉田 勝豊	5.4	関口 清治	-7.2
村上 隆行	5.2	杉山 光平	-7.6
山内 和弘	5.0	戸倉 勝城	-8.7

また、得点自体も平野謙と江尻亮以外はキャリア全体で10点未満と守備得点全体の中でごく一部を占めるに過ぎず、選手の総合評価には現時点ではあまり影響を与えないかもしれない。

外野手守備力評価全体にかかわる問題として、「補殺と刺殺を合わせるべきか、別々に評価すべきか」という問題もある。内野手の場合、補殺も刺殺も「守備範囲」を示す指標といってよいと思われるし、プレーの結果もそれほど差はないのだが、外野に関しては「守備範囲」と「肩」という全く異なる能力を両記録が表しているともいえる。「全体での守備貢献得点」はそれはそれで重要だと思うので算出するべきとも思うが、これとは別に刺殺評価と補殺評価の内訳も出すべきか、悩むところではある。

今後はさらに検討を続け、内野手編も公表していきたい。また外野手成績においても、キャリア分析を始め、控え選手の成績や起用法、ゴールデングラブ賞との齟齬など、気になるところは多くあるので、そのあたりも別に稿をあげていきたいと思う。

1　数字によらないまとめ方もあり得ると思うが、技術進歩の歴史などは筆者が語れる話ではない。よい文章が書けるプロ野球OBや記者がプレー全体の歴史について書いてくれないだろうか。
2　ゾーンデータを過去にさかのぼって取得することについては、全試合全プレーの映像が残っている年・リーグに関しては可能なはずではあるが、データ取得のためには結構な人員を必要とすると思われる。全試合の映像が残っていない場合、ゾーンデータの復元は基本的には不可能である。ただし、かつてnaranja氏という方が新聞等のテーブルスコアからゾーンデータのようなデータを抽出するということを試みており、そのやり方ならおそらく新聞にテーブルスコアがある時代まではゾーン的なデータを抽出できる可能性がある。

3 これに関しては、具体的にどのプレーで誰にどのような守備記録がついたといったような公式発表があるわけではないので、多少の誤差は許容していただきたい。
4 重回帰分析はウェブサイト「おしゃべりな部屋」内「Black Box」http://aoki2.si.gunma-u.ac.jp/BlackBox/BlackBox.html を用い、変数編入・除去基準 p=0.05 でステップワイズ変数選択を行う形で実行した。
5 http://npbstk.web.fc2.com/
6 このデータの応用範囲は幅広く、打順や起用法、守備位置補正、コンバート、リプレイスメントレベルなど様々な歴史的分析が可能となりそうなので、次回以降やってみたいと考えている。
7 もちろん延長・引き分け・打ち切りルール変更等で多少は変動するが四捨五入して 27 でない年度はさすがにない。
8 とても細かいことを言うと、1988 年だけ右打者 BABIP が左打者 BABIP を 2 毛のみ上回っている。何があったのか少し気になるが、両打ちを計算に入れていないのでこれを入れれば逆転するかもしれない。差は僅かなのでおそらくは単なる数値のゆらぎで説明できるのだが、この年何があったのか少し気にはなる。
9 「ランズパーウィン・BABIP 推移と NPB におけるプレースタイル」http://www16.plala.or.jp/dousaku/RPWBABIP.html
  「1950 年代の Relative Range Factor」http://www16.plala.or.jp/dousaku/1950nendaisyubi.html
  「守備指標について説明：『桑田(大洋)疑惑』の顛末」http://www16.plala.or.jp/dousaku/syubiseisekisetumei.html
  など
10 ただ、実は「なぜプロ野球においては守備範囲が左翼＜右翼なのか」という点について、筆者はよく理由を知らない。引っ張る右打者が多い草野球において守備の重要度が左翼＞右翼なのは理屈としてわかりやすいが、なぜプロだと逆転するのか。三塁との位置関係から右翼の肩の強さが重視されるというのはわかるとしても、守備範囲の方は特に関係ないようにも思える。図 1 を見ても、左右両翼の打球分布に特に差は見られない。この点、誰かご存じの方がいればご教授願いたい。
11 「オールタイムベストナイン」http://www16.plala.or.jp/dousaku/alltimebest.html
12 このあたりは打撃成績においても現実に指摘されることで、野村克也は最後の数年間の打撃成績で通算打率を落としているとか、落合博満は最後の数年プレーせず引退していれば通算打率が 3 割超えたはずだとか、そういった話と同じような話である。
13 おそらく肩の強さの評価がゴールデングラブ賞には大きく出ているように見える。ゴールデングラブ賞が肩の強さを過大評価すべきと見なすべきか、守備得点推計がこれを反映しきれていないと見なすべきか。後者は確実に言えることではあるが、ただ、ではゴールデングラブ賞が正しいかというと、これもいい切りたくない感じではある。
14 総合指標を考慮した上で清水隆行の成績について不満を述べるとすれば、むしろ打撃成績である。上記のライバルたちと比べ打撃成績は明らかに劣っており、特に早打ちからくる四球の少なさ、出塁率の低さは当時の巨人の得点効率を悪化させていそうだ。

参考文献
『日本プロ野球私的統計資料集 年度別(1950-2009)』 日本プロ野球私的統計研究会 http://npbstk.web.fc2.com/shiryoshu/

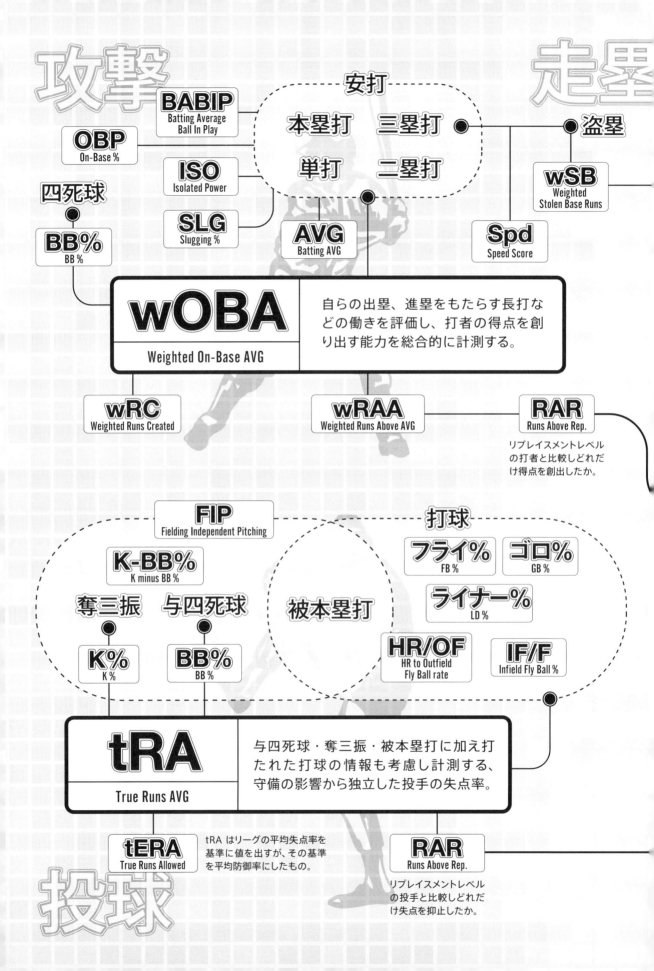

守備

- **ベースランニング**
  - **UBR** Ultimate Base Running
    盗塁以外の走者としての走塁から算出する走塁評価。

- **守備範囲** → **RNG** Range
- **肩力** → **ARM** Arm
- **併殺参加** → **DP** Double Play
- **失策** → **ERR** Error

- **UZR/1000** Ultimate Zone Rating per 1000 Innings
  1000イニング守った場合に換算したUZR。守備イニングが異なる選手間の比較を可能にする。

- **UZR** Ultimate Zone Rating
  打球に飛んだ位置を元に価値を設定し、その処理状況から選手の守備範囲を推定し守備力を計測する。

- **DER** Defensive Efficiency Ratio
  フェアグラウンドに落ちた打球が出塁をもたらした割合を用いてチーム全体の守備力を計る。

総合評価

- **WAR** Wins Above Rep.
  wOBA・UZR・tRAなどを用いて評価した選手の働きを、得点換算を経て勝利数へ換算。選手の総合的価値を示す数字。

データブロック

2014 リーグスタッツ
2015 主要戦力と 2014 チームスタッツ
2014 WAR ランキング
セイバーメトリクス用語解説

2014 リーグスタッツ

■ 得点創出（パ・リーグ）

球団	平均得点	打席	打数	得点	安打	二塁打	三塁打	本塁打	塁打	打点	盗塁	盗塁刺	犠打	犠飛	四球	故意四球	死球
ソフトバンク	4.22	5631	4935	607	1383	227	30	95	1955	574	124	49	146	47	444	21	59
日本ハム	4.12	5428	4731	593	1188	188	29	119	1791	564	134	48	172	26	452	8	47
オリックス	4.06	5469	4710	584	1215	211	22	110	1800	559	126	58	177	27	470	20	85
西武	3.99	5563	4782	574	1187	221	26	125	1835	549	74	39	155	36	545	8	45
ロッテ	3.86	5433	4836	556	1213	260	33	96	1827	519	64	35	109	31	404	7	53
楽天	3.81	5455	4768	549	1214	215	18	78	1699	518	64	44	118	36	488	9	45
パ平均・計	4.01	32979	28762	3463	7400	1322	158	623	10907	3283	586	273	877	203	2803	73	334

球団	平均得点	三振	併殺打	残塁	失策出塁	打率	出塁率	長打率	wOBA	wRC	wRAA	SB%	UBR	wSB	BABIP	ISO
ソフトバンク	4.22	921	96	1142	40	.280	.344	.396	.333	640.6	49.3	71.7%	5.2	3.0	.325	.116
日本ハム	4.12	1092	72	992	57	.251	.321	.379	.320	563.3	-6.7	73.6%	5.4	4.9	.301	.127
オリックス	4.06	907	91	1047	39	.258	.334	.382	.325	587.7	13.4	68.5%	-8.3	0.2	.297	.124
西武	3.99	1234	81	1101	41	.248	.329	.384	.323	592.2	8.1	65.5%	5.2	-1.5	.307	.136
ロッテ	3.86	862	79	1018	49	.251	.314	.378	.315	541.8	-28.7	64.6%	-15.9	-1.8	.286	.127
楽天	3.81	959	119	1064	49	.255	.327	.356	.314	537.9	-34.9	59.3%	-4.7	-4.8	.302	.102
パ平均・計	4.01	5975	538	6364	275	.257	.328	.379	.322	3463	0.0	68.2%	0.0	0.0	.303	.122

球団	平均得点	K%	BB%	BB/K	ゴロ%	フライ%	ライナー%
ソフトバンク	4.22	16.4%	7.9%	0.48	50.0%	43.0%	7.1%
日本ハム	4.12	20.1%	8.3%	0.41	50.9%	42.1%	7.0%
オリックス	4.06	16.6%	8.6%	0.52	50.4%	42.0%	7.6%
西武	3.99	22.2%	9.8%	0.44	47.6%	45.0%	7.4%
ロッテ	3.86	15.9%	7.4%	0.47	46.7%	46.0%	7.3%
楽天	3.81	17.6%	8.9%	0.51	51.8%	40.9%	7.3%
パ平均・計	4.01	18.1%	8.5%	0.47	49.6%	43.1%	7.3%

球団	平均得点	IF/F	HR/OF	ゴロアウト%	フライアウト%
ソフトバンク	4.22	9.6%	5.8%	72.2%	65.4%
日本ハム	4.12	10.9%	8.2%	72.7%	69.0%
オリックス	4.06	12.5%	7.5%	76.6%	66.5%
西武	3.99	10.8%	8.3%	75.6%	65.9%
ロッテ	3.86	12.4%	5.8%	75.8%	68.0%
楽天	3.81	9.8%	5.3%	75.3%	64.5%
パ平均・計	4.01	11.0%	6.8%	74.7%	66.5%

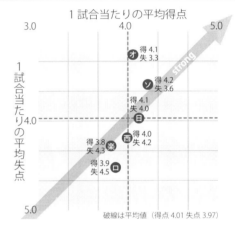

1試合当たりの平均得点

破線は平均値（得点 4.01 失点 3.97）

■ 失点抑止（パ・リーグ）

球団	失点率	投球回	打者	打数	安打	本塁打	犠打	犠飛	四球	故意四球	死球	三振	失策	失点	自責点
オリックス	3.26	1294	5368	4742	1138	87	130	38	419	6	39	1127	39	468	415
ソフトバンク	3.61	1303	5436	4756	1134	90	130	27	469	12	54	1077	34	522	471
日本ハム	3.97	1288.1	5530	4814	1220	108	130	30	499	20	57	1000	48	569	517
西武	4.19	1288.1	5581	4832	1274	105	144	29	515	19	61	914	50	600	540
楽天	4.28	1271	5486	4797	1283	101	140	36	455	15	58	1005	41	604	561
ロッテ	4.52	1277	5545	4833	1328	122	174	37	444	12	57	874	47	642	588
パ平均・計	3.97	7721.2	32946	28774	7377	613	848	197	2801	84	326	5997	259	3405	3092

球団	失点率	防御率	FIP(ERA)	E-F	xFIP(RA)	tERA-PF	tRA-PF	xFIP-	tRA-	DER	LOB%
オリックス	3.26	2.89	3.12	-0.24	3.62	3.07	3.43	91	87	.705	76.5%
ソフトバンク	3.61	3.25	3.36	-0.11	3.81	3.45	3.82	96	93	.712	74.1%
日本ハム	3.97	3.61	3.73	-0.12	4.01	3.70	4.06	101	102	.700	74.3%
西武	4.19	3.77	3.88	-0.11	4.23	3.73	4.09	107	107	.694	73.4%
楽天	4.28	3.97	3.57	0.40	3.96	3.61	3.98	100	100	.684	72.0%
ロッテ	4.52	4.14	3.96	0.18	4.20	4.27	4.63	106	111	.690	71.6%
パ平均・計	3.97	3.60	3.60	0.00	3.97	3.60	3.97	100	100	.697	73.6%

球団	失点率	打者	K%	BB%	K-BB%	ゴロ%	フライ%	ライナー%	IF/F	HR/OF	ゴロアウト%	フライアウト%
オリックス	3.26	5368	21.0%	7.8%	13.2%	49.3%	43.9%	6.8%	9.3%	5.6%	76.9%	66.0%
ソフトバンク	3.61	5436	19.8%	8.6%	11.2%	50.0%	43.0%	7.0%	10.9%	6.1%	78.6%	65.4%
日本ハム	3.97	5530	18.1%	9.0%	9.1%	50.5%	42.3%	7.2%	11.4%	7.2%	76.3%	64.7%
西武	4.19	5581	16.4%	9.2%	7.1%	49.1%	43.2%	7.7%	11.9%	6.7%	72.4%	70.7%
楽天	4.28	5486	18.3%	8.3%	10.0%	48.8%	43.8%	7.4%	10.9%	6.5%	73.2%	65.6%
ロッテ	4.52	5545	15.8%	8.0%	7.8%	47.9%	44.3%	7.8%	11.2%	7.4%	73.1%	67.1%
パ平均・計	3.97	32946	18.2%	8.5%	9.7%	49.2%	43.4%	7.3%	11.0%	6.6%	75.0%	66.6%

■ 得点創出（セ・リーグ）

球団	平均得点	打席	打数	得点	安打	二塁打	三塁打	本塁打	塁打	打点	盗塁	盗塁刺	犠打	犠飛	四球	故意四球	死球
ヤクルト	4.63	5653	5023	667	1401	223	15	139	2071	647	62	22	118	34	443	12	35
広島	4.51	5538	4878	649	1326	219	23	153	2050	612	96	54	120	40	450	20	50
阪神	4.16	5507	4823	599	1274	226	15	94	1812	563	55	37	121	35	483	16	45
読売	4.14	5480	4862	596	1248	207	7	144	1901	570	102	30	117	28	419	11	54
中日	3.96	5521	4854	570	1250	215	21	87	1768	537	75	27	126	40	467	12	34
DeNA	3.94	5464	4833	568	1224	211	27	121	1852	540	76	24	149	21	400	23	61
セ平均・計	4.22	33163	29273	3649	7723	1301	108	738	11454	3469	466	194	751	198	2662	94	279

球団	平均得点	三振	併殺打	残塁	失策出塁	打率	出塁率	長打率	wOBA	wRC	wRAA	SB%	UBR	wSB	BABIP	ISO
ヤクルト	4.63	877	112	1117	59	.279	.339	.412	.340	683.5	61.5	73.8%	18.7	1.3	.312	.133
広島	4.51	1134	104	1043	53	.272	.337	.420	.341	672.8	63.4	64.0%	-6.4	-5.0	.323	.148
阪神	4.16	1009	124	1067	53	.264	.335	.376	.324	596.3	-9.6	59.8%	6.1	-5.0	.314	.112
読売	4.14	923	124	993	47	.257	.321	.391	.322	583.1	-19.9	77.3%	-6.5	4.4	.289	.134
中日	3.96	926	109	1067	45	.258	.325	.364	.314	550.3	-57.2	73.5%	1.3	1.5	.300	.107
DeNA	3.94	1107	110	1010	51	.253	.317	.383	.318	562.7	-38.5	76.0%	4.8	2.6	.304	.130
セ平均・計	4.22	5976	683	6297	308	.264	.329	.391	.326	3649	0.0	70.6%	0.0	0.0	.307	.127

球団	平均得点	K%	BB%	BB/K	ゴロ%	フライ%	ライナー%
ヤクルト	4.63	15.5%	7.8%	0.51	49.0%	42.9%	8.1%
広島	4.51	20.5%	8.1%	0.40	46.7%	46.1%	7.2%
阪神	4.16	18.3%	8.8%	0.48	49.5%	42.8%	7.7%
読売	4.14	16.8%	7.6%	0.45	48.7%	44.0%	7.3%
中日	3.96	16.8%	8.5%	0.50	49.2%	43.2%	7.5%
DeNA	3.94	20.3%	7.3%	0.36	50.1%	42.6%	7.3%
セ平均・計	4.22	18.0%	8.0%	0.45	48.9%	43.6%	7.5%

球団	平均得点	IF/F	HR/OF	ゴロアウト%	フライアウト%
ヤクルト	4.63	10.5%	8.4%	72.9%	66.9%
広島	4.51	9.8%	9.4%	70.3%	68.3%
阪神	4.16	10.6%	6.1%	74.0%	65.2%
読売	4.14	11.1%	9.0%	75.9%	68.9%
中日	3.96	10.9%	5.4%	75.4%	66.2%
DeNA	3.94	13.2%	8.3%	75.0%	65.7%
セ平均・計	4.22	11.0%	7.8%	74.0%	66.9%

1試合当たりの平均得点

得 4.1 失 3.8 読
得 4.0 失 4.1 中
得 4.5 失 4.3 広
De
得 3.9 失 4.4
得 4.2 失 4.3 神
得 4.6 失 5.0 ヤ

破線は平均値（得点 4.22 失点 4.31）

■ 失点抑止（セ・リーグ）

球団	失点率	投球回	打者	打数	安打	本塁打	犠打	犠飛	四球	故意四球	死球	三振	失策	失点	自責点
読売	3.80	1306.1	5510	4911	1288	122	139	31	380	18	49	998	45	552	520
中日	4.11	1293.1	5505	4759	1213	110	149	42	503	8	52	970	49	590	530
広島	4.28	1283.2	5478	4863	1298	121	128	24	408	10	55	933	50	610	540
阪神	4.31	1282	5476	4844	1240	104	122	33	433	11	44	1174	53	614	553
DeNA	4.36	1289.1	5582	4922	1321	130	127	30	456	14	47	939	67	624	539
ヤクルト	5.03	1283	5645	4962	1386	161	115	44	484	22	40	940	60	717	659
セ平均・計	4.31	7737.2	33196	29261	7746	748	780	204	2664	83	287	5954	324	3707	3341

球団	失点率	防御率	FIP(ERA)	E-F	xFIP(RA)	tERA-PF	tRA-PF	xFIP-	tRA-	DER	LOB%
読売	3.80	3.58	3.69	-0.10	4.09	3.49	3.91	95	95	.694	75.3%
中日	4.11	3.69	3.93	-0.24	4.50	4.09	4.52	104	100	.702	73.0%
広島	4.28	3.79	3.89	-0.10	4.31	3.84	4.27	100	99	.690	72.3%
阪神	4.31	3.88	3.37	0.51	3.96	3.62	4.05	92	88	.680	70.2%
DeNA	4.36	3.76	4.05	-0.29	4.45	3.79	4.21	103	103	.686	73.1%
ヤクルト	5.03	4.62	4.40	0.23	4.57	4.23	4.65	106	115	.680	70.8%
セ平均・計	4.31	3.89	3.89	0.00	4.31	3.89	4.31	100	100	.689	72.4%

球団	失点率	打者	K%	BB%	K-BB%	ゴロ%	フライ%	ライナー%	IF/F	HR/OF	ゴロアウト%	フライアウト%
読売	3.80	5510	18.1%	6.9%	11.2%	51.2%	41.2%	7.6%	11.2%	8.1%	75.8%	64.5%
中日	4.11	5505	17.6%	9.1%	8.5%	49.1%	43.9%	7.1%	10.9%	7.0%	74.6%	69.1%
広島	4.28	5478	17.0%	7.4%	9.6%	51.3%	41.6%	7.1%	11.0%	7.9%	75.3%	63.8%
阪神	4.31	5476	21.4%	7.9%	13.5%	48.4%	44.1%	7.5%	10.8%	6.9%	71.0%	67.8%
DeNA	4.36	5582	16.8%	8.2%	8.6%	49.5%	43.5%	7.0%	11.1%	8.1%	71.7%	68.3%
ヤクルト	5.03	5645	16.7%	8.6%	8.1%	45.9%	45.7%	8.4%	11.1%	9.5%	73.0%	67.2%
セ平均・計	4.31	33196	17.9%	8.0%	9.9%	49.2%	43.3%	7.5%	11.0%	7.9%	73.6%	66.8%

2015 主要戦力と 2014 チームスタッツ

チームスタッツページの読み方

2015年の主要戦力

昨シーズンの実績などから、今シーズン一軍での出場があると見られる選手をポジション別にリストアップ。選手層と年齢構成の把握に用いることができる。選手名の右肩についている［＊］は左投手 or 左打者、［＋］は両打打者、［N］は新加入選手、［P］は有望株選手（プロスペクト）を意味する。

2014年のスタンダードスタッツ

多くの成績指標を算出するための基本となる成績。失策出塁は wOBA（Weighted On-Base Average）などの算出にも用いる数字。

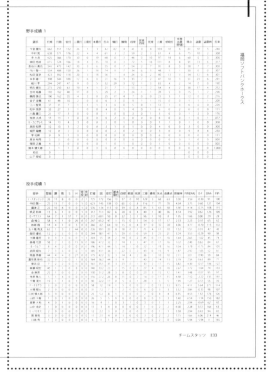

ポジション別スタッツ

「主要戦力」の最上段に記載した最も出場機会があると見られる選手の2014年の wRC+（攻撃評価）、UZR/1000（守備評価）、WAR（総合評価）を掲載。どのポジションにどんな攻撃力を備えたレギュラー候補がいるかを示している。

wRC+（Weighted Runs Created Plus）は、リーグにおける平均的な攻撃力を100とした場合の各選手が示した攻撃力。大きいほど得点創出で役割を果たしていたと見なせる。

UZR/1000（Ultimate Zone Rating Per 1000 Innings）は、守備で果たした貢献を1000イニング守備に就いた場合に換算し、得点を単位にして表現したもの。0が平均的な守備力を意味し大きいほど失点を阻む活躍を見せていたと見なせる。

WAR（Wins Above Replacement）は、上記の攻撃・守備に加え、出場機会、走塁、守備位置に応じた負荷などを考慮した総合評価。投手の値は昨シーズンチームに在籍した投手から退団した選手を引き、新加入投手のうち、昨年 NPB に在籍した投手の値を加えたもの。wRC+、UZR/1000 の値は、後半ページで全選手分を掲載している。別の選手をレギュラーに置いた場合の戦力を見当づける場合は、その数字をあてればよい。

2014年のアドバンススタッツ（打者）

打者の貢献、性質を捉える上で重要な指標の値を掲載。指標については巻末の用語解説で紹介している。

なお1打席当たりの出塁、長打両面からの総合的な得点貢献を示すwOBA（Weighted On-Base Average）、全打席を通じて果たした得点貢献を示すwRC（Weighted Runs Created）、それを平均を0として示したwRAA（Weighted Runs Above Average）については、球場の環境を考慮し補正を図っている。右端の「本拠地打席」「PF-wOBA補正」という数字がその補正量を示している。

2014年の守備評価

捕手と野手の守備に関する評価。

捕手は盗塁阻止とパスボール（捕逸）の程度を得点換算した値を守備得点としている。

内野手は守備範囲、失策、併殺参加の程度を得点化してUZRとしている。外野手は守備範囲と失策に加え、走者を置き、重大な進塁を許す可能性のあるいくつかの場面で、送球でアウトにする、もしくは走者に断念させることで進塁を抑止したケースを集計し肩の強さ（ARM）として評価しUZRとしている。

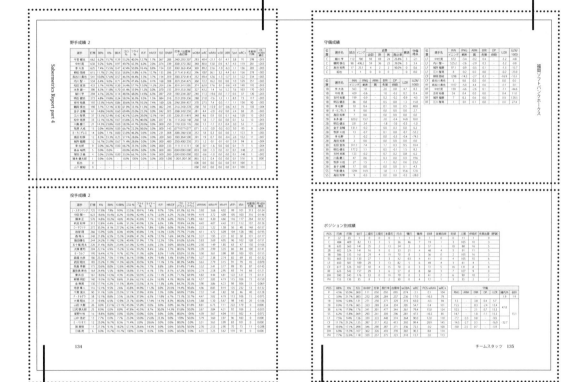

2014年のアドバンススタッツ（投手）

投手が投じたボールがバットに当たり、フェアグラウンドに飛んだ際の結果を集計した「Batted Ball スタッツ」を含む、細かな投手のパフォーマンスをまとめている。

右側は総合的な評価となる。FIP系は外野フライ以外のBatted Ballを考慮していない評価。tRA系はBatted Ball全般を考慮した評価となる。これも球場の環境を考慮し補正を図っている。右端の「本拠地打席」「PF-tRA補正」という数字がその補正量を示している。

2014年のポジション別詳細成績

2014年に各ポジションの選手が打席に立った際の成績をまとめ、成績からチームのどこに弱点があるかの確認が可能。

下段の「POS wRAA」「wRC+」は、リーグ内の各ポジションの平均wRCを算出しそれに対し上回っているか、下回っているかを示したもの。同一ポジションのリーグ内での優劣が確認できる。

チームスタッツページの読み方

チームスタッツ 131

福岡ソフトバンクホークス　2015主要戦力と2014チームスタッツ

Sabermetrics Report part 4

2015主要戦力（＊＝左投手or左打者　＋＝両打打者　N＝新加入　P＝有望株）

先発投手	齢
攝津 正	33
J・スタンリッジ	37
中田 賢一	33
大隣 憲司＊	31
松坂 大輔 N	35
R・バンデンハーク N	30
武田 翔太	22
寺原 隼人	32
東浜 巨	25
飯田 優也＊	25
帆足 和幸＊	36
B・ウルフ	35
山田 大樹＊	27

リリーフ投手	齢
D・サファテ	34
五十嵐 亮太	36
森 唯斗	23
森福 允彦＊	29
千賀 滉大	22
柳瀬 明宏	32
嘉弥真 新也＊	26
金 無英	30
岩嵜 翔	26

捕手	齢
細川 亨	35
鶴岡 慎也	34
高谷 裕亮＊	34
斐紹＊	23

一塁手	齢
李 大浩	33
中村 晃＊	26
吉村 裕基	31
B・カニザレス	36

二塁手	齢
本多 雄一＊	31
明石 健志＊	29
金子 圭輔＋	30

三塁手	齢
松田 宣浩	32
吉村 裕基	31
牧原 大成＊P	23

遊撃手	齢
今宮 健太	24
高田 知季＊	25

左翼手	齢
中村 晃＊	26
内川 聖一	33
城所 龍磨＊	30

中堅手	齢
柳田 悠岐＊	27
福田 秀平＊	26

右翼手	齢
長谷川 勇也＊	31
中村 晃＊	26
江川 智晃	29
吉村 裕基	31

DH	齢
内川 聖一	33
李 大浩	33
B・カニザレス	36
松中 信彦＊	42

守備位置別 wRC+（Weighted Runs Created Plus）

投	捕	一塁	二塁	三塁	遊撃	左翼	中堅	右翼	指名打者
-	37	136	103	140	70	119	156	122	129

wRC+は100が平均で上回るほど攻撃力がある。値は各ポジションの筆頭選手のもの（2014）

守備位置別 UZR/1000（Ultimate Zone Rating Per 1000Innings）

投	捕	一塁	二塁	三塁	遊撃	左翼	中堅	右翼	指名打者
-	-	8.3	18.0	10.4	12.0	-4.8	-13.1	-0.1	-

UZR/1000は0が平均。値は得点換算した守備力で各ポジションの筆頭選手のもの（2014）

守備位置別 WAR（Wins Above Replacement）

投	捕	一塁	二塁	三塁	遊撃	左翼	中堅	右翼	指名打者
23.6 +バンデンハーク +松坂 ほか	-0.7	3.0	4.2	3.8	2.5	2.0	4.6	2.4	2.0
		内野				外野			
		13.6				8.9			

WARは0を控え選手レベルに置いた勝利数換算した貢献度。投手は総計、その他のポジションは筆頭選手のもの（2014）

野手成績 1

福岡ソフトバンクホークス

選手	打席	打数	安打	二塁打	三塁打	本塁打	打点	犠打	犠飛	四球	故意四球	死球	三振	併殺打	失策出塁(野選)	得点	盗塁	盗塁刺	打率
今宮 健太	662	551	132	26	1	3	42	62	4	41	0	4	104	10	6	61	10	5	.240
中村 晃	638	571	176	22	4	4	61	3	2	59	2	3	61	4	6	75	10	2	.308
李 大浩	625	566	170	30	0	19	68	0	3	46	0	10	97	18	6	60	0	3	.300
柳田 悠岐	615	524	166	18	4	15	70	0	3	72	5	16	131	8	8	91	33	6	.317
長谷川 勇也	541	473	142	30	3	6	55	0	7	54	2	7	95	8	0	58	7	7	.300
内川 聖一	534	488	150	26	1	18	74	0	7	34	6	5	48	5	1	50	0	0	.307
松田 宣浩	423	392	118	20	3	18	56	1	4	24	0	2	80	13	3	54	12	6	.301
本多 雄一	398	344	100	12	6	1	21	16	3	33	2	2	47	10	3	51	23	6	.291
細川 亨	294	247	47	9	0	5	32	29	3	12	1	3	83	4	2	14	0	0	.190
明石 健志	273	250	63	10	4	1	21	7	1	13	1	2	54	4	2	38	17	4	.252
吉村 裕基	192	162	48	11	0	5	29	2	3	24	1	1	28	5	0	15	1	2	.296
鶴岡 慎也	190	162	35	4	3	0	25	17	4	7	0	0	23	5	1	12	0	0	.216
金子 圭輔	61	48	10	2	0	0	6	3	0	9	1	1	15	0	0	5	1	1	.208
江川 智晃	37	31	7	1	1	1	3	0	0	5	0	1	12	1	0	6	0	0	.226
松中 信彦	33	27	3	1	0	0	4	0	1	4	0	1	6	0	2	0	0	0	.111
川島 慶三	21	17	3	0	0	0	0	0	0	3	0	1	5	0	0	1	2	0	.176
牧原 大成	15	13	1	0	0	0	2	0	0	0	0	0	6	0	0	0	0	0	.077
B・カニザレス	14	13	4	3	0	0	2	0	1	0	0	0	1	1	0	1	0	0	.308
髙田 知季	12	10	3	2	0	0	2	1	0	1	0	0	4	0	0	0	0	0	.300
城所 龍磨	12	8	2	0	0	0	0	0	0	2	0	0	3	0	0	9	8	4	.250
李 杜軒	9	9	1	0	0	0	0	0	0	0	0	0	6	0	0	0	0	0	.111
髙谷 裕亮	5	5	0	0	0	0	0	0	0	0	0	0	0	0	0	1	0	0	.000
塚田 正義	4	3	0	0	0	0	1	0	1	0	0	0	0	0	0	0	0	0	.000
猪本 健太郎	1	1	1	0	0	0	0	0	0	0	0	0	0	0	0	0	0	0	1.000
拓也	0	-	-	-	-	-	-	-	-	-	-	-	-	-	-	0	0	0	-
山下 斐紹	0	-	-	-	-	-	-	-	-	-	-	-	-	-	-	0	0	0	-

投手成績 1

投手	登板	勝	敗	S	H	完投	完封	打者	回	安打	被本塁打	四球	敬遠	死球	三振	暴投	失点	自責点	防御率	FIP(ERA)	E-F	ERA-	FIP-
J・スタンリッジ	26	11	8	0	0	2	1	725	172	156	13	57	0	10	129	3	68	63	3.30	3.59	-0.30	91	100
中田 賢一	25	11	7	0	0	1	0	623	145	139	10	65	0	8	116	7	77	70	4.34	3.75	0.60	121	104
攝津 正	22	10	8	0	0	1	0	576	134	113	10	59	0	8	85	3	63	58	3.90	4.14	-0.25	108	115
帆足 和幸	13	6	1	0	0	1	0	312	71.1	82	6	20	0	4	40	1	40	36	4.54	3.92	0.62	126	109
D・サファテ	64	7	1	37	7	0	0	272	68.1	50	0	22	2	1	96	1	10	8	1.05	1.06	0.00	29	29
森 唯斗	58	4	1	0	20	0	0	247	65.2	47	1	15	0	1	54	0	17	17	2.33	2.23	0.10	65	62
岩嵜 翔	18	4	1	0	3	0	0	266	62	64	10	15	0	4	37	0	32	28	4.06	4.77	-0.70	113	132
五十嵐 亮太	63	1	3	2	44	0	0	226	59.1	33	0	18	0	1	71	4	11	10	1.52	1.51	0.01	42	42
飯田 優也	12	2	5	0	0	0	0	244	58.1	47	5	29	0	0	59	3	23	21	3.24	3.53	-0.29	90	98
大隣 憲司	9	3	1	0	0	1	1	204	55	34	2	14	0	2	45	0	11	10	1.64	2.65	-1.02	45	74
森福 允彦	58	2	1	0	15	0	0	186	47.2	32	2	14	3	3	47	0	17	16	3.02	2.40	0.62	84	67
B・ウルフ	8	4	2	0	0	0	0	196	47.1	44	5	14	1	0	32	1	19	16	3.04	3.79	-0.75	84	105
武田 翔太	7	3	3	0	0	1	0	185	43.1	36	1	22	0	2	43	0	15	9	1.87	2.92	-1.05	52	81
岡島 秀樹	44	4	4	0	27	0	0	175	42.2	33	3	14	4	2	36	1	10	10	2.11	3.01	-0.90	59	84
嘉弥真 新也	32	0	0	0	1	0	0	164	36.2	44	3	9	1	0	40	2	14	13	3.19	2.56	0.63	89	71
東浜 巨	7	2	2	0	0	0	0	161	35.1	35	3	23	0	1	30	2	17	15	3.82	4.39	-0.57	106	122
柳瀬 明宏	40	1	1	0	8	0	0	140	33.2	23	2	15	0	3	27	4	10	10	2.67	3.72	-1.04	74	103
金 無英	25	1	0	0	2	0	0	130	31.2	28	3	8	0	0	23	3	15	12	3.41	3.48	-0.07	95	97
寺原 隼人	5	1	4	0	0	0	0	116	27.2	26	8	11	0	2	14	0	17	15	4.88	7.10	-2.22	135	197
千賀 滉大	19	1	1	0	3	0	0	90	22.2	17	0	5	0	1	28	1	5	5	1.99	1.27	0.72	55	35
P・オセゲラ	3	0	2	0	0	0	0	58	12	19	1	5	0	0	7	0	13	13	9.75	4.11	5.64	271	114
大場 翔太	2	0	0	0	0	0	0	31	7.2	7	1	2	0	0	6	0	3	3	3.52	3.86	-0.33	98	107
江尻 慎太郎	3	0	0	0	0	0	0	25	5.2	8	1	0	0	0	2	0	4	4	6.35	4.53	1.82	176	126
山田 大樹	1	0	1	0	0	0	0	26	5	5	0	6	0	0	0	0	3	3	5.40	6.54	-1.14	150	182
星野 大地	4	0	0	0	0	0	0	16	4	1	0	3	1	0	1	0	1	1	2.25	2.94	-0.69	62	82
山中 浩史	1	0	0	0	0	0	0	13	3	4	0	1	0	0	1	0	2	2	6.00	2.28	3.72	166	63
E・バリオス	2	0	0	0	0	0	0	12	2.2	3	0	0	0	0	3	0	1	1	3.38	2.94	0.43	94	82
巽 真悟	3	0	0	0	0	0	0	11	2.1	4	0	1	0	0	3	0	2	2	7.71	1.66	6.06	214	46
日高 亮	1	0	0	0	0	0	0	6	1	1	0	1	0	0	2	0	0	0	0.00	5.94	-5.94	0	165

野手成績 2

選手	打席	BB%	K%	BB/K	ゴロ%	フライ%	IF/F	HR/OF	ISO	BABIP	打率/出塁率/長打率	wOBA	wRC	wRAA	wSB	UBR	Spd	wRC+	本拠地打席	PF-wOBA補正
今宮 健太	662	6.2%	15.7%	0.39	53.2%	40.0%	12.7%	1.7%	.067	.288	.240/.295/.307	.283	48.4	-21.1	-0.1	4.1	3.8	70	299	-.003
中村 晃	638	9.2%	9.6%	0.97	49.7%	42.3%	6.0%	2.0%	.074	.339	.308/.375/.382	.348	80.0	13.0	0.9	4.7	4.5	119	281	-.003
李 大浩	625	7.4%	15.5%	0.47	42.4%	50.8%	10.4%	8.8%	.154	.333	.300/.362/.454	.369	89.2	23.6	-1.0	-6.3	1.1	136	283	-.003
柳田 悠岐	615	11.7%	21.3%	0.55	58.8%	31.8%	6.3%	12.7%	.135	.396	.317/.413/.452	.396	100.7	36.1	3.2	4.4	6.1	156	278	-.003
長谷川 勇也	541	10.0%	17.6%	0.57	46.5%	44.4%	5.3%	3.7%	.114	.359	.300/.375/.414	.352	69.4	12.6	-1.3	-3.7	3.5	122	234	-.003
内川 聖一	534	6.4%	9.0%	0.71	44.7%	47.4%	6.6%	9.1%	.168	.308	.307/.354/.475	.360	72.2	16.2	0.0	0.0	1.0	129	251	-.003
松田 宣浩	423	5.7%	18.9%	0.30	34.4%	57.7%	11.2%	11.2%	.204	.336	.301/.341/.505	.374	62.0	17.6	-0.1	-0.6	4.9	140	192	-.003
本多 雄一	398	8.3%	11.8%	0.70	61.4%	33.9%	11.2%	0.0%	.070	.333	.291/.353/.360	.327	43.2	1.4	1.6	5.2	7.6	103	170	-.003
細川 亨	294	4.1%	28.2%	0.14	48.5%	48.0%	14.9%	6.3%	.097	.259	.190/.234/.287	.240	11.3	-19.6	0.0	-1.7	0.5	37	120	-.003
明石 健志	273	4.8%	19.8%	0.24	58.3%	36.3%	9.5%	1.5%	.084	.316	.252/.293/.336	.288	21.0	-7.6	1.3	1.1	8.5	73	117	-.003
吉村 裕基	192	12.5%	14.6%	0.86	39.6%	54.7%	10.5%	7.4%	.160	.326	.296/.384/.457	.370	27.5	7.4	-0.5	-1.1	1.1	136	90	-.003
鶴岡 慎也	190	3.7%	12.1%	0.30	61.9%	33.1%	11.3%	0.0%	.062	.245	.216/.243/.278	.238	7.0	-12.9	-0.7	-0.6	4.5	35	105	-.004
金子 圭輔	61	14.8%	24.6%	0.60	69.4%	25.0%	22.2%	0.0%	.042	.303	.208/.345/.250	.281	4.4	-0.2	-0.2	0.0	2.4	68	25	-.003
江川 智晃	37	13.5%	32.4%	0.42	42.1%	52.6%	20.0%	12.5%	.194	.333	.226/.351/.419	.348	4.6	0.8	0.0	0.1	4.6	120	15	-.003
松中 信彦	33	12.1%	18.2%	0.67	63.6%	22.7%	40.0%	0.0%	.037	.136	.111/.242/.148	.260	1.8	-1.7	0.0	0.0	0.1	52	13	-.003
川島 慶三	21	14.3%	23.8%	0.60	58.3%	41.7%	20.0%	0.0%	.000	.250	.176/.333/.176	.260	1.1	-1.1	0.3	0.4	3.0	52	7	-.002
牧原 大成	15	0.0%	40.0%	0.00	66.7%	22.2%	50.0%	0.0%	.000	.143	.077/.077/.077	.071	-1.5	-3.0	-0.3	-0.3	5.0	-93	9	-.004
B・カゼナレス	14	0.0%	7.1%	0.00	53.8%	46.2%	0.0%	0.0%	.231	.308	.308/.286/.538	.352	1.8	0.3	0.0	0.0	1.1	123	9	-.005
髙田 知季	12	8.3%	33.3%	0.25	57.1%	28.6%	0.0%	0.0%	.200	.500	.300/.364/.500	.391	1.9	0.7	0.0	-0.4	2.6	152	11	-.007
城所 龍磨	12	16.7%	25.0%	0.67	71.4%	28.6%	0.0%	0.0%	.000	.400	.250/.400/.250	.315	1.2	-0.1	-0.1	-0.1	5.9	94	6	-.004
李 杜軒	9	0.0%	66.7%	0.00	66.7%	33.3%	0.0%	0.0%	.000	.333	.111/.111/.111	.100	-0.7	-1.6	0.0	0.0	0.1	-71	5	-.004
髙谷 裕亮	5	0.0%	0.0%	-	60.0%	40.0%	0.0%	0.0%	.000	.000	.000/.000/.000	.003	0.0	-1.3	0.0	-0.1	0.1	-146	2	-.003
塚田 正義	4	0.0%	25.0%	0.00	33.3%	66.7%	0.0%	0.0%	.000	.000	.000/.000/.000	.002	-0.6	-1.7	0.0	0.0	0.1	-146	1	-.002
猪本 健太郎	1	0.0%	0.0%	-	0.0%	100%	0.0%	0.0%	.000	1.000	1.00/1.00/1.00	.865	0.5	0.4	0.0	0.0	0.1	516	0	.000
拓也	0	-	-	-	-	-	-	-	-	-	-	.000	0.0	0.0	0.0	0.0	0.1	100	0	-
山下 斐紹	0	-	-	-	-	-	-	-	-	-	-	.000	0.0	0.0	0.0	0.0	0.1	100	0	-

投手成績 2

選手	打者	K%	BB%	K-BB%	ゴロ%	フライ%	ライナー%	IF/F	HR/OF	ゴロアウト	フライアウト	xFIP(RA)	tERA-PF	tRA-PF	xFIP-	tRA-	本拠地打席	PF-tRA補正
J・スタンリッジ	725	17.8%	7.9%	9.9%	53.5%	39.1%	7.4%	9.7%	7.0%	81.3%	62.1%	3.92	3.66	4.02	99	101	313	-0.124
中田 賢一	623	18.6%	10.4%	8.2%	50.9%	42.4%	6.7%	12.0%	6.2%	76.5%	59.9%	4.19	3.72	4.09	105	103	316	-0.146
攝津 正	576	14.8%	10.2%	4.6%	49.3%	43.6%	7.1%	10.3%	6.0%	78.0%	72.4%	4.61	4.30	4.63	116	117	264	-0.132
帆足 和幸	312	12.8%	6.4%	6.4%	51.2%	43.5%	5.2%	6.5%	5.9%	70.9%	64.2%	4.42	4.07	4.43	111	112	137	-0.126
D・サファテ	272	35.3%	8.1%	27.2%	42.5%	49.7%	7.8%	15.8%	0.0%	78.5%	59.4%	2.23	1.22	1.58	56	40	148	-0.157
岩嵜 翔	266	13.9%	5.6%	8.3%	49.0%	43.8%	7.1%	16.3%	13.0%	75.7%	71.6%	4.11	4.72	5.09	104	128	180	-0.195
森 唯斗	248	21.8%	6.5%	15.3%	54.8%	41.2%	4.0%	13.7%	1.6%	84.5%	58.1%	3.27	1.95	2.31	82	58	101	-0.117
飯田 優也	244	24.2%	11.9%	12.3%	40.4%	51.9%	7.7%	12.3%	7.0%	81.0%	63.6%	3.83	3.69	4.05	96	102	128	-0.151
五十嵐 亮太	226	31.4%	8.0%	23.4%	61.0%	32.4%	6.6%	2.3%	0.0%	88.0%	62.8%	2.50	1.49	1.85	63	47	130	-0.166
大隣 憲司	204	22.1%	6.9%	15.2%	52.4%	39.2%	8.4%	3.6%	3.7%	80.0%	76.9%	3.39	2.99	3.35	86	84	100	-0.141
B・ウルフ	195	16.4%	6.7%	9.7%	62.7%	31.3%	6.0%	8.5%	11.6%	83.0%	55.3%	3.50	3.61	3.98	88	100	105	-0.155
森福 允彦	186	25.3%	7.5%	17.8%	36.1%	59.0%	4.9%	19.4%	3.4%	81.8%	67.9%	3.27	2.38	2.74	82	69	85	-0.132
武田 翔太	185	23.2%	11.9%	11.3%	60.2%	30.5%	9.3%	11.1%	3.1%	80.3%	54.8%	3.63	2.79	3.15	91	79	45	-0.070
岡島 秀樹	175	20.6%	8.0%	12.6%	48.0%	46.3%	5.7%	8.8%	5.8%	81.4%	71.4%	3.52	3.41	3.77	89	95	87	-0.143
嘉弥真 新也	164	24.4%	5.5%	18.9%	58.8%	35.1%	6.1%	7.5%	8.1%	67.2%	50.0%	2.74	2.58	2.95	69	74	69	-0.121
東浜 巨	161	18.6%	14.3%	4.3%	43.0%	50.5%	6.5%	11.1%	6.3%	71.7%	68.9%	4.82	4.44	4.81	122	121	73	-0.131
柳瀬 明宏	140	19.3%	10.7%	8.6%	31.6%	62.1%	6.3%	16.9%	4.1%	90.0%	68.1%	4.57	3.83	4.19	115	106	73	-0.150
金 無英	130	17.7%	6.2%	11.5%	38.4%	53.5%	8.1%	11.3%	6.4%	84.2%	70.5%	3.90	3.86	4.23	98	106	31	-0.069
寺原 隼人	116	12.1%	9.5%	2.6%	43.8%	44.9%	11.2%	0.0%	20.0%	74.4%	90.6%	4.96	8.83	9.19	125	232	53	-0.132
千賀 滉大	90	31.1%	5.6%	25.5%	57.1%	33.9%	8.9%	5.3%	0.0%	68.8%	77.8%	2.32	1.45	1.82	58	46	40	-0.128
P・オセゲラ	58	12.1%	8.6%	3.5%	56.5%	37.0%	6.5%	11.8%	6.7%	73.1%	35.7%	4.47	3.82	4.19	113	106	15	-0.075
大場 翔太	31	19.4%	6.5%	12.9%	21.7%	60.9%	17.4%	14.3%	8.3%	80.0%	63.6%	3.88	5.30	5.67	98	143	20	-0.186
山田 大樹	26	0.0%	23.1%	-23.1%	45.0%	55.0%	0.0%	0.0%	0.0%	66.7%	81.8%	8.81	6.75	7.11	222	179	0	0.000
江尻 慎太郎	25	8.0%	0.0%	8.0%	47.8%	43.5%	8.7%	30.0%	14.3%	81.8%	50.0%	3.67	3.84	4.21	92	106	2	-0.023
星野 大地	16	18.8%	18.8%	0.0%	0.0%	80.0%	20.0%	0.0%	100%	4.39	3.67	4.04	111	102	4	-0.072
山中 浩史	13	7.7%	0.0%	7.7%	25.0%	50.0%	25.0%	33.3%	0.0%	100%	50.0%	3.79	3.60	3.97	96	101	0	0.000
E・バリオス	12	25.0%	16.7%	8.3%	71.4%	0.0%	28.6%	0.0%	0.0%	80.0%	0.0%	3.31	3.63	3.99	83	101	0	0.000
巽 真悟	11	27.3%	9.1%	18.2%	57.1%	28.6%	14.3%	0.0%	0.0%	50.0%	50.0%	2.76	2.53	2.90	70	73	11	-0.288
日高 亮	6	0.0%	16.7%	-16.7%	100%	0.0%	0.0%	0.0%	0.0%	60.0%	0.0%	6.31	3.25	3.62	159	91	0	0.000

守備成績

位置	選手名	試合	イニング	盗塁 企図	盗塁 許	盗塁 刺	阻止率	捕逸	守備得点
C	細川 亨	112	780	93	69	24	25.8%	3	-2.1
C	鶴岡 慎也	98	496.2	59	36	23	39.0%	3	3.4
C	髙谷 裕亮	17	25.1	4	2	2	50.0%	0	0.6
C	拓也	1	1	0	0	0	-	0	0.0

位置	選手名	INN イニング	RNG 範囲	ARM 肩	ERR 失策	DP 併殺	UZR	UZR/1000
1B	李 大浩	563	1.8	-	2.0	0.8	4.7	8.3
1B	中村 晃	429	-0.6	-	1.0	-0.2	0.2	0.4
1B	吉村 裕基	199	-0.9	-	0.2	-0.2	-0.9	-4.5
1B	明石 健志	86	0.8	-	0.5	0.0	1.3	15.0
1B	李 杜軒	10	0.4	-	0.1	0.0	0.5	48.8
1B	B・カニザレス	9	0.0	-	0.0	0.0	0.0	2.7
1B	髙田 知季	7	0.0	-	0.0	0.0	0.0	0.0
2B	本多 雄一	820.2	13.2	-	2.0	-0.4	14.8	18.0
2B	明石 健志	331	3.4	-	-1.8	-2.0	-0.3	-1.0
2B	金子 圭輔	131.1	-0.2	-	0.0	0.3	0.0	0.2
2B	牧原 大成	13	-0.7	-	0.1	0.0	-0.7	-53.2
2B	李 杜軒	5	-0.2	-	0.0	-0.3	-0.4	-74.5
2B	髙田 知季	2	0.0	-	0.0	0.0	0.0	0.0
3B	松田 宣浩	911.1	7.4	-	1.7	0.3	9.5	10.4
3B	明石 健志	177.2	1.1	-	0.5	-0.1	1.5	8.3
3B	吉村 裕基	123	-0.2	-	0.7	0.2	0.8	6.2
3B	川島 慶三	47	0.6	-	0.3	0.0	0.9	19.6
3B	牧原 大成	27	1.5	-	-1.1	0.2	0.6	23.2
3B	金子 圭輔	17	0.0	-	0.0	0.0	0.1	4.3
SS	今宮 健太	1294	14.9	-	1.8	-1.1	15.6	12.0
SS	髙田 知季	9	-0.3	-	0.0	0.0	-0.3	-28.0

位置	選手名	INN イニング	RNG 範囲	ARM 肩	ERR 失策	DP 併殺	UZR	UZR/1000
LF	中村 晃	672	-3.4	-0.2	0.4	-	-3.2	-4.8
LF	内川 聖一	525.2	-2.6	-2.9	0.3	-	-5.2	-9.8
LF	城所 龍磨	97.1	-0.9	-0.5	0.1	-	-1.3	-13.7
LF	江川 智晃	8	-0.2	0.0	0.0	-	-0.2	-23.0
CF	柳田 悠岐	1298	-14.5	-2.7	0.3	-	-16.9	-13.1
CF	長谷川 勇也	5	0.0	0.0	0.0	-	0.0	0.0
RF	長谷川 勇也	1102	-5.0	4.4	0.6	-	-0.1	-0.1
RF	中村 晃	159	-4.6	-2.6	0.1	-	-7.1	-44.6
RF	吉村 裕基	34	0.4	0.0	0.0	-	0.4	11.0
RF	城所 龍磨	7	0.3	0.6	0.0	-	0.9	128.5
RF	江川 智晃	1	-0.1	0.1	0.0	-	0.0	27.4

福岡ソフトバンクホークス

ポジション別成績

POS	打席	打数	安打	二塁打	三塁打	本塁打	打点	犠打	犠飛	四球	故意四球	死球	三振	併殺打	失策出塁（野選）
P	22	20	1	0	0	0	1	1	0	0	0	0	11	1	0
C	484	409	82	13	3	5	56	46	7	19	1	3	105	10	3
1B	635	563	141	25	2	13	54	2	3	57	1	10	80	16	5
2B	602	524	141	16	9	0	33	21	4	48	4	5	91	11	5
3B	586	535	161	29	4	19	70	8	5	36	0	2	105	16	3
SS	665	553	133	27	1	3	42	63	4	41	0	4	105	10	6
LF	650	587	189	29	3	13	82	5	6	49	4	3	61	4	5
CF	617	526	167	18	4	15	70	0	4	72	5	16	131	8	8
RF	625	542	157	29	3	6	57	0	8	68	3	7	107	9	0
DH	590	540	176	33	0	19	79	0	3	41	2	6	90	10	3
PH	155	136	35	8	1	2	30	0	4	12	1	3	35	2	2

POS	BB%	K%	ISO	BABIP	打率	長打率	出塁率	wOBA	wRC	POS wRAA	wRC+
P	4.5%	50.0%	.000	.111	.050	.050	.095	.074	-2.1	0.1	104
C	3.9%	21.7%	.083	.252	.200	.284	.237	.236	17.0	-10.5	79
1B	9.0%	12.6%	.121	.271	.250	.371	.329	.319	65.0	-4.3	94
2B	8.0%	15.1%	.065	.323	.269	.334	.334	.305	54.7	0.4	101
3B	6.1%	17.9%	.176	.341	.301	.477	.344	.361	79.4	15.0	124
SS	6.2%	15.8%	.069	.290	.241	.309	.296	.281	47.5	-10.2	85
LF	7.5%	9.4%	.126	.339	.322	.448	.374	.364	90.0	12.0	118
CF	11.7%	21.2%	.135	.397	.317	.452	.413	.392	99.4	28.9	145
RF	10.9%	17.1%	.098	.346	.290	.387	.371	.336	72.5	-0.2	100
DH	6.9%	15.3%	.167	.362	.326	.493	.378	.382	90.3	8.8	114
PH	7.7%	22.6%	.118	.320	.257	.375	.323	.318	15.7	2.0	113

	守備						
RNG	ARM	ERR	DP	UZR	捕内外	合計
	-				1.9	1.9
1.5	-	3.8	0.4	5.7		
15.5	-	0.3	-2.4	13.4	47.8	15.1
10.5	-	2.1	0.7	13.3		
14.7	-	1.8	-1.1	15.3		
-7.2	-3.5	0.8	-	-9.9		
-14.5	-2.7	0.3	-	-16.9	-32.7	
-9.0	2.5	0.7	-	-5.9		

オリックス・バファローズ 2015 主要戦力と 2014 チームスタッツ

2015 主要戦力（＊＝左投手 or 左打者　＋＝両打者　N ＝新加入　P ＝有望株）

先発投手	齢
金子 千尋	32
B・ディクソン	31
西 勇輝	25
B・バリントン N	35
松葉 貴大 ＊	25
吉田 一将	26
東明 大貴	26
山崎 福也 ＊ N P	23

リリーフ投手	齢
平野 佳寿	31
佐藤 達也	29
比嘉 幹貴	33
馬原 孝浩	34
岸田 護	34
A・マエストリ	30
中山 慎也 ＊	33
海田 智行 ＊	28
小松 聖	34

捕手	齢
伊藤 光	26
山崎 勝己	33
伏見 寅威	25
田中 大輔 N	31

一塁手	齢
T-岡田 ＊	27
T・ブランコ N	35
中島 裕之 N	33

二塁手	齢
平野 恵一 ＊	36
原 拓也 ＊	31
小谷野 栄一 N	35

三塁手	齢
中島 裕之 N	33
小谷野 栄一 N	35
E・ヘルマン	37
原 拓也 ＊	31

遊撃手	齢
安達 了一	27
中島 裕之 N	33
岩崎 恭平 ＊	29

左翼手	齢
坂口 智隆 ＊	31
T-岡田 ＊	27
川端 崇義	30
F・カラバイヨ N	32

中堅手	齢
駿太 ＊	22
坂口 智隆 ＊	31
武田 健吾	21

右翼手	齢
糸井 嘉男 ＊	34
中村 一生	33

DH	齢
T・ブランコ N	35
中島 裕之 N	33
谷 佳知	42

守備位置別 wRC+ （Weighted Runs Created Plus）

投	捕	一塁	二塁	三塁	遊撃	左翼	中堅	右翼	指名打者
-	81	126	86	?	99	77	104	172	117

wRC+ は 100 が平均で上回るほど攻撃力がある。値は各ポジションの筆頭選手のもの (2014)

守備位置別 UZR/1000 （Ultimate Zone Rating Per 1000Innings）

投	捕	一塁	二塁	三塁	遊撃	左翼	中堅	右翼	指名打者
-	-	6.8	5.4	?	21.7	0.9	1.0	-3.9	-

UZR/1000 は 0 が平均。値は得点換算した守備力で各ポジションの筆頭選手のもの (2014)

守備位置別 WAR （Wins Above Replacement）

投	捕	一塁	二塁	三塁	遊撃	左翼	中堅	右翼	指名打者
32.7 +山崎 ほか	1.9	2.2	2.1	?	5.8	-0.9	0.6	6.1	0.0
		内野				外野			
		10.0 + ?				5.8			

WAR は 0 を控え選手レベルに置いた勝利数換算した貢献度。投手は総計、その他のポジションは筆頭選手のもの (2014)

野手成績 1

選手	打席	打数	安打	二塁打	三塁打	本塁打	打点	犠打	犠飛	四球	故意四球	死球	三振	併殺打	失策出塁(野選)	得点	盗塁	盗塁刺	打率
安達 了一	601	486	126	13	5	8	50	45	4	58	0	8	79	8	5	73	29	10	.259
E・ヘルマン	595	532	133	28	1	7	52	2	3	54	1	4	95	17	4	62	30	16	.250
糸井 嘉男	590	502	166	36	2	19	81	0	4	70	7	14	73	7	5	73	31	9	.331
W・ペーニャ	572	502	128	20	0	32	90	0	1	59	6	10	124	15	2	68	2	0	.255
T-岡田	533	472	127	28	0	24	75	5	2	37	4	17	107	10	1	67	4	4	.269
平野 恵一	517	452	121	14	3	1	28	19	2	37	0	7	55	8	7	59	5	2	.268
伊藤 光	429	358	92	16	1	3	48	39	3	24	1	5	80	2	6	37	0	2	.257
坂口 智隆	382	323	76	5	5	2	40	10	0	47	0	2	45	4	1	33	3	2	.235
駿太	277	246	69	11	3	5	30	12	0	17	1	2	55	3	1	30	5	3	.280
原 拓也	185	161	40	8	1	2	15	9	1	14	0	0	27	4	1	12	0	0	.248
川端 崇義	184	156	45	7	0	2	16	7	2	12	0	7	25	5	1	23	6	2	.288
鉄平	102	88	20	6	1	1	6	3	0	10	0	1	20	1	0	7	1	2	.227
山崎 勝己	79	65	7	1	0	0	4	11	0	2	0	1	20	0	1	3	0	0	.108
Y・ベタンコート	74	71	10	1	0	0	4	2	1	0	0	0	15	2	1	1	0	1	.141
J・バトラー	66	52	12	2	0	2	6	0	1	9	0	4	19	1	0	5	0	0	.231
中村 一生	64	57	14	5	0	0	4	2	1	4	0	0	11	0	3	13	5	2	.246
竹原 直隆	43	39	11	3	0	1	4	0	1	3	0	0	5	1	0	2	0	0	.282
髙橋 信二	32	30	6	2	0	0	0	0	0	2	0	0	3	0	0	3	0	0	.200
縞田 拓弥	29	24	3	1	0	1	1	2	0	3	0	0	11	1	0	4	2	0	.125
谷 佳知	20	16	2	2	0	0	0	0	0	3	0	1	5	0	0	1	0	0	.125
堤 裕貴	16	14	2	0	0	0	0	1	2	0	0	0	2	0	0	0	0	0	.143
山本 和作	16	12	1	0	0	0	2	1	1	1	0	1	6	0	0	0	0	0	.083
武田 健吾	10	8	1	1	0	0	1	1	0	0	0	0	3	0	0	0	0	0	.125
岩崎 恭平	9	8	1	0	0	0	0	0	0	0	0	1	4	0	0	3	1	1	.125
宮崎 祐樹	8	5	1	0	0	0	0	0	0	3	0	0	2	0	0	0	0	1	.200
伏見 寅威	5	5	0	0	0	0	0	0	0	0	0	0	1	0	0	0	0	0	.000
小島 脩平	1	1	0	0	0	0	0	0	0	0	0	0	0	0	0	2	2	0	.000
三ツ俣 大樹	1	1	0	0	0	0	0	0	0	0	0	0	1	0	0	0	0	0	.000
丸毛 謙一	0	-	-	-	-	-	-	-	-	-	-	-	-	-	-	1	0	0	-

投手成績 1

投手	登板	勝	敗	S	H	完投	完封	打者	回	安打	被本塁打	四球	敬遠	死球	三振	暴投	失点	自責点	防御率	FIP(ERA)	E-F	ERA-	FIP-
金子 千尋	26	16	5	0	0	4	3	763	191	157	7	42	0	3	199	6	48	42	1.98	2.04	-0.06	55	57
西 勇輝	24	12	10	0	0	3	1	640	156	146	11	35	1	7	119	1	65	57	3.29	3.12	0.17	91	87
B・ディクソン	26	9	10	0	0	3	1	657	154	156	7	55	0	4	118	10	62	57	3.33	3.15	0.18	92	87
松葉 貴大	21	8	1	0	0	0	0	468	113.2	95	7	45	0	2	88	7	41	35	2.77	3.44	-0.66	77	95
東明 大貴	26	5	7	0	0	0	0	437	99.2	93	11	45	1	4	80	2	44	42	3.79	4.22	-0.42	105	117
岸田 護	55	4	3	0	12	0	0	326	80.1	65	8	20	0	2	67	4	33	30	3.36	3.39	-0.03	93	94
吉田 一将	15	5	6	0	0	0	0	318	75.2	70	9	24	0	2	62	1	34	32	3.81	3.88	-0.08	106	108
佐藤 達也	67	6	4	1	42	0	0	288	74.1	39	4	30	0	2	85	8	11	9	1.09	2.65	-1.56	30	73
平野 佳寿	62	1	6	40	8	0	0	238	60.1	52	6	13	0	0	70	1	23	23	3.43	2.56	0.87	95	71
比嘉 幹貴	62	7	1	0	20	0	0	231	56.2	53	2	12	2	1	48	0	9	5	0.79	2.29	-1.50	22	64
馬原 孝浩	55	1	4	0	32	0	0	212	50.2	45	2	20	0	2	42	0	21	20	3.55	3.10	0.45	99	86
A・マエストリ	36	3	1	0	1	0	0	213	50.1	31	5	30	2	5	48	3	12	11	1.97	4.29	-2.33	55	119
中山 慎也	35	1	0	0	1	0	0	175	42.1	30	1	17	0	2	38	1	18	11	2.34	2.80	-0.46	65	78
井川 慶	8	2	2	0	0	0	0	149	33	37	4	12	0	0	28	0	17	14	3.82	3.91	-0.09	106	109
海田 智行	19	0	1	0	0	0	0	88	19	26	1	4	0	2	11	1	17	16	7.58	3.42	4.16	210	95
榊原 諒	11	0	0	0	0	0	0	63	15	15	1	6	0	0	8	0	4	3	1.80	3.94	-2.14	50	109
近藤 一樹	2	0	1	0	0	0	0	34	7.2	10	1	2	0	0	7	0	4	4	4.70	3.60	1.10	130	100
桑原 謙太朗	4	0	0	0	0	0	0	26	5.1	7	0	3	0	0	6	0	1	1	1.69	2.38	-0.69	47	66
小松 聖	4	0	0	0	0	0	0	18	3.2	4	0	3	0	1	1	0	1	1	2.45	5.67	-3.22	68	157
八木 智哉	3	0	0	0	0	0	0	18	3.2	6	0	1	0	0	2	0	3	3	7.36	2.67	4.69	204	74
平井 正史	1	0	0	0	0	0	0	4	1	1	0	0	0	0	0	0	0	0	0.00	2.94	-2.94	0	82
大山 暁史	1	0	0	0	0	0	0	2	0.2	0	0	0	0	0	0	0	0	0	0.00	2.94	-2.94	0	82

オリックス・バファローズ

野手成績 2

選手	打席	BB%	K%	BB/K	ゴロ%	フライ%	IF/F	HR/OF	ISO	BABIP	打率/出塁率/長打率	wOBA	wRC	wRAA	wSB	UBR	Spd	wRC+	本拠地打席	PF-wOBA補正
安達 了一	601	9.7%	13.1%	0.73	54.3%	38.2%	11.5%	5.2%	.097	.293	.259/.345/.356	.321	62.5	-0.6	1.2	5.2	6.4	99	231	.002
E・ヘルマン	595	9.1%	16.0%	0.57	55.0%	38.2%	3.6%	4.3%	.096	.291	.250/.322/.346	.304	53.3	-9.2	-0.7	-0.4	4.6	85	235	.002
糸井 嘉男	590	11.9%	12.4%	0.96	43.4%	47.8%	8.2%	10.0%	.193	.355	.331/.424/.524	.416	106.3	44.3	1.9	-2.3	4.7	172	235	.002
W・ペーニャ	572	10.3%	21.7%	0.48	45.9%	48.8%	23.2%	22.5%	.231	.277	.255/.344/.486	.359	76.9	16.8	0.3	-0.3	1.9	128	218	.002
T-岡田	533	6.9%	20.1%	0.35	40.6%	52.4%	8.7%	13.5%	.212	.300	.269/.343/.481	.357	70.6	14.7	-0.7	-4.3	2.3	126	204	.002
平野 恵一	517	7.2%	10.6%	0.67	54.9%	36.2%	10.6%	0.7%	.051	.302	.268/.331/.319	.304	46.6	-7.7	0.1	3.3	4.2	86	195	.002
伊藤 光	429	5.6%	18.6%	0.30	48.9%	44.5%	14.0%	2.4%	.075	.320	.257/.310/.332	.299	36.7	-8.4	-0.7	1.4	2.1	81	167	.002
坂口 智隆	382	12.3%	11.8%	1.04	55.9%	35.8%	18.4%	2.4%	.065	.268	.235/.336/.300	.293	30.9	-9.2	-0.2	-1.4	4.5	77	161	.002
駿太	277	6.1%	19.9%	0.31	49.8%	38.9%	16.5%	7.6%	.130	.344	.280/.332/.411	.327	30.1	1.1	-0.2	-4.2	5.2	104	98	.002
原 拓也	185	7.6%	14.6%	0.52	48.6%	41.7%	15.0%	3.9%	.099	.286	.248/.307/.348	.295	15.3	-4.2	0.0	-0.3	1.7	79	81	.002
川端 崇義	184	6.5%	13.6%	0.48	56.4%	31.4%	15.0%	5.3%	.083	.328	.288/.362/.372	.332	20.7	1.3	0.3	-3.3	3.9	107	56	.002
鉄平	102	9.8%	19.6%	0.50	54.9%	40.8%	13.8%	4.0%	.125	.284	.227/.313/.352	.299	8.8	-1.9	-0.5	-0.7	3.8	82	36	.002
山崎 勝己	79	2.5%	25.3%	0.10	76.8%	19.6%	9.1%	0.0%	.015	.156	.108/.147/.123	.140	-3.4	-11.7	0.0	0.4	1.4	-41	26	.002
Y・ベタンコート	74	0.0%	20.3%	0.00	44.1%	50.8%	3.3%	0.0%	.014	.175	.141/.139/.155	.138	-3.2	-11.0	-0.3	-0.5	1.2	-42	29	.002
J・バトラー	66	13.6%	28.8%	0.47	55.9%	35.3%	0.0%	16.7%	.154	.313	.231/.379/.385	.344	8.1	1.1	0.0	-0.6	0.3	116	32	.002
中村 一生	64	6.3%	17.2%	0.36	46.9%	49.0%	8.3%	0.0%	.088	.298	.246/.290/.333	.322	6.7	0.7	0.1	-1.5	5.9	100	26	.002
竹原 直隆	43	7.0%	11.6%	0.60	25.7%	60.0%	23.8%	6.3%	.154	.294	.282/.326/.436	.329	4.7	0.2	0.0	-0.7	0.5	105	9	.001
髙橋 信二	32	6.3%	9.4%	0.67	51.9%	40.7%	27.3%	0.0%	.067	.222	.200/.250/.267	.234	1.1	-2.3	0.0	0.2	1.9	32	7	.001
織田 拓弥	29	10.3%	37.9%	0.27	46.7%	46.7%	28.6%	20.0%	.167	.167	.125/.222/.292	.234	1.0	-2.1	0.3	0.2	5.8	32	6	.001
谷 佳知	20	15.0%	25.0%	0.60	45.5%	54.5%	16.7%	0.0%	.125	.182	.125/.300/.250	.272	1.3	-0.8	0.0	0.6	0.6	61	5	.001
堤 裕貴	16	0.0%	12.5%	0.00	57.1%	42.9%	16.7%	0.0%	.000	.167	.143/.143/.143	.121	-0.9	-2.6	0.0	0.0	0.1	-55	8	.003
山本 和作	16	6.3%	12.5%	0.50	66.7%	33.3%	25.0%	0.0%	.000	.091	.083/.200/.083	.151	-0.5	-2.2	0.0	0.0	0.1	-32	4	.001
武田 健吾	10	10.0%	30.0%	0.33	33.3%	50.0%	0.0%	0.0%	.125	.200	.125/.222/.250	.225	0.3	-0.8	0.0	0.4	2.6	25	1	.001
岩崎 恭平	9	0.0%	44.4%	0.00	50.0%	50.0%	50.0%	0.0%	.000	.250	.125/.222/.125	.177	-0.1	-1.1	-0.2	0.5	5.2	-12	1	.001
宮﨑 祐樹	8	37.5%	25.0%	1.50	33.3%	66.7%	0.0%	0.0%	.000	.333	.200/.500/.200	.365	1.1	0.3	-0.3	-0.3	1.8	133	4	.003
伏見 寅威	5	0.0%	20.0%	0.00	75.0%	25.0%	100%	0.0%	.000	.000	.000/.000/.000	-.005	-0.8	-1.3	0.0	0.0	0.1	-152	5	.005
小島 脩平	1	0.0%	100%	0.00	0.0%	0.0%	0.0%	0.0%	.000	-	.000/.000/.000	.000	-0.2	-0.3	0.0	0.2	0.5	-148	0	.000
三ツ俣 大樹	1	0.0%	100%	0.00	0.0%	0.0%	0.0%	0.0%	.000	-	.000/.000/.000	.000	-0.2	-0.3	0.0	0.0	0.1	-148	0	.000
丸毛 謙一	0	-	-	-	-	-	-	-	-	-	-	.000	0.0	0.0	0.0	0.5	0.1	100	0	-

投手成績 2

選手	打者	K%	BB%	K-BB%	ゴロ%	フライ%	ライナー%	IF/F	HR/OF	ゴロアウト	フライアウト	xFIP(RA)	tERA-PF	tRA-PF	xFIP-	tRA-	本拠地打席	PF-tRA補正
金子 千尋	763	26.1%	5.5%	20.6%	55.3%	38.2%	6.6%	9.6%	3.9%	76.7%	62.8%	2.74	1.86	2.22	69	56	354	0.043
B・ディクソン	657	18.0%	8.4%	9.6%	63.5%	29.4%	7.1%	6.4%	5.3%	72.5%	61.6%	3.67	2.89	3.26	92	82	205	0.029
西 勇輝	640	18.6%	5.5%	13.1%	47.4%	43.4%	9.2%	9.1%	5.8%	81.1%	60.7%	3.62	3.36	3.72	91	94	381	0.055
松葉 貴大	468	18.8%	9.6%	9.2%	42.3%	49.2%	8.4%	15.2%	5.0%	78.0%	71.2%	4.06	3.43	3.80	102	96	140	0.028
東明 大貴	437	18.3%	10.3%	8.0%	45.8%	48.4%	5.8%	8.1%	8.0%	77.3%	69.0%	4.34	4.23	4.59	109	116	145	0.031
岸田 護	326	20.6%	6.1%	14.5%	54.9%	39.7%	5.5%	12.8%	9.8%	79.2%	67.6%	3.35	3.02	3.38	84	85	134	0.038
吉田 一将	318	19.5%	7.5%	12.0%	37.8%	57.4%	4.8%	9.8%	7.6%	71.3%	74.5%	4.06	3.93	4.30	102	108	120	0.035
佐藤 達也	288	21.9%	10.4%	11.5%	33.5%	58.2%	8.2%	13.1%	4.7%	80.7%	79.3%	3.31	2.68	3.04	83	77	111	0.036
平野 佳寿	238	29.4%	5.5%	23.9%	44.4%	48.4%	7.2%	8.1%	5.9%	79.4%	60.9%	2.61	2.20	2.56	66	65	84	0.033
比嘉 幹貴	231	20.8%	5.2%	15.6%	43.5%	51.8%	4.7%	5.7%	2.4%	74.3%	63.0%	3.46	2.58	2.94	87	74	98	0.039
A・マエストリ	213	22.5%	14.1%	8.4%	58.5%	36.9%	4.6%	10.4%	11.6%	80.3%	68.4%	4.11	3.92	4.29	104	108	62	0.027
馬原 孝浩	212	19.8%	9.4%	10.4%	52.7%	41.2%	6.1%	3.3%	3.4%	82.1%	59.6%	3.96	3.15	3.51	100	89	69	0.030
中山 慎也	175	21.7%	9.7%	12.0%	45.8%	51.7%	2.5%	8.2%	1.8%	74.1%	70.9%	4.00	2.61	2.97	101	75	56	0.032
井川 慶	149	18.8%	8.1%	10.7%	41.3%	51.4%	7.3%	5.4%	7.5%	77.8%	65.3%	4.09	4.22	4.59	103	116	66	0.041
海田 智行	88	12.5%	4.5%	8.0%	60.6%	28.2%	11.3%	10.0%	5.6%	67.4%	58.8%	3.92	3.50	3.86	99	97	38	0.040
榊原 諒	63	12.7%	9.5%	3.2%	38.8%	55.1%	6.1%	0.0%	3.7%	89.5%	61.5%	5.00	4.77	5.14	126	129	27	0.040
近藤 一樹	34	20.6%	5.9%	14.7%	44.0%	56.0%	0.0%	7.1%	7.7%	72.7%	50.0%	3.73	3.30	3.67	94	92	0	0.000
桑原 謙太朗	26	23.1%	11.5%	11.6%	29.4%	70.6%	0.0%	8.3%	0.0%	80.0%	45.5%	4.53	2.44	2.81	114	71	14	0.050
小松 聖	18	5.6%	16.7%	-11.1%	46.2%	46.2%	7.7%	0.0%	0.0%	66.7%	83.3%	7.45	6.48	6.88	188	173	10	0.052
八木 智哉	18	11.1%	5.6%	5.5%	46.7%	33.3%	20.0%	40.0%	0.0%	71.4%	33.3%	3.74	2.94	3.30	94	83	6	0.031
平井 正史	4	0.0%	0.0%	0.0%	25.0%	50.0%	25.0%	0.0%	0.0%	100%	100%	5.04	6.94	7.31	127	184	0	0.000
大山 暁史	2	0.0%	0.0%	0.0%	100%	0.0%	0.0%	0.0%	0.0%	100%	0.0%	3.31	1.18	1.54	83	39	0	0.000

守備成績

位置	選手名	試合	イニング	盗塁企図	盗塁許	盗塁刺	阻止率	捕逸	守備得点
C	伊藤 光	136	1057.2	85	65	20	23.5%	6	0.4
C	山崎 勝己	59	233.1	26	19	7	26.9%	0	-0.7
C	伏見 寅威	2	3	0	0	0	-	0	0.0

位置	選手名	INN イニング	RNG 範囲	ARM 肩	ERR 失策	DP 併殺	UZR	UZR/1000
1B	T-岡田	1011.2	6.8	-	0.8	-0.7	6.9	6.8
1B	Y・ベタンコート	115	-0.8	-	0.5	0.0	-0.3	-2.2
1B	髙橋 信二	66	-0.6	-	-1.2	-0.2	-2.0	-30.4
1B	W・ペーニャ	57	-0.2	-	-0.3	0.1	-0.4	-7.2
1B	山本 和作	18.1	-0.1	-	-0.7	0.0	-0.8	-45.0
1B	原 拓也	17	0.3	-	0.0	0.0	0.3	18.1
1B	縞田 拓弥	7	-0.4	-	0.0	0.0	-0.3	-49.2
1B	伏見 寅威	1	0.0	-	0.0	0.0	0.0	0.0
1B	中村 一生	1	0.0	-	0.0	0.0	0.0	0.0
2B	平野 恵一	884	4.0	-	1.1	-0.4	4.8	5.4
2B	原 拓也	262	-3.8	-	-0.3	-0.1	-4.1	-15.8
2B	堤 裕貴	42	0.5	-	0.3	0.3	1.0	23.8
2B	Y・ベタンコート	41	-1.6	-	-0.5	0.1	-2.0	-49.6
2B	縞田 拓弥	38	0.4	-	0.2	-0.3	0.4	9.4
2B	岩崎 恭平	25	1.3	-	0.1	0.5	2.0	80.0
2B	安達 了一	2	-0.6	-	0.0	0.0	-0.6	-277.8
3B	E・ヘルマン	1086.2	-2.0	-	-0.1	1.5	-0.6	-0.5
3B	原 拓也	136.2	-2.6	-	-0.2	-0.3	-3.0	-22.3
3B	縞田 拓弥	45.1	0.1	-	0.2	0.0	0.3	7.0
3B	山本 和作	19	0.3	-	0.1	0.2	0.7	36.4
3B	Y・ベタンコート	4.1	-0.3	-	0.0	-0.3	-0.3	-69.8
3B	岩崎 恭平	2	0.0	-	0.0	0.0	0.0	0.0
SS	安達 了一	1250.1	26.8	-	1.7	-1.3	27.1	21.7
SS	原 拓也	32.2	-0.5	-	-0.5	0.2	-0.8	-23.8
SS	山本 和作	11	-0.6	-	0.0	0.0	-0.6	-52.2

位置	選手名	INN イニング	RNG 範囲	ARM 肩	ERR 失策	DP 併殺	UZR	UZR/1000
LF	坂口 智隆	538.2	1.4	-1.3	0.4	-	0.5	0.9
LF	川端 崇義	221.2	-2.3	1.3	0.1	-	-1.0	-4.4
LF	J・バトラー	131.2	-1.6	1.6	0.1	-	0.2	1.2
LF	T-岡田	124.1	-1.3	-2.0	0.1	-	-3.3	-26.2
LF	鉄平	102.2	2.2	-1.4	0.0	-	0.8	8.1
LF	竹原 直隆	67	0.7	-0.4	0.0	-	0.3	4.3
LF	中村 一生	44.1	1.1	0.0	0.0	-	1.2	26.5
LF	谷 佳知	32	0.5	-0.2	0.0	-	0.3	8.5
LF	宮﨑 祐樹	14.2	0.0	0.0	0.0	-	0.0	-0.5
LF	平野 恵一	14	0.7	0.0	0.0	-	0.7	52.4
LF	縞田 拓弥	2	0.0	-0.3	0.0	-	-0.3	-138.5
LF	小島 脩平	1	0.6	0.0	0.0	-	0.6	594.1
CF	駿太	612	2.8	-2.3	0.2	-	0.6	0.9
CF	坂口 智隆	311	-7.1	-0.7	0.1	-	-7.7	-24.8
CF	糸井 嘉男	251	4.3	-1.0	0.1	-	3.3	13.3
CF	中村 一生	75.1	-5.1	-1.0	0.0	-	-6.0	-80.2
CF	川端 崇義	25	-0.1	-0.6	0.0	-	-0.4	-16.2
CF	武田 健吾	18	-0.4	0.0	0.0	-	-0.5	-30.5
CF	平野 恵一	1.2	0.0	0.1	0.0	-	0.1	44.8
RF	糸井 嘉男	906.2	-5.7	1.7	0.4	-	-3.5	-3.9
RF	川端 崇義	132.2	1.5	-1.3	0.1	-	0.2	1.7
RF	平野 恵一	85.2	-2.1	-1.3	0.0	-	-3.4	-40.1
RF	鉄平	73	2.1	2.2	0.0	-	4.3	59.2
RF	中村 一生	58.2	0.7	0.3	0.0	-	1.0	17.7
RF	駿太	33.1	0.1	-0.2	0.0	-	0.0	-1.5
RF	坂口 智隆	2	0.0	0.0	0.0	-	0.0	0.0
RF	J・バトラー	1	0.0	0.0	0.0	-	0.0	0.0
RF	小島 脩平	1	0.0	0.0	0.0	-	0.0	0.0

オリックス・バファローズ

ポジション別成績

POS	打席	打数	安打	二塁打	三塁打	本塁打	打点	犠打	犠飛	四球	故意四球	死球	三振	併殺打	失策出塁（野選）
P	29	24	1	1	0	0	1	5	0	0	0	0	17	0	0
C	506	421	98	17	1	3	52	50	3	26	1	6	99	2	7
1B	600	537	129	29	0	22	73	6	3	39	3	15	120	11	2
2B	627	544	135	16	3	4	36	28	3	44	0	4	73	13	8
3B	640	571	143	32	1	7	58	5	4	56	1	4	105	17	4
SS	614	498	127	14	5	8	50	46	4	58	0	8	83	9	5
LF	575	487	128	17	6	8	56	15	2	58	1	13	90	9	2
CF	571	499	139	23	9	9	60	18	3	46	0	5	93	5	3
RF	620	524	167	39	2	16	70	2	4	75	7	15	79	8	6
DH	550	487	123	20	0	31	88	1	1	51	6	10	127	15	2
PH	137	118	25	3	1	2	15	0	0	17	1	1	21	2	0

POS	BB%	K%	ISO	BABIP	打率	長打率	出塁率	wOBA	wRC	POS wRAA	wRC+
P	0.0%	58.6%	.042	.143	.042	.083	.042	.056	-3.2	-0.3	90
C	5.1%	19.6%	.067	.295	.233	.299	.285	.276	34.1	5.4	110
1B	6.5%	20.0%	.177	.269	.240	.417	.308	.320	61.9	-3.6	94
2B	7.0%	11.6%	.063	.279	.248	.311	.312	.293	50.9	-5.6	91
3B	8.8%	16.4%	.096	.294	.250	.347	.320	.304	57.6	-12.7	81
SS	9.4%	13.5%	.096	.290	.255	.351	.340	.319	62.6	9.3	114
LF	10.1%	15.7%	.109	.307	.263	.372	.355	.330	63.6	-5.3	91
CF	8.1%	16.3%	.112	.325	.279	.391	.344	.331	63.5	-1.7	97
RF	12.1%	12.7%	.174	.349	.319	.492	.416	.405	106.2	34.0	152
DH	9.3%	23.1%	.232	.279	.253	.485	.335	.356	72.5	-3.4	94
PH	12.4%	15.3%	.093	.242	.212	.305	.316	.282	9.9	-2.2	85

守備						
RNG	ARM	ERR	DP	UZR	捕内外	合計
-	-	-	-	-	-0.3	-0.3
5.0	-	-0.8	-0.8	3.4	27.6	15.6
0.3	-	0.9	0.2	1.4		
-4.5	-	0.1	1.5	-2.9		
25.7	-	1.2	-1.1	25.7		
1.9	-2.7	0.8	-	0.0	-12.1	
-5.3	-5.7	0.4	-	-10.7		
-3.5	1.4	0.6	-	-1.4		

北海道日本ハムファイターズ 2015主要戦力と2014チームスタッツ

Sabermetrics Report part 4

2015主要戦力（＊＝左投手or左打者　＋＝両打打者　N＝新加入　P＝有望株）

先発投手	齢
大谷 翔平	21
L・メンドーサ	32
上沢 直之	21
吉川 光夫＊	27
浦野 博司	26
有原 航平 NP	23
V・ガラテ＊N	31
木佐貫 洋	35
斎藤 佑樹	27
中村 勝	24

リリーフ投手	齢
増井 浩俊	31
宮西 尚生＊	30
M・クロッタ	31
谷元 圭介	30
鍵谷 陽平	25
矢貫 俊之	32
河野 秀数	28
白村 明弘	24
武田 久	37
武田 勝＊	37

捕手	齢
大野 奨太	28
市川 友也	30
近藤 健介＊	22

一塁手	齢
西川 遥輝＊	23
中田 翔	26
B・レアード N	28
北 篤＊	27

二塁手	齢
田中 賢介＊N	34
中島 卓也＊	24
西川 遥輝＊	23

三塁手	齢
B・レアード N	28
近藤 健介＊	22
西川 遥輝＊	23

遊撃手	齢
中島 卓也＊	24
飯山 裕志	36
渡邉 諒	20
近藤 健介＊	22

左翼手	齢
中田 翔	26
谷口 雄也＊	23
石川 慎吾	22

中堅手	齢
陽 岱鋼	28
杉谷 拳士＋	24

右翼手	齢
J・ハーミッダ＊N	31
西川 遥輝＊	23
岡 大海	24
佐藤 賢治＊	27

DH	齢
大谷 翔平＊	21
J・ハーミッダ＊N	31

守備位置別 wRC+ （Weighted Runs Created Plus）

投	捕	一塁	二塁	三塁	遊撃	左翼	中堅	右翼	指名打者
-	40	109	?	?	77	127	161	?	140

wRC+ は100が平均で上回るほど攻撃力がある。値は各ポジションの筆頭選手のもの（2014）

守備位置別 UZR/1000 （Ultimate Zone Rating Per 1000Innings）

投	捕	一塁	二塁	三塁	遊撃	左翼	中堅	右翼	指名打者
-	-	-3.9	?	?	-6.0	-20.3	17.3	?	-

UZR/1000 は0が平均。値は得点換算した守備力で各ポジションの筆頭選手のもの（2014）

守備位置別 WAR （Wins Above Replacement）

投	捕	一塁	二塁	三塁	遊撃	左翼	中堅	右翼	指名打者
19.8 +有原 +ガラテ ほか	-0.1	1.7	?	?	2.3	0.9	7.8	?	1.7
		内野				外野			
		4.0 + ? + ?				8.7 + ?			

WARは0を控え選手レベルに置いた勝利数換算した貢献度。投手は総計、その他のポジションは筆頭選手のもの（2014）

野手成績 1

選手	打席	打数	安打	二塁打	三塁打	本塁打	打点	犠打	犠飛	四球	故意四球	死球	三振	併殺打	失策出塁(野選)	得点	盗塁	盗塁刺	打率
西川 遥輝	637	555	147	19	13	8	57	16	0	63	1	3	139	1	5	90	43	11	.265
中田 翔	602	531	143	18	0	27	100	0	7	58	3	6	89	12	7	64	0	0	.269
陽 岱鋼	540	471	138	18	1	25	85	9	3	45	0	12	108	10	15	77	20	6	.293
大引 啓次	512	432	106	16	3	5	47	26	2	51	0	1	98	11	7	44	21	6	.245
中島 卓也	461	382	99	9	3	0	32	35	1	43	0	0	92	4	2	55	28	9	.259
J・ミランダ	427	375	85	19	0	14	57	0	4	42	2	6	108	6	3	43	0	0	.227
大野 奨太	304	259	45	10	0	6	19	19	2	19	0	5	52	6	2	16	0	0	.174
近藤 健介	291	264	68	20	1	4	28	10	2	15	0	0	45	4	1	24	3	4	.258
小谷野 栄一	274	243	72	14	0	4	29	5	1	22	1	3	40	4	2	22	0	1	.296
大谷 翔平	234	212	58	17	1	10	31	0	1	21	0	0	48	4	2	32	1	0	.274
谷口 雄也	175	164	44	7	1	2	11	2	0	9	1	0	56	0	2	18	3	1	.268
市川 友也	166	137	36	4	0	2	9	19	1	6	0	3	22	0	0	14	0	0	.263
杉谷 拳士	146	123	25	4	2	2	9	11	0	8	0	4	19	1	2	21	11	1	.203
佐藤 賢治	114	107	21	4	1	3	9	3	0	4	0	0	38	2	1	12	0	1	.196
石川 慎吾	93	83	19	3	0	1	11	4	0	5	0	1	25	0	0	11	0	1	.229
稲葉 篤紀	89	77	18	3	0	3	12	0	0	10	0	2	13	3	0	6	0	0	.234
村田 和哉	63	58	12	0	1	0	3	1	0	2	0	2	19	1	1	13	2	4	.207
飯山 裕志	62	51	11	2	0	0	4	6	0	5	0	0	15	1	0	10	0	0	.216
北 篤	60	51	14	1	0	2	3	1	0	7	0	1	17	1	1	5	1	0	.275
鵜久森 淳志	44	40	8	0	1	0	1	0	0	4	0	0	9	0	0	1	0	0	.200
岡 大海	39	35	4	0	0	0	1	0	0	3	0	0	8	0	0	3	1	1	.114
金子 誠	23	21	3	0	0	0	0	0	0	2	0	0	7	0	0	4	0	1	.143
M・アブレイユ	22	19	4	0	0	1	1	0	0	3	0	0	7	0	0	2	0	0	.211
赤田 将吾	19	13	3	0	0	0	1	1	0	5	0	0	3	0	2	4	0	0	.231
渡邊 諒	6	5	1	0	0	0	0	0	0	1	0	0	3	0	0	0	0	0	.200
石川 亮	4	4	1	0	1	0	3	0	0	0	0	0	1	0	0	1	0	0	.250
岸里 亮佑	3	3	2	0	0	0	0	0	0	0	0	0	0	0	0	1	0	0	.667
大嶋 匠	1	1	0	0	0	0	0	0	0	0	0	0	0	0	0	0	0	0	.000
尾崎 匡哉	1	0	-	-	-	-	-	-	-	-	-	-	-	-	-	0	0	0	-
中嶋 聡	0	0	-	-	-	-	-	-	-	-	-	-	-	-	-	0	0	0	-

投手成績 1

投手	登板	勝	敗	S	H	完投	完封	打者	回	安打	被本塁打	四球	敬遠	死球	三振	暴投	失点	自責点	防御率	FIP(ERA)	E-F	ERA-	FIP-
L・メンドーサ	26	7	13	0	0	1	0	698	162	170	6	45	1	10	119	13	75	70	3.89	2.96	0.93	108	82
大谷 翔平	24	11	4	0	0	3	2	639	155.1	125	7	57	0	4	179	6	50	45	2.61	2.40	0.21	72	67
上沢 直之	23	8	8	0	1	2	1	559	135.1	113	14	45	0	7	105	2	49	48	3.19	3.89	-0.70	89	108
浦野 博司	20	7	4	0	0	0	0	473	115	104	3	36	1	6	78	4	51	47	3.68	4.05	-0.37	102	112
中村 勝	18	8	2	0	0	1	1	420	97.1	89	12	48	0	5	43	1	43	41	3.79	5.30	-1.50	105	147
吉川 光夫	13	3	4	0	0	0	0	329	72	79	7	36	0	2	49	3	45	39	4.88	4.43	0.45	135	123
谷元 圭介	52	5	1	1	12	0	0	260	68	41	4	19	0	2	63	3	14	12	1.59	2.78	-1.19	44	77
武田 勝	25	3	4	0	2	0	0	278	61.2	72	12	20	1	2	33	0	43	41	5.98	5.42	0.56	166	151
M・クロッタ	61	4	5	6	30	0	0	241	58.1	49	4	16	6	5	36	1	23	17	2.62	3.37	-0.75	73	94
増井 浩俊	56	5	6	23	10	0	0	243	58	47	5	24	4	4	59	5	16	16	2.48	3.12	-0.63	69	86
宮西 尚生	62	1	5	0	41	0	0	218	50	47	2	23	4	4	46	0	14	12	2.16	3.00	-0.84	60	83
アンソニー・カーター	48	0	5	1	20	0	0	195	45.1	42	5	24	2	0	33	2	20	20	3.97	3.52	0.45	110	98
鍵谷 陽平	21	1	0	0	2	0	0	119	28.2	25	4	20	0	2	27	0	9	7	2.20	4.13	-1.93	61	115
矢貫 俊之	15	2	2	0	1	0	0	118	27	27	1	10	0	2	18	1	15	15	5.00	3.42	1.58	139	95
木佐貫 洋	5	1	3	0	0	0	0	115	26	29	1	7	0	0	21	1	12	9	3.12	2.64	0.48	86	73
斎藤 佑樹	6	2	1	0	0	0	0	118	26	28	4	16	0	1	20	0	15	14	4.85	5.37	-0.52	134	149
大塚 豊	14	1	0	0	2	0	0	91	20	18	3	14	0	1	9	2	11	11	4.95	6.24	-1.29	137	173
河野 秀数	23	1	0	0	0	0	0	81	17	18	2	13	0	2	14	0	8	8	4.24	5.47	-1.24	118	152
藤岡 好明	9	1	0	1	0	0	0	57	12	18	0	4	0	0	8	0	8	7	5.25	2.36	2.89	146	65
白村 明弘	10	1	0	1	0	0	0	49	11	9	1	6	0	1	10	0	4	4	3.27	4.22	-0.94	91	117
石井 裕也	13	1	0	0	0	0	0	49	9.2	14	1	8	0	0	6	0	7	5	4.66	5.53	-0.87	129	153
武田 久	9	0	1	0	0	0	0	48	7.2	16	0	5	0	0	7	1	10	7	8.22	3.07	5.14	228	85
金平 将至	6	0	0	0	0	0	0	34	6	13	2	1	0	1	5	0	7	7	10.50	4.94	5.56	291	137
多田野 数人	5	0	0	0	0	0	0	25	5.1	7	0	4	0	1	1	1	3	3	5.06	2.57	2.49	140	71
森内 壽春	5	0	0	0	0	0	0	20	4.1	3	0	3	0	1	2	0	0	0	0.00	4.79	-4.79	0	133
齊藤 勝	4	0	0	0	0	0	0	20	4	4	0	4	0	0	3	0	3	3	6.75	3.94	2.81	187	109
新垣 勇人	2	0	0	0	0	0	0	23	4	7	2	4	0	3	0	10	7	7	15.75	10.19	5.56	437	283
乾 真大	1	0	0	0	0	0	0	7	1	2	0	3	0	0	2	0	2	2	18.00	1.94	16.06	499	54
榎下 陽大	1	0	0	0	0	0	0	3	0.1	1	0	0	0	0	0	2	2	2	54.00	11.94	42.06	1498	331

野手成績 2

選手	打席	BB%	K%	BB/K	ゴロ%	フライ%	IF/F	HR/OF	ISO	BABIP	打率/出塁率/長打率	wOBA	wRC	wRAA	wSB	UBR	Spd	wRC+	本拠地打席	PF-wOBA補正
西川 遥輝	637	9.9%	21.8%	0.45	51.4%	41.0%	9.0%	5.0%	.124	.341	.265/.343/.389	.335	73.0	6.1	3.1	5.2	8.1	109	249	-.001
中田 翔	602	9.6%	14.8%	0.65	40.0%	54.2%	10.3%	11.9%	.186	.275	.269/.344/.456	.358	80.3	17.1	0.0	-2.2	0.8	127	240	-.001
陽 岱鋼	540	8.3%	20.0%	0.42	54.9%	36.5%	9.5%	20.2%	.202	.331	.293/.367/.495	.402	91.4	34.7	1.1	4.0	4.6	161	220	-.001
大引 啓次	512	10.0%	19.1%	0.52	57.5%	34.5%	8.0%	4.3%	.086	.305	.245/.325/.331	.311	48.8	-4.9	1.3	-0.5	5.2	91	196	-.001
中島 卓也	461	9.3%	20.0%	0.47	70.6%	22.6%	6.8%	0.0%	.039	.340	.259/.333/.298	.292	37.1	-11.3	1.4	3.9	6.5	77	163	-.001
J・ミランダ	427	9.8%	25.3%	0.39	38.7%	53.5%	9.0%	10.6%	.163	.276	.227/.311/.389	.317	42.8	-0.0	0.0	-1.7	1.0	95	173	-.001
大野 奨太	304	6.3%	17.1%	0.37	51.3%	46.1%	19.0%	7.1%	.108	.192	.174/.242/.282	.245	12.9	-19.1	0.0	-2.6	-0.5	40	108	-.001
近藤 健介	291	5.2%	15.5%	0.33	47.2%	48.5%	7.1%	3.8%	.129	.295	.258/.295/.386	.304	26.3	-4.3	-0.9	-0.5	2.9	86	135	-.001
小谷野 栄一	274	8.0%	14.6%	0.55	42.6%	45.0%	6.4%	4.5%	.107	.340	.296/.361/.403	.345	33.8	5.0	-0.3	-1.3	1.0	117	94	-.001
大谷 翔平	234	9.0%	20.5%	0.44	44.8%	47.9%	6.3%	13.5%	.231	.310	.274/.338/.505	.375	34.4	9.8	0.2	3.0	3.2	140	93	-.001
谷口 雄也	175	5.1%	32.0%	0.16	50.0%	40.0%	11.4%	5.1%	.091	.396	.268/.306/.360	.304	15.7	-2.7	0.1	-1.5	4.3	85	67	-.001
市川 友也	166	3.6%	13.3%	0.27	45.2%	49.6%	15.4%	4.0%	.073	.298	.263/.306/.336	.298	14.2	-3.3	0.0	0.1	1.3	81	77	-.001
杉谷 拳士	146	5.5%	13.0%	0.42	52.2%	43.5%	22.0%	5.1%	.114	.225	.203/.274/.317	.283	10.6	-4.7	1.4	1.2	8.9	69	62	-.001
佐藤 賢治	114	3.5%	33.3%	0.11	58.3%	34.7%	8.0%	13.0%	.140	.273	.196/.225/.336	.255	5.8	-6.2	-0.3	-1.4	4.7	48	43	-.001
石川 慎吾	93	5.4%	26.9%	0.20	51.6%	41.9%	19.2%	4.8%	.072	.316	.229/.281/.301	.262	5.2	-4.6	-0.3	-0.8	2.8	53	31	-.001
稲葉 篤紀	89	11.2%	14.6%	0.77	44.4%	47.6%	10.0%	11.1%	.156	.246	.234/.337/.390	.327	9.6	0.3	0.0	-0.1	0.2	103	41	-.001
村田 和哉	63	3.2%	30.2%	0.11	81.0%	19.0%	12.5%	0.0%	.034	.308	.207/.233/.241	.227	1.7	-4.9	-1.0	0.4	7.4	26	9	.000
飯山 裕志	62	8.1%	24.2%	0.33	54.8%	35.7%	6.7%	0.0%	.039	.306	.216/.286/.255	.249	2.8	-3.7	0.0	-0.8	2.4	44	21	-.001
北 篤	60	11.7%	28.3%	0.41	60.0%	34.3%	8.3%	18.2%	.137	.375	.275/.373/.412	.366	8.4	2.1	0.2	0.1	1.6	133	18	-.001
鵜久森 淳志	44	9.1%	20.5%	0.44	22.6%	71.0%	22.7%	0.0%	.050	.258	.200/.273/.250	.241	1.7	-2.9	0.0	-0.2	2.6	37	20	-.001
岡 大海	39	7.7%	20.5%	0.38	60.7%	32.1%	11.1%	0.0%	.000	.148	.114/.184/.114	.147	-1.4	-5.5	-0.2	0.1	4.2	-35	18	-.001
金子 誠	23	4.3%	30.4%	0.14	33.3%	66.7%	11.1%	0.0%	.000	.200	.143/.174/.143	.145	-0.9	-3.3	-0.3	0.0	4.3	-37	14	-.002
M・アブレイユ	22	13.6%	31.8%	0.43	75.0%	16.7%	0.0%	50.0%	.158	.273	.211/.318/.368	.306	2.0	-0.3	0.0	0.0	0.4	87	1	.000
赤田 将吾	19	26.3%	15.8%	1.67	54.5%	27.3%	33.3%	0.0%	.000	.273	.231/.421/.231	.421	3.5	1.5	0.0	0.4	2.6	175	2	.000
渡邊 諒	6	16.7%	50.0%	0.33	100%	0.0%	0.0%	0.0%	.000	.500	.200/.333/.200	.261	0.3	-0.3	0.0	0.0	0.1	53	4	-.002
石川 亮	4	0.0%	25.0%	0.00	66.7%	0.0%	0.0%	0.0%	.500	.333	.250/.250/.750	.431	0.8	0.4	0.0	0.0	5.1	183	0	.000
岸里 亮佑	3	0.0%	33.3%	0.00	100%	0.0%	0.0%	0.0%	.000	1.000	.667/.667/.667	.577	0.9	0.6	-0.3	-0.3	2.5	295	0	.000
大嶋 匠	1	0.0%	100%	0.00	-	-	-	-	.000	-	.000/.000/.000	.003	-0.2	-0.3	0.0	0.0	0.1	-146	1	-.003
尾崎 匡哉	0	-	-	-	-	-	-	-	-	-	-	.000	0.0	0.0	0.0	0.0	0.1	100	0	-
中嶋 聡	0	-	-	-	-	-	-	-	-	-	-	.000	0.0	0.0	0.0	0.0	0.1	100	0	-

投手成績 2

選手	打者	K%	BB%	K-BB%	ゴロ%	フライ%	ライナー%	IF/F	HR/OF	ゴロアウト	フライアウト	xFIP(RA)	tERA-PF	tRA-PF	xFIP-	tRA-	本拠地打席	PF-tRA補正
L・メンドーサ	698	17.0%	6.4%	10.6%	59.5%	33.0%	7.4%	12.1%	3.9%	76.6%	55.5%	3.65	2.76	3.13	92	79	202	-0.011
大谷 翔平	639	28.0%	8.9%	19.1%	55.1%	36.8%	8.0%	8.8%	5.2%	74.5%	66.1%	2.93	2.30	2.66	74	67	248	-0.015
上沢 直之	559	18.8%	8.1%	10.7%	53.2%	41.0%	5.7%	10.9%	5.9%	79.4%	67.7%	3.85	3.68	4.04	97	102	229	-0.016
浦野 博司	473	16.5%	7.6%	8.9%	43.3%	49.7%	7.0%	13.0%	8.4%	74.7%	70.2%	4.10	4.14	4.50	103	114	208	-0.017
中村 勝	420	10.2%	11.4%	-1.2%	38.0%	54.9%	7.1%	14.0%	7.8%	79.7%	73.0%	5.42	5.56	5.92	136	149	215	-0.020
吉川 光夫	329	14.9%	10.9%	4.0%	52.1%	40.5%	7.4%	5.1%	7.5%	73.0%	58.1%	4.65	4.54	4.90	117	123	136	-0.016
武田 勝	278	11.9%	7.2%	4.7%	44.4%	49.8%	5.8%	11.7%	12.2%	74.7%	66.3%	4.63	5.39	5.75	117	145	129	-0.018
谷元 圭介	260	24.2%	7.3%	16.9%	54.0%	40.3%	5.7%	11.3%	6.3%	81.1%	71.2%	3.18	2.52	2.89	80	73	125	-0.019
増井 浩俊	243	24.3%	9.9%	14.4%	52.2%	39.0%	8.8%	14.5%	9.4%	78.3%	72.9%	3.15	3.14	3.51	79	88	108	-0.017
M・クロッタ	241	14.9%	6.6%	8.3%	66.5%	28.1%	5.4%	5.8%	8.2%	83.7%	55.6%	3.57	3.33	3.69	90	93	115	-0.019
宮西 尚生	218	21.1%	10.6%	10.5%	45.5%	44.8%	9.7%	7.7%	3.3%	78.8%	63.8%	3.89	3.54	3.91	98	98	97	-0.017
アンソニー・カーター	195	16.9%	12.3%	4.6%	55.8%	39.1%	5.1%	16.7%	4.4%	76.6%	58.1%	4.17	3.11	3.48	105	88	70	-0.014
鍵谷 陽平	119	22.7%	8.4%	14.3%	36.3%	58.8%	5.0%	8.5%	9.3%	79.3%	66.7%	3.98	4.29	4.66	100	117	36	-0.012
斎藤 佑樹	118	16.1%	13.6%	3.3%	44.4%	44.4%	11.1%	16.7%	13.3%	80.6%	69.2%	4.73	5.45	5.81	119	146	91	-0.030
矢貫 俊之	118	15.3%	8.5%	6.8%	40.9%	48.9%	10.2%	18.6%	2.9%	69.4%	64.7%	4.43	3.53	3.89	112	98	42	-0.014
木佐貫 洋	115	18.3%	6.1%	12.2%	62.1%	32.2%	5.7%	7.1%	3.8%	72.2%	48.0%	3.37	2.41	2.78	85	70	0	0.000
大塚 豊	91	9.9%	15.4%	-5.5%	41.8%	49.3%	9.0%	12.1%	10.3%	78.6%	73.1%	5.91	6.68	7.05	149	178	24	-0.010
河野 秀数	81	17.3%	16.0%	1.3%	36.5%	57.7%	5.8%	10.0%	7.4%	73.7%	64.0%	5.68	5.51	5.88	143	148	22	-0.011
藤岡 好明	57	14.0%	7.0%	7.0%	53.3%	37.8%	8.9%	11.8%	0.0%	62.5%	53.3%	3.81	2.77	3.13	96	79	43	-0.029
石井 裕也	49	12.2%	16.3%	-4.1%	51.4%	34.3%	14.3%	16.7%	10.0%	66.7%	66.7%	5.44	5.64	6.00	137	151	30	-0.024
白村 明弘	49	20.4%	12.2%	8.2%	43.8%	56.3%	0.0%	11.1%	6.3%	64.3%	73.3%	4.66	3.70	4.07	117	102	21	-0.017
武田 久	48	14.6%	10.4%	4.2%	38.9%	47.2%	13.9%	5.9%	0.0%	64.3%	43.8%	5.24	4.08	4.45	132	112	8	-0.006
金平 将至	34	14.7%	5.9%	8.8%	46.2%	42.3%	11.5%	0.0%	9.1%	58.3%	60.0%	4.73	5.44	5.80	119	146	18	-0.021
多田野 数人	25	4.0%	0.0%	4.0%	37.5%	58.3%	4.2%	15.4%	0.0%	44.4%	54.5%	4.72	3.13	3.50	119	88	25	-0.039
新垣 勇人	23	13.0%	8.7%	4.3%	47.1%	41.2%	11.8%	0.0%	28.6%	50.0%	80.0%	5.57	10.07	10.44	140	263	0	-0.021
森内 壽春	20	10.0%	15.0%	-5.0%	35.7%	64.3%	0.0%	22.2%	0.0%	80.0%	71.4%	6.55	3.90	4.26	165	107	11	-0.021
齊藤 勝	20	20.0%	20.0%	0.0%	50.0%	50.0%	0.0%	33.3%	0.0%	83.3%	25.0%	5.17	2.35	2.71	130	68	5	-0.010
乾 真大	7	28.6%	14.3%	14.3%	25.0%	50.0%	25.0%	0.0%	0.0%	0.0%	0.0%	4.04	4.08	4.45	102	112	7	-0.039
榎下 陽大	3	0.0%	33.3%	-33.3%	50.0%	50.0%	0.0%	0.0%	100%	0.0%	0.0%	14.90	8.73	9.10	375	229	3	-0.039

守備成績

位置	選手名	試合	イニング	盗塁企図	盗塁許	盗塁刺	阻止率	捕逸	守備得点
C	大野 奨太	104	771	61	40	21	34.4%	4	2.9
C	市川 友也	69	434.1	42	23	19	45.2%	1	5.1
C	近藤 健介	16	71	15	12	3	20.0%	3	-5.2
C	石川 亮	1	8	1	0	1	100%	0	0.4
C	尾崎 匡哉	2	2	1	1	0	0.0%	0	-0.1
C	中嶋 聡	1	2	1	1	0	0.0%	0	-0.1

位置	選手名	INN イニング	RNG 範囲	ARM 肩	ERR 失策	DP 併殺	UZR	UZR/1000
1B	J・ミランダ	497.2	3.1	-	1.3	-0.2	4.2	8.5
1B	西川 遥輝	232.2	-0.7	-	0.2	-0.4	-0.9	-3.9
1B	中田 翔	213	-0.5	-	0.2	0.6	0.3	1.5
1B	小谷野 栄一	115.2	0.2	-	0.5	0.1	0.8	7.1
1B	稲葉 篤紀	84	-0.1	-	-1.9	0.0	-1.9	-22.8
1B	北 篤	77	0.8	-	0.6	0.0	1.4	17.7
1B	佐藤 賢治	26	-1.5	-	0.1	0.0	-1.4	-54.5
1B	鵜久森 淳志	17	0.5	-	0.1	0.0	0.6	36.2
1B	M・アブレイユ	12	0.0	-	0.0	0.0	-0.7	
1B	金子 誠	9	0.0	-	0.0	0.0	0.0	5.4
1B	赤田 将吾	3	0.0	-	0.0	0.0	0.0	8.0
1B	尾崎 匡哉	1.1	0.0	-	0.0	0.0	0.0	
2B	中島 卓也	808.2	9.4	-	-0.3	0.1	9.2	11.4
2B	西川 遥輝	476.2	-1.4	-	-1.7	-1.9	-5.1	-10.6
2B	飯山 裕志	2	0.0	-	0.0	0.0	0.0	
2B	金子 誠	1	0.0	-	0.0	0.0	0.0	
3B	近藤 健介	527.1	11.7	-	0.1	-1.7	10.0	19.0
3B	小谷野 栄一	419.2	6.8	-	-0.8	0.0	6.8	16.3
3B	飯山 裕志	148	1.5	-	0.9	-0.1	2.4	16.0
3B	大引 啓次	81.1	0.4	-	-0.2	-0.3	-0.1	
3B	中島 卓也	73	1.2	-	-0.2	0.2	1.2	16.4
3B	金子 誠	33	-1.4	-	-0.5	-0.3	-2.1	-64.5
3B	渡邊 諒	4	0.2	-	0.1	0.0	0.3	71.2
3B	尾崎 匡哉	2	0.2	-	0.0	0.0	0.3	126.8

位置	選手名	INN イニング	RNG 範囲	ARM 肩	ERR 失策	DP 併殺	UZR	UZR/1000
SS	大引 啓次	1042.2	5.9	-	2.5	-0.3	8.1	7.8
SS	中島 卓也	135.1	0.4	-	-0.6	-0.6	-0.8	-6.0
SS	飯山 裕志	71.1	1.0	-	0.5	-0.4	1.1	15.4
SS	金子 誠	24	-1.7	-	0.1	0.0	-1.6	-65.6
SS	渡邊 諒	9	0.0	-	0.0	0.0	0.1	6.2
SS	近藤 健也	6	-0.3	-	0.0	0.0	-0.3	-48.2
LF	中田 翔	779	-20.6	5.2	-0.4	-	-15.8	-20.3
LF	谷口 雄也	196.1	-3.6	0.6	0.1	-	-2.8	-14.4
LF	杉谷 拳士	103	2.4	-0.8	0.1	-	1.6	15.9
LF	西川 遥輝	57	-1.0	0.2	0.0	-	-0.8	-13.7
LF	鵜久森 淳志	51	0.0	0.0	0.0	-	0.1	2.5
LF	石川 慎吾	34.1	0.8	-0.1	0.0	-	0.8	23.0
LF	赤田 将吾	32	0.6	-0.8	0.0	-	-0.2	-5.9
LF	大谷 翔平	15	-0.4	-0.4	0.0	-	-0.7	-48.9
LF	村田 和哉	9.2	-0.2	0.1	0.0	-	-0.2	-16.9
LF	岸里 亮佑	8	0.4	0.0	0.0	-	0.4	46.9
LF	中島 卓也	2	0.0	0.0	0.0	-	0.0	
LF	北 篤	1	0.1	0.0	0.0	-	0.1	117.4
CF	陽 岱鋼	1038.2	16.4	1.2	0.3	-	18.0	17.3
CF	村田 和哉	105.2	-1.8	-1.0	0.0	-	-2.8	-26.9
CF	杉谷 拳士	82	2.0	-0.1	0.0	-	1.9	23.5
CF	西川 遥輝	35	-0.4	-0.8	0.0	-	-1.2	-34.3
CF	谷口 雄也	27	1.0	0.3	0.0	-	1.3	49.0
RF	西川 遥輝	414	-4.5	-1.8	0.2	-	-6.1	-14.7
RF	佐藤 賢治	173.1	-1.4	0.5	0.1	-	-0.8	-4.6
RF	谷口 雄也	171.2	-2.0	0.8	0.1	-	-1.1	-6.4
RF	石川 慎吾	169.2	-7.5	-0.8	0.0	-	-8.3	-48.7
RF	杉谷 拳士	118	-2.6	-0.3	-0.7	-	-3.6	-30.5
RF	岡 大海	94.1	-0.1	-1.7	0.1	-	-1.8	-18.7
RF	大谷 翔平	55	0.3	0.2	0.0	-	0.6	10.1
RF	北 篤	51.1	1.0	-0.5	0.0	-	0.6	11.9
RF	村田 和哉	30	-1.0	-1.0	0.0	-	-0.6	-20.8
RF	飯山 裕志	4	-1.1	0.1	0.0	-	-1.0	-254.3
RF	鵜久森 淳志	4	-0.4	0.0	0.0	-	-0.3	-86.9
RF	赤田 将吾	2	0.0	0.0	0.0	-	0.0	0.0
RF	稲葉 篤紀	1	0.0	0.0	0.0	-	0.0	0.0

ポジション別成績

POS	打席	打数	安打	二塁打	三塁打	本塁打	打点	犠打	犠飛	四球	故意四球	死球	三振	併殺打	失策出塁 (野選)
P	24	22	2	1	0	0	1	2	0	0	0	0	11	0	0
C	497	423	89	15	1	7	31	38	3	25	0	8	76	6	4
1B	617	546	137	23	3	15	72	4	2	59	1	6	121	7	5
2B	613	518	132	17	7	7	49	36	1	56	0	2	127	4	3
3B	565	500	136	30	1	8	52	21	3	39	1	2	94	10	4
SS	568	479	114	16	3	4	50	31	3	54	0	1	115	9	6
LF	591	521	137	14	4	21	75	6	5	54	3	2	115	4	5
CF	634	557	153	18	2	24	86	15	3	47	0	12	131	10	16
RF	595	533	129	21	7	7	51	16	3	43	1	3	143	4	6
DH	549	475	124	25	1	19	75	1	6	62	2	5	119	14	7
PH	175	157	35	8	0	7	22	2	0	13	0	3	40	4	1

POS	BB%	K%	ISO	BABIP	打率	長打率	出塁率	wOBA	wRC	POS wRAA	wRC+
P	0.0%	45.8%	.045	.182	.091	.136	.091	.100	-1.8	0.6	124
C	5.0%	15.3%	.090	.239	.210	.300	.266	.262	27.9	-0.3	99
1B	9.6%	19.6%	.136	.296	.251	.386	.330	.326	66.2	-1.1	98
2B	9.1%	20.7%	.100	.325	.255	.355	.329	.311	58.8	3.5	105
3B	6.9%	16.6%	.112	.319	.272	.384	.325	.320	58.1	-4.0	93
SS	9.5%	20.2%	.071	.303	.238	.309	.315	.293	46.1	-3.2	95
LF	9.1%	19.5%	.163	.297	.263	.426	.335	.339	70.0	-0.9	99
CF	7.4%	20.7%	.169	.319	.275	.443	.342	.368	89.9	17.5	126
RF	7.2%	24.0%	.105	.319	.242	.347	.302	.299	51.1	-18.1	71
DH	11.3%	21.7%	.177	.306	.261	.438	.349	.356	72.5	-3.3	94
PH	7.4%	22.9%	.185	.255	.223	.408	.295	.315	17.4	1.9	110

守備						
RNG	ARM	ERR	DP	UZR	捕内外	合計
		-			3.0	3.0
1.8	-	1.2	0.1	3.2		
8.0	-	-2.0	-1.9	4.1	32.7	
20.6	-	-0.5	-1.3	18.8		
5.3	-	2.6	-1.3	6.6		10.0
-21.5	4.2	-0.1	-	-17.4		
16.6	0.2	0.4	-	17.2	-22.7	
-18.0	-4.4	-0.1	-	-22.4		

千葉ロッテマリーンズ 2015 主要戦力と 2014 チームスタッツ

Sabermetrics Report part 4

2015 主要戦力（＊＝左投手 or 左打者　＋＝両打打者　N＝新加入　P＝有望株）

先発投手	齢
石川 歩	27
涌井 秀章	29
古谷 拓哉＊	34
唐川 侑己	26
イ・デウン N	26
藤岡 貴裕＊	26
大嶺 祐太	27
チェン・グァンユウ＊N	25

リリーフ投手	齢
西野 勇士	24
益田 直也	26
大谷 智久	30
松永 昂大＊	27
カルロス・ロサ	31
木村 優太＊	30
上野 大樹	29
内 竜也	30
田中 英祐 N	23
南 昌輝	26
中後 悠平＊	26
服部 泰卓＊	33

捕手	齢
田村 龍弘	21
吉田 裕太	24
江村 直也	23
金澤 岳＊	31

一塁手	齢
井口 資仁	41
井上 晴哉	26
大松 尚逸＊	33

二塁手	齢
L・クルーズ	31
根元 俊一＊	32
中村 奨吾 NP	23

三塁手	齢
今江 敏晃	32
高濱 卓也＊	26
大嶺 翔太	24

遊撃手	齢
鈴木 大地＊	26
三木 亮	24

左翼手	齢
C・ハフマン	30
荻野 貴司	30
A・デスパイネ	29
サブロー	39

中堅手	齢
加藤 翔平＋	24
岡田 幸文＊	31
伊志嶺 翔大	27

右翼手	齢
角中 勝也＊	28
加藤 翔平＋	24
清田 育宏	29

DH	齢
A・デスパイネ	29
井上 晴哉	26
福浦 和也＊	40
サブロー	39

守備位置別 wRC+（Weighted Runs Created Plus）

投	捕	一塁	二塁	三塁	遊撃	左翼	中堅	右翼	指名打者
-	23	107	92	107	114	141	75	132	192

wRC+ は 100 が平均で上回るほど攻撃力がある。値は各ポジションの筆頭選手のもの（2014）

守備位置別 UZR/1000（Ultimate Zone Rating Per 1000Innings）

投	捕	一塁	二塁	三塁	遊撃	左翼	中堅	右翼	指名打者
-	-	2.7	-16.3	-3.1	-20.5	14.5	0.3	-11.6	-

UZR/1000 は 0 が平均。値は得点換算した守備力で各ポジションの筆頭選手のもの（2014）

守備位置別 WAR（Wins Above Replacement）

投	捕	一塁	二塁	三塁	遊撃	左翼	中堅	右翼	指名打者
11.0 ＋イ・デウン ＋田中 ほか	-0.1	1.0	-0.3	1.0	1.5	2.0	0.6	2.5	1.8
		内野				外野			
		3.3				5.0			

WAR は 0 を控え選手レベルに置いた勝利数換算した貢献度。投手は総計、その他のポジションは筆頭選手のもの（2014）

野手成績 1

選手	打席	打数	安打	二塁打	三塁打	本塁打	打点	犠打	犠飛	四球	故意四球	死球	三振	併殺打	失策出塁(野選)	得点	盗塁	盗塁刺	打率
鈴木 大地	610	533	153	29	7	3	43	22	4	45	0	6	57	1	5	60	7	1	.287
角中 勝也	544	451	125	22	5	8	57	7	4	76	0	6	66	4	2	62	9	1	.277
今江 敏晃	478	445	120	23	3	10	54	4	1	23	0	5	43	13	5	48	1	1	.270
L・クルーズ	478	453	108	32	1	16	61	0	5	18	1	2	47	13	4	38	1	2	.238
井口 資仁	408	357	85	24	0	10	49	0	3	40	3	8	74	7	3	35	1	0	.238
加藤 翔平	342	320	81	16	2	3	18	10	0	8	0	4	71	2	2	43	5	5	.253
岡田 幸文	249	222	61	6	3	0	9	11	1	14	0	1	32	1	1	37	14	4	.275
サブロー	249	218	54	13	0	4	25	0	3	27	0	1	60	6	4	18	0	2	.248
根元 俊一	224	198	39	9	3	2	21	7	3	15	0	1	55	4	5	18	1	7	.197
C・ハフマン	210	185	50	20	0	4	28	1	0	20	0	4	51	1	3	23	0	1	.270
A・デスパイネ	182	161	50	13	1	12	33	0	3	16	1	2	36	6	2	26	0	0	.311
荻野 貴司	155	142	37	10	2	3	12	5	0	8	0	0	14	0	1	26	15	1	.261
田村 龍弘	148	128	20	4	1	0	10	9	0	10	0	1	27	2	2	5	0	0	.156
伊志嶺 翔大	138	118	26	6	1	1	8	8	0	11	0	1	18	3	1	27	8	6	.220
吉田 裕太	132	123	27	2	0	2	7	4	2	2	0	1	38	1	2	7	0	0	.220
福浦 和也	106	92	26	2	0	0	15	0	0	12	1	2	14	1	1	4	0	0	.283
井上 晴哉	104	95	20	4	0	2	7	0	1	6	0	2	23	1	0	7	0	0	.211
金澤 岳	96	87	26	5	0	1	5	2	0	7	0	0	21	2	0	12	0	0	.299
C・ブラゼル	91	76	21	5	0	4	14	0	0	14	1	1	18	2	1	8	0	0	.276
大松 尚逸	90	82	15	7	0	2	9	0	0	7	0	1	12	2	0	7	0	0	.183
髙濱 卓也	78	69	16	1	3	0	7	3	0	6	0	0	11	1	1	12	0	1	.232
江村 直也	61	53	11	1	0	0	1	5	0	3	0	0	15	1	0	5	0	0	.208
清田 育宏	59	47	8	2	1	4	10	2	0	8	0	2	16	1	1	8	0	1	.170
川本 良平	41	38	6	2	0	2	6	3	0	0	0	0	8	0	0	2	0	0	.158
里崎 智也	41	37	9	2	0	0	4	0	0	3	0	1	6	1	1	3	0	0	.243
細谷 圭	39	33	7	0	0	0	2	3	0	1	0	2	8	0	1	6	1	1	.212
大嶺 翔太	26	24	5	0	0	2	3	0	1	0	0	1	7	0	0	3	0	0	.208
三木 亮	20	17	3	0	0	0	0	0	0	2	0	1	5	0	0	2	0	0	.176
早坂 圭介	6	6	1	0	0	0	1	0	0	0	0	0	2	0	0	4	1	0	.167
青松 敬鎔	5	5	1	0	0	0	0	0	0	0	0	0	1	0	0	0	0	0	.200

投手成績 1

投手	登板	勝	敗	S	H	完投	完封	打者	回	安打	被本塁打	四球	敬遠	死球	三振	暴投	失点	自責点	防御率	FIP(ERA)	E-F	ERA-	FIP-
涌井 秀章	26	8	12	0	0	1	0	708	164.2	158	9	63	1	10	116	7	81	77	4.21	3.56	0.65	117	99
石川 歩	25	10	8	0	0	2	1	669	160	165	10	37	0	4	111	3	72	61	3.43	3.14	0.29	95	87
成瀬 善久	23	9	11	0	0	2	0	614	142.2	153	18	41	0	4	88	4	78	74	4.67	4.30	0.37	130	119
藤岡 貴裕	27	6	10	0	1	1	0	584	132.2	142	19	51	3	4	97	6	71	66	4.48	4.52	-0.04	124	125
唐川 侑己	23	4	9	0	1	1	0	520	116	146	10	33	1	8	62	3	65	60	4.66	4.03	0.63	129	112
古谷 拓哉	23	7	5	0	0	1	1	461	101.1	110	8	44	2	6	68	2	53	49	4.35	4.05	0.30	121	112
大谷 智久	49	2	2	0	23	0	0	230	60.1	45	2	10	1	4	40	0	13	13	1.94	2.69	-0.76	54	75
西野 勇士	57	1	1	31	9	0	0	219	58	33	4	15	1	0	63	3	12	12	1.86	2.39	-0.53	52	66
大嶺 祐太	13	3	4	0	0	0	0	241	54.2	60	4	20	0	1	31	0	32	21	3.46	3.91	-0.46	96	109
益田 直也	52	7	3	1	23	0	0	226	51	56	3	16	0	2	57	2	28	28	4.94	2.53	2.41	137	70
上野 大樹	31	2	1	0	0	0	0	185	44.1	44	12	12	0	1	24	1	23	22	4.47	6.26	-1.79	124	174
カルロス・ロサ	45	1	4	0	15	0	0	177	41.2	35	5	17	2	1	27	0	17	14	3.02	4.36	-1.33	84	121
松永 昂大	46	4	3	0	12	0	0	185	41.1	48	3	16	1	5	21	2	17	15	3.27	4.32	-1.06	91	120
木村 優太	19	0	1	0	0	0	0	177	37	48	4	19	0	2	24	0	23	22	5.35	4.75	0.60	148	132
南 昌輝	14	0	0	0	0	0	0	103	22.2	18	3	15	0	1	23	3	18	17	6.75	4.75	2.00	187	132
金森 敬之	10	0	0	0	0	0	0	51	9.1	16	2	9	0	0	3	1	10	10	9.64	7.98	1.66	268	221
吉原 正平	6	1	1	0	0	0	0	46	9.1	15	3	5	0	0	3	1	10	10	9.64	8.09	1.56	268	224
服部 泰卓	9	0	0	0	1	0	0	48	8.2	14	2	8	0	2	3	0	8	8	8.31	8.71	-0.40	231	242
内 竜也	5	0	0	0	1	0	0	28	5.1	9	1	2	0	0	6	0	4	3	5.06	4.26	0.81	140	118
伊藤 義弘	5	1	0	0	0	0	0	23	5	4	0	3	0	1	3	0	0	0	0.00	4.14	-4.14	0	115
黒沢 翔太	1	0	0	0	0	0	0	20	4	5	0	3	0	1	0	0	3	3	6.75	5.94	0.81	187	165
中後 悠平	5	0	1	0	0	0	0	19	4	3	0	5	0	1	4	3	3	3	6.75	6.19	0.56	187	172
香月 良仁	2	0	0	0	0	0	0	11	3	1	0	3	0	0	0	0	0	0	0.00	0.94	-0.94	0	26

野手成績 2

選手	打席	BB%	K%	BB/K	ゴロ%	フライ%	IF/F	HR/OF	ISO	BABIP	打率/出塁率/長打率	wOBA	wRC	wRAA	wSB	UBR	Spd	wRC+	本拠地打席	PF-wOBA補正
鈴木 大地	610	7.4%	9.3%	0.79	43.0%	47.6%	13.8%	1.5%	.098	.314	.287/.347/.385	.341	73.2	9.1	0.8	0.4	5.1	114	298	-.008
角中 勝也	544	14.0%	12.1%	1.15	47.0%	44.9%	6.7%	4.8%	.124	.307	.277/.385/.401	.365	75.5	18.3	1.1	1.4	5.1	132	276	-.008
今江 敏晃	478	4.8%	9.0%	0.53	52.1%	43.2%	9.1%	6.3%	.133	.280	.270/.312/.402	.332	53.9	3.7	-0.2	-1.7	2.8	107	239	-.008
L・クルーズ	478	3.8%	9.8%	0.38	33.3%	59.9%	15.9%	7.7%	.181	.233	.238/.268/.419	.313	46.3	-3.9	-0.5	-6.1	1.6	92	212	-.007
井口 資仁	408	9.8%	18.1%	0.54	37.4%	55.9%	15.6%	7.4%	.151	.272	.238/.326/.389	.332	45.9	3.1	0.2	0.3	1.5	107	206	-.008
加藤 翔平	342	2.3%	20.8%	0.11	53.7%	39.0%	14.9%	3.5%	.091	.317	.253/.280/.344	.290	26.8	-9.1	-0.9	-1.0	4.9	75	180	-.009
岡田 幸文	249	5.6%	12.9%	0.44	67.3%	27.2%	16.1%	0.0%	.054	.319	.275/.319/.329	.301	21.8	-4.3	0.9	0.2	7.6	84	136	-.009
サブロー	249	10.8%	24.1%	0.45	43.5%	47.8%	11.7%	5.9%	.115	.318	.248/.329/.362	.332	28.1	1.9	-0.7	-0.3	1.7	107	112	-.008
根元 俊一	224	6.7%	24.6%	0.27	56.2%	35.9%	10.9%	4.1%	.106	.257	.197/.253/.303	.279	15.7	-7.8	-2.2	-1.5	5.3	67	108	-.008
C・ハフマン	210	9.5%	24.3%	0.39	42.2%	45.9%	11.3%	7.3%	.173	.354	.270/.354/.443	.376	31.1	9.1	-0.3	-0.7	1.6	141	95	-.008
A・デスパイネ	182	8.8%	19.8%	0.44	46.1%	49.2%	11.1%	21.4%	.317	.328	.311/.374/.627	.442	36.7	17.5	0.0	0.7	2.2	192	101	-.009
荻野 貴司	155	5.2%	9.0%	0.57	51.9%	41.4%	10.9%	6.1%	.162	.272	.261/.300/.423	.333	17.5	1.2	2.0	2.8	8.9	108	86	-.009
田村 龍弘	148	6.8%	18.2%	0.37	51.8%	39.1%	9.3%	0.0%	.047	.198	.156/.223/.203	.222	3.5	-12.0	-0.1	-0.9	1.8	23	78	-.009
伊志嶺 翔大	138	8.0%	13.0%	0.61	52.8%	40.7%	18.2%	2.8%	.093	.253	.220/.292/.314	.288	10.7	-3.8	-0.8	1.9	6.8	73	51	-.006
吉田 裕太	132	1.5%	28.8%	0.05	39.6%	48.4%	15.9%	5.4%	.065	.294	.220/.234/.285	.250	6.1	-7.8	-1.2	-2.0	0.6	44	75	-.009
福浦 和也	106	11.3%	13.2%	0.86	41.6%	44.2%	14.7%	0.0%	.022	.333	.283/.377/.304	.325	11.4	0.2	0.0	-0.4	0.1	102	42	-.007
井上 晴哉	104	5.8%	22.1%	0.26	56.2%	38.4%	10.7%	8.0%	.105	.254	.211/.269/.316	.280	7.3	-3.6	-0.0	-0.2	1.2	67	59	-.009
金澤 岳	96	7.3%	21.9%	0.33	42.6%	50.0%	8.8%	3.2%	.092	.385	.299/.351/.391	.336	11.1	1.0	0.0	-0.1	1.7	110	43	-.007
C・ブラゼル	91	15.4%	19.8%	0.78	36.2%	58.6%	2.9%	12.1%	.224	.315	.276/.396/.500	.406	15.6	6.1	0.0	-0.9	0.3	164	31	-.006
大松 尚逸	90	7.8%	13.3%	0.58	40.0%	52.9%	10.8%	6.1%	.159	.191	.183/.256/.341	.276	6.1	-3.4	0.0	0.2	1.0	64	39	-.007
髙濱 卓也	78	7.7%	14.1%	0.55	62.3%	32.8%	10.0%	0.0%	.101	.276	.232/.293/.333	.303	7.0	-1.2	-0.3	-0.2	5.8	85	47	-.010
江村 直也	61	4.9%	19.7%	0.25	54.1%	41.3%	5.1%	17.6%	.019	.268	.208/.250/.226	.242	2.5	-4.0	0.0	-0.1	1.8	38	36	-.010
清田 育宏	59	13.6%	27.1%	0.50	39.4%	57.6%	5.3%	22.2%	.340	.148	.170/.316/.511	.386	9.2	3.0	-0.3	-0.6	4.7	148	32	-.009
川本 良平	41	0.0%	19.5%	0.00	36.4%	57.6%	10.5%	11.8%	.211	.143	.158/.158/.368	.231	1.3	-3.0	0.0	0.0	0.1	30	17	-.007
里崎 智也	41	7.3%	14.6%	0.50	41.9%	54.8%	5.9%	0.0%	.054	.290	.243/.317/.297	.311	3.9	-0.4	0.0	-0.1	1.0	91	15	-.006
細谷 圭	39	7.7%	20.5%	0.38	55.6%	40.7%	36.4%	0.0%	.000	.280	.212/.297/.212	.251	1.8	-2.3	-0.2	-2.3	4.2	45	27	-.011
大嶺 翔太	26	3.8%	23.1%	0.17	36.8%	57.9%	0.0%	18.2%	.250	.176	.208/.231/.458	.298	2.2	-0.5	-0.3	-0.7	2.7	81	20	-.013
三木 亮	20	5.0%	25.0%	0.20	50.0%	28.6%	50.0%	0.0%	.000	.250	.176/.227/.176	.192	0.0	-2.1	0.0	-0.4	0.1	-1	11	-.009
早坂 圭介	6	0.0%	0.0%	-	83.3%	16.7%	0.0%	100%	.500	.000	.167/.167/.667	.358	0.8	0.2	0.0	-2.9	0.5	127	5	-.014
青松 敬鎔	5	0.0%	20.0%	0.00	50.0%	50.0%	0.0%	0.0%	.000	.250	.200/.200/.200	.180	-0.1	-0.6	0.0	0.0	0.0	-10	2	-.007

投手成績 2

選手	打者	K%	BB%	K-BB%	ゴロ%	フライ%	ライナー%	IF/F	HR/OF	ゴロアウト	フライアウト	xFIP(RA)	tERA-PF	tRA-PF	xFIP-	tRA-	本拠地打席	PF-tRA補正
涌井 秀章	708	16.4%	8.9%	7.5%	45.3%	44.9%	9.8%	12.0%	4.4%	76.2%	66.3%	4.29	4.05	4.41	108	111	366	-0.234
石川 歩	669	16.6%	5.5%	11.1%	54.4%	38.9%	6.8%	8.5%	5.4%	74.4%	64.4%	3.68	3.37	3.74	93	94	389	-0.263
成瀬 善久	614	14.3%	6.7%	7.6%	42.2%	52.0%	5.8%	12.0%	8.2%	72.9%	68.3%	4.35	4.53	4.89	110	123	302	-0.222
藤岡 貴裕	584	16.6%	8.7%	7.9%	43.8%	48.6%	7.6%	16.2%	10.8%	75.1%	66.9%	4.17	4.62	4.98	105	126	253	-0.196
唐川 侑己	520	11.9%	6.3%	5.6%	50.6%	41.2%	8.2%	9.3%	6.4%	72.0%	60.3%	4.44	4.46	4.83	112	122	314	-0.273
古谷 拓哉	461	14.8%	9.5%	5.3%	45.8%	46.9%	7.3%	14.3%	5.8%	70.1%	65.4%	4.56	4.24	4.60	115	116	253	-0.248
大嶺 祐太	241	12.9%	8.3%	4.6%	57.7%	32.8%	9.5%	8.1%	7.0%	70.6%	62.3%	4.23	4.13	4.50	107	113	73	-0.137
大谷 智久	230	17.4%	4.3%	13.1%	45.9%	37.4%	16.7%	17.5%	3.0%	81.3%	68.8%	3.58	3.01	3.37	90	85	134	-0.263
益田 直也	226	25.2%	7.1%	18.1%	50.3%	40.4%	9.3%	8.2%	5.4%	67.1%	64.2%	3.08	2.94	3.31	78	83	128	-0.256
西野 勇士	219	28.8%	6.8%	22.0%	56.0%	37.6%	6.4%	13.2%	8.7%	82.3%	78.6%	2.55	2.33	2.69	64	68	120	-0.248
上野 大樹	185	13.0%	6.5%	6.5%	37.8%	58.1%	4.1%	11.6%	15.8%	67.9%	82.8%	4.59	6.50	6.87	116	173	58	-0.142
松永 昂大	185	11.4%	8.6%	2.8%	65.0%	24.5%	10.5%	5.7%	9.1%	76.3%	53.3%	4.44	4.65	5.01	112	126	91	-0.222
カルロス・ロサ	177	15.3%	9.6%	5.7%	43.2%	47.7%	9.1%	7.9%	8.6%	73.7%	79.2%	4.37	5.18	5.55	110	140	87	-0.222
木村 優太	177	14.7%	10.7%	2.9%	48.5%	43.2%	8.3%	10.5%	7.8%	62.5%	70.2%	4.91	4.87	5.23	124	132	52	-0.133
南 昌輝	103	22.3%	14.6%	7.7%	31.3%	67.2%	1.6%	7.0%	7.5%	70.0%	70.3%	4.92	5.05	5.41	124	136	73	-0.320
金森 敬之	51	5.9%	17.6%	-11.7%	43.6%	46.2%	10.3%	0.0%	11.1%	70.6%	62.5%	7.22	8.96	9.33	182	235	26	-0.230
服部 泰卓	48	6.3%	16.7%	-10.4%	42.9%	51.4%	5.7%	0.0%	11.1%	66.7%	62.5%	7.87	9.14	9.50	198	239	6	-0.056
吉原 正平	46	6.5%	10.9%	-4.4%	42.1%	42.1%	15.8%	12.5%	21.4%	75.0%	54.5%	5.57	9.42	9.79	140	247	34	-0.334
内 竜也	28	21.4%	7.1%	14.3%	55.0%	40.0%	5.0%	0.0%	12.5%	45.5%	71.4%	3.48	4.37	4.73	88	119	23	-0.371
伊藤 義弘	23	13.0%	13.0%	0.0%	56.3%	37.5%	6.3%	0.0%	0.0%	66.7%	83.3%	5.55	4.56	4.92	140	124	14	-0.275
黒沢 翔太	20	0.0%	15.0%	-15.0%	56.3%	37.5%	6.3%	0.0%	0.0%	55.6%	83.3%	7.61	6.79	7.16	192	180	20	-0.452
中後 悠平	19	5.3%	26.3%	-21.0%	69.2%	15.4%	15.4%	0.0%	0.0%	66.7%	50.0%	6.99	7.02	7.38	176	186	2	-0.048
香月 良仁	11	27.3%	0.0%	27.3%	25.0%	75.0%	0.0%	0.0%	0.0%	50.0%	83.3%	3.04	2.12	2.48	77	63	11	-0.452

守備成績

位置	選手名	試合	イニング	盗塁企図	盗塁許	盗塁刺	阻止率	捕逸	守備得点
C	田村 龍弘	48	386.1	34	20	14	41.2%		3.5
C	吉田 裕太	50	340.1	35	26	9	25.7%	4	-4.5
C	江村 直也	42	177	10	8	2	20.0%	2	-0.8
C	金澤 岳	28	170.1	17	12	5	29.4%	2	-0.4
C	川本 良平	21	104	10	7	3	30.0%	1	0.5
C	里崎 智也	15	99	4	3	1	25.0%	0	0.7

位置	選手名	INN イニング	RNG 範囲	ARM 肩	ERR 失策	DP 併殺	UZR	UZR/1000
1B	井口 資仁	617.1	0.5	-	1.4	-0.3	1.7	2.7
1B	根元 俊一	140.2	1.9	-	0.1	0.2	1.9	13.4
1B	井上 晴哉	139	-0.6	-	-0.9	0.3	-1.1	-8.3
1B	福浦 和也	115.2	2.2	-	0.8	0.2	3.2	28.0
1B	髙濱 卓也	87.1	-0.4	-	0.5	0.0	0.0	0.1
1B	大松 尚逸	60.2	0.5	-	0.2	0.3	1.0	16.6
1B	細谷 圭	59.1	0.1	-	-0.5	0.3	0.0	0.0
1B	金澤 岳	18	0.1	-	0.1	0.0	0.2	12.3
1B	大嶺 翔太	12	0.5	-	0.1	0.0	0.6	53.6
1B	青松 敬鎔	11	-0.6	-	0.1	0.0	-0.5	-46.3
1B	L・クルーズ	9	-0.1	-	0.1	0.0	0.0	-2.4
1B	C・ブラゼル	7	0.0	-	0.0	0.0	0.0	6.9
2B	L・クルーズ	526.2	-7.0	-	-0.9	-0.7	-8.6	-16.3
2B	鈴木 大地	379.1	-5.7	-	1.3	1.9	-2.4	-6.4
2B	根元 俊一	290	-4.6	-	0.8	1.5	-2.3	-7.9
2B	髙濱 卓也	43	1.4	-	-0.4	0.0	1.1	24.7
2B	早坂 圭介	22	0.5	-	0.1	0.0	0.6	28.0
2B	三木 亮	9	-0.3	-	0.0	-0.2	-0.5	-58.0
2B	大嶺 翔太	4	0.0	-	0.0	0.0	0.0	8.7
2B	田村 龍弘	3	0.3	-	0.0	0.0	0.3	104.7
3B	今江 敏晃	994	-2.5	-	0.2	-0.8	-3.1	-3.1
3B	L・クルーズ	106	1.5	-	-1.9	0.0	-0.4	-3.9
3B	髙濱 卓也	52	-0.6	-	0.5	-0.3	-0.4	-7.8
3B	大嶺 翔太	48	0.1	-	-2.6	0.0	-2.3	-48.6
3B	三木 亮	43	-0.3	-	0.3	0.0	0.0	0.7
3B	細谷 圭	34	0.9	-	-0.4	-0.3	0.3	8.5

位置	選手名	INN イニング	RNG 範囲	ARM 肩	ERR 失策	DP 併殺	UZR	UZR/1000
SS	鈴木 大地	870.2	-16.9	-	1.1	-2.0	-17.8	-20.5
SS	L・クルーズ	374.1	-2.0	-	-1.0	0.5	-2.6	-6.8
SS	細谷 圭	27	0.3	-	-0.6	0.2	-0.1	-2.8
SS	三木 亮	5	0.1	-	0.0	0.0	0.1	18.9
LF	C・ハフマン	356.1	2.1	2.8	0.3	-	5.2	14.5
LF	角中 勝也	310	0.5	-0.4	0.2	-	0.4	1.2
LF	荻野 貴司	170.1	1.0	-0.2	0.1	-	0.9	5.1
LF	A・デスパイネ	159.1	-1.6	-1.2	-0.6	-	-3.4	-21.6
LF	サブロー	101.1	0.6	-0.5	0.1	-	0.1	1.1
LF	大松 尚逸	98	2.3	0.1	0.1	-	2.5	25.2
LF	伊志嶺 翔大	75.2	1.3	-1.1	0.1	-	0.3	3.5
LF	加藤 翔平	5	-0.7	-0.4	0.0	-	-1.1	-219.4
LF	清田 育宏	1	0.0	0.0	0.0	-	0.0	0.0
CF	岡田 幸文	549.1	7.4	0.2	0.2	-	7.8	14.2
CF	加藤 翔平	340.1	0.3	-0.3	0.1	-	0.1	0.3
CF	伊志嶺 翔大	196.1	0.9	-2.5	0.1	-	-1.6	-8.0
CF	荻野 貴司	127	-2.1	-1.2	0.1	-	-3.3	-25.7
CF	清田 育宏	40	-2.2	1.1	0.1	-	-1.0	-25.8
CF	角中 勝也	23	-0.9	0.5	0.0	-	-0.5	-20.2
CF	早坂 圭介	1	0.0	0.0	0.0	-	0.0	0.0
RF	角中 勝也	692.2	-4.4	-4.1	0.4	-	-8.1	-11.6
RF	加藤 翔平	367	7.1	-0.5	0.2	-	6.8	18.5
RF	清田 育宏	98	-1.4	0.6	0.0	-	-0.8	-8.3
RF	伊志嶺 翔大	57.1	0.1	-0.9	0.0	-	-0.8	-13.3
RF	C・ハフマン	34	0.0	0.8	0.0	-	0.8	24.5
RF	サブロー	28	0.3	0.0	0.0	-	0.3	9.7

千葉ロッテマリーンズ

ポジション別成績

POS	打席	打数	安打	二塁打	三塁打	本塁打	打点	犠打	犠飛	四球	故意四球	死球	三振	併殺打	失策出塁（野選）
P	25	23	3	0	0	0	2	2	0	0	0	0	12	0	0
C	491	441	92	15	1	4	32	22	2	23	0	3	105	5	6
1B	587	517	111	24	3	6	46	6	3	51	2	10	97	9	3
2B	591	531	125	28	4	12	64	11	8	37	1	4	88	7	5
3B	585	540	146	25	4	14	62	7	2	30	0	6	55	18	6
SS	611	554	151	36	5	8	49	16	3	34	0	4	56	7	6
LF	604	518	129	44	3	17	79	7	3	69	0	7	106	5	5
CF	599	543	138	21	6	5	34	22	1	31	0	2	93	3	3
RF	591	510	143	30	5	8	49	10	1	59	0	11	90	7	4
DH	531	466	122	25	1	18	66	1	7	52	2	5	111	16	10
PH	218	193	53	12	1	4	36	5	1	18	2	1	49	2	1

POS	BB%	K%	ISO	BABIP	打率	長打率	出塁率	wOBA	wRC	POS wRAA	wRC+
P	0.0%	48.0%	.000	.273	.130	.130	.130	.113	-1.6	0.9	134
C	4.7%	21.4%	.066	.263	.209	.274	.252	.248	21.8	-6.0	88
1B	8.7%	16.5%	.093	.252	.215	.308	.296	.278	40.6	-23.4	62
2B	6.3%	14.9%	.136	.257	.235	.371	.286	.297	49.6	-3.7	94
3B	5.1%	9.4%	.139	.279	.270	.409	.315	.327	63.6	-0.7	99
SS	5.6%	9.2%	.126	.290	.273	.399	.318	.325	65.5	12.5	119
LF	11.4%	17.5%	.195	.281	.249	.444	.343	.357	79.9	7.5	112
CF	5.2%	15.5%	.088	.298	.254	.343	.296	.288	46.1	-22.3	65
RF	10.0%	15.2%	.125	.327	.280	.406	.367	.352	75.9	7.1	111
DH	9.8%	20.9%	.174	.302	.262	.436	.338	.355	69.7	-3.6	94
PH	8.3%	22.5%	.135	.348	.275	.409	.338	.331	24.4	5.2	123

	守備					
POS	RNG	ARM	ERR	DP	UZR	捕内外	合計
P				-		-1.0	-1.0
C				-		-1.0	
1B	4.1	-	2.1	0.8	7.0		
2B	-15.3	-	0.9	2.6	-11.8	-31.0	
3B	-1.0	-	-3.8	-1.1	-5.9		-26.5
SS	-18.6	-	-0.5	-1.3	-20.4		
LF	5.5	-1.0	0.1	-	4.7		
CF	3.4	-2.3	0.4	-	1.5	4.5	
RF	1.6	-4.2	0.8	-	-1.7		

埼玉西武ライオンズ 2015 主要戦力と 2014 チームスタッツ

2015 主要戦力（＊＝左投手 or 左打者　＋＝両打打者　N＝新加入　P＝有望株）

先発投手	齢
岸 孝之	31
牧田 和久	31
菊池 雄星＊	24
野上 亮磨	28
岡本 洋介	30
W・ルブラン＊ N	31
郭 俊麟 N	23
十亀 剣	28
誠	21
高橋 光成 NP	18

リリーフ投手	齢
高橋 朋己＊	27
増田 達至	27
武隈 祥太＊	26
岡本 篤志	34
E・バスケス N	32
ミゲル・メヒア N	27
豊田 拓矢	28
岩尾 利弘	28
宮田 和希＊	27
中郷 大樹	31
藤原 良平	29
大石 達也	27

捕手	齢
炭谷 銀仁朗	28
森 友哉＊	20
上本 達之＊	35
岡田 雅利	26

一塁手	齢
E・メヒア	30
中村 剛也	32
山川 穂高	24
森本 稀哲	34

二塁手	齢
浅村 栄斗	25
金子 侑司＋	25
脇谷 亮太＊	34

三塁手	齢
A・セラテリ＋ N	32
中村 剛也	32
浅村 栄斗	25
脇谷 亮太＊	34

遊撃手	齢
渡辺 直人	35
鬼崎 裕司＊	32
金子 侑司＋	25
永江 恭平＊	22
A・セラテリ＋ N	32

左翼手	齢
栗山 巧＊	32
斉藤 彰吾＊	26
森本 稀哲	34

中堅手	齢
秋山 翔吾＊	27
熊代 聖人	26

右翼手	齢
木村 文紀	27
斉藤 彰吾＊	26
熊代 聖人	26
坂田 遼＊	29
大﨑 雄太朗＊	31

DH	齢
中村 剛也	32
E・メヒア	30
森 友哉＊	20
坂田 遼＊	29
山川 穂高	24

守備位置別 wRC+ （Weighted Runs Created Plus）

投	捕	一塁	二塁	三塁	遊撃	左翼	中堅	右翼	指名打者
-	37	160	108	?	81	121	107	74	169

wRC+ は 100 が平均で上回るほど攻撃力がある。値は各ポジションの筆頭選手のもの（2014）

守備位置別 UZR/1000 （Ultimate Zone Rating Per 1000Innings）

投	捕	一塁	二塁	三塁	遊撃	左翼	中堅	右翼	指名打者
-	-	0.8	-2.4	?	-18.2	22.0	16.9	-11.6	-

UZR/1000 は 0 が平均。値は得点換算した守備力で各ポジションの筆頭選手のもの（2014）

守備位置別 WAR （Wins Above Replacement）

投	捕	一塁	二塁	三塁	遊撃	左翼	中堅	右翼	指名打者
17.7 +ルブラン +バスケス ほか	0.5	3.2	2.0	?	-0.6	5.5	4.7	-0.3	4.1
		内野				外野			
		4.6 + ?				9.9			

WAR は 0 を控え選手レベルに置いた勝利数換算した貢献度。投手は総計、その他のポジションは筆頭選手のもの（2014）

野手成績 1

選手	打席	打数	安打	二塁打	三塁打	本塁打	打点	犠打	犠飛	四球	故意四球	死球	三振	併殺打	失策出塁(野選)	得点	盗塁	盗塁刺	打率
栗山 巧	642	532	153	34	4	3	61	2	9	96	2	3	100	9	4	64	3	2	.288
秋山 翔吾	561	475	123	24	6	4	47	11	2	70	2	3	98	4	8	64	3	3	.259
浅村 栄斗	501	440	120	19	1	14	55	0	8	47	2	6	100	8	3	52	3	5	.273
中村 剛也	466	382	98	19	1	34	90	0	3	79	0	2	124	13	3	68	0	0	.257
E・メヒア	450	396	115	11	1	34	73	0	3	45	1	6	156	4	1	56	2	1	.290
渡辺 直人	429	350	91	17	1	0	26	35	1	32	0	11	46	9	2	35	4	0	.260
炭谷 銀仁朗	423	381	77	13	1	7	36	20	3	17	0	2	74	10	4	31	0	2	.202
木村 文紀	330	284	61	13	2	10	27	21	2	20	0	3	112	3	2	34	16	8	.215
金子 侑司	272	243	60	10	3	2	16	12	1	14	0	2	48	2	4	32	21	6	.247
脇谷 亮太	233	205	54	11	0	2	20	10	1	15	0	2	45	1	2	21	4	1	.263
森本 稀哲	173	147	37	8	3	0	13	9	0	16	0	1	42	0	1	19	2	5	.252
熊代 聖人	140	115	25	4	1	0	6	6	0	19	0	0	29	1	2	10	1	1	.217
C・ランサム	138	118	25	8	0	2	12	1	0	18	1	1	49	1	0	8	0	1	.212
斉藤 彰吾	127	107	24	1	1	2	10	6	0	14	0	0	42	0	0	19	12	2	.224
大崎 雄太朗	113	101	25	3	0	1	10	5	1	5	0	1	14	3	0	6	1	1	.248
永江 恭平	100	88	16	7	0	0	3	7	0	5	0	0	31	2	0	6	0	1	.182
鬼崎 裕司	96	85	19	5	0	0	5	3	0	8	0	0	29	1	0	10	1	1	.224
森 友哉	92	80	22	6	0	6	15	0	0	12	0	0	22	1	1	14	0	0	.275
林﨑 遼	44	38	10	2	0	0	1	2	0	4	0	0	6	1	1	5	0	1	.263
岡田 雅利	36	32	6	2	0	0	2	3	0	0	0	1	7	0	1	1	0	0	.188
山﨑 浩司	35	33	8	0	0	1	3	2	0	0	0	0	5	2	1	4	0	0	.242
山川 穂高	34	30	3	0	0	2	3	0	0	4	0	0	10	0	0	3	0	0	.100
上本 達之	30	27	4	3	0	0	2	0	0	3	0	0	8	1	0	2	0	0	.148
米野 智人	21	19	4	0	0	0	5	0	2	0	0	0	4	1	0	1	0	0	.211
A・アブレイユ	17	16	4	0	1	0	4	0	0	1	0	0	6	2	1	4	1	0	.250
星 孝典	13	13	1	1	0	0	0	0	0	0	0	0	3	2	0	2	0	0	.077
梅田 尚通	12	11	2	0	0	1	4	0	0	1	0	0	3	0	0	2	0	0	.182
石川 貢	11	10	0	0	0	0	0	0	0	0	0	1	0	0	0	0	0	0	.000
武山 真吾	1	1	0	0	0	0	0	0	0	0	0	0	1	0	0	0	0	0	.000
美沢 将	0	0	0	0	0	0	0	0	0	0	0	0	0	0	0	1	0	0	-

投手成績 1

投手	登板	勝	敗	S	H	完投	完封	打者	回	安打	被本塁打	四球	敬遠	死球	三振	暴投	失点	自責点	防御率	FIP(ERA)	E-F	ERA-	FIP-
牧田 和久	26	8	9	0	0	0	0	734	170.2	170	10	50	0	12	89	0	74	71	3.74	3.75	-0.01	104	104
岸 孝之	23	13	4	0	0	5	4	630	161.1	126	16	36	0	2	126	0	48	45	2.51	3.38	-0.87	70	94
菊池 雄星	23	5	11	0	0	1	0	615	139.2	133	9	78	0	5	111	7	61	55	3.54	3.97	-0.43	98	110
野上 亮磨	25	8	10	0	1	2	0	522	120.1	123	15	42	1	5	68	6	68	60	4.49	4.58	-0.09	125	127
岡本 洋介	22	2	6	0	0	0	0	371	84.1	96	8	32	0	2	53	5	47	38	4.06	4.13	-0.07	113	115
高橋 朋己	63	2	1	29	13	0	0	258	62.2	47	2	24	2	1	80	3	15	14	2.01	1.91	0.10	56	53
G・レイノルズ	12	3	7	0	0	0	0	281	61	77	5	23	0	5	29	0	47	37	5.46	4.43	1.02	151	123
十亀 剣	21	4	5	3	2	1	1	255	59	59	6	24	1	2	41	1	27	24	3.66	4.15	-0.49	102	115
R・ウィリアムス	60	6	4	0	20	0	0	230	51.2	54	1	25	3	4	59	3	18	17	2.96	2.42	0.54	82	67
藤原 良平	20	2	6	0	3	0	0	229	50.1	56	2	25	0	6	30	3	30	27	4.83	4.12	0.71	134	114
武隈 祥太	47	0	1	0	8	0	0	206	48.2	39	2	22	1	1	33	3	20	20	3.70	3.54	0.16	103	98
増田 達至	44	3	4	0	22	0	0	181	44.2	35	3	13	4	1	37	0	14	14	2.82	2.83	-0.01	78	79
M・ボウデン	36	2	1	0	5	0	0	179	40	38	4	24	2	1	30	3	20	20	4.50	4.47	0.03	125	124
豊田 拓矢	34	2	2	0	2	0	0	172	39.2	48	5	10	0	2	17	1	20	20	4.54	4.63	-0.09	126	129
岡本 篤志	42	1	0	0	11	0	0	178	39.1	44	1	22	1	1	28	2	12	12	2.75	3.53	-0.78	76	98
中郷 大樹	14	1	0	0	1	0	0	109	22.1	31	5	11	3	0	7	2	16	16	6.45	6.30	0.15	179	175
岩尾 利弘	13	1	0	0	1	0	0	79	20	15	0	4	0	2	21	1	6	4	1.80	1.74	0.06	50	48
小石 博孝	4	0	2	0	0	0	0	71	16	14	2	7	0	2	8	0	8	7	3.94	5.26	-1.32	109	146
宮田 和希	10	0	0	0	0	0	0	63	14.2	11	1	8	0	0	17	2	3	3	1.84	5.13	-1.31	51	87
小林 宏	15	0	0	0	3	0	0	59	11.1	16	1	8	0	0	10	2	15	10	7.94	4.44	3.50	220	123
西口 文也	8	0	0	0	0	0	0	51	11	10	3	0	0	3	11	1	10	6	4.91	7.49	-2.58	136	208
平野 将光	7	0	0	0	0	0	0	43	8.1	10	4	8	1	0	4	0	8	8	8.64	6.06	2.58	240	168
田中 靖洋	8	0	1	0	0	0	0	35	7	11	5	1	0	2	5	0	5	5	6.43	6.80	-0.37	178	189
誠	2	0	2	0	0	0	0	30	4.1	8	2	6	0	2	3	0	8	7	14.54	13.10	1.44	403	363

埼玉西武ライオンズ

野手成績 2

選手	打席	BB%	K%	BB/K	ゴロ%	フライ%	IF/F	HR/OF	ISO	BABIP	打率/出塁率/長打率	wOBA	wRC	wRAA	wSB	UBR	Spd	wRC+	本拠地打席	PF-wOBA補正
栗山 巧	642	15.0%	15.6%	0.96	52.4%	39.1%	5.2%	1.8%	.096	.342	.288/.394/.383	.350	81.5	14.1	-0.2	2.0	3.1	121	304	.005
秋山 翔吾	561	12.5%	17.5%	0.71	54.1%	38.7%	7.9%	2.9%	.101	.317	.259/.356/.360	.332	63.0	-0.5	3.3	4.3	107	273	.005
浅村 栄斗	501	9.4%	20.0%	0.47	36.2%	57.8%	8.5%	7.6%	.143	.317	.273/.345/.416	.334	57.0	4.4	-1.2	-1.4	2.1	108	227	.005
中村 剛也	466	17.0%	26.6%	0.64	30.7%	61.7%	21.1%	26.8%	.322	.282	.257/.384/.579	.412	82.6	33.7	0.0	0.0	1.5	169	215	.005
E・メイア	450	10.0%	34.7%	0.29	28.0%	63.0%	9.2%	24.5%	.290	.388	.290/.369/.581	.400	75.4	28.2	0.0	-4.0	2.1	160	225	.005
渡辺 直人	429	7.5%	10.7%	0.70	52.4%	39.1%	8.3%	0.0%	.054	.298	.260/.340/.314	.298	36.6	-8.5	0.6	2.9	3.3	81	224	.005
炭谷 銀仁朗	423	4.0%	17.5%	0.23	54.2%	40.9%	13.3%	6.0%	.094	.231	.202/.238/.297	.241	16.5	-28.0	-0.7	1.5	2.1	37	205	.005
木村 文紀	330	6.1%	33.9%	0.18	40.0%	55.4%	9.3%	10.2%	.165	.311	.215/.272/.380	.288	25.5	-9.1	-0.2	-1.0	6.3	74	148	.005
金子 侑司	272	5.1%	17.6%	0.29	56.7%	36.1%	8.0%	2.9%	.091	.299	.247/.292/.337	.289	21.2	-7.4	1.3	3.3	7.8	74	140	.005
脇谷 亮太	233	6.4%	19.3%	0.33	60.8%	29.8%	7.8%	4.3%	.083	.327	.263/.318/.346	.300	20.3	-4.2	0.3	1.6	3.1	83	104	.005
森本 稀哲	173	9.2%	24.3%	0.38	60.5%	33.3%	10.5%	0.0%	.095	.352	.252/.329/.347	.306	15.9	-2.3	-0.4	2.0	5.4	88	86	.005
熊代 聖人	140	13.6%	20.7%	0.66	46.7%	44.6%	17.1%	0.0%	.052	.291	.217/.328/.270	.290	11.0	-3.7	-0.2	-2.1	3.3	75	62	.005
C・ランサム	138	13.0%	35.5%	0.37	32.9%	58.6%	12.2%	5.6%	.119	.343	.212/.321/.331	.292	11.1	-3.4	-0.3	-0.4	0.9	76	57	.004
斉藤 彰吾	127	11.0%	33.1%	0.33	49.3%	36.6%	11.5%	8.7%	.084	.349	.224/.314/.308	.277	8.7	-4.7	1.2	1.9	8.2	65	63	.005
大崎 雄太朗	113	4.4%	12.4%	0.36	52.7%	38.7%	27.8%	3.8%	.059	.276	.248/.287/.307	.258	6.0	-5.9	-0.2	-0.4	1.6	50	58	.005
永江 恭平	100	5.0%	31.0%	0.16	59.4%	31.3%	5.0%	0.0%	.080	.281	.182/.226/.261	.217	2.0	-8.5	-0.3	-1.1	2.1	19	42	.004
鬼崎 裕司	96	8.3%	30.2%	0.28	47.5%	42.4%	8.0%	0.0%	.059	.339	.224/.290/.282	.257	5.0	-5.1	0.2	0.5	3.0	49	44	.005
森 友哉	92	5.3%	23.9%	0.55	41.4%	55.2%	13.9%	20.7%	.300	.308	.275/.370/.575	.411	16.2	6.5	0.0	0.2	1.3	168	49	.006
林﨑 遼	44	9.1%	13.6%	0.67	44.1%	47.1%	12.5%	0.0%	.053	.313	.263/.333/.316	.315	4.3	-0.3	-0.3	0.0	2.6	94	11	.003
岡田 雅利	36	0.0%	19.4%	0.00	39.3%	50.0%	21.4%	0.0%	.063	.240	.188/.212/.250	.233	1.2	-2.6	0.0	0.2	0.4	31	15	.004
山﨑 浩司	35	0.0%	14.3%	0.00	66.7%	30.0%	11.1%	12.5%	.091	.259	.242/.242/.333	.272	2.2	-1.4	0.0	0.2	2.2	61	12	.004
山川 穂高	34	11.8%	29.4%	0.40	35.0%	65.0%	0.0%	15.4%	.200	.056	.100/.206/.300	.222	0.4	-2.8	0.0	0.0	0.0	23	21	.006
上本 達之	30	10.0%	26.7%	0.38	52.6%	42.1%	25.0%	0.0%	.111	.211	.148/.233/.259	.229	0.9	-2.3	0.0	-2.2	1.3	28	8	.003
米野 智人	21	19.0%	19.0%	1.00	52.9%	47.1%	25.0%	0.0%	.000	.235	.211/.190/.211	.161	-0.5	-2.7	0.0	-0.2	1.1	-24	8	.004
A・アブレイユ	17	5.9%	35.3%	0.17	70.0%	30.0%	0.0%	0.0%	.125	.400	.250/.294/.375	.346	2.1	0.3	0.2	-0.9	7.3	118	9	.005
星 孝典	13	0.0%	23.1%	0.00	50.0%	40.0%	0.0%	0.0%	.077	.100	.077/.077/.154	.097	-1.0	-2.4	0.0	0.0	2.6	-73	7	.006
梅田 尚通	12	8.3%	25.0%	0.33	37.5%	50.0%	0.0%	25.0%	.273	.143	.182/.250/.455	.296	1.0	-0.3	-0.3	-0.3	5.0	79	7	.006
石川 貢	11	0.0%	18.2%	0.00	75.0%	25.0%	100%	0.0%	.000	.000	.000/.091/.000	.066	-1.1	-2.3	-0.3	-0.3	2.5	-97	0	.000
武山 真吾	1	0.0%	100%	0.00	-	-	-	-	.000	-	.000/.000/.000	.000	-0.2	-0.3	0.0	0.0	0.1	-148	0	-
美沢 将	0	-	-	-	-	-	-	-	-	-	-	.000	0.0	0.0	0.0	0.0	100	0	-

投手成績 2

選手	打者	K%	BB%	K-BB%	ゴロ%	フライ%	ライナー%	IF/F	HR/OF	ゴロアウト	フライアウト	xFIP(RA)	tERA-PF	tRA-PF	xFIP-	tRA-	本拠地打席	PF-tRA補正
牧田 和久	734	12.1%	6.8%	5.3%	48.7%	42.0%	9.3%	18.8%	5.0%	77.1%	69.3%	4.36	3.49	3.86	110	97	379	0.174
岸 孝之	630	20.0%	5.7%	14.3%	44.2%	50.0%	5.8%	12.9%	7.9%	78.6%	75.9%	3.54	3.16	3.52	89	89	270	0.145
菊池 雄星	615	18.0%	12.7%	5.3%	56.2%	36.5%	7.3%	7.8%	6.3%	70.0%	72.9%	4.38	3.68	4.05	110	102	283	0.155
野上 亮磨	522	13.0%	8.0%	5.0%	44.2%	47.9%	7.9%	7.7%	8.3%	74.4%	73.3%	4.62	4.79	5.15	116	130	289	0.187
岡本 洋介	371	14.3%	8.6%	5.7%	48.9%	43.0%	8.1%	12.3%	7.5%	64.7%	71.7%	4.36	3.97	4.34	110	109	173	0.157
G・レイノルズ	281	10.3%	8.2%	2.1%	58.0%	33.0%	8.9%	10.8%	7.6%	68.5%	63.9%	4.67	4.16	4.53	118	114	154	0.185
髙橋 朋己	258	31.0%	9.3%	21.7%	50.3%	44.4%	5.2%	17.6%	3.6%	66.2%	68.5%	2.63	1.39	1.76	66	44	145	0.190
十亀 剣	255	16.1%	9.4%	6.7%	49.5%	41.0%	9.6%	10.4%	8.7%	77.4%	68.3%	4.20	4.27	4.64	106	117	71	0.094
R・ウィリアムス	230	25.7%	10.9%	14.8%	56.3%	33.8%	9.9%	12.5%	2.4%	65.0%	61.0%	3.24	2.27	2.64	82	66	139	0.204
藤原 良平	229	13.1%	10.9%	2.2%	50.6%	38.7%	10.7%	7.7%	3.3%	70.6%	69.0%	5.00	4.34	4.70	126	118	100	0.147
武隈 祥太	206	16.0%	10.7%	5.3%	42.3%	51.0%	6.7%	17.1%	3.2%	74.6%	75.4%	4.49	3.24	3.61	113	91	117	0.192
増田 達至	181	20.4%	7.2%	13.2%	44.2%	48.8%	7.0%	11.1%	5.4%	80.7%	67.9%	3.41	2.97	3.34	86	84	101	0.188
M・ボウデン	179	16.8%	13.4%	3.4%	45.2%	50.0%	4.8%	11.3%	7.3%	78.6%	66.7%	4.72	4.24	4.60	119	116	92	0.173
岡本 篤志	178	15.7%	12.4%	3.3%	52.8%	38.6%	8.7%	6.1%	2.2%	65.7%	68.9%	4.57	3.57	3.93	115	99	97	0.184
豊田 拓矢	172	9.9%	5.8%	4.1%	48.3%	43.4%	8.4%	8.1%	8.8%	71.0%	76.9%	4.60	4.82	5.18	116	131	84	0.165
中郷 大樹	109	6.4%	10.1%	-3.7%	42.9%	51.6%	5.5%	6.4%	11.4%	74.4%	64.1%	5.46	6.64	7.01	138	177	63	0.195
岩尾 利弘	79	26.6%	5.1%	21.5%	57.7%	36.5%	5.8%	10.5%	0.0%	76.7%	64.7%	2.84	1.24	1.61	72	41	58	0.248
小石 博孝	71	11.3%	9.9%	1.4%	44.4%	53.7%	1.9%	13.8%	8.0%	70.8%	73.9%	5.35	4.59	4.96	135	125	43	0.204
宮田 和希	63	27.0%	12.7%	14.3%	50.0%	44.7%	5.3%	11.8%	6.7%	68.4%	64.3%	3.51	2.65	3.02	88	76	29	0.155
小林 宏	59	16.9%	13.6%	3.3%	46.3%	43.9%	9.8%	11.1%	6.3%	68.4%	53.3%	4.88	4.27	4.63	123	117	21	0.120
西口 文也	51	21.6%	15.7%	5.9%	41.4%	44.8%	13.8%	0.0%	23.1%	75.0%	60.0%	5.33	8.54	8.90	134	224	26	0.172
平野 将光	43	9.3%	18.6%	-9.3%	51.6%	41.9%	6.5%	23.1%	10.0%	68.8%	77.8%	5.91	5.20	5.56	149	140	30	0.235
田中 靖洋	35	5.7%	14.3%	-8.6%	55.6%	33.3%	11.1%	33.3%	16.7%	53.3%	100%	6.05	5.79	6.16	152	155	25	0.241
誠	30	10.0%	20.0%	-10.0%	52.6%	47.4%	0.0%	0.0%	22.2%	50.0%	71.4%	9.26	10.35	10.71	233	270	30	0.337

守備成績

位置	選手名	試合	イニング	盗塁 企図	盗塁 許	盗塁 刺	盗塁 阻止率	捕逸	守備得点
C	炭谷 銀仁朗	125	995.2	99	55	44	44.4%	6	6.7
C	森 友哉	24	133.1	18	13	5	27.8%	3	-1.2
C	岡田 雅利	18	70	8	7	1	12.5%	0	-0.2
C	上本 達之	17	63.2	13	10	3	23.1%	1	-0.3
C	星 孝典	7	25.2	3	1	2	66.7%	0	0.7

位置	選手名	INN イニング	RNG 範囲	ARM 肩	ERR 失策	DP 併殺	UZR	UZR/1000
1B	E・メヒア	777.1	-0.1	-	0.0	0.7	0.6	0.8
1B	森本 稀哲	219	-2.1	-	0.3	0.0	-1.8	-8.2
1B	脇谷 亮太	107.1	-0.5	-	0.0	0.0	-0.3	-3.1
1B	中村 剛也	59	-0.4	-	-1.1	0.1	-1.4	-23.0
1B	大崎 雄太朗	30	-0.9	-	0.1	0.0	-0.8	-26.6
1B	鬼崎 裕司	23	-1.9	-	0.1	0.0	-1.9	-80.5
1B	渡辺 直人	19	0.8	-	0.1	0.0	1.0	50.8
1B	山崎 浩司	17.2	0.7	-	-0.6	-0.2	-0.3	-8.9
1B	米野 智人	16	-0.3	-	0.0	0.0	-0.3	-18.2
1B	木村 文紀	13	-0.3	-	-0.7	0.0	-0.9	-73.0
1B	山川 穂高	5	0.1	-	0.0	0.0	0.1	16.3
1B	梅田 尚通	2	0.0	-	0.0	0.0	0.0	0.0
2B	浅村 栄斗	723.2	-2.6	-	-1.0	1.8	-1.8	-2.4
2B	金子 侑司	421.2	1.8	-	-1.1	-1.6	-0.9	-2.3
2B	林崎 遼	79	-0.2	-	-0.2	-1.2	-1.6	-19.9
2B	脇谷 亮太	56	-1.2	-	0.3	0.0	-0.9	-16.4
2B	渡辺 直人	2	-0.2	-	0.0	0.0	-0.2	-102.8
2B	山崎 浩司	2	0.0	-	0.0	0.0	0.0	7.0
2B	鬼崎 裕司	2	-0.4	-	0.0	0.0	-0.4	-177.5
2B	永江 恭平	2	0.0	-	0.0	0.0	0.0	-7.5

位置	選手名	INN イニング	RNG 範囲	ARM 肩	ERR 失策	DP 併殺	UZR	UZR/1000
3B	脇谷 亮太	338	-0.4	-	2.6	-0.8	1.4	4.1
3B	浅村 栄斗	289	0.6	-	-1.0	-1.7	-2.0	-7.0
3B	C・ランサム	254.2	1.1	-	-1.4	-0.8	-1.0	-4.1
3B	渡辺 直人	170.2	-4.8	-	1.3	-0.4	-3.9	-23.0
3B	中村 剛也	120	-0.1	-	0.9	0.2	1.1	8.8
3B	山川 穂高	44	-1.4	-	-0.6	0.0	-2.3	-23.3
3B	山崎 浩司	37	-0.6	-	-0.6	0.0	-1.3	-34.1
3B	林崎 遼	21	0.0	-	-0.5	0.2	-0.3	-16.2
3B	大崎 雄太朗	7	0.4	-	0.1	0.0	0.5	68.3
3B	鬼崎 裕司	6	0.1	-	0.1	0.0	0.2	25.8
3B	永江 恭平	1	0.0	-	0.0	0.0	0.7	677.9
SS	渡辺 直人	631.1	-14.4	-	1.9	1.0	-11.5	-18.2
SS	永江 恭平	272.2	-5.2	-	0.2	0.5	-4.4	-16.2
SS	鬼崎 裕司	202	-0.6	-	0.8	0.7	0.9	4.4
SS	金子 侑司	145.2	-0.7	-	-1.4	0.9	-1.3	-9.1
SS	山崎 浩司	27.2	-1.1	-	-0.3	-0.3	-1.0	-69.7
SS	林崎 遼	9	-0.5	-	-0.7	0.0	-1.1	-127.8
LF	栗山 巧	1100.2	11.3	12.2	0.8	-	24.3	22.0
LF	木村 文紀	92.2	6.3	1.5	0.1	-	7.9	84.9
LF	斉藤 彰吾	46	-1.1	0.1	0.0	-	-1.0	-22.7
LF	森本 稀哲	34	1.1	1.2	0.0	-	2.3	67.6
LF	熊代 聖人	12	-0.2	0.2	0.0	-	0.0	-2.1
LF	大崎 雄太朗	3	0.0	0.0	0.0	-	0.0	0.0
CF	秋山 翔吾	1138.1	10.6	8.2	0.4	-	19.2	16.9
CF	熊代 聖人	96	4.4	1.2	0.0	-	5.7	59.1
CF	木村 文紀	42	-0.6	-0.2	0.0	-	-0.8	-19.0
CF	森本 稀哲	6	0.2	1.8	0.0	-	2.0	325.0
CF	斉藤 彰吾	6	0.4	-0.2	0.0	-	0.3	42.6
RF	木村 文紀	550	-7.3	1.4	-0.5	-	-6.4	-11.6
RF	斉藤 彰吾	266.1	4.9	1.2	0.2	-	6.2	23.4
RF	熊代 聖人	163	2.3	1.5	0.1	-	3.9	23.7
RF	森本 稀哲	104	1.0	0.5	0.1	-	1.5	14.8
RF	金子 侑司	63	-1.0	-0.2	0.0	-	-1.2	-19.0
RF	大崎 雄太朗	54	0.7	0.2	0.0	-	1.0	17.8
RF	A・アブレイユ	31	-0.5	1.7	0.0	-	1.2	38.4
RF	石川 貢	24	-2.2	-0.1	0.0	-	-2.3	-94.0
RF	梅田 尚通	18	0.6	-0.3	0.0	-	0.3	16.4
RF	米野 智人	15	0.7	-0.4	0.0	-	0.3	17.9

埼玉西武ライオンズ

ポジション別成績

POS	打席	打数	安打	二塁打	三塁打	本塁打	打点	犠打	犠飛	四球	故意四球	死球	三振	併殺打	失策出塁（野選）
P	23	23	0	0	0	0	0	0	0	0	0	0	18	0	0
C	554	497	100	20	1	9	46	23	3	28	0	3	100	14	6
1B	616	537	156	20	5	34	81	7	3	61	1	8	183	7	2
2B	599	524	141	25	2	14	58	10	7	52	1	6	104	9	8
3B	601	522	138	24	1	16	66	19	3	54	2	3	128	13	2
SS	585	492	113	26	1	0	31	41	0	42	0	10	105	10	3
LF	647	540	155	35	3	6	67	6	9	89	1	3	108	9	4
CF	627	528	129	26	7	4	49	14	4	78	2	4	111	5	10
RF	568	489	103	19	3	9	49	32	0	42	0	5	165	6	4
DH	577	483	117	21	2	27	79	1	5	85	1	3	168	6	2
PH	166	147	35	5	0	6	23	2	2	14	0	1	44	2	0

POS	BB%	K%	ISO	BABIP	打率	長打率	出塁率	wOBA	wRC	POS wRAA	wRC+
P	0.0%	78.3%	.000	.000	.000	.000	.000	.000	-3.6	-1.3	47
C	5.1%	18.1%	.099	.233	.201	.300	.247	.254	27.5	-3.9	93
1B	9.9%	29.7%	.246	.378	.291	.536	.369	.393	99.4	32.2	150
2B	8.7%	17.4%	.139	.308	.269	.408	.338	.341	71.7	17.7	128
3B	9.0%	21.3%	.142	.320	.264	.406	.335	.329	66.1	0.1	100
SS	7.2%	17.9%	.057	.292	.230	.287	.303	.276	39.3	-11.4	81
LF	13.8%	16.7%	.109	.343	.287	.396	.385	.355	84.8	7.2	111
CF	12.4%	17.7%	.098	.300	.244	.343	.343	.326	67.4	-4.3	94
RF	7.4%	29.0%	.106	.298	.211	.317	.280	.276	38.3	-27.9	53
DH	14.7%	29.1%	.219	.307	.242	.462	.356	.361	78.3	-1.4	98
PH	8.4%	26.5%	.156	.293	.238	.395	.305	.306	15.2	0.6	103

	守備					
RNG	ARM	ERR	DP	UZR	捕内外	合計
-	-	-	-	-	5.8	5.8
-4.9	-	-1.8	0.8	-5.9	-36.9	27.2
-2.8	-	-2.0	-1.0	-5.8		
-4.8	-	1.8	-2.8	-5.9		
-22.4	-	0.2	2.8	-19.4		
17.2	15.2	1.0	-	33.3	64.1	
15.0	10.8	0.4	-	26.3		
-0.9	5.4	0.0	-	4.5		

東北楽天ゴールデンイーグルス　2015主要戦力と2014チームスタッツ

Sabermetrics Report part 4

2015 主要戦力（＊＝左投手 or 左打者　＋＝両打打者　N＝新加入　P＝有望株）

先発投手	齢
則本 昂大	25
辛島 航＊	25
美馬 学	29
塩見 貴洋＊	27
森 雄大＊	21
菊池 保則	26
K・レイ [N]	41
川井 貴志＊	39
横山 貴明	24
安樂 智大 [NP]	19

リリーフ投手	齢
K・ミコライオ [N]	31
松井 裕樹＊	20
福山 博之	26
R・クルーズ	29
斎藤 隆	45
長谷部 康平＊	30
西宮 悠介＊	24
青山 浩二	32
相原 和友＊	26
小山 伸一郎	37
金刃 憲人＊	31
J・ハウザー＊[N]	31
藤江 均 [N]	29
今野 龍太	20

捕手	齢
嶋 基宏	31
小関 翔太	24
伊志嶺 忠＊	30

一塁手	齢
銀次＊	27
G・サンチェス [N]	32
枡田 慎太郎＊	28

二塁手	齢
藤田 一也＊	33
阿部 俊人＊	27
三好 匠	22

三塁手	齢
Z・ウィーラー [N]	28
銀次＊	27
後藤 光尊＊	37
内田 靖人	20

遊撃手	齢
西田 哲朗	24
岩崎 達郎	31
山崎 浩司 [N]	35
後藤 光尊＊	37

左翼手	齢
島内 宏明＊	25
枡田 慎太郎＊	28
牧田 明久	33
後藤 光尊＊	37

中堅手	齢
松井 稼頭央＋	40
聖澤 諒＊	30
森山 周＊	34
榎本 葵＊	23

右翼手	齢
岡島 豪郎＊	26
牧田 明久	33

DH	齢
W・ペーニャ [N]	33
G・サンチェス [N]	32
松井 稼頭央＋	40

守備位置別 wRC+（Weighted Runs Created Plus）

投	捕	一塁	二塁	三塁	遊撃	左翼	中堅	右翼	指名打者
-	102	129	66	?	76	72	117	115	128

wRC+ は 100 が平均で上回るほど攻撃力がある。値は各ポジションの筆頭選手のもの (2014)

守備位置別 UZR/1000（Ultimate Zone Rating Per 1000Innings）

投	捕	一塁	二塁	三塁	遊撃	左翼	中堅	右翼	指名打者
-	-	7.5	2.3	?	-12.7	?	?	-6.5	-

UZR/1000 は 0 が平均。値は得点換算した守備力で各ポジションの筆頭選手のもの (2014)

守備位置別 WAR（Wins Above Replacement）

投	捕	一塁	二塁	三塁	遊撃	左翼	中堅	右翼	指名打者
22.0 +レイ +ハウザー ほか	2.3	3.5	0.5	?	-0.4	-0.4	0.9	1.9	2.3
		内野				外野			
		3.5 + ?				2.4			

WAR は 0 を控え選手レベルに置いた勝利数換算した貢献度。投手は総計、その他のポジションは筆頭選手のもの (2014)

野手成績 1

選手	打席	打数	安打	二塁打	三塁打	本塁打	打点	犠打	犠飛	四球	故意四球	死球	三振	併殺打	失策出塁(野選)	得点	盗塁	盗塁刺	打率
岡島 豪郎	618	545	154	27	3	7	53	9	3	57	2	4	71	7	10	77	9	10	.283
A・ジョーンズ	581	448	99	20	0	24	72	0	3	118	5	12	140	16	3	69	2	3	.221
藤田 一也	579	517	139	15	2	2	35	41	2	16	0	3	55	12	5	46	3	5	.269
銀次	509	459	150	26	0	4	70	1	4	43	0	2	45	10	5	59	1	4	.327
松井 稼頭央	488	444	129	32	3	8	46	2	5	36	0	1	78	9	3	57	9	0	.291
嶋 基宏	432	350	92	13	0	1	36	11	5	65	1	1	84	13	5	43	6	4	.263
西田 哲朗	415	372	93	19	0	7	41	12	3	24	0	4	100	9	0	39	8	3	.250
枡田 慎太郎	251	210	46	9	0	5	31	1	2	35	0	3	66	8	2	25	3	1	.219
島内 宏明	243	215	52	7	3	2	18	7	2	19	0	0	22	5	1	26	6	1	.242
J・ボウカー	230	214	53	12	1	7	22	0	2	11	0	3	55	9	0	18	3	0	.248
聖澤 諒	209	182	48	7	2	1	17	2	1	20	0	4	46	2	3	20	5	4	.264
牧田 明久	204	184	43	5	1	2	17	5	0	12	0	3	18	7	2	13	0	1	.234
後藤 光尊	141	138	28	3	1	1	11	0	2	1	0	0	38	5	1	8	0	1	.203
小関 翔太	111	99	15	5	0	0	5	11	0	0	0	1	31	1	3	6	0	0	.152
K・ユーキリス	79	65	14	4	0	1	11	0	1	12	0	1	23	1	1	6	0	0	.215
岩﨑 達郎	63	54	10	2	1	0	7	3	0	5	0	1	12	1	1	8	0	1	.185
Z・ラッツ	58	51	16	3	0	5	18	0	1	4	0	2	6	2	1	11	1	0	.314
森山 周	53	44	8	1	0	0	0	6	0	3	1	0	12	0	2	12	8	2	.182
小斉 祐輔	32	29	5	2	0	1	4	0	0	3	0	0	8	0	1	1	0	1	.172
伊志嶺 忠	25	22	2	0	0	0	0	1	0	2	0	0	6	0	0	1	0	1	.091
阿部 俊人	24	20	5	0	0	0	2	4	0	0	0	0	4	1	0	2	0	0	.250
榎本 葵	23	21	3	1	0	0	1	0	0	1	0	0	8	0	0	1	0	2	.143
N・エバンス	18	18	2	0	0	0	1	0	0	0	0	0	7	0	0	0	0	0	.111
内田 靖人	17	17	1	0	0	0	0	0	0	0	0	0	7	1	0	0	0	0	.059
西村 弥	12	12	3	0	0	0	0	0	0	0	0	0	4	0	0	1	0	0	.250
中島 俊哉	9	9	1	0	0	0	0	0	0	0	0	0	5	0	0	0	0	0	.111
三好 匠	7	7	2	2	0	0	0	0	0	0	0	0	3	0	1	1	0	0	.286
中川 大志	1	1	0	0	0	0	0	0	0	0	0	0	0	0	0	0	0	0	.000
小山 桂司	0	-	-	-	-	-	-	-	-	-	-	-	-	-	-	0	0	0	-
下妻 貴寛	0	-	-	-	-	-	-	-	-	-	-	-	-	-	-	0	0	0	-

投手成績 1

投手	登板	勝	敗	S	H	完投	完封	打者	回	安打	被本塁打	四球	敬遠	死球	三振	暴投	失点	自責点	防御率	FIP(ERA)	E-F	ERA-	FIP-
則本 昂大	30	14	10	0	0	9	7	821	202.2	187	14	39	3	6	204	1	73	68	3.02	2.45	0.57	84	68
辛島 航	25	8	13	0	0	1	1	662	154.1	160	11	46	2	4	99	3	70	65	3.79	3.52	0.27	105	98
松井 裕樹	27	4	8	0	3	1	0	504	116	91	2	67	0	8	126	6	52	49	3.80	2.93	0.87	105	81
塩見 貴洋	21	8	7	0	0	0	0	501	114.2	135	15	27	0	3	78	3	68	60	4.71	4.07	0.64	131	113
美馬 学	14	2	9	0	0	0	0	327	72.2	84	4	25	1	7	51	0	41	39	4.83	3.53	1.30	134	98
福山 博之	65	4	2	1	23	0	0	265	67.1	63	2	12	1	1	32	0	14	14	1.87	2.91	-1.04	52	81
青山 浩二	22	1	4	0	1	0	0	230	52.2	52	6	20	0	2	49	3	30	26	4.44	3.82	0.63	123	106
菊池 保則	12	4	1	0	0	0	0	211	51.1	40	5	18	0	3	36	8	23	23	4.03	4.03	0.00	112	112
西宮 悠介	46	3	0	0	2	0	0	211	48.1	41	3	29	1	1	51	2	22	17	3.17	3.44	-0.27	88	95
宮川 将	17	3	5	0	0	0	0	183	42	44	5	17	0	3	32	2	23	20	4.29	4.40	-0.11	119	122
川井 貴志	8	1	6	0	0	0	0	179	40.1	46	4	16	1	2	27	0	23	21	4.69	4.16	0.53	130	115
B・ファルケンボーグ	39	3	5	20	2	0	0	151	37.2	31	2	8	0	2	45	2	12	12	2.87	2.04	0.83	80	57
長谷部 康平	26	0	0	0	0	0	0	156	35.2	35	4	14	0	1	31	1	18	15	3.79	3.92	-0.14	105	109
斎藤 隆	31	1	1	3	9	0	0	134	31.1	27	2	15	2	2	21	2	9	9	2.59	3.87	-1.28	72	107
R・クルーズ	29	2	0	0	9	0	0	136	29.1	34	2	17	0	1	24	0	13	13	3.99	4.03	-0.05	111	112
森 雄大	8	2	3	0	0	0	0	135	29.1	34	2	19	0	1	22	1	19	18	5.52	4.37	1.15	153	121
上園 啓史	9	0	1	0	0	0	0	104	23	28	0	7	0	2	14	1	16	15	5.87	2.90	2.97	163	80
相原 和友	17	0	0	0	0	0	0	91	19.1	23	0	11	1	5	3	6	6	2.79	4.13	-1.34	78	115
武藤 好貴	14	0	0	0	0	0	0	85	18.2	17	3	10	0	1	13	1	14	14	6.75	5.41	1.34	187	150
横山 貴明	4	1	2	0	0	0	0	75	18.1	17	6	2	0	2	10	1	11	11	5.40	6.76	-1.36	150	188
T・ブラックリー	3	1	1	0	0	0	0	63	13	21	2	5	1	0	7	1	9	8	5.54	4.79	0.75	154	133
金刃 憲人	17	0	1	0	1	0	0	50	10.1	12	1	8	1	1	2	0	8	8	6.97	6.14	0.83	193	170
小山 伸一郎	10	1	0	0	0	0	0	48	9.1	13	1	4	0	1	6	2	8	7	6.75	4.66	2.09	187	129
L・ファンミル	7	1	1	3	0	0	0	39	8.2	7	0	5	0	1	7	0	4	4	4.15	4.10	0.06	115	114
永井 怜	5	0	0	0	0	0	0	29	6	9	1	0	0	7	3	4	4	6.00	3.78	2.22	166	105
今野 龍太	5	0	0	0	0	0	0	25	5.1	9	0	0	0	1	0	5	5	8.44	7.44	0.99	234	207
戸村 健次	5	0	0	0	0	0	0	25	5.1	9	0	4	0	0	6	6	10.13	6.88	3.24	281	191
濱矢 廣大	1	1	0	0	0	0	0	24	5	6	0	1	0	0	1	2	2	3.60	4.74	-1.14	100	132
古川 侑利	2	0	1	0	0	0	0	12	3	3	0	1	0	0	1	0	1	1	4.50	6.44	-1.94	125	179
片山 博視	4	0	1	0	0	0	0	10	1	2	0	4	0	0	0	0	1	1	9.00	14.94	-5.94	250	415

野手成績 2

選手	打席	BB%	K%	BB/K	ゴロ%	フライ%	IF/F	HR/OF	ISO	BABIP	打率/出塁率/長打率	wOBA	wRC	wRAA	wSB	UBR	Spd	wRC+	本拠地打席	PF-wOBA補正
岡島 豪郎	618	9.2%	11.5%	0.80	58.6%	32.7%	3.8%	4.6%	.099	.313	.283/.353/.382	.342	74.6	9.7	-2.0	0.9	3.8	115	292	.000
A・ジョーンズ	581	20.3%	24.1%	0.84	44.1%	48.9%	11.2%	17.8%	.205	.261	.221/.394/.426	.371	83.8	22.7	-0.7	-5.1	1.4	137	260	.000
藤田 一也	579	2.8%	9.5%	0.29	62.2%	29.7%	11.3%	1.5%	.048	.297	.269/.294/.317	.278	40.0	-20.8	-1.2	-3.5	2.5	66	267	.000
銀次	509	8.4%	8.8%	0.96	49.6%	43.7%	3.3%	2.3%	.083	.353	.327/.384/.410	.360	68.8	15.4	-1.2	3.2	1.8	129	235	.000
松井 稼頭央	488	7.4%	16.0%	0.46	39.8%	50.5%	14.9%	4.4%	.140	.333	.291/.342/.430	.345	59.9	8.6	1.4	5.6	5.1	117	230	.000
嶋 基宏	432	15.0%	19.4%	0.77	68.4%	23.8%	1.5%	1.5%	.046	.337	.263/.375/.309	.326	46.5	1.1	-0.4	-1.1	2.6	102	204	.000
西田 哲朗	415	5.8%	24.1%	0.24	42.2%	48.4%	5.3%	5.3%	.108	.321	.250/.300/.358	.291	33.1	-10.5	-2.2	1.2	3.4	76	210	.000
枡田 慎太郎	251	13.9%	26.3%	0.53	46.9%	46.9%	7.2%	7.8%	.114	.291	.219/.336/.333	.314	24.5	-1.8	0.1	0.8	2.5	93	123	.000
島内 宏明	243	7.8%	9.1%	0.86	52.0%	43.1%	13.8%	2.7%	.088	.259	.242/.301/.330	.286	18.3	-7.2	0.6	1.9	6.0	72	121	.000
J・ボウカー	230	4.8%	23.9%	0.20	44.1%	51.6%	18.1%	10.3%	.164	.299	.248/.291/.411	.307	21.2	-2.9	0.5	-1.7	3.2	88	85	.000
聖澤 諒	209	9.6%	22.0%	0.43	56.1%	36.7%	11.8%	2.2%	.077	.346	.264/.348/.341	.326	22.5	0.5	-0.6	-0.4	4.8	102	105	.000
牧田 明久	204	5.9%	8.8%	0.67	51.5%	40.4%	11.8%	3.6%	.071	.250	.234/.291/.304	.278	14.0	-7.4	-0.3	-1.3	1.9	66	95	.000
後藤 光尊	141	0.7%	27.0%	0.03	42.2%	50.0%	5.9%	2.1%	.058	.267	.203/.206/.261	.208	1.8	-13.0	-0.3	0.1	2.9	12	54	.000
小関 翔太	111	0.0%	27.9%	0.00	51.9%	40.5%	15.6%	0.0%	.051	.221	.152/.160/.202	.190	-0.2	-11.9	0.0	0.5	1.9	-2	46	.000
K・ユーキリス	79	15.2%	29.1%	0.52	39.5%	55.8%	8.3%	4.5%	.108	.310	.215/.342/.323	.319	8.1	-0.2	-0.3	-0.1	0.7	97	36	.000
岩崎 達郎	63	7.9%	19.0%	0.42	53.3%	42.2%	21.1%	0.0%	.074	.238	.185/.267/.259	.260	3.4	-3.2	-0.3	-2.2	6.0	52	22	.000
Z・ラッツ	58	6.9%	12.1%	0.57	35.6%	64.4%	15.6%	19.2%	.353	.250	.314/.379/.667	.439	11.5	5.5	0.2	0.6	3.0	190	18	.000
森山 周	53	5.7%	22.6%	0.25	73.7%	23.7%	0.0%	0.0%	.023	.250	.182/.234/.205	.233	1.7	-3.8	0.6	-2.7	6.2	31	13	.000
小斉 祐輔	32	9.4%	25.0%	0.38	42.9%	57.1%	25.0%	11.1%	.172	.200	.172/.250/.345	.298	2.7	-0.7	-0.5	0.5	1.6	81	21	.000
伊志嶺 忠	25	8.0%	24.0%	0.33	58.8%	35.3%	16.7%	0.0%	.000	.125	.091/.167/.091	.130	-1.3	-3.9	-0.3	-0.3	1.8	-48	11	.000
阿部 俊人	24	0.0%	16.7%	0.00	70.0%	30.0%	0.0%	0.0%	.000	.313	.250/.250/.250	.217	0.5	-2.1	0.0	0.0	2.0	19	16	.000
榎本 葵	23	4.3%	34.8%	0.13	50.0%	35.7%	0.0%	0.0%	.143	.231	.143/.182/.286	.210	0.3	-2.7	-0.4	-0.7	5.9	13	8	.000
N・エバンス	18	0.0%	38.9%	0.00	45.5%	54.5%	16.7%	0.0%	.000	.182	.111/.111/.111	.096	-1.4	-3.3	0.0	0.0	1.0	-74	9	.000
内田 靖人	17	0.0%	41.2%	0.00	50.0%	50.0%	0.0%	0.0%	.000	.100	.059/.059/.059	.051	-1.9	-3.7	0.0	0.0	0.1	-108	10	.000
西村 弥	12	0.0%	33.3%	0.00	0.0%	25.0%	62.5%	0.0%	.000	.375	.250/.250/.250	.217	0.2	-1.0	0.0	-0.1	1.6	18	5	.000
中島 俊哉	9	0.0%	11.1%	0.00	25.0%	75.0%	33.3%	0.0%	.000	.125	.111/.111/.111	.096	-0.7	-1.6	0.0	0.0	0.1	-74	3	.000
三好 匠	7	0.0%	42.9%	0.00	25.0%	75.0%	0.0%	0.0%	.286	.500	.286/.286/.571	.520	1.8	1.1	0.0	0.0	2.6	251	4	.000
中川 大志	1	0.0%	0.0%	-	0.0%	100%	100%	0.0%	.000	.000	.000/.000/.000	.001	-0.2	-0.3	0.0	0.0	0.1	-147	1	-.001
小山 桂司	0	-	-	-	-	-	-	-	-	-	-	.000	0.0	0.0	0.0	0.0	0.1	100	0	.000
下妻 貴寛	0	-	-	-	-	-	-	-	-	-	-	.000	0.0	0.0	0.0	0.0	0.1	100	0	.000

投手成績 2

選手	打者	K%	BB%	K-BB%	ゴロ%	フライ%	ライナー%	IF/F	HR/OF	ゴロアウト	フライアウト	xFIP(RA)	tERA-PF	tRA-PF	xFIP-	tRA-	本拠地打席	PF-tRA補正
則本 昂大	821	24.8%	4.8%	20.0%	46.2%	46.2%	7.7%	10.2%	5.9%	75.0%	65.9%	2.93	2.61	2.97	74	75	373	-0.023
辛島 航	662	15.0%	6.9%	8.1%	52.8%	39.6%	7.6%	10.8%	6.1%	70.5%	69.4%	3.97	3.55	3.91	100	99	294	-0.022
松井 裕樹	504	25.0%	13.3%	11.7%	43.9%	47.5%	8.6%	12.5%	1.6%	71.4%	66.9%	4.02	2.93	3.30	101	83	180	-0.018
塩見 貴洋	501	15.6%	5.4%	10.2%	44.0%	46.6%	9.4%	10.4%	9.1%	76.3%	62.4%	3.97	4.40	4.76	100	120	226	-0.023
美馬 学	327	15.6%	7.6%	8.0%	52.0%	41.0%	7.0%	12.0%	4.5%	73.2%	56.0%	4.23	3.46	3.83	107	96	173	-0.027
福山 博之	265	12.1%	4.5%	7.6%	62.7%	30.5%	6.8%	6.0%	3.2%	80.4%	60.7%	3.70	2.88	3.25	93	82	132	-0.025
青山 浩二	230	21.3%	8.7%	12.6%	48.4%	47.8%	3.8%	9.2%	8.7%	75.3%	60.3%	3.83	3.56	3.93	97	99	67	-0.015
菊池 保則	211	17.1%	8.5%	8.6%	44.2%	47.4%	8.4%	9.0%	7.6%	79.4%	82.0%	4.24	4.35	4.72	107	119	100	-0.024
西宮 悠介	211	24.2%	13.7%	10.5%	63.8%	32.3%	3.8%	11.9%	8.1%	69.9%	61.8%	3.66	2.84	3.20	92	81	122	-0.029
宮川 将	183	17.5%	9.3%	8.2%	46.6%	45.0%	8.4%	15.3%	10.0%	68.9%	71.1%	4.24	4.33	4.69	107	118	103	-0.028
川井 貴志	179	15.1%	8.9%	6.2%	46.3%	48.5%	5.2%	13.8%	7.1%	67.7%	59.6%	4.43	4.00	4.36	112	110	114	-0.032
長谷部 康平	156	19.9%	9.0%	10.9%	40.9%	48.2%	10.9%	9.4%	8.3%	68.9%	75.0%	4.00	4.38	4.74	101	119	70	-0.023
B・ファルケンボーグ	151	29.8%	5.3%	24.5%	44.8%	46.9%	8.3%	17.4%	6.3%	62.8%	74.3%	2.57	1.92	2.29	65	58	79	-0.026
R・クルーズ	136	17.6%	12.5%	5.1%	58.5%	35.1%	6.4%	15.2%	7.1%	72.7%	50.0%	4.34	3.52	3.89	109	98	81	-0.030
森 雄大	135	16.3%	14.1%	2.2%	46.2%	48.4%	5.4%	8.9%	4.9%	74.4%	56.4%	5.06	4.30	4.67	128	118	72	-0.027
斎藤 隆	134	15.7%	11.2%	4.5%	46.9%	51.0%	2.1%	12.2%	4.7%	68.9%	75.6%	4.59	3.69	4.05	116	102	70	-0.026
上園 啓史	104	13.5%	6.7%	6.8%	43.2%	54.3%	2.5%	4.5%	0.0%	71.4%	61.9%	4.84	3.15	3.51	122	88	67	-0.032
相原 和友	91	5.5%	12.1%	-6.6%	59.5%	29.7%	10.8%	9.1%	0.0%	77.3%	55.0%	5.39	4.50	4.86	136	122	43	-0.024
武藤 好貴	85	15.3%	11.8%	3.5%	44.3%	50.8%	4.9%	16.1%	11.5%	77.8%	73.9%	4.89	4.98	5.34	123	135	38	-0.025
横山 貴明	75	13.3%	2.7%	10.6%	42.6%	52.5%	4.9%	3.1%	19.4%	88.5%	72.0%	4.33	7.50	7.86	109	198	75	-0.050
T・ブラックリー	63	11.1%	7.9%	3.2%	43.1%	41.2%	15.7%	9.5%	10.5%	63.6%	76.5%	4.42	5.91	6.28	111	158	24	-0.019
金刃 憲人	50	4.0%	16.0%	-12.0%	61.5%	20.5%	17.9%	12.5%	14.3%	83.3%	50.0%	5.83	7.37	7.73	147	195	25	-0.025
小山 伸一郎	48	12.5%	8.3%	4.2%	32.4%	62.2%	5.4%	4.3%	4.5%	58.3%	66.7%	5.67	5.17	5.53	143	139	12	-0.013
L・ファンミル	39	17.9%	17.9%	0.0%	66.7%	29.2%	4.2%	0.0%	0.0%	77.8%	71.4%	5.16	3.72	4.08	130	103	36	-0.046
永井 怜	29	24.1%	6.9%	17.2%	30.0%	50.0%	20.0%	30.0%	14.3%	50.0%	50.0%	2.98	4.04	4.41	75	111	8	-0.014
戸村 健次	25	16.0%	0.0%	16.0%	35.0%	55.0%	10.0%	0.0%	18.2%	71.4%	55.6%	4.15	7.93	8.29	105	209	13	-0.026
今野 龍太	25	4.0%	0.0%	4.0%	45.8%	50.0%	4.2%	16.7%	20.0%	72.7%	62.5%	4.55	6.62	6.98	115	176	16	-0.032
濱矢 廣大	24	0.0%	12.5%	-12.5%	52.4%	47.6%	0.0%	20.0%	0.0%	54.5%	50.0%	6.49	3.55	3.92	164	99	0	0.000
古川 侑利	12	8.3%	25.0%	-16.7%	50.0%	50.0%	0.0%	50.0%	0.0%	50.0%	50.0%	7.67	3.23	3.60	193	91	0	0.000
片山 博視	10	0.0%	40.0%	-40.0%	60.0%	20.0%	20.0%	0.0%	0.0%	66.7%	100%	16.17	16.86	17.22	408	434	3	-0.015

守備成績

位置	選手名	試合	イニング	盗塁 企図	盗塁 許	盗塁 刺	阻止率	捕逸	守備得点
C	嶋 基宏	123	915	110	83	27	24.5%	6	-3.1
C	小関 翔太	53	290.2	27	25	2	7.4%	3	-6.8
C	伊志嶺 忠	14	60.1	7	4	3	42.9%	0	0.9
C	小山 桂司	2	3	0	0	0	-	1	-0.3
C	岡島 豪郎	1	1	0	0	0	-	0	0.0
C	下妻 貴寛	1	1	0	0	0	-	0	0.0

位置	選手名	INN イニング	RNG 範囲	ARM 肩	ERR 失策	DP 併殺	UZR	UZR/1000
1B	銀次	485	2.7	-	1.6	-0.7	3.7	7.5
1B	A・ジョーンズ	255	-2.7	-	1.0	0.0	-1.7	-6.6
1B	枡田 慎太郎	178	1.4	-	1.0	-0.1	2.3	13.1
1B	K・ユーキリス	141	0.7	-	0.6	0.0	1.1	7.9
1B	小斉 祐輔	64	-2.0	-	0.4	0.3	-1.3	-20.2
1B	J・ボウカー	53.1	-0.1	-	0.3	-0.2	0.0	-0.3
1B	N・エバンス	38.2	-0.5	-	0.2	0.0	-0.3	-7.5
1B	岩﨑 達郎	24	-1.0	-	0.1	0.0	-0.9	-35.7
1B	後藤 光尊	21	-0.2	-	0.0	-0.1	-0.1	-4.7
1B	嶋 基宏	6	0.0	-	0.0	0.0	0.0	-0.5
1B	西村 弥	5	-0.7	-	0.0	0.0	-0.7	-139.0
2B	藤田 一也	1119.2	-0.4	-	4.5	-1.5	2.6	2.3
2B	阿部 俊人	62	-1.8	-	0.4	0.3	-1.2	-18.6
2B	西村 弥	28.1	0.3	-	0.2	0.0	0.5	16.9
2B	岩﨑 達郎	25	0.8	-	0.1	-0.2	0.7	28.1
2B	後藤 光尊	12	-0.2	-	-0.7	0.0	-0.8	-68.4
2B	三好 匠	12	-0.2	-	0.0	0.0	-0.1	-12.1
2B	西田 哲朗	12	-0.2	-	0.0	0.0	-0.2	-12.1
3B	銀次	547	2.9	-	-1.1	-0.2	1.6	2.9
3B	松井 稼頭央	339	-7.3	-	-1.9	0.4	-8.9	-26.1
3B	後藤 光尊	139	0.8	-	0.2	-0.6	0.4	3.0
3B	Z・ラッツ	103	-1.4	-	0.2	-0.6	-1.9	-18.0
3B	岩﨑 達郎	81	-1.5	-	-0.1	-0.1	-1.6	-19.8
3B	内田 靖人	26	0.5	-	0.0	-0.3	-0.2	-6.6
3B	西田 哲朗	18	0.9	-	0.2	0.0	1.1	61.2
3B	阿部 俊人	9	0.9	-	0.1	0.0	1.0	109.0
3B	三好 匠	5	0.0	-	0.1	0.0	0.1	20.6
3B	西村 弥	4	0.0	-	0.0	0.0	0.0	7.7
SS	西田 哲朗	907.1	-12.0	-	0.0	0.5	-11.5	-12.7
SS	松井 稼頭央	273	-7.1	-	-2.0	1.5	-7.7	-28.0
SS	後藤 光尊	63	0.9	-	0.4	-0.2	1.1	17.2
SS	岩﨑 達郎	20 2/3	-0.5	-	0.1	-0.3	-0.6	-29.8
SS	阿部 俊人	7	0.4	-	0.0	0.0	0.4	53.7
LF	J・ボウカー	381.1	-5.9	-1.2	0.2	-	-6.9	-18.2
LF	枡田 慎太郎	311	-2.0	-1.3	0.2	-	-3.1	-10.1
LF	牧田 明久	239.1	1.4	3.4	0.1	-	4.9	20.3
LF	松井 稼頭央	154	0.3	-1.9	0.0	-	-1.5	-9.8
LF	榎本 葵	55	0.6	0.0	0.1	-	0.6	11.2
LF	森山 周	49.1	1.8	0.3	0.0	-	2.1	43.0
LF	後藤 光尊	49	0.0	-1.0	0.0	-	-0.9	-18.3
LF	中島 俊哉	13	1.0	0.4	0.0	-	1.5	112.6
LF	島内 宏明	9	0.1	0.6	0.0	-	0.7	81.3
LF	聖澤 諒	8	0.2	0.5	0.0	-	0.7	82.0
LF	岩﨑 達郎	1	0.2	0.0	0.0	-	0.2	228.8
LF	岡島 豪郎	1	0.0	0.0	0.0	-	0.0	-0.6
CF	島内 宏明	512	-8.6	1.9	0.1	-	-6.5	-12.7
CF	聖澤 諒	478	0.4	2.9	0.0	-	3.2	6.6
CF	牧田 明久	158	-6.5	-0.3	0.0	-	-6.8	-43.0
CF	森山 周	108	3.8	2.2	0.0	-	6.1	56.2
CF	榎本 葵	15	0.6	0.0	0.1	-	0.7	43.4
RF	岡島 豪郎	1229	-10.7	2.0	0.6	-	-8.0	-6.5
RF	牧田 明久	24	0.9	0.0	0.0	-	0.9	39.2
RF	A・ジョーンズ	8	-0.2	0.0	0.0	-	-0.2	-19.5
RF	J・ボウカー	6	0.2	-0.4	0.0	-	-0.2	-34.4
RF	榎本 葵	4	0.0	-0.3	0.0	-	-0.3	-76.5

東北楽天ゴールデンイーグルス

ポジション別成績

POS	打席	打数	安打	二塁打	三塁打	本塁打	打点	犠打	犠飛	四球	故意四球	死球	三振	併殺打	失策出塁（野選）
P	23	21	1	0	0	0	1	0	0	1	0	0	8	0	0
C	554	458	108	18	0	1	41	23	5	66	1	2	117	14	8
1B	608	526	133	25	0	11	76	1	4	71	0	6	108	16	6
2B	630	563	153	16	2	0	40	44	2	18	0	3	65	13	5
3B	602	550	161	32	3	5	66	6	4	38	0	4	93	17	7
SS	582	533	141	31	1	10	58	11	4	30	0	4	125	12	1
LF	595	533	126	26	3	11	58	5	3	47	0	5	125	15	3
CF	556	490	118	14	5	4	37	14	3	44	1	1	84	9	7
RF	635	559	159	28	3	8	57	11	3	58	2	4	72	8	10
DH	564	441	100	23	0	25	77	0	5	106	5	12	137	11	1
PH	106	94	14	2	1	1	8	2	1	9	0	0	25	4	1

POS	BB%	K%	ISO	BABIP	打率	長打率	出塁率	wOBA	wRC	POS wRAA	wRC+
P	4.3%	34.8%	.000	.077	.048	.048	.091	.071	-2.3	0.0	102
C	11.9%	21.1%	.046	.310	.236	.282	.331	.297	46.5	15.1	126
1B	11.7%	17.8%	.110	.297	.253	.363	.346	.328	66.6	0.2	100
2B	2.9%	10.3%	.046	.303	.272	.318	.297	.279	43.9	-12.9	80
3B	6.3%	15.4%	.096	.342	.293	.389	.341	.334	68.5	2.3	104
SS	5.2%	21.5%	.118	.326	.265	.383	.306	.305	52.2	2.2	104
LF	7.9%	21.0%	.122	.286	.236	.358	.302	.298	50.8	-20.6	67
CF	7.9%	15.1%	.073	.281	.241	.314	.308	.292	44.5	-19.0	67
RF	9.1%	11.3%	.104	.313	.284	.388	.354	.344	77.7	3.8	106
DH	18.8%	24.3%	.222	.264	.227	.449	.387	.370	80.8	2.9	105
PH	8.5%	23.6%	.074	.188	.149	.223	.221	.214	1.9	-7.5	33

POS	守備 RNG	守備 ARM	守備 ERR	守備 DP	守備 UZR	守備 捕内外	守備 合計
C	-	-	-	-	-	-9.3	-9.3
1B	-2.6	-	5.5	-0.8	2.1		
2B	-1.8	-	4.6	-1.4	1.4		-23.0
3B	-4.1	-	-2.8	-1.4	-8.2		
SS	-18.4	-	-1.5	1.5	-18.3		
LF	-2.3	-0.3	0.8	-	-1.8		-35.9
CF	-10.4	6.6	0.4	-	-3.4		-12.9
RF	-10.7	2.2	0.7	-	-7.8		

読売ジャイアンツ　2015 主要戦力と 2014 チームスタッツ

2015 主要戦力（＊＝左投手 or 左打者　＋＝両打打者　N＝新加入　P＝有望株）

先発投手	齢
菅野 智之	26
内海 哲也＊	33
杉内 俊哉＊	35
大竹 寛	32
小山 雄輝	27
西村 健太朗	30
宮国 椋丞	23
今村 信貴＊	21
M・マイコラス ᴺ	27
江柄子 裕樹	29

リリーフ投手	齢
山口 鉄也＊	32
S・マシソン	31
澤村 拓一	27
久保 裕也	35
香月 良太	33
高木 京介＊	26
A・ポレダ＊ ᴺ	29
青木 高広＊	34
笠原 将生	24
福田 聡志	32
土田 瑞起	25
田原 誠次	26

捕手	齢
小林 誠司	26
相川 亮二 ᴺ	39
實松 一成	34
加藤 健	34
河野 元貴＊	24

一塁手	齢
阿部 慎之助＊	36
L・アンダーソン＊	33
大田 泰示	25
岡本 和真 ᴺᴾ	19

二塁手	齢
片岡 易之	32
井端 弘和	40
寺内 崇幸	32
藤村 大介＊	26

三塁手	齢
村田 修一	35
中井 大介	26

遊撃手	齢
坂本 勇人	27
井端 弘和	40

左翼手	齢
L・アンダーソン＊	33
亀井 義行＊	33
F・セペダ＋	35
矢野 謙次	35
高橋 由伸＊	40
金城 龍彦＋ ᴺ	39

中堅手	齢
橋本 到＊	25
大田 泰示	25
松本 哲也＊	31
鈴木 尚広＋	37

右翼手	齢
長野 久義	31
橋本 到＊	25
隠善 智也＊	31

守備位置別 wRC+ （Weighted Runs Created Plus）

投	捕	一塁	二塁	三塁	遊撃	左翼	中堅	右翼	指名打者
-	87	104	70	94	107	141	78	117	-

wRC+ は 100 が平均で上回るほど攻撃力がある。値は各ポジションの筆頭選手のもの(2014)

守備位置別 UZR/1000 （Ultimate Zone Rating Per 1000Innings）

投	捕	一塁	二塁	三塁	遊撃	左翼	中堅	右翼	指名打者
-	-	7.1	18.7	-4.8	18.2	-3.7	-5.1	-23.2	-

UZR/1000 は 0 が平均。値は得点換算した守備力で各ポジションの筆頭選手のもの(2014)

守備位置別 WAR （Wins Above Replacement）

投	捕	一塁	二塁	三塁	遊撃	左翼	中堅	右翼	指名打者
29.0 +マイコラス +ポレダ ほか	0.4	2.9	2.8	-0.2	5.6	1.5	0.1	0.6	-
		内野				外野			
		11.0				2.2			

WAR は 0 を控え選手レベルに置いた勝利数換算した貢献度。投手は総計、その他のポジションは筆頭選手のもの(2014)

野手成績 1

読売ジャイアンツ

選手	打席	打数	安打	二塁打	三塁打	本塁打	打点	犠打	犠飛	四球	故意四球	死球	三振	併殺打	失策出塁(野選)	得点	盗塁	盗塁刺	打率
坂本 勇人	616	545	152	29	0	16	61	9	5	55	1	2	88	3	6	82	23	5	.279
村田 修一	575	519	133	17	0	21	68	0	4	39	1	13	83	22	4	49	2	2	.256
阿部 慎之助	526	459	114	24	0	19	57	0	2	58	5	7	77	16	3	49	1	3	.248
長野 久義	523	472	140	29	1	13	62	4	2	42	0	3	75	8	4	67	8	4	.297
片岡 治大	484	429	108	16	2	6	32	23	0	29	1	3	51	14	4	54	24	7	.252
J・ロペス	407	375	91	17	0	22	57	3	5	20	0	4	66	15	4	43	1	0	.243
橋本 到	402	351	90	14	0	4	35	14	2	32	0	3	78	5	5	47	11	2	.256
L・アンダーソン	325	295	94	11	1	15	50	0	0	25	1	5	44	4	1	32	1	1	.319
亀井 善行	268	240	71	17	1	8	26	4	2	19	1	3	30	4	4	31	3	1	.296
井端 弘和	187	164	42	3	0	3	16	4	1	18	0	0	24	11	2	16	0	0	.256
F・セペダ	132	108	21	3	0	6	18	0	1	23	0	0	38	4	0	11	0	0	.194
高橋 由伸	130	112	32	4	0	6	29	0	2	14	0	2	30	0	0	8	0	0	.286
小林 誠司	121	110	28	7	0	2	14	3	0	4	0	4	26	4	2	18	0	0	.255
松本 哲也	90	80	22	1	0	0	3	4	0	4	0	2	12	0	1	14	3	1	.275
矢野 謙次	85	78	14	3	0	0	3	2	1	4	0	0	13	3	2	2	0	0	.179
大田 泰示	74	65	16	6	0	2	12	0	0	8	1	1	20	2	2	14	4	2	.246
中井 大介	52	49	10	2	1	0	3	0	0	3	0	0	13	3	0	5	1	0	.204
寺内 崇幸	41	35	7	0	0	0	4	0	0	0	0	2	10	1	0	7	4	0	.200
藤村 大介	29	27	5	1	0	0	1	0	0	2	0	0	4	0	1	5	3	0	.185
隠善 智也	29	28	9	0	0	0	0	1	0	0	0	0	5	2	0	1	1	0	.321
實松 一成	27	22	3	0	0	0	1	2	0	3	0	0	8	2	0	1	1	0	.136
鈴木 尚広	25	20	7	0	0	0	0	0	0	5	0	0	4	0	1	28	11	2	.350
横川 史学	21	19	5	1	0	1	5	0	0	2	0	0	6	0	0	1	0	0	.263
加藤 健	12	10	4	0	0	0	0	0	0	2	0	0	4	0	0	0	0	0	.400
石井 義人	6	4	1	0	0	0	1	0	1	1	0	0	3	0	0	0	0	0	.250
立岡 宗一郎	2	2	0	0	0	0	0	0	0	0	0	0	1	0	0	0	0	0	.000
鬼屋敷 正人	1	1	0	0	0	0	0	0	0	0	0	0	1	0	0	0	0	0	.000

投手成績 1

投手	登板	勝	敗	S	H	完投	完封	打者	回	安打	被本塁打	四球	敬遠	死球	三振	暴投	失点	自責点	防御率	FIP(ERA)	E-F	ERA-	FIP-
杉内 俊哉	26	10	6	0	0	1	1	654	159.1	144	18	41	0	5	145	1	59	56	3.16	3.57	-0.41	81	92
菅野 智之	23	12	5	0	0	3	0	640	158.2	138	12	36	3	2	122	6	50	41	2.33	3.16	-0.84	60	81
内海 哲也	22	7	9	0	0	2	2	603	144.2	139	11	36	1	5	105	5	51	51	3.17	3.42	-0.25	82	88
大竹 寛	22	9	6	0	0	1	0	546	129	127	13	34	2	4	79	4	60	57	3.98	3.98	0.00	102	102
小山 雄輝	16	6	2	0	0	1	0	390	93.1	85	7	28	2	3	71	5	27	25	2.41	3.44	-1.03	62	89
澤村 拓一	12	5	3	0	0	2	1	299	72.2	69	3	14	0	2	66	5	31	30	3.72	2.44	1.28	96	63
S・マシソン	64	6	6	30	8	0	0	277	65.1	59	8	23	0	1	75	5	27	26	3.58	3.45	0.13	92	89
久保 裕也	48	4	4	0	1	0	0	257	59	59	8	20	2	6	51	2	31	31	4.73	4.31	0.42	122	111
山口 鉄也	60	4	3	2	35	0	0	246	56.1	61	1	20	3	6	42	1	19	19	3.04	3.02	0.01	78	78
C・セドン	10	4	5	0	0	0	0	226	52	58	5	20	0	0	37	4	27	27	4.67	4.04	0.64	120	104
西村 健太朗	49	4	4	6	16	0	0	229	51.1	59	2	22	1	1	39	1	21	17	2.98	3.33	-0.35	77	86
笠原 将生	26	2	0	1	1	0	0	166	38	43	5	15	1	2	33	3	19	18	4.26	4.29	-0.03	110	110
香月 良太	41	3	0	2	6	0	0	148	36.1	37	1	9	1	1	19	0	18	17	4.21	3.11	1.10	108	80
今村 信貴	13	2	1	0	0	0	0	172	36.1	47	9	14	0	2	29	3	25	25	6.19	6.55	-0.36	159	169
青木 高広	38	2	2	0	9	0	0	131	33	30	1	8	0	2	15	1	9	9	2.45	3.45	-1.00	63	89
江柄子 裕樹	19	0	2	0	0	0	0	119	29	28	1	9	0	0	15	1	9	9	2.79	3.50	-0.71	72	90
高木 京介	26	0	0	0	4	0	0	116	28.1	24	4	9	1	1	26	0	15	15	4.76	4.01	0.76	123	103
田原 誠次	20	0	1	0	3	0	0	71	18.2	11	8	3	0	3	15	0	7	6	2.89	5.20	-2.31	74	134
福田 聡志	12	0	1	0	2	0	0	71	14	23	2	6	0	1	6	0	16	15	9.64	5.56	4.09	248	143
宮國 椋丞	3	1	1	0	0	0	0	64	14	22	3	3	0	1	6	2	11	10	6.43	5.84	0.59	165	150
土田 瑞起	12	1	0	0	0	0	0	56	11.2	15	3	6	1	0	8	0	10	10	7.71	6.31	1.40	199	162
阿南 徹	4	0	0	0	0	0	0	24	5	7	3	0	0	4	3	0	3	3	5.40	5.86	-0.46	139	151
須永 英輝	1	0	0	0	0	0	0	5	0.1	3	0	1	0	0	0	0	3	3	81.00	12.06	68.94	2084	310

野手成績 2

選手	打席	BB%	K%	BB/K	ゴロ%	フライ%	IF/F	HR/OF	ISO	BABIP	打率/出塁率/長打率	wOBA	wRC	wRAA	wSB	UBR	Spd	wRC+	本拠地打席	PF-wOBA補正
坂本 勇人	616	8.9%	14.3%	0.63	37.2%	55.4%	9.2%	6.8%	.141	.305	.279/.344/.420	.345	72.5	4.7	1.6	3.1	4.7	107	267	.000
村田 修一	575	6.8%	14.4%	0.47	40.5%	50.9%	12.1%	10.7%	.154	.267	.256/.322/.410	.328	59.6	-3.7	-0.4	-6.6	1.3	94	246	.000
阿部 慎之助	526	11.0%	14.6%	0.75	43.8%	48.7%	13.4%	11.7%	.176	.260	.248/.340/.425	.341	60.0	2.2	-0.9	-6.3	1.2	104	226	.000
長野 久義	523	8.0%	14.3%	0.56	52.9%	40.0%	8.7%	8.9%	.148	.329	.297/.356/.445	.359	67.5	10.0	-0.2	2.3	3.6	117	215	.000
片岡 治大	484	6.0%	10.5%	0.57	48.4%	43.6%	9.1%	3.8%	.089	.274	.252/.304/.340	.294	37.2	-16.1	1.1	2.1	5.7	70	214	.000
J・ロペス	407	4.9%	16.2%	0.30	40.7%	53.9%	12.9%	14.8%	.221	.236	.243/.285/.464	.331	43.4	-1.4	0.1	1.8	1.7	97	183	.000
橋本 到	402	8.0%	19.4%	0.41	47.4%	55.7%	7.6%	4.1%	.074	.317	.256/.322/.330	.305	34.4	-9.8	1.9	-0.5	4.3	78	165	.000
L・アンダーソン	325	7.7%	13.5%	0.57	49.4%	44.6%	13.4%	15.5%	.197	.335	.319/.382/.515	.391	50.3	14.5	-0.2	-1.7	1.6	141	136	.000
亀井 善行	268	7.1%	11.2%	0.63	44.7%	44.7%	14.6%	8.5%	.179	.309	.296/.352/.475	.374	37.8	8.3	0.1	-0.2	3.3	128	95	.000
井端 弘和	187	9.6%	12.8%	0.75	64.1%	27.6%	20.0%	9.4%	.073	.283	.256/.328/.329	.305	15.9	-4.6	0.0	0.0	0.9	77	79	.000
F・セペダ	132	17.4%	28.8%	0.61	56.3%	42.3%	3.3%	20.7%	.194	.231	.194/.333/.389	.324	13.3	-1.3	0.0	-0.1	0.3	91	75	.000
高橋 由伸	130	10.8%	23.1%	0.47	57.1%	34.5%	0.0%	20.7%	.196	.333	.286/.369/.482	.369	17.8	3.5	0.0	-0.5	0.1	124	67	.000
小林 誠司	121	3.3%	21.5%	0.15	56.3%	39.1%	11.8%	6.7%	.118	.317	.255/.305/.373	.318	11.6	-1.7	0.0	-1.1	2.5	87	50	.000
松本 哲也	90	4.4%	13.3%	0.33	68.1%	26.4%	5.3%	0.0%	.013	.324	.275/.326/.288	.287	6.4	-3.5	0.0	-1.8	4.6	65	39	.000
矢野 謙次	85	4.7%	15.3%	0.31	50.0%	44.1%	6.7%	0.0%	.038	.212	.179/.217/.218	.220	1.4	-7.9	0.0	-0.1	0.2	15	31	.000
大田 泰示	74	10.8%	27.0%	0.40	46.7%	51.1%	8.7%	9.5%	.185	.326	.246/.338/.431	.364	9.8	1.7	0.0	0.4	5.3	121	27	.000
中井 大介	52	5.8%	25.0%	0.23	52.8%	38.9%	7.1%	0.0%	.082	.278	.204/.250/.286	.241	1.8	-4.0	-0.1	-1.3	5.9	31	38	-.001
寺内 崇幸	41	0.0%	24.4%	0.00	62.1%	27.6%	12.5%	0.0%	.000	.280	.200/.243/.200	.203	0.1	-4.4	0.6	0.5	6.1	3	17	.000
藤村 大介	29	6.9%	13.8%	0.50	52.2%	39.1%	11.1%	0.0%	.037	.217	.185/.241/.222	.247	1.1	-2.1	0.4	0.3	6.0	35	11	.000
隠善 智也	29	0.0%	17.2%	0.00	62.5%	29.2%	42.9%	0.0%	.000	.391	.321/.321/.321	.278	1.9	-1.3	0.1	0.4	1.8	58	14	.000
實松 一成	27	11.1%	29.6%	0.38	43.8%	43.8%	14.3%	0.0%	.000	.214	.136/.240/.136	.187	-0.3	-3.2	0.1	0.4	2.4	-9	13	.000
鈴木 尚広	25	20.0%	16.0%	1.25	50.0%	43.8%	14.3%	0.0%	.000	.438	.350/.480/.350	.419	4.4	1.7	0.9	1.1	6.5	161	5	.000
横川 史学	21	9.5%	28.6%	0.33	53.8%	23.1%	0.0%	33.3%	.211	.333	.263/.333/.474	.352	2.6	0.3	0.0	0.0	1.7	112	10	.000
加藤 健	12	16.7%	33.3%	0.50	50.0%	50.0%	33.3%	0.0%	.000	.667	.400/.500/.400	.404	2.0	0.7	0.0	-0.2	0.6	150	8	.000
石井 義人	6	16.7%	50.0%	0.33	0.0%	100%	0.0%	0.0%	.000	.500	.250/.333/.250	.260	0.3	-0.4	0.0	0.0	0.1	44	3	.000
立岡 宗一郎	2	0.0%	50.0%	0.00	100%	0.0%	0.0%	0.0%	.000	.000	.000/.000/.000	.000	-0.3	-0.5	0.0	0.0	0.1	-146	0	.000
鬼屋敷 正人	1	0.0%	100%	0.00	0.0%	0.0%	0.0%	0.0%	.000	-	.000/.000/.000	.000	-0.2	-0.3	0.0	0.0	0.1	-146	0	.000

投手成績 2

選手	打者	K%	BB%	K-BB%	ゴロ%	フライ%	ライナー%	IF/F	HR/OF	ゴロアウト	フライアウト	xFIP(RA)	tERA-PF	tRA-PF	xFIP-	tRA-	本拠地打席	PF-tRA補正
杉内 俊哉	654	22.2%	6.3%	15.9%	41.3%	51.8%	6.9%	14.2%	8.7%	78.5%	64.4%	3.87	3.34	3.77	90	87	274	0.178
菅野 智之	640	19.1%	5.6%	13.5%	59.6%	32.7%	7.7%	14.0%	8.9%	76.9%	62.6%	3.49	2.78	3.20	81	74	249	0.165
内海 哲也	603	17.4%	6.0%	11.4%	55.4%	37.6%	7.0%	9.3%	7.1%	77.5%	58.6%	3.98	3.16	3.53	92	83	285	0.200
大竹 寛	546	14.5%	6.2%	8.3%	52.6%	40.2%	7.2%	7.6%	8.2%	77.3%	67.1%	4.37	3.91	4.34	101	101	261	0.203
小山 雄輝	390	18.2%	7.2%	11.0%	50.3%	42.4%	7.3%	8.2%	6.3%	75.9%	66.7%	4.14	3.33	3.76	96	87	231	0.251
澤村 拓一	299	22.1%	4.7%	17.4%	47.9%	41.9%	10.1%	12.1%	3.8%	76.0%	64.9%	3.47	2.47	2.90	80	67	126	0.179
S・マシソン	277	27.1%	8.3%	18.8%	49.2%	42.9%	7.9%	15.8%	10.9%	70.1%	66.7%	3.31	2.80	3.22	77	75	131	0.201
久保 裕也	257	19.8%	7.8%	12.0%	55.6%	40.0%	4.4%	12.5%	12.7%	74.0%	65.5%	4.08	3.78	4.20	95	98	79	0.130
山口 鉄也	246	17.1%	8.1%	9.0%	58.4%	34.8%	6.7%	17.7%	6.2%	70.2%	54.0%	4.16	2.57	2.99	96	69	103	0.178
西村 健太朗	229	17.0%	9.6%	7.4%	59.9%	29.3%	10.8%	16.3%	4.9%	75.0%	56.4%	4.08	3.05	3.48	95	81	97	0.180
C・セドン	226	16.4%	8.8%	7.6%	43.8%	48.5%	7.7%	7.3%	6.6%	68.9%	71.8%	4.73	4.05	4.48	110	104	155	0.291
今村 信貴	172	11.0%	8.1%	2.9%	46.4%	43.5%	10.1%	5.0%	15.8%	76.6%	68.8%	5.39	6.89	7.32	125	170	60	0.148
笠原 将生	166	19.9%	9.0%	10.9%	42.7%	51.3%	6.0%	11.7%	9.6%	76.0%	53.2%	4.43	4.05	4.47	103	104	87	0.222
香月 良太	148	12.8%	6.1%	6.7%	54.6%	41.2%	4.2%	6.1%	2.2%	70.8%	66.7%	4.49	2.94	3.37	104	78	63	0.181
青木 高広	131	11.5%	6.1%	5.4%	60.4%	30.2%	9.4%	12.5%	3.6%	85.9%	59.3%	4.37	3.27	3.69	101	86	50	0.162
江柄子 裕樹	119	12.6%	7.6%	5.0%	44.7%	44.7%	10.6%	2.4%	2.4%	81.0%	77.5%	4.95	4.25	4.68	115	108	40	0.143
高木 京介	116	22.4%	7.8%	14.6%	38.8%	51.3%	10.0%	7.3%	10.5%	74.2%	79.4%	3.99	4.46	4.89	93	113	48	0.175
福田 聡志	71	8.5%	8.5%	0.0%	46.6%	46.6%	6.9%	18.5%	9.1%	55.6%	70.0%	5.76	4.95	5.37	133	125	4	0.024
田原 誠次	71	21.1%	4.2%	16.9%	50.0%	44.0%	6.0%	18.2%	22.2%	92.0%	71.4%	3.84	4.77	5.19	89	120	30	0.179
宮國 椋丞	64	9.4%	4.7%	4.7%	46.3%	48.1%	5.6%	11.5%	13.0%	76.0%	50.0%	5.19	5.67	6.09	120	141	0	0.000
土田 瑞起	56	14.3%	10.7%	3.6%	42.9%	47.6%	9.5%	15.0%	17.6%	77.8%	71.4%	4.91	6.15	6.57	114	152	38	0.288
阿南 徹	24	16.7%	12.5%	4.2%	47.1%	35.3%	17.6%	16.7%	20.0%	62.5%	75.0%	4.72	6.32	6.74	110	156	0	0.000
須永 英輝	5	0.0%	20.0%	-20.0%	50.0%	50.0%	0.0%	0.0%	50.0%	0.0%	-	18.69	6.08	6.51	433	151	0	0.000

守備成績

位置	選手名	試合	INN	盗塁 企図	盗塁 許	盗塁 刺	阻止率	捕逸	守備得点
C	阿部 慎之助	111	892	66	48	18	27.3%	3	4.8
C	小林 誠司	58	312	12	7	5	41.7%	2	-0.5
C	實松 一成	13	70.1	5	5	0	0.0%	0	-2.2
C	加藤 健	6	29	2	2	0	0.0%	0	-0.1
C	鬼屋敷 正人	1	3	1	1	0	0.0%	0	-1.1

位置	選手名	INN イニング	RNG 範囲	ARM 肩	ERR 失策	DP 併殺	UZR	UZR/1000
1B	J・ロペス	874.1	1.7	-	-2.1	0.3	0.0	0.0
1B	L・アンダーソン	191.1	-1.8	-	-0.6	-0.4	-2.8	-14.4
1B	阿部 慎之助	170	0.4	-	1.0	-0.2	1.2	7.1
1B	井端 弘和	26.1	1.0	-	0.1	0.0	1.2	45.2
1B	中井 大介	16.1	0.0	-	0.1	-0.4	-0.3	-18.3
1B	横川 史学	10.2	0.0	-	0.0	-0.2	-0.2	-16.3
1B	大田 泰示	6	0.0	-	0.1	0.0	0.0	6.7
1B	亀井 善行	5	0.0	-	0.0	0.0	0.0	4.8
1B	村田 修一	3.1	0.0	-	0.0	0.0	0.0	0.0
1B	石井 義人	2	0.0	-	0.0	0.0	0.0	0.0
1B	高橋 由伸	1	0.0	-	0.0	0.0	0.0	0.0
2B	片岡 治大	979.2	15.5	-	1.2	1.7	18.4	18.7
2B	井端 弘和	238.1	-3.0	-	0.7	-0.6	-3.0	-12.4
2B	寺内 崇幸	49.1	0.7	-	-0.4	0.3	0.6	11.9
2B	藤村 大介	38	-1.0	-	-0.5	0.3	-1.2	-31.9
2B	亀井 善行	1	-0.5	-	0.0	0.0	-0.5	-504.1
3B	村田 修一	1205	-7.5	-	2.0	-0.3	-5.8	-4.8
3B	井端 弘和	47.2	1.4	-	0.3	0.3	2.0	42.7
3B	寺内 崇幸	35.2	1.2	-	0.5	0.0	1.6	45.5
3B	中井 大介	8	-0.1	-	0.1	0.0	0.0	-4.4
3B	J・ロペス	7	0.2	-	0.1	0.0	0.3	37.8
3B	藤村 大介	3	-0.2	-	0.0	0.0	-0.2	-68.4
SS	坂本 勇人	1231.2	22.9	-	1.2	-1.6	22.5	18.2
SS	井端 弘和	59.2	-1.8	-	0.3	-0.1	-1.5	-25.3
SS	寺内 崇幸	15	0.4	-	0.1	0.0	0.5	31.8

位置	選手名	INN イニング	RNG 範囲	ARM 肩	ERR 失策	DP 併殺	UZR	UZR/1000
LF	L・アンダーソン	410.2	-5.1	3.3	0.2	-	-1.5	-3.7
LF	亀井 善行	259	0.4	2.3	0.1	-	2.9	11.2
LF	F・セペダ	157.1	-7.1	-3.6	0.1	-	-10.6	-67.4
LF	高橋 由伸	146	-2.9	-2.2	0.1	-	-5.0	-34.5
LF	矢野 謙次	104.1	3.5	-0.7	0.1	-	2.8	26.7
LF	鈴木 尚広	70	-0.5	0.3	0.0	-	-0.1	-1.3
LF	中井 大介	63	0.2	0.3	-0.4	-	-0.3	-4.1
LF	松本 哲也	51.2	-1.8	1.4	0.0	-	-0.4	-7.5
LF	大田 泰示	26.1	0.6	0.7	0.0	-	1.3	49.9
LF	隠善 智也	15	0.4	0.8	0.0	-	1.2	78.8
LF	立岡 宗一郎	1.2	0.0	0.0	0.0	-	0.0	0.0
LF	横川 史学	1.1	0.0	0.0	0.0	-	0.0	0.0
CF	橋本 到	569.1	-3.5	0.4	0.1	-	-2.9	-5.1
CF	長野 久義	394.2	-6.5	0.8	0.1	-	-5.6	-14.2
CF	松本 哲也	161	-1.6	-1.3	0.0	-	-2.9	-17.9
CF	大田 泰示	140	2.1	-1.8	0.0	-	0.3	2.1
CF	鈴木 尚広	32.1	-2.1	0.5	0.0	-	-1.5	-47.3
CF	藤村 大介	9	-0.8	-0.5	0.0	-	-1.3	-138.9
RF	長野 久義	659.1	-12.0	-2.2	-1.1	-	-15.3	-23.2
RF	橋本 到	282	2.1	-0.5	0.2	-	1.8	6.4
RF	亀井 善行	267	-2.1	0.8	0.1	-	-1.2	-4.4
RF	隠善 智也	49	0.5	0.2	0.0	-	0.7	13.6
RF	横川 史学	16	-0.6	0.0	0.0	-	-0.6	-34.8
RF	高橋 由伸	15	0.4	0.0	0.0	-	0.5	31.2
RF	中井 大介	9	0.2	-0.4	0.0	-	-0.2	-18.6
RF	矢野 謙次	6	0.3	0.0	0.0	-	0.3	47.8
RF	立岡 宗一郎	2	0.0	0.0	0.0	-	0.0	0.0
RF	松本 哲也	1	0.0	0.0	0.0	-	0.0	0.0

ポジション別成績

POS	打席	打数	安打	二塁打	三塁打	本塁打	打点	犠打	犠飛	四球	故意四球	死球	三振	併殺打	失策出塁(野選)
P	290	243	29	2	1	0	14	40	0	7	0	0	109	1	1
C	586	514	125	26	0	18	59	5	2	57	5	8	96	17	5
1B	595	536	136	23	0	30	81	4	5	40	0	10	92	20	5
2B	623	549	137	19	2	8	40	27	1	43	1	3	66	20	5
3B	610	549	138	16	0	23	71	2	4	41	1	14	88	26	5
SS	642	571	157	28	0	16	63	9	5	55	1	2	95	5	6
LF	615	555	155	20	1	17	65	3	1	51	1	5	115	9	5
CF	587	528	149	32	1	10	61	8	2	44	1	5	102	11	11
RF	629	556	160	29	1	12	63	16	4	49	1	4	96	7	2
DH	45	35	6	3	0	1	5	0	0	10	0	0	10	3	0
PH	258	226	56	9	1	9	48	3	4	22	3	3	54	5	2

POS	BB%	K%	ISO	BABIP	打率	長打率	出塁率	wOBA	wRC	POS wRAA	wRC+	守備 RNG	守備 ARM	守備 ERR	守備 DP	守備 UZR	守備 捕内外	守備 合計
P	2.4%	37.6%	.016	.216	.119	.136	.144	.131	-16.0	-1.3	96							
C	9.7%	16.4%	.156	.266	.243	.399	.327	.327	60.6	20.5	132	-					1.0	1.0
1B	6.7%	15.5%	.211	.253	.254	.465	.315	.346	70.3	-5.4	92	1.3	-	-1.3	-0.8	-0.8		
2B	6.9%	10.6%	.086	.271	.250	.335	.307	.294	47.6	-22.2	68	11.6	-	1.0	1.7	14.3	32.8	-4.8
3B	6.7%	14.4%	.155	.260	.251	.406	.317	.325	61.8	-5.7	92	-5.1	-	3.0	0.0	-2.1		
SS	8.6%	14.8%	.133	.303	.275	.408	.338	.337	71.2	7.4	111	21.5	-	1.6	-1.7	21.4		
LF	8.3%	18.7%	.132	.325	.279	.411	.345	.340	69.9	-19.3	71	-12.2	2.5	0.0	-	-9.7	-37.6	
CF	7.5%	17.4%	.121	.333	.282	.403	.342	.347	70.2	5.5	109	-12.4	-1.8	0.3	-	-13.9		
RF	7.8%	15.3%	.127	.327	.288	.408	.347	.336	69.2	1.2	102	-11.0	-2.2	-0.7	-	-14.0		
DH	22.2%	22.2%	.171	.208	.171	.343	.356	.327	4.6	0.5	110							
PH	8.5%	20.9%	.168	.281	.248	.416	.318	.328	26.8	1.0	104							

阪神タイガース 2015 主要戦力と2014 チームスタッツ

Sabermetrics Report part 4

2015 主要戦力（＊＝左投手 or 左打者　＋＝両打打者　N＝新加入　P＝有望株）

先発投手	齢
R・メッセンジャー	34
藤浪 晋太郎	21
能見 篤史＊	36
岩田 稔＊	32
岩崎 優＊	24
岩貞 祐太＊	24
秋山 拓巳	24
岩本 輝	23
金田 和之	25
歳内 宏明	22

リリーフ投手	齢
呉 昇桓	33
安藤 優也	38
福原 忍	39
加藤 康介＊	37
松田 遼馬	21
筒井 和也＊	34
榎田 大樹＊	29
鶴 直人	28
高宮 和也＊	34
渡辺 亮	33
伊藤 和雄	26

捕手	齢
梅野 隆太郎	24
鶴岡 一成	38
藤井 彰人	39
清水 誉	31

一塁手	齢
M・ゴメス	31
新井 良太	32
坂 克彦＊	30
関本 賢太郎	37

二塁手	齢
上本 博紀	29
西岡 剛＋	31
荒木 郁也＊	27

三塁手	齢
西岡 剛＋	31
新井 良太	32
今成 亮太＊	28
坂 克彦＊	30
陽川 尚将	24
関本 賢太郎	37

遊撃手	齢
鳥谷 敬＊	34
西岡 剛＋	31

左翼手	齢
M・マートン	34
俊介	28

中堅手	齢
大和	28
伊藤 隼太＊	26
俊介	28
柴田 講平＊	29
江越 大賀 N P	22

右翼手	齢
福留 孝介＊	38
伊藤 隼太＊	26
今成 亮太＊	28
緒方 凌介＊	25
田上 健一＊	28

守備位置別 wRC+（Weighted Runs Created Plus）

投	捕	一塁	二塁	三塁	遊撃	左翼	中堅	右翼	指名打者
-	56	143	119	108	138	150	78	103	-

wRC+ は 100 が平均で上回るほど攻撃力がある。値は各ポジションの筆頭選手のもの（2014）

守備位置別 UZR/1000（Ultimate Zone Rating Per 1000Innings）

投	捕	一塁	二塁	三塁	遊撃	左翼	中堅	右翼	指名打者
-	-	-15.6	-3.8	-20.6	-6.3	-6.4	19.2	12.9	-

UZR/1000 は 0 が平均。値は得点換算した守備力で各ポジションの筆頭選手のもの（2014）

守備位置別 WAR（Wins Above Replacement）

投	捕	一塁	二塁	三塁	遊撃	左翼	中堅	右翼	指名打者
27.1	0.4	1.9	4.1	-0.3	4.7	3.6	2.5	1.8	-
		内野 10.4				外野 7.9			

WAR は 0 を控え選手レベルに置いた勝利数換算した貢献度。投手は総計、その他のポジションは筆頭選手のもの（2014）

野手成績 1

選手	打席	打数	安打	二塁打	三塁打	本塁打	打点	犠打	犠飛	四球	故意四球	死球	三振	併殺打	失策出塁(野選)	得点	盗塁	盗塁刺	打率
鳥谷 敬	644	550	172	28	2	8	73	1	4	87	3	2	80	14	7	96	10	6	.313
M・ゴメス	616	537	152	30	2	26	109	0	4	67	0	8	166	17	4	81	1	0	.283
上本 博紀	600	515	142	28	5	7	38	7	2	70	0	6	97	7	5	90	20	10	.276
M・マートン	591	532	180	32	0	14	84	0	6	46	4	7	64	19	8	58	2	5	.338
大和	481	398	105	17	1	1	24	50	1	28	1	4	52	7	3	54	11	7	.264
福留 孝介	367	312	79	8	0	9	34	3	4	47	0	1	48	11	3	20	1	1	.253
今成 亮太	362	332	86	15	0	4	24	9	0	18	1	3	48	9	5	34	2	3	.259
梅野 隆太郎	265	249	49	13	2	7	21	2	2	10	0	2	78	7	2	23	0	1	.197
新井 良太	196	173	51	9	0	7	34	1	2	17	1	3	48	1	1	19	0	0	.295
新井 貴浩	194	176	43	6	0	3	31	0	1	15	2	2	33	6	2	13	0	0	.244
鶴岡 一成	163	154	34	5	1	0	12	4	1	3	0	1	30	10	1	10	0	0	.221
伊藤 隼太	131	119	35	6	1	2	16	1	3	7	0	1	26	1	2	13	1	0	.294
俊介	119	102	21	4	0	6	6	6	0	10	1	1	12	3	1	13	2	1	.206
坂 克彦	78	63	13	3	0	0	6	3	2	10	1	0	21	0	1	16	0	0	.206
藤井 彰人	73	65	14	3	0	0	5	0	1	7	1	0	10	3	2	5	0	0	.215
緒方 凌介	69	57	14	2	0	2	5	2	0	8	1	2	14	0	1	7	2	1	.246
関本 賢太郎	66	50	13	4	0	1	15	1	1	13	1	1	16	3	0	3	0	0	.260
西岡 剛	46	38	9	3	1	0	4	1	0	7	0	0	6	0	0	6	0	1	.237
田上 健一	43	39	9	1	0	1	2	1	0	3	0	0	7	1	0	15	3	0	.231
柴田 講平	40	39	7	1	0	1	1	0	0	1	0	0	7	0	0	6	0	0	.179
清水 誉	32	28	3	1	0	0	2	1	0	2	0	1	8	0	1	4	0	0	.107
狩野 恵輔	26	24	7	1	0	1	5	1	0	0	0	1	2	0	2	2	0	0	.292
荒木 郁也	9	8	1	0	0	0	1	0	0	0	0	0	3	0	0	0	0	1	.125
日高 剛	0	-	-	-	-	-	-	-	-	-	-	-	-	-	-	0	0	0	-

投手成績 1

投手	登板	勝	敗	S	H	完投	完封	打者	回	安打	被本塁打	四球	敬遠	死球	三振	暴投	失点	自責点	防御率	FIP(ERA)	E-F	ERA-	FIP-
R・メッセンジャー	31	13	10	0	0	3	3	872	208.1	188	14	69	0	8	226	8	81	74	3.20	2.87	0.33	82	74
能見 篤史	26	9	13	0	0	3	1	720	169.1	170	16	48	0	3	151	9	81	75	3.99	3.40	0.58	103	88
藤浪 晋太郎	25	11	8	0	0	2	0	704	163	150	6	64	0	11	172	6	79	64	3.53	2.80	0.73	91	72
岩田 稔	22	9	8	0	0	1	0	601	148.2	123	13	43	1	2	116	6	50	42	2.54	3.52	-0.98	65	91
岩崎 優	17	5	4	0	0	0	0	379	90	85	6	26	3	4	76	1	37	35	3.50	3.13	0.37	90	81
呉 昇桓	64	2	4	39	5	0	0	258	66.2	41	5	13	2	1	81	7	18	13	1.76	2.14	-0.39	45	55
金田 和之	40	5	1	0	0	0	0	264	62.1	65	4	20	1	0	41	6	27	25	3.61	3.91	-0.30	93	101
福原 忍	60	4	6	0	38	0	0	224	53.1	55	8	13	0	2	47	1	24	24	4.05	4.09	-0.04	104	105
安藤 優也	53	6	2	0	23	0	0	206	47.1	53	2	16	2	0	41	2	21	20	3.80	2.76	1.04	98	71
榎田 大樹	24	2	1	0	2	0	0	216	44.2	60	2	20	0	6	42	3	38	35	7.05	3.50	3.55	181	90
筒井 和也	28	0	0	0	2	0	0	146	34	31	2	14	0	1	33	2	22	19	5.03	3.20	1.83	129	82
岩貞 祐太	6	1	4	0	0	0	0	127	29.1	24	2	15	0	0	21	0	18	15	4.60	4.04	0.56	118	104
鶴 直人	19	3	1	0	0	0	0	119	26.2	27	5	14	0	1	12	1	15	15	5.06	6.28	-1.22	130	162
歳内 宏明	13	1	3	0	0	0	0	103	24	23	3	10	0	1	25	0	19	18	6.75	3.97	2.78	174	102
加藤 康介	32	3	0	0	10	0	0	115	23.2	31	2	10	2	2	15	1	12	12	4.56	4.15	0.41	117	107
高宮 和也	22	1	0	0	2	0	0	78	18.2	18	3	3	0	1	14	1	7	6	2.89	4.29	-1.40	74	110
二神 一人	11	0	2	0	1	0	0	70	14.1	25	2	3	0	0	13	0	14	14	8.79	3.68	5.11	226	95
渡辺 亮	14	0	0	0	1	0	0	64	14	12	2	11	0	0	7	1	10	7	4.50	6.27	-1.77	116	161
伊藤 和雄	6	1	0	0	0	0	0	45	10	8	1	8	0	0	11	0	7	7	6.30	4.56	1.74	162	117
建山 義紀	8	0	0	0	0	0	0	31	7.1	9	0	1	0	3	3	0	3	3	3.68	3.06	0.63	95	79
秋山 拓巳	3	0	1	0	0	0	0	42	6.2	18	3	4	0	0	5	0	16	15	20.25	9.21	11.04	521	237
小嶋 達也	6	0	0	0	0	0	0	32	5.2	11	0	3	0	0	9	2	9	9	14.29	1.47	12.83	368	38
玉置 隆	5	0	0	0	1	0	0	19	4.2	4	1	0	0	8	0	0	2	2	3.86	3.06	0.80	99	79
松田 遼馬	6	0	0	0	4	0	0	19	4.2	3	0	2	0	0	3	1	1	1	1.93	3.06	-1.13	50	79
岩本 輝	4	0	0	0	0	0	0	16	3.2	3	0	0	0	1	1	0	2	2	4.91	4.15	0.76	126	107
山本 翔也	2	0	0	0	0	0	0	6	1	3	0	0	0	0	1	0	1	1	9.00	1.06	7.94	232	27

野手成績 2

選手	打席	BB%	K%	BB/K	ゴロ%	フライ%	IF/F	HR/OF	ISO	BABIP	打率/出塁率/長打率	wOBA	wRC	wRAA	wSB	UBR	Spd	wRC+	本拠地打席	PF-wOBA補正
鳥谷 敬	644	13.5%	12.4%	1.09	52.6%	37.1%	4.0%	4.7%	.102	.352	.313/.406/.415	.388	97.8	27.0	-0.6	1.7	3.9	138	272	-.013
M・ゴメス	616	10.9%	26.9%	0.40	37.3%	54.9%	18.0%	15.4%	.209	.361	.283/.369/.492	.394	96.7	28.9	0.1	-0.5	2.6	143	257	-.013
上本 博紀	600	11.7%	16.2%	0.72	41.2%	51.3%	3.2%	3.3%	.115	.327	.276/.368/.390	.361	78.4	12.4	-0.6	3.7	5.9	119	257	-.013
M・マートン	591	7.8%	10.8%	0.72	50.2%	41.4%	5.6%	7.6%	.139	.361	.338/.394/.477	.404	97.7	32.7	-1.5	-1.9	1.3	150	254	-.013
大和	481	5.8%	10.8%	0.54	54.4%	38.8%	13.0%	0.7%	.055	.301	.264/.318/.319	.306	41.3	-11.6	-0.9	1.3	4.4	78	218	-.014
福留 孝介	367	12.8%	13.1%	0.98	45.6%	45.2%	13.9%	7.6%	.112	.270	.253/.349/.365	.340	41.7	1.3	-0.2	0.9	0.7	103	153	-.013
今成 亮太	362	5.0%	13.3%	0.38	54.3%	39.9%	9.4%	3.8%	.081	.293	.259/.303/.340	.310	32.3	-7.5	-0.8	1.2	2.1	81	133	-.011
梅野 隆太郎	265	3.8%	29.4%	0.13	46.9%	47.4%	16.9%	10.1%	.153	.253	.197/.232/.349	.275	16.3	-12.9	-0.4	0.7	3.3	56	113	-.013
新井 良太	196	8.7%	24.5%	0.35	42.2%	47.7%	13.1%	13.2%	.173	.367	.295/.364/.468	.377	28.2	6.6	0.0	0.1	0.7	131	73	-.012
新井 貴浩	194	7.7%	17.0%	0.45	51.0%	40.7%	13.6%	5.9%	.085	.284	.244/.309/.330	.307	16.9	-4.5	0.0	-0.2	0.6	79	96	-.015
鶴岡 一成	163	1.8%	18.4%	0.10	56.6%	37.2%	16.7%	0.0%	.045	.272	.221/.239/.266	.242	5.6	-12.3	0.0	0.0	2.2	31	68	-.013
伊藤 隼太	131	5.3%	19.8%	0.27	44.3%	49.5%	14.6%	4.9%	.118	.351	.294/.331/.412	.345	15.5	1.1	0.1	0.0	3.5	108	36	-.009
俊介	119	8.4%	10.1%	0.83	58.3%	37.5%	5.6%	2.9%	.069	.225	.206/.283/.275	.274	7.1	-6.0	-0.1	-2.0	3.5	54	50	-.013
坂 克彦	78	12.8%	26.9%	0.48	53.2%	36.2%	17.6%	0.0%	.048	.295	.206/.307/.254	.288	5.6	-3.0	0.0	1.9	2.6	65	36	-.014
藤井 彰人	73	9.6%	13.7%	0.70	55.4%	37.5%	14.3%	0.0%	.046	.250	.215/.288/.262	.285	5.0	-3.0	0.0	0.0	1.0	63	29	-.012
緒方 凌介	69	11.6%	20.3%	0.57	53.3%	44.4%	20.0%	12.5%	.140	.293	.246/.358/.386	.345	8.1	0.5	-0.1	-0.4	2.7	107	35	-.016
関本 賢太郎	66	19.7%	24.2%	0.81	52.8%	36.1%	0.0%	7.7%	.140	.353	.260/.415/.400	.378	9.5	2.3	0.0	0.8	0.1	131	28	-.013
西岡 剛	46	15.2%	13.0%	1.17	21.2%	69.7%	13.0%	0.0%	.132	.281	.237/.356/.368	.346	5.4	0.4	-0.4	-2.1	5.2	108	22	-.015
田上 健一	43	7.0%	16.3%	0.43	54.5%	30.3%	0.0%	0.0%	.026	.281	.231/.286/.256	.263	2.2	-2.5	0.4	0.3	5.4	47	23	-.017
柴田 講平	40	2.5%	17.5%	0.14	68.8%	28.1%	0.0%	0.0%	.026	.219	.179/.200/.205	.197	-0.1	-4.5	0.0	0.2	2.6	-2	21	-.016
清水 誉	32	6.3%	25.0%	0.25	52.4%	38.1%	12.5%	0.0%	.036	.150	.107/.194/.143	.208	0.2	-3.3	0.0	0.2	2.6	6	10	-.010
狩野 恵輔	26	0.0%	7.7%	0.00	45.8%	45.8%	27.3%	12.5%	.167	.273	.292/.280/.458	.408	4.4	1.5	0.0	0.4	0.6	153	18	-.022
荒木 郁也	9	0.0%	22.2%	0.00	71.4%	28.6%	0.0%	0.0%	.000	.167	.125/.125/.125	.119	-0.6	-1.6	-0.4	-0.4	2.5	-59	3	-.010
日高 剛	0	-	-	-	-	-	-	-	-	-	-	.000	0.0	0.0	0.0	0.1	0.0	100	0	-

投手成績 2

選手	打者	K%	BB%	K-BB%	ゴロ%	フライ%	ライナー%	IF/F	HR/OF	ゴロアウト	フライアウト	xFIP(RA)	tERA-PF	tRA-PF	xFIP-	tRA-	本拠地打席	PF-tRA補正
R・メッセンジャー	872	25.9%	7.9%	18.0%	49.6%	39.9%	10.5%	11.9%	7.0%	70.2%	69.9%	3.42	3.22	3.64	79	84	411	-0.270
能見 篤史	720	21.0%	6.7%	14.3%	49.4%	42.9%	7.7%	13.5%	8.3%	71.9%	68.2%	3.78	3.54	3.97	88	92	312	-0.248
藤浪 晋太郎	704	24.4%	9.1%	15.3%	53.8%	41.6%	4.6%	9.5%	3.5%	68.0%	64.5%	3.85	2.79	3.22	89	75	278	-0.226
岩田 稔	601	19.3%	7.2%	12.1%	57.4%	35.1%	7.5%	9.7%	9.4%	77.5%	67.5%	3.78	3.69	4.11	88	95	304	-0.290
岩崎 優	379	20.1%	6.9%	13.2%	37.4%	54.2%	8.4%	12.8%	4.7%	73.5%	66.7%	4.18	3.75	4.18	97	97	183	-0.277
金田 和之	264	15.5%	7.6%	7.9%	54.2%	37.4%	8.4%	5.3%	8.3%	66.4%	72.7%	4.28	4.40	4.83	99	112	121	-0.263
呉 昇桓	258	31.4%	5.0%	26.4%	35.6%	60.1%	4.3%	17.3%	6.2%	67.2%	78.9%	2.85	2.25	2.67	66	62	129	-0.287
福原 忍	224	21.0%	5.8%	15.2%	40.1%	55.6%	4.3%	5.6%	9.4%	66.2%	72.7%	4.22	4.51	4.94	98	115	93	-0.238
榎田 大樹	216	19.4%	9.3%	10.1%	42.2%	39.9%	8.1%	11.9%	3.8%	63.6%	58.0%	4.56	3.70	4.12	106	96	120	-0.318
安藤 優也	206	19.9%	7.8%	12.1%	55.0%	36.9%	8.1%	10.9%	4.1%	73.2%	59.6%	3.71	3.03	3.46	86	80	77	-0.214
筒井 和也	146	22.6%	9.6%	13.0%	35.7%	56.1%	8.2%	5.5%	3.8%	80.0%	64.0%	4.45	3.92	4.34	103	101	49	-0.192
岩貞 祐太	127	16.5%	11.8%	4.7%	50.5%	41.8%	7.7%	2.6%	5.4%	78.3%	68.6%	4.89	4.50	4.92	114	114	35	-0.158
鶴 直人	119	10.1%	11.8%	-1.7%	40.2%	47.8%	12.0%	6.8%	12.2%	81.1%	77.8%	5.87	7.61	8.03	136	186	48	-0.231
加藤 康介	115	13.0%	8.7%	4.3%	54.3%	42.0%	3.4%	5.4%	5.7%	64.6%	66.7%	5.02	4.28	4.71	116	109	40	-0.199
歳内 宏明	103	24.3%	9.7%	14.6%	56.7%	40.3%	3.0%	7.4%	12.0%	68.4%	63.6%	3.86	3.82	4.25	89	99	58	-0.323
高宮 和也	78	17.9%	3.8%	14.1%	50.0%	43.3%	6.7%	15.4%	13.6%	73.3%	68.4%	3.85	4.24	4.66	89	108	29	-0.213
二神 一人	70	18.6%	4.3%	14.3%	38.9%	51.9%	9.3%	21.4%	9.1%	52.4%	60.0%	3.89	3.67	4.10	90	95	23	-0.188
渡辺 亮	64	10.9%	17.2%	-6.3%	41.3%	56.5%	2.2%	7.7%	8.3%	73.7%	77.3%	6.62	6.52	6.94	153	161	27	-0.242
伊藤 和雄	45	24.4%	17.8%	6.6%	38.5%	57.7%	3.8%	6.7%	9.1%	70.0%	70.0%	4.83	3.72	4.14	112	96	9	-0.115
秋山 拓巳	42	11.9%	9.5%	2.4%	21.2%	66.7%	12.1%	13.6%	15.8%	71.4%	37.5%	6.73	8.60	9.03	156	209	0	0.000
小嶋 達也	32	28.1%	9.4%	18.7%	45.0%	35.0%	20.0%	0.0%	0.0%	66.7%	42.9%	3.18	3.21	3.64	74	84	16	-0.287
建山 義紀	31	9.7%	3.2%	6.5%	46.2%	53.8%	0.0%	7.1%	0.0%	58.3%	69.2%	5.32	3.13	3.56	123	83	10	-0.185
松田 遼馬	19	15.8%	10.5%	5.3%	21.4%	78.6%	0.0%	18.2%	0.0%	66.7%	77.8%	5.48	3.01	3.44	127	80	10	-0.302
玉置 隆	19	42.1%	5.3%	36.8%	40.0%	60.0%	0.0%	0.0%	16.7%	50.0%	80.0%	2.03	3.01	3.44	47	80	2	-0.060
岩本 輝	16	6.3%	12.5%	-6.2%	15.4%	69.2%	15.4%	22.2%	0.0%	100%	85.7%	6.55	5.44	5.86	152	136	8	-0.287
山本 翔也	6	16.7%	0.0%	16.7%	40.0%	40.0%	20.0%	0.0%	0.0%	100%	0.0%	3.56	3.92	4.35	82	101	4	-0.382

守備成績

位置	選手名	試合	イニング	盗塁企図	盗塁許	盗塁刺	阻止率	捕逸	守備得点
C	梅野 隆太郎	86	589	57	42	15	26.3%	0	1.2
C	鶴岡 一成	76	415	37	25	12	32.4%	3	0.2
C	藤井 彰人	33	181.2	9	7	2	22.2%	1	-0.2
C	清水 誉	25	94.1	6	5	1	16.7%	0	-0.6
C	日高 剛	2	2	1	1	0	0.0%	0	-0.1

位置	選手名	INN イニング	RNG 範囲	ARM 肩	ERR 失策	DP 併殺	UZR	UZR/1000
1B	M・ゴメス	1119	-14.5	-	-2.4	-0.6	-17.5	-15.6
1B	新井 貴浩	100	2.1	-	0.4	0.0	2.5	24.8
1B	坂 克彦	32.1	0.0	-	-0.6	0.0	-0.5	-14.5
1B	新井 良太	17	1.1	-	0.1	0.0	1.2	69.7
1B	関本 賢太郎	8.2	0.0	-	0.0	0.0	0.0	5.6
1B	荒木 郁也	5	0.0	-	0.0	0.0	0.0	4.8
2B	上本 博紀	1132.1	0.5	-	-4.2	-0.5	-4.3	-3.8
2B	大和	82.2	1.2	-	-1.0	1.1	1.3	15.3
2B	坂 克彦	25.1	-2.2	-	0.0	0.0	-2.1	-82.9
2B	荒木 郁也	19	0.2	-	0.1	-0.3	1.3	72.9
2B	西岡 剛	18.2	-1.7	-	0.1	0.0	-1.6	-85.4
2B	今成 亮太	4	0.0	-	0.0	0.0	0.0	3.5
3B	今成 亮太	678.1	2.6	-	2.5	1.4	6.6	9.7
3B	新井 良太	242	-3.9	-	-1.0	-0.1	-5.9	-24.4
3B	新井 貴浩	169	-0.8	-	-0.7	-0.1	-1.7	-9.8
3B	坂 克彦	119.2	-1.1	-	-0.6	-0.1	-1.7	-14.2
3B	西岡 剛	39	0.0	-	-1.0	0.2	-0.8	-20.6
3B	関本 賢太郎	34	1.0	-	0.2	-0.3	1.0	29.3
SS	鳥谷 敬	1282	-12.8	-	3.7	1.1	-8.1	-6.3

位置	選手名	INN イニング	RNG 範囲	ARM 肩	ERR 失策	DP 併殺	UZR	UZR/1000
LF	M・マートン	1175	-1.6	-5.8	-0.1	-	-7.6	-6.4
LF	俊介	34	0.9	0.0	0.0	-	0.9	25.1
LF	田上 健一	27	0.5	0.0	0.0	-	0.5	18.8
LF	柴田 講平	15	1.8	0.1	0.0	-	1.9	126.4
LF	坂 克彦	9	0.3	-0.3	0.0	-	0.1	6.5
LF	伊藤 隼太	9	0.5	0.0	0.0	-	0.5	57.5
LF	今成 亮太	7	-0.1	0.0	0.0	-	-0.1	-19.8
LF	新井 良太	4	-0.5	0.4	0.0	-	-0.1	-36.3
LF	緒方 凌介	1	0.0	0.0	0.0	-	0.0	0.0
LF	狩野 恵輔	1	0.0	0.0	0.0	-	0.0	0.0
CF	大和	894.1	15.1	1.9	0.3	-	17.2	19.2
CF	伊藤 隼太	129.2	-6.7	-1.3	0.0	-	-8.0	-61.5
CF	俊介	115	-1.4	-1.6	0.0	-	-3.0	-26.4
CF	福留 孝介	46	-3.8	0.2	0.0	-	-3.6	-77.4
CF	緒方 凌介	45	-2.3	-0.2	0.0	-	-2.5	-54.7
CF	柴田 講平	43	0.3	-0.5	0.0	-	-0.2	-5.7
CF	坂 克彦	6	0.1	-0.1	0.0	-	0.0	-1.5
CF	田上 健一	3	0.3	0.0	0.0	-	0.3	114.1
RF	福留 孝介	735.1	8.0	1.0	0.5	-	9.5	12.9
RF	俊介	138.2	2.5	-2.3	0.1	-	0.3	2.3
RF	緒方 凌介	107.2	-0.8	1.9	0.1	-	1.1	10.4
RF	伊藤 隼太	92.2	0.0	-0.4	0.1	-	-0.2	-3.4
RF	田上 健一	53.1	0.4	-0.6	0.0	-	-0.2	-3.0
RF	新井 良太	50	0.4	-0.7	0.0	-	-0.4	-7.1
RF	狩野 恵輔	43.1	0.9	0.0	-1.4	-	-0.5	-10.8
RF	今成 亮太	39	-1.3	-0.9	0.0	-	-2.2	-55.8
RF	柴田 講平	22	0.6	-0.2	0.0	-	0.4	19.3

阪神タイガース

ポジション別成績

POS	打席	打数	安打	二塁打	三塁打	本塁打	打点	犠打	犠飛	四球	故意四球	死球	三振	併殺打	失策出塁（野選）
P	296	263	35	6	0	1	16	26	0	7	0	0	134	5	3
C	508	473	96	22	3	6	38	5	4	22	1	4	117	19	6
1B	626	548	156	28	2	25	108	0	5	65	1	8	162	19	5
2B	666	577	152	30	5	8	41	10	2	71	0	6	111	9	6
3B	594	534	133	20	0	9	58	15	2	36	1	7	99	10	6
SS	644	550	172	28	2	8	73	1	4	87	3	2	80	14	7
LF	611	551	185	34	0	14	84	1	6	46	4	3	67	20	9
CF	615	515	141	21	2	3	34	49	4	42	2	5	71	8	3
RF	578	496	125	15	0	12	54	7	6	65	1	4	84	12	7
DH	50	44	11	3	0	1	4	0	0	6	0	0	15	0	0
PH	320	273	68	19	1	7	53	7	2	36	3	2	69	8	1

POS	BB%	K%	ISO	BABIP	打率	長打率	出塁率	wOBA	wRC	POS wRAA	wRC+
P	2.4%	45.3%	.034	.266	.133	.167	.156	.156	-10.4	4.7	114
C	4.3%	23.0%	.097	.254	.203	.300	.243	.252	21.5	-13.2	76
1B	10.4%	25.9%	.195	.358	.285	.480	.366	.376	89.1	9.4	114
2B	10.7%	16.7%	.111	.313	.263	.374	.349	.333	72.1	-2.5	97
3B	6.1%	16.7%	.088	.290	.249	.337	.304	.295	45.8	-20.0	69
SS	13.5%	12.4%	.102	.352	.313	.415	.406	.375	91.1	27.3	139
LF	7.5%	11.0%	.138	.359	.336	.474	.390	.389	93.5	4.9	107
CF	6.8%	11.5%	.066	.310	.274	.340	.332	.304	51.9	-15.8	77
RF	11.2%	14.5%	.103	.278	.252	.355	.340	.322	57.2	-5.2	92
DH	12.0%	30.0%	.136	.357	.250	.386	.340	.325	5.1	0.5	109
PH	11.3%	21.6%	.154	.307	.249	.403	.339	.330	33.7	1.7	105

守備						
RNG	ARM	ERR	DP	UZR	捕内外	合計
		-			0.5	0.5
-11.1	-	-2.5	-0.6	-14.2		
-2.0	-	-5.0	0.4	-6.7	-31.5	-27.4
-2.1	-	-0.5	0.1	-2.5		
-12.8	3.7	1.1	-	-8.1		
1.8	-5.7	0.0	-	-4.0		
1.5	-1.6	0.4	-	0.3	4.1	
10.7	-2.2	-0.6	-	7.9		

広島東洋カープ　2015 主要戦力と2014 チームスタッツ

Sabermetrics Report part 4

2015 主要戦力（＊＝左投手 or 左打者　＋＝両打打者　N＝新加入　P＝有望株）

先発投手	齢
前田 健太	27
黒田 博樹 N	40
野村 祐輔	26
大瀬良 大地	24
K・ジョンソン * N	31
九里 亜蓮	24
福井 優也	27
篠田 純平 *	30

リリーフ投手	齢
一岡 竜司	24
中田 廉	25
中崎 翔太	23
D・ヒース	30
永川 勝浩	35
戸田 隆矢 *	22
M・ザガースキー * N	32
今村 猛	24
今井 啓介	28
小野 淳平	28

捕手	齢
會澤 翼	27
石原 慶幸	36
倉 義和	40
白濱 裕太	30

一塁手	齢
B・エルドレッド	35
J・グスマン N	31
松山 竜平 *	30
新井 貴浩 N	38
岩本 貴裕 *	29

二塁手	齢
菊池 涼介	25
上本 崇司	25

三塁手	齢
堂林 翔太	24
梵 英心	35
木村 昇吾 *	35
小窪 哲也	30
鈴木 誠也	21

遊撃手	齢
田中 広輔 *	26
木村 昇吾 *	35
梵 英心	35
安部 友裕 *	26

左翼手	齢
R・ロサリオ	26
B・エルドレッド	35
J・グスマン N	31
中東 直己 *	34
赤松 真人	33

中堅手	齢
丸 佳浩 *	26
赤松 真人	33
野間 峻祥 * N P	22

右翼手	齢
鈴木 誠也	21
堂林 翔太	24
天谷 宗一郎 *	32
松山 竜平 *	30
廣瀬 純	36

守備位置別 wRC+（Weighted Runs Created Plus）

投	捕	一塁	二塁	三塁	遊撃	左翼	中堅	右翼	指名打者
-	128	126	115	84	116	164	149	142	-

wRC+ は 100 が平均で上回るほど攻撃力がある。値は各ポジションの筆頭選手のもの（2014）

守備位置別 UZR/1000（Ultimate Zone Rating Per 1000Innings）

投	捕	一塁	二塁	三塁	遊撃	左翼	中堅	右翼	指名打者
-	-	-5.6	11.2	4.5	3.2	-5.0	-3.2	18.9	-

UZR/1000 は 0 が平均。値は得点換算した守備力で各ポジションの筆頭選手のもの（2014）

守備位置別 WAR（Wins Above Replacement）

投	捕	一塁	二塁	三塁	遊撃	左翼	中堅	右翼	指名打者
19.7 +黒田 +ジョンソン ほか	1.6	2.1	5.4	0.0	2.8	2.0	5.7	0.6	-
		内野				外野			
		10.1				8.3			

WAR は 0 を控え選手レベルに置いた勝利数換算した貢献度。投手は総計、その他のポジションは筆頭選手のもの（2014）

野手成績 1

広島東洋カープ

選手	打席	打数	安打	二塁打	三塁打	本塁打	打点	犠打	犠飛	四球	故意四球	死球	三振	併殺打	失策出塁(野選)	得点	盗塁	盗塁刺	打率
菊池 涼介	654	579	188	39	2	11	58	43	5	24	0	3	79	9	7	88	23	10	.325
丸 佳浩	644	536	166	30	5	19	67	0	4	100	3	4	95	12	7	106	26	11	.310
B・エルドレッド	505	454	118	18	0	37	104	0	3	41	3	7	169	8	3	71	2	0	.260
梵 英心	416	353	95	16	3	8	41	17	2	39	1	5	57	14	5	43	7	8	.269
キラ	335	288	74	13	0	11	40	0	2	41	1	4	85	4	1	25	0	0	.257
田中 広輔	333	295	86	11	2	9	34	5	5	24	0	4	68	6	8	44	10	3	.292
堂林 翔太	330	284	70	12	1	8	28	5	3	32	0	6	87	3	1	37	1	1	.246
R・ロサリオ	264	238	80	13	2	14	49	0	2	23	0	1	58	8	3	32	1	2	.336
木村 昇吾	253	238	62	6	3	1	13	7	1	4	1	3	57	3	4	25	4	2	.261
松山 竜平	250	233	74	9	1	7	34	0	1	14	1	2	29	7	3	26	0	1	.318
石原 慶幸	223	193	37	8	0	4	19	8	0	21	4	1	43	6	2	17	1	2	.192
會澤 翼	200	179	55	9	0	10	30	1	2	16	5	2	28	6	1	25	0	0	.307
小窪 哲也	182	161	51	6	1	3	30	4	3	12	0	2	15	1	2	13	1	0	.317
廣瀬 純	148	124	29	7	0	2	14	2	4	17	0	1	23	7	0	11	0	2	.234
天谷 宗一郎	128	111	35	4	2	3	6	0	0	16	2	1	27	0	0	20	4	3	.315
中東 直己	87	80	19	2	0	1	7	1	1	4	0	1	9	1	1	10	4	0	.238
白濱 裕太	71	62	10	1	0	1	4	0	0	5	0	1	17	0	1	4	0	0	.161
鈴木 誠也	68	64	22	7	0	1	7	0	0	4	0	0	13	2	1	6	0	0	.344
岩本 貴裕	55	52	10	0	1	2	10	0	1	2	0	0	10	3	0	5	0	0	.192
倉 義和	50	43	4	0	0	1	2	3	0	2	1	2	14	1	0	1	0	0	.093
赤松 真人	32	28	6	2	0	0	4	2	0	1	0	1	8	0	1	25	12	5	.214
上本 崇司	8	7	2	0	0	0	0	0	0	1	0	0	0	0	0	3	0	0	.286
迎 祐一郎	8	8	1	0	0	0	0	0	0	0	0	0	3	0	0	0	0	0	.125
髙橋 大樹	6	6	0	0	0	0	0	0	0	0	0	0	2	0	0	0	0	0	.000
安部 友裕	3	3	1	0	0	0	0	0	0	0	0	0	0	0	0	0	0	0	.333
庄司 隼人	1	1	0	0	0	0	0	0	0	0	0	0	0	0	0	0	0	0	.000

投手成績 1

投手	登板	勝	敗	S	H	完投	完封	打者	回	安打	被本塁打	四球	敬遠	死球	三振	暴投	失点	自責点	防御率	FIP(ERA)	E-F	ERA-	FIP-
前田 健太	27	11	9	0	0	1	1	746	187	164	12	41	1	2	161	4	61	54	2.60	2.84	-0.24	67	73
大瀬良 大地	26	10	8	0	0	3	1	648	151	165	20	40	0	3	116	5	80	68	4.05	4.10	-0.04	104	105
B・バリントン	23	9	8	0	0	1	0	566	131.2	145	14	32	1	10	85	1	77	67	4.58	4.08	0.50	118	105
野村 祐輔	19	7	8	0	0	0	0	465	104.2	114	10	37	0	5	75	0	64	51	4.39	4.01	0.37	113	103
九里 亜蓮	20	2	5	0	0	0	0	366	83.1	93	9	31	1	6	50	3	45	37	4.00	4.56	-0.56	103	117
中田 廉	66	9	8	0	18	0	0	334	78.2	78	9	25	1	3	69	2	34	34	3.89	3.82	0.07	100	98
福井 優也	11	4	5	0	0	1	0	268	60	58	2	29	0	9	36	5	30	29	4.35	4.19	0.16	112	108
戸田 隆矢	30	4	2	0	6	0	0	243	57	59	7	22	0	2	36	3	24	21	3.32	4.65	-1.34	85	120
永川 勝浩	52	3	4	1	15	0	0	227	55.2	51	9	13	3	4	48	3	26	25	4.04	4.19	-0.15	104	108
篠田 純平	12	3	4	0	0	0	0	223	51.2	61	5	14	0	1	24	0	29	27	4.70	4.26	0.45	121	110
K・ミコライオ	51	1	1	25	7	0	0	194	47.2	39	1	18	1	0	29	0	15	13	2.45	3.18	-0.73	63	82
中崎 翔太	32	2	3	1	10	0	0	193	43.2	45	2	15	1	3	32	0	20	19	3.92	3.35	0.56	101	86
D・ヒース	7	3	0	0	0	0	0	171	41.2	29	3	20	0	0	35	2	11	11	2.38	3.75	-1.38	61	97
小野 淳平	22	1	1	0	0	0	0	164	37.1	42	6	14	0	0	20	1	16	16	3.86	5.20	-1.34	99	134
一岡 竜司	31	2	0	2	16	0	0	114	31	16	0	7	0	0	27	0	3	2	0.58	1.99	-1.41	15	51
今村 猛	17	1	1	0	0	0	0	88	20.2	17	3	9	0	0	16	0	10	10	4.35	4.70	-0.35	112	121
梅津 智弘	11	0	0	0	0	0	0	80	18.1	22	1	6	0	1	9	0	12	12	5.89	3.93	1.96	152	101
今井 啓介	11	0	0	0	0	0	0	90	17	26	4	11	1	1	20	1	16	12	6.35	3.41	2.94	163	88
西原 圭大	11	0	0	0	0	0	0	79	16.1	23	2	5	0	2	13	0	14	12	6.61	4.34	2.27	170	112
久本 祐一	8	0	0	0	0	0	0	43	11	7	0	4	0	0	10	0	2	1	0.82	2.33	-1.51	21	60
Z・フィリップス	9	1	0	0	0	0	0	46	11	8	1	3	0	1	7	0	4	4	3.27	4.06	-0.78	84	104
河内 貴哉	12	0	1	0	0	0	0	46	10	11	2	0	0	3	6	0	4	4	3.60	5.96	-2.36	93	153
江草 仁貴	8	0	0	0	1	0	0	29	6.2	6	0	4	0	0	6	0	2	2	2.70	2.61	0.09	69	67
横山 竜士	6	1	0	0	1	0	0	34	6.2	12	2	3	0	1	3	1	6	6	8.10	7.86	0.24	208	202
池ノ内 亮介	2	0	0	0	0	0	0	9	2.2	2	0	2	0	0	0	0	0	0	0.00	6.06	-6.06	0	156
上野 弘文	1	0	0	0	0	0	0	12	2	5	2	2	0	0	3	0	3	3	13.50	6.06	7.44	347	156

野手成績 2

選手	打席	BB%	K%	BB/K	ゴロ%	フライ%	IF/F	HR/OF	ISO	BABIP	打率/出塁率/長打率	wOBA	wRC	wRAA	wSB	UBR	Spd	wRC+	本拠地打席	PF-wOBA補正
菊池 涼介	654	3.7%	12.1%	0.30	47.1%	46.9%	10.1%	4.8%	.131	.358	.325/.352/.456	.356	82.8	10.8	-0.2	-2.9	5.1	115	309	.006
丸 佳浩	644	15.5%	14.8%	1.05	48.8%	42.9%	5.8%	10.6%	.181	.345	.310/.419/.491	.402	105.3	34.4	-0.1	4.2	5.8	149	301	.006
B・エルドレッド	505	8.1%	33.5%	0.24	31.9%	60.8%	12.0%	24.0%	.284	.323	.260/.329/.544	.371	69.8	14.2	0.3	0.7	2.3	126	243	.006
梵 英心	416	9.4%	13.7%	0.68	53.0%	41.3%	10.0%	6.8%	.130	.300	.269/.348/.399	.338	46.6	0.8	-1.8	-0.8	3.9	102	191	.006
キラ	335	12.2%	25.4%	0.48	33.2%	58.5%	13.3%	10.6%	.160	.325	.257/.355/.417	.339	37.7	0.9	0.0	-5.0	0.3	102	154	.006
田中 広輔	333	7.2%	20.4%	0.35	52.9%	38.2%	4.4%	10.5%	.142	.345	.292/.348/.434	.357	42.5	5.8	0.4	1.5	5.2	116	163	.006
堂林 翔太	330	9.7%	26.4%	0.37	49.0%	43.2%	7.9%	9.8%	.134	.323	.246/.332/.380	.314	30.6	-5.7	-0.2	0.8	2.6	84	158	.006
R・ロサリオ	264	8.7%	22.0%	0.40	46.7%	47.3%	9.3%	17.9%	.248	.393	.336/.394/.584	.423	47.6	18.6	-0.6	-1.9	2.8	164	132	.007
木村 昇吾	253	1.6%	22.5%	0.07	52.9%	36.5%	8.7%	1.6%	.063	.337	.261/.280/.324	.273	15.0	-12.8	-0.1	0.3	5.5	54	120	.006
松山 竜平	250	5.6%	11.6%	0.48	49.8%	42.0%	8.1%	8.9%	.137	.338	.318/.360/.455	.358	32.1	4.6	-0.4	-1.2	1.9	117	121	.006
石原 慶幸	223	9.4%	19.3%	0.49	50.0%	43.7%	15.9%	6.9%	.104	.226	.192/.274/.295	.255	10.1	-14.4	-0.6	0.8	1.8	41	86	.005
會澤 翼	200	8.0%	14.0%	0.57	38.3%	53.9%	10.8%	13.5%	.218	.315	.307/.367/.525	.374	28.2	6.2	-0.4	-2.2	1.3	128	101	.007
小窪 哲也	182	6.6%	8.2%	0.80	43.8%	48.4%	6.8%	4.3%	.112	.329	.317/.365/.429	.352	22.4	2.4	0.1	-2.2	1.4	112	77	.006
廣瀬 純	148	11.5%	15.5%	0.74	38.3%	57.0%	11.5%	3.7%	.105	.262	.234/.322/.339	.290	10.9	-5.4	-0.7	-0.7	1.4	67	66	.006
天谷 宗一郎	128	12.5%	21.1%	0.59	46.4%	45.2%	7.9%	8.6%	.153	.395	.315/.406/.468	.375	18.1	4.0	-0.5	0.7	6.0	129	51	.005
中東 直己	87	4.6%	10.3%	0.44	53.4%	37.0%	7.4%	4.0%	.063	.254	.238/.279/.300	.262	4.4	-5.1	-0.1	0.7	4.4	46	36	.005
白濱 裕太	71	7.0%	23.9%	0.29	44.9%	49.0%	12.5%	4.8%	.065	.205	.161/.224/.226	.213	0.8	-7.0	-0.4	0.5	1.7	10	36	.007
鈴木 誠也	68	5.9%	19.1%	0.31	43.1%	49.0%	12.0%	4.5%	.156	.420	.344/.382/.500	.393	10.6	3.1	0.0	-0.9	0.8	142	42	.008
岩本 貴裕	55	3.6%	18.2%	0.20	45.8%	39.5%	12.0%	11.8%	.154	.195	.192/.218/.346	.235	1.6	-4.5	0.0	0.3	3.9	26	28	.007
倉 義和	50	4.0%	28.0%	0.14	50.0%	50.0%	25.0%	8.3%	.070	.107	.093/.170/.163	.140	-2.4	-7.9	0.0	0.1	0.1	-43	31	.008
赤松 真人	32	3.1%	25.0%	0.13	31.8%	59.1%	23.1%	0.0%	.071	.300	.214/.267/.286	.277	2.0	-1.5	0.0	1.5	6.1	57	16	.007
上本 崇司	8	12.5%	25.0%	0.50	60.0%	40.0%	0.0%	0.0%	.000	.400	.286/.375/.286	.298	0.6	-0.2	0.0	0.0	2.6	72	3	.005
迎 祐一郎	8	0.0%	37.5%	0.00	80.0%	20.0%	100%	0.0%	.000	.200	.125/.125/.125	.105	-0.6	-1.5	0.0	-0.2	0.1	-69	2	.003
髙橋 大樹	6	0.0%	50.0%	0.00	0.0%	100%	33.3%	0.0%	.000	.000	.000/.000/.000	-.013	-1.0	-1.7	0.0	0.0	0.1	-156	6	.013
安部 友裕	3	0.0%	0.0%	-	66.7%	33.3%	0.0%	0.0%	.000	.333	.333/.333/.333	.288	0.2	-0.1	0.0	0.0	0.1	65	0	.000
庄司 隼人	1	0.0%	0.0%	-	100%	0.0%	0.0%	0.0%	.000	.000	.000/.000/.000	.000	-0.2	-0.3	0.0	0.0	0.1	-146	0	.000

投手成績 2

選手	打者	K%	BB%	K-BB%	ゴロ%	フライ%	ライナー%	IF/F	HR/OF	ゴロアウト	フライアウト	xFIP(RA)	tERA-PF	tRA-PF	xFIP-	tRA-	本拠地打席	PF-tRA補正
前田 健太	746	21.6%	5.5%	16.1%	50.2%	42.8%	7.0%	13.4%	6.0%	76.8%	62.4%	3.55	2.75	3.18	82	74	477	-0.024
大瀬良 大地	648	17.9%	6.2%	11.7%	50.1%	42.9%	7.0%	10.0%	10.6%	73.1%	64.5%	4.10	4.06	4.49	95	104	250	-0.015
B・バリントン	566	15.0%	5.7%	9.3%	61.3%	31.9%	6.8%	6.4%	7.0%	73.2%	64.1%	4.16	3.94	4.37	96	101	266	-0.018
野村 祐輔	465	16.1%	8.0%	8.1%	49.7%	42.6%	7.7%	10.1%	7.5%	77.0%	58.1%	4.53	4.05	4.47	105	104	210	-0.017
九里 亜蓮	366	13.7%	8.5%	5.2%	48.4%	43.7%	7.9%	7.4%	8.0%	74.8%	62.5%	4.99	4.85	5.27	116	122	150	-0.015
中田 廉	334	20.7%	7.5%	13.2%	43.6%	48.3%	8.1%	15.8%	8.3%	71.8%	69.3%	4.03	3.62	4.05	93	94	155	-0.017
福井 優也	268	13.4%	10.8%	2.6%	53.6%	40.2%	6.2%	15.4%	3.0%	68.3%	73.4%	5.33	3.85	4.28	124	99	119	-0.017
戸田 隆矢	243	14.8%	9.1%	5.7%	48.6%	43.7%	7.7%	12.5%	10.0%	73.0%	65.1%	4.76	4.67	5.09	110	118	130	-0.020
永川 勝浩	227	21.1%	5.7%	15.4%	54.3%	40.7%	4.9%	3.0%	14.1%	81.8%	60.0%	3.71	4.33	4.76	86	110	112	-0.019
篠田 純平	223	10.8%	6.3%	4.5%	58.7%	32.1%	9.2%	3.4%	8.8%	75.0%	65.4%	4.57	4.53	4.95	106	115	106	-0.018
K・ミコライオ	194	14.9%	9.3%	5.6%	55.8%	40.1%	4.1%	15.3%	2.0%	75.6%	69.4%	4.43	2.77	3.20	103	74	120	-0.023
中崎 翔太	193	16.6%	7.8%	8.8%	51.7%	39.2%	9.1%	7.1%	3.8%	83.8%	54.0%	4.42	3.67	4.09	103	95	126	-0.025
D・ヒース	171	20.5%	11.7%	8.8%	50.0%	45.7%	4.3%	20.8%	7.1%	82.8%	64.1%	4.29	3.12	3.54	100	82	96	-0.021
小野 淳平	164	12.2%	8.5%	3.7%	51.5%	40.0%	8.5%	5.8%	12.2%	86.6%	55.8%	4.90	5.49	5.91	114	137	50	-0.011
一岡 竜司	114	23.7%	6.1%	17.6%	41.3%	52.5%	6.3%	23.8%	0.0%	75.8%	75.0%	3.49	1.54	1.96	81	46	53	-0.018
今井 啓介	90	22.2%	12.2%	10.0%	46.6%	39.7%	13.8%	4.3%	4.5%	63.0%	52.4%	4.41	4.11	4.54	102	105	45	-0.019
今村 猛	89	18.0%	11.2%	6.8%	46.0%	50.8%	3.2%	15.6%	11.1%	69.0%	75.0%	4.74	4.33	4.75	110	110	38	-0.016
梅津 智弘	80	11.3%	7.5%	3.8%	43.8%	45.3%	10.9%	6.9%	3.7%	67.9%	69.2%	5.17	4.69	5.11	120	119	47	-0.022
西原 圭大	79	16.5%	6.3%	10.2%	49.2%	47.5%	3.3%	6.7%	8.0%	62.1%	69.0%	4.76	3.91	4.34	110	101	16	-0.008
河内 貴哉	46	13.0%	4.3%	8.7%	31.4%	57.1%	11.4%	15.0%	11.8%	72.7%	66.7%	5.55	6.54	6.97	129	162	19	-0.016
Z・フィリップス	46	15.2%	6.5%	8.7%	54.3%	40.0%	5.7%	21.4%	9.1%	78.9%	60.0%	4.34	3.47	3.90	101	90	18	-0.015
久本 祐一	42	23.8%	7.1%	16.7%	55.2%	44.8%	0.0%	7.7%	0.0%	75.0%	75.0%	3.62	1.61	2.03	84	47	23	-0.021
横山 竜士	34	8.8%	8.8%	0.0%	25.9%	66.7%	7.4%	11.1%	12.5%	85.7%	50.0%	6.87	8.22	8.64	159	200	26	-0.029
江草 仁貴	29	20.7%	10.3%	10.4%	65.0%	30.0%	5.0%	0.0%	0.0%	69.2%	83.3%	3.97	2.42	2.84	92	66	21	-0.027
上野 弘文	12	0.0%	16.7%	-16.7%	50.0%	40.0%	10.0%	25.0%	0.0%	60.0%	33.3%	8.04	5.22	5.65	186	131	12	-0.038
池ノ内 亮介	9	0.0%	22.2%	-22.2%	100%	0.0%	0.0%	0.0%	0.0%	71.4%	0.0%	6.49	4.28	4.71	150	109	6	-0.025

守備成績

位置	選手名	試合	イニング	盗塁 企図	盗塁 許	盗塁 刺	阻止率	捕逸	守備得点
C	石原 慶幸	79	538.1	35	28	7	20.0%	2	-1.9
C	會澤 翼	60	426.1	35	25	10	28.6%	2	-0.2
C	白濱 裕太	30	184	22	18	4	18.2%	0	0.4
C	倉 義和	26	134	11	9	2	18.2%	1	0.2
C	中東 直己	1	1	0	0	0		0	0.0

位置	選手名	INN イニング	RNG 範囲	ARM 肩	ERR 失策	DP 併殺	UZR	UZR/1000
1B	キラ	581.1	0.1	-	-1.1	-0.5	-1.4	-2.5
1B	B・エルドレッド	541	-4.3	-	0.7	0.6	-3.0	-5.6
1B	小窪 哲也	56	1.1	-	0.3	0.0	1.4	24.7
1B	松山 竜平	43	-0.4	-	0.2	-0.2	-0.4	-8.4
1B	岩本 貴裕	22	1.3	-	0.1	0.1	1.5	66.4
1B	木村 昇吾	20.1	0.2	-	0.1	0.0	0.3	16.1
1B	堂林 翔太	18	0.4	-	0.2	0.1	0.7	38.1
1B	迎 祐一郎	2	0.0	-	0.0	0.0	0.0	-16.2
2B	菊池 涼介	1270.2	13.9	-	0.9	-0.7	14.2	11.2
2B	木村 昇吾	6	-0.4	-	0.0	-0.3	-0.6	-106.8
2B	小窪 哲也	4	0.0	-	0.0	0.3	0.3	73.2
2B	田中 広輔	3	-1.1	-	0.0	0.0	-1.1	-353.5
3B	梵 英心	413	-2.0	-	2.3	-0.2	0.2	0.5
3B	田中 広輔	241	5.7	-	1.6	0.6	7.9	32.7
3B	堂林 翔太	237	-0.1	-	0.3	0.9	1.1	4.5
3B	小窪 哲也	236	-0.1	-	-0.3	0.7	0.3	1.1
3B	木村 昇吾	127.2	0.4	-	-0.6	0.4	0.3	2.1
3B	上本 崇司	19	-0.2	-	0.1	0.0	-0.1	-7.2
3B	鈴木 誠也	10	0.5	-	-0.6	-0.3	-0.4	-41.0
SS	田中 広輔	433.1	4.6	-	-0.8	-2.5	1.4	3.2
SS	梵 英心	422	-4.0	-	1.3	-1.7	-4.4	-10.4
SS	木村 昇吾	414.1	-1.8	-	0.7	2.0	0.9	2.1
SS	上本 崇司	7	-0.3	-	0.1	0.0	-0.3	-38.2
SS	小窪 哲也	7	-0.1	-	0.1	0.2	0.2	29.3

位置	選手名	INN イニング	RNG 範囲	ARM 肩	ERR 失策	DP 併殺	UZR	UZR/1000
LF	B・エルドレッド	470.1	-3.1	3.0	0.3	-	0.1	0.1
LF	R・ロサリオ	461	-0.2	-1.6	-0.5	-	-2.3	-5.0
LF	中東 直己	109	-0.3	0.5	0.1	-	0.3	2.4
LF	赤松 真人	71.1	2.6	0.9	0.1	-	3.6	49.8
LF	天谷 宗一郎	46	-0.6	0.0	0.0	-	-0.6	-12.3
LF	岩本 貴裕	38	0.1	0.0	0.0	-	0.1	2.5
LF	廣瀬 純	37	0.8	-0.4	0.0	-	0.4	10.5
LF	鈴木 誠也	27	0.8	0.2	0.0	-	1.0	38.8
LF	松山 竜平	24	2.6	-0.6	0.0	-	2.0	82.5
CF	丸 佳浩	1247.2	-7.3	2.9	0.4	-	-4.0	-3.2
CF	赤松 真人	34	0.2	0.0	0.0	-	0.1	4.4
CF	鈴木 誠也	1						
CF	中東 直己	1	0.6	-0.2	0.0	-	0.4	387.1
RF	松山 竜平	408.1	-13.5	-2.3	-1.3	-	-17.1	-41.9
RF	堂林 翔太	313.1	-4.7	-1.1	0.2	-	-5.7	-18.2
RF	廣瀬 純	227	0.2	0.0	0.1	-	0.3	1.6
RF	天谷 宗一郎	165	-1.5	3.2	0.1	-	1.7	10.6
RF	鈴木 誠也	60	0.2	0.9	0.0	-	1.1	18.9
RF	中東 直己	44	0.7	1.1	0.0	-	1.8	41.1
RF	丸 佳浩	27	0.5	-0.2	0.0	-	0.3	9.5
RF	R・ロサリオ	14	0.0	-0.4	0.0	-	-0.4	-27.1
RF	迎 祐一郎	13	0.1	0.0	-0.7	-	-0.7	-51.0
RF	岩本 貴裕	10	0.1	0.0	0.0	-	0.2	18.2
RF	赤松 真人	2	0.0	0.0	0.0	-	0.0	0.0

広島東洋カープ

ポジション別成績

POS	打席	打数	安打	二塁打	三塁打	本塁打	打点	犠打	犠飛	四球	故意四球	死球	三振	併殺打	失策出塁（野選）
P	284	258	31	3	1	0	14	18	1	7	0	0	135	4	2
C	529	462	103	16	0	15	49	16	2	44	10	5	99	11	4
1B	629	554	146	26	0	32	103	2	5	62	3	6	167	10	3
2B	658	582	189	39	2	11	59	43	5	25	0	1	79	9	7
3B	602	524	138	14	2	11	53	19	4	50	0	5	99	8	6
SS	587	531	151	22	6	11	53	14	3	31	1	8	112	16	12
LF	606	544	162	24	3	31	109	2	3	50	1	7	161	11	5
CF	645	537	164	30	5	19	67	0	4	99	2	4	97	12	7
RF	627	560	158	29	3	14	55	4	6	50	2	7	121	10	4
DH	47	42	6	1	0	2	5	0	0	5	0	0	15	0	1
PH	324	284	78	15	1	7	45	2	7	27	1	4	49	13	2

POS	BB%	K%	ISO	BABIP	打率	長打率	出塁率	wOBA	wRC	POS wRAA	wRC+
P	2.5%	47.5%	.019	.250	.120	.140	.143	.135	-14.7	-0.3	99
C	8.3%	18.7%	.132	.251	.223	.355	.296	.290	38.6	2.4	104
1B	9.9%	26.6%	.220	.317	.264	.484	.341	.361	81.9	1.9	103
2B	3.8%	12.0%	.131	.358	.325	.455	.353	.363	86.7	13.0	118
3B	8.3%	16.4%	.097	.304	.263	.361	.331	.317	57.3	-9.3	86
SS	5.3%	19.1%	.126	.341	.284	.411	.332	.345	69.2	10.9	117
LF	8.3%	26.6%	.226	.369	.298	.524	.363	.390	93.1	5.3	108
CF	15.3%	15.0%	.181	.341	.305	.486	.416	.405	107.2	36.2	151
RF	8.0%	19.3%	.138	.334	.282	.420	.345	.341	71.8	4.1	106
DH	10.6%	31.9%	.167	.160	.143	.310	.234	.266	2.5	-1.8	65
PH	8.3%	15.1%	.134	.302	.275	.408	.339	.332	34.7	2.3	106

	守備						
POS	RNG	ARM	ERR	DP	UZR	捕内外	合計
P					-	-1.4	-1.4
C					-		
1B	-1.6	-	0.5	0.0	-1.0	18.6	1.4
2B	12.4	-	1.0	-0.6	12.8		
3B	4.2	-	2.7	2.2	9.1		
SS	-1.5	-	1.3	-2.0	-2.2		
LF	2.5	2.0	0.0	-	4.6	-17.3	
CF	-6.5	2.6	0.4	-	-3.5		
RF	-17.9	1.2	-1.6	-	-18.4		

チームスタッツ

中日ドラゴンズ　2015 主要戦力と2014 チームスタッツ

Sabermetrics Report part 4

2015 主要戦力（＊＝左投手 or 左打者　＋＝両打打者　N＝新加入　P＝有望株）

先発投手	齢
大野 雄大＊	27
山井 大介	37
雄太＊	35
吉見 一起	31
濱田 達郎＊	21
A・リーバス N	30
朝倉 健太	34
R・バルデス＊N	38
伊藤 準規	24
野村 亮介 NP	22
川上 憲伸	40
山本 昌＊	50

リリーフ投手	齢
福谷 浩司	24
又吉 克樹	25
岩瀬 仁紀＊	41
田島 慎二	26
岡田 俊哉＊	24
祖父江 大輔	28
浅尾 拓也	31
高橋 聡文＊	32

捕手	齢
谷繁 元信	45
松井 雅人＊	28
武山 真吾	31
桂 依央利	24

一塁手	齢
森野 将彦＊	37
H・ルナ	35
福田 永将	27
小笠原 道大＊	42

二塁手	齢
荒木 雅博	38
谷 哲也	30

三塁手	齢
H・ルナ	35
高橋 周平＊	21

遊撃手	齢
A・エルナンデス＋	33
堂上 直倫	27
三ツ俣 大樹	23

左翼手	齢
R・ナニータ＊N	34
和田 一浩	43
藤井 淳志＋	34
野本 圭＊	31
古本 武尊＊	25
遠藤 一星＊N	26

中堅手	齢
大島 洋平＊	30
友永 翔太＊N	24
工藤 隆人＊	34

右翼手	齢
平田 良介	27
松井 佑介	28
井領 雅貴＊N	26

守備位置別 wRC+（Weighted Runs Created Plus）

投	捕	一塁	二塁	三塁	遊撃	左翼	中堅	右翼	指名打者
-	60	120	93	145	86	?	105	106	-

wRC+ は 100 が平均で上回るほど攻撃力がある。値は各ポジションの筆頭選手のもの（2014）

守備位置別 UZR/1000（Ultimate Zone Rating Per 1000Innings）

投	捕	一塁	二塁	三塁	遊撃	左翼	中堅	右翼	指名打者
-	-	6.0	-9.1	4.8	-12.7	?	17.3	24.7	-

UZR/1000 は 0 が平均。値は得点換算した守備力で各ポジションの筆頭選手のもの（2014）

守備位置別 WAR（Wins Above Replacement）

投	捕	一塁	二塁	三塁	遊撃	左翼	中堅	右翼	指名打者
19.2 +リーバス +バルデス ほか	0.2	2.4	1.3	5.2	-0.3	?	5.3	4.2	-
		内野				外野			
		8.6				? + 9.5			

WAR は 0 を控え選手レベルに置いた勝利数換算した貢献度。投手は総計、その他のポジションは筆頭選手のもの（2014）

中日ドラゴンズ

野手成績 1

選手	打席	打数	安打	二塁打	三塁打	本塁打	打点	犠打	犠飛	四球	故意四球	死球	三振	併殺打	失策出塁(野選)	得点	盗塁	盗塁刺	打率
大島 洋平	642	585	186	18	2	2	28	6	2	43	1	6	56	3	6	92	28	12	.318
森野 将彦	588	507	146	34	0	13	86	5	6	69	2	1	66	20	2	64	3	0	.288
H・ルナ	527	467	148	25	5	17	73	0	4	51	3	5	98	11	3	80	8	2	.317
平田 良介	488	429	119	17	1	11	65	0	4	54	0	1	65	13	1	55	7	2	.277
荒木 雅博	471	395	106	17	2	1	21	33	1	39	1	3	63	7	8	46	17	1	.268
和田 一浩	356	302	85	12	2	16	65	0	5	45	1	4	38	11	5	40	2	1	.281
A・エルナンデス	304	279	73	14	1	5	32	3	2	19	0	1	58	4	3	34	2	1	.262
藤井 淳志	300	266	73	13	3	6	36	6	2	25	0	1	55	2	1	35	2	2	.274
谷繁 元信	274	226	44	11	0	1	23	5	2	39	1	2	36	8	1	15	0	1	.195
堂上 直倫	261	237	54	4	1	1	17	11	3	10	0	0	45	8	2	19	1	0	.228
松井 雅人	162	142	25	3	1	1	4	4	0	16	1	0	47	3	2	10	3	1	.176
高橋 周平	156	144	37	8	1	6	14	2	2	8	1	0	29	2	1	14	0	0	.257
谷 哲也	131	118	28	13	1	0	10	6	1	6	0	0	23	0	3	7	0	1	.237
松井 佑介	102	96	24	7	0	2	6	2	0	2	0	2	27	1	0	11	1	0	.250
小笠原 道大	99	83	25	6	0	1	18	0	1	14	1	1	16	1	1	4	0	0	.301
武山 真吾	72	63	8	0	1	0	5	4	1	3	0	1	15	1	0	5	0	0	.127
野本 圭	72	63	14	4	0	1	13	1	1	5	0	2	10	1	0	5	0	0	.222
工藤 隆人	46	39	12	3	0	1	8	1	0	4	0	1	11	1	0	9	1	2	.308
三ツ俣 大樹	41	36	5	0	1	1	4	4	1	0	0	0	10	1	0	3	0	0	.139
岩崎 恭平	30	28	3	0	0	0	0	0	0	2	0	0	6	0	2	6	0	1	.107
中田 亮二	22	19	2	2	0	0	0	1	0	0	0	2	4	0	0	2	0	0	.105
古本 武尊	20	18	3	0	0	0	0	0	0	2	0	0	7	0	0	0	0	0	.167
小田 幸平	17	16	1	0	0	0	0	1	0	0	0	0	6	2	0	0	0	0	.063
吉川 大幾	17	14	0	0	0	0	0	2	0	1	0	0	2	0	0	2	0	0	.000
A・ゴメス	14	13	1	0	0	0	0	0	0	1	0	0	5	1	0	1	0	0	.077
福田 永将	12	12	3	1	0	0	0	0	0	0	0	0	4	1	0	4	0	0	.250
森越 祐人	12	7	1	0	0	0	0	2	0	2	0	0	1	0	0	1	0	0	.143
堂上 剛裕	5	5	1	0	0	0	0	0	0	0	0	0	3	0	0	1	0	0	.200
溝脇 隼人	5	5	1	0	0	0	0	0	0	0	0	0	1	0	0	0	0	0	.200
赤田 龍一郎	5	5	0	0	0	0	0	0	0	0	0	0	2	1	0	0	0	0	.000
田中 大輔	4	4	1	0	0	0	0	0	0	0	0	0	0	0	0	0	0	0	.250

投手成績 1

投手	登板	勝	敗	S	H	完投	完封	打者	回	安打	被本塁打	四球	敬遠	死球	三振	暴投	失点	自責点	防御率	FIP(ERA)	E-F	ERA-	FIP-
山井 大介	27	13	5	0	0	1	1	716	173.2	156	13	66	1	4	103	1	64	62	3.21	4.04	-0.82	83	104
大野 雄大	25	10	8	0	0	3	1	682	165	156	14	47	0	6	119	3	60	53	2.89	3.68	-0.79	74	95
雄太	19	6	7	0	1	1	0	421	101	105	8	24	0	2	47	1	43	36	3.21	3.93	-0.72	83	101
又吉 克樹	67	9	1	2	24	0	0	321	81.1	50	3	28	0	4	104	1	20	20	2.21	2.16	0.05	57	56
濱田 達郎	16	5	3	0	1	1	1	352	79.2	80	8	33	0	4	72	3	40	36	4.07	3.95	0.12	105	102
D・カブレラ	14	5	7	0	0	0	0	342	77	77	4	39	0	2	59	0	41	35	4.09	3.87	0.22	105	100
朝倉 健太	21	4	6	1	0	0	0	328	75	72	10	31	0	4	44	2	47	45	5.40	5.02	0.38	139	129
福谷 浩司	72	2	4	11	32	0	0	298	74.2	54	2	26	0	0	72	4	15	15	1.81	2.56	-0.75	47	66
岡田 俊哉	38	3	7	1	4	0	0	307	72.2	67	5	31	1	2	51	0	39	35	4.33	3.87	0.47	112	100
祖父江 大輔	54	0	3	0	11	0	0	240	58.2	52	6	19	1	1	36	3	25	23	3.53	4.13	-0.60	91	106
田島 慎二	42	3	5	0	9	0	0	232	51	47	5	29	2	4	55	3	35	29	5.12	4.00	1.12	132	103
伊藤 準規	9	2	2	0	1	0	0	186	38.2	43	3	23	1	4	24	3	23	17	3.96	4.84	-0.88	102	125
川上 憲伸	6	1	2	0	0	0	0	142	32	33	2	17	0	2	24	1	18	17	4.78	4.15	0.63	123	107
岩瀬 仁紀	34	1	2	20	4	0	0	134	30.2	37	1	10	2	0	18	1	12	12	3.52	3.09	0.43	91	79
武藤 祐太	15	1	1	0	1	0	0	101	25	18	2	9	0	2	18	0	10	10	3.60	3.98	-0.38	93	102
N・バヤノ	23	0	2	0	3	0	0	104	24.1	14	2	16	0	4	26	1	8	7	2.59	4.45	-1.86	67	115
岩田 慎司	10	2	1	0	1	0	0	101	23.2	26	7	5	0	0	22	0	14	14	5.32	5.68	-0.35	137	146
浅尾 拓也	22	1	1	0	8	0	0	87	19	17	4	12	0	2	20	1	13	13	6.16	5.90	0.26	158	152
高橋 聡文	22	0	0	0	6	0	0	81	19	17	0	7	0	0	19	3	5	5	2.37	2.16	0.21	61	56
若松 駿太	7	0	1	0	0	0	0	72	16.1	19	0	6	0	0	5	1	13	9	4.96	3.55	1.41	128	91
吉見 一起	3	0	1	0	0	0	0	62	15	16	4	2	0	0	6	0	8	7	4.20	6.12	-1.92	108	158
山本昌	3	1	1	0	0	0	0	60	14	16	0	3	1	0	9	1	8	7	4.50	2.63	1.87	116	68
小川 龍也	7	0	0	0	2	0	0	60	12.1	11	1	12	0	0	5	3	9	5	3.65	6.22	-2.57	94	160
鈴木 翔太	5	0	0	0	0	0	0	26	6	5	3	1	0	0	8	0	3	3	4.50	7.89	-3.39	116	203
山内 壮馬	1	0	0	0	0	0	0	26	4	8	1	5	0	0	2	1	7	5	11.25	9.06	2.19	289	233
小熊 凌祐	2	0	0	0	0	0	0	10	2	4	1	0	0	0	3	0	3	3	13.50	11.06	2.44	347	285
小林 正人	2	0	0	0	1	0	0	12	1.1	7	0	0	0	0	6	0	6	6	40.50	3.81	36.69	1042	98
三瀬 幸司	1	0	0	0	0	0	0	1	0.1	0	0	0	0	0	1	0	0	0	0.00	-2.94	2.94	0	-76
鈴木 義広	1	0	0	0	0	0	0	1	0	1	0	1	0	0	0	1	-	-	-	-	-	-	-

野手成績 2

選手	打席	BB%	K%	BB/K	ゴロ%	フライ%	IF/F	HR/OF	ISO	BABIP	打率/出塁率/長打率	wOBA	wRC	wRAA	wSB	UBR	Spd	wRC+	本拠地打席	PF-wOBA補正
大島 洋平	642	6.7%	8.7%	0.77	54.4%	36.3%	9.2%	1.1%	.048	.348	.318/.369/.366	.342	74.2	3.5	-0.1	6.1	5.1	105	288	-.007
森野 将彦	588	11.7%	11.2%	1.05	41.4%	50.2%	8.8%	6.3%	.144	.306	.288/.370/.432	.364	77.9	13.2	0.4	-3.3	2.4	120	263	-.007
H・ルナ	527	9.7%	18.6%	0.52	42.1%	49.6%	9.2%	10.1%	.184	.368	.317/.387/.501	.397	84.3	26.3	0.5	6.8	5.4	145	244	-.008
平田 良介	488	11.1%	13.3%	0.83	45.7%	48.4%	10.7%	6.9%	.121	.303	.277/.357/.399	.344	57.1	3.4	0.3	-0.7	3.4	106	236	-.008
荒木 雅博	471	8.3%	13.4%	0.62	51.9%	38.5%	12.1%	0.8%	.061	.316	.268/.338/.329	.326	48.0	-3.8	2.1	2.5	5.4	93	226	-.008
和田 一浩	356	12.6%	10.7%	1.18	44.8%	49.6%	12.7%	13.7%	.212	.273	.281/.376/.493	.398	57.1	17.9	-0.1	-2.0	2.8	146	184	-.009
A・エルナンデス	304	6.3%	19.1%	0.33	48.7%	44.2%	11.0%	5.6%	.111	.312	.262/.309/.373	.316	28.7	-4.7	-0.1	-3.0	3.2	86	115	-.006
藤井 淳志	300	8.3%	18.3%	0.45	56.0%	37.2%	4.9%	6.5%	.139	.324	.274/.337/.414	.340	34.2	1.1	-0.4	-0.1	4.2	103	125	-.007
谷繁 元信	274	14.2%	13.1%	1.08	47.2%	45.7%	15.6%	1.3%	.062	.225	.195/.316/.257	.281	18.2	-12.0	-0.4	-4.4	0.8	60	141	-.007
堂上 直倫	261	3.8%	17.2%	0.22	51.9%	40.3%	10.8%	1.4%	.038	.273	.228/.256/.266	.246	9.9	-18.9	0.1	1.8	2.8	34	126	-.008
松井 雅人	162	8.6%	29.0%	0.34	44.4%	44.4%	6.8%	2.4%	.056	.255	.176/.259/.232	.245	6.0	-11.9	0.1	-0.5	4.0	33	63	-.006
高橋 周平	156	5.1%	18.6%	0.28	36.1%	57.1%	14.7%	10.3%	.194	.279	.257/.292/.451	.331	16.6	-0.6	-0.1	-1.5	1.9	97	64	-.007
谷 哲也	131	4.6%	17.6%	0.26	45.1%	49.0%	18.0%	0.0%	.127	.292	.237/.272/.364	.311	11.8	-2.7	-0.4	-0.5	2.8	82	37	-.005
松井 佑介	102	2.0%	26.5%	0.07	56.9%	37.5%	11.1%	8.3%	.135	.328	.250/.280/.385	.298	8.1	-3.1	0.1	0.8	2.9	73	32	-.005
小笠原 道大	99	14.1%	16.2%	0.88	42.6%	47.1%	15.6%	3.7%	.108	.358	.301/.404/.410	.379	14.3	3.4	0.0	0.0	0.1	132	48	-.008
武山 真吾	72	4.2%	20.8%	0.20	56.6%	34.0%	16.7%	6.7%	.048	.146	.127/.176/.175	.167	-1.9	-9.8	0.0	1.9	1.8	-24	27	-.006
野本 圭	72	6.9%	13.9%	0.50	50.9%	43.6%	16.7%	5.0%	.111	.245	.222/.296/.333	.290	5.3	-2.7	0.0	-0.2	0.5	66	29	-.007
工藤 隆人	46	8.7%	23.9%	0.36	63.3%	33.3%	0.0%	10.0%	.154	.393	.308/.378/.462	.375	6.5	1.5	-0.6	-1.0	4.2	129	24	-.009
三ツ俣 大樹	41	0.0%	24.4%	0.00	54.8%	38.7%	8.3%	9.1%	.139	.154	.139/.135/.278	.209	0.3	-4.2	0.0	-0.2	5.1	7	25	-.010
岩崎 恭平	30	6.7%	20.0%	0.33	50.0%	36.4%	0.0%	0.0%	.000	.136	.107/.167/.107	.206	0.2	-3.1	-0.4	1.4	4.1	5	17	-.009
中田 亮二	22	0.0%	18.2%	0.00	50.0%	50.0%	12.5%	0.0%	.105	.133	.105/.190/.211	.209	0.2	-2.3	0.0	-1.3	2.6	7	16	-.012
古本 武尊	20	5.0%	35.0%	0.14	58.3%	41.7%	20.0%	0.0%	.000	.273	.167/.211/.167	.181	-0.3	-2.5	0.0	0.0	0.0	-14	9	-.008
小田 幸平	17	0.0%	35.3%	0.00	64.3%	35.7%	20.0%	0.0%	.000	.100	.063/.063/.063	.061	-1.9	-3.8	0.0	0.0	2.6	-101	7	-.007
吉川 大幾	17	5.9%	11.8%	0.50	54.5%	36.4%	25.0%	0.0%	.000	.000	.000/.067/.000	.055	-2.0	-3.8	0.0	0.0	2.6	-106	9	-.009
A・ゴメス	14	7.1%	35.7%	0.20	62.5%	25.0%	50.0%	0.0%	.000	.125	.077/.143/.077	.118	-0.9	-2.5	0.0	0.0	0.1	-59	6	-.007
福田 永将	12	0.0%	33.3%	0.00	25.0%	75.0%	16.7%	0.0%	.083	.375	.250/.250/.333	.262	0.6	-0.7	0.0	0.0	2.6	46	5	-.007
森越 祐人	12	16.7%	8.3%	2.00	75.0%	25.0%	0.0%	0.0%	.000	.167	.143/.400/.143	.306	1.0	-0.3	0.0	-0.6	1.1	78	6	-.008
堂上 剛裕	5	0.0%	60.0%	0.00	50.0%	50.0%	0.0%	0.0%	.000	.500	.200/.200/.200	.176	-0.1	-0.4	0.0	0.5	2.6	-17	1	-.003
溝脇 隼人	5	0.0%	20.0%	0.00	25.0%	50.0%	0.0%	0.0%	.000	.250	.200/.200/.200	.190	-0.0	-0.6	0.0	0.0	1.9	-7	5	-.017
赤田 龍一郎	5	0.0%	40.0%	0.00	100%	0.0%	0.0%	0.0%	.000	.000	.000/.000/.000	.000	-0.8	-1.4	0.0	0.0	0.1	-146	1	.000
田中 大輔	4	0.0%	0.0%	-	50.0%	50.0%	50.0%	0.0%	.000	.250	.250/.250/.250	.216	0.1	-0.4	0.0	0.0	0.1	13	0	.000

投手成績 2

選手	打者	K%	BB%	K-BB%	ゴロ%	フライ%	ライナー%	IF/F	HR/OF	ゴロアウト	フライアウト	xFIP(RA)	tERA-PF	tRA-PF	xFIP-	tRA-	本拠地打者	PF-tRA補正
山井 大介	716	14.4%	9.2%	5.2%	48.4%	43.8%	7.7%	7.6%	5.9%	79.5%	72.0%	4.80	4.53	4.96	111	115	378	-0.215
大野 雄大	682	17.4%	6.9%	10.5%	44.5%	48.8%	6.7%	9.2%	6.2%	71.4%	73.6%	4.43	4.01	4.43	103	103	283	-0.169
雄太	421	11.2%	5.7%	5.5%	62.6%	31.0%	6.3%	7.4%	8.0%	75.2%	60.9%	4.35	3.93	4.35	101	101	217	-0.210
濱田 達郎	352	20.5%	9.4%	11.1%	38.3%	53.5%	8.2%	13.1%	7.1%	76.3%	66.7%	4.54	4.20	4.63	105	107	129	-0.149
D・カブレラ	342	17.3%	11.4%	5.9%	47.1%	47.9%	5.0%	13.0%	4.0%	67.3%	65.6%	4.97	3.87	4.30	115	100	222	-0.264
朝倉 健太	328	14.9%	9.5%	3.9%	55.4%	36.5%	8.0%	12.1%	12.5%	81.9%	65.7%	4.82	5.02	5.44	112	126	108	-0.134
又吉 克樹	321	32.4%	8.7%	23.7%	40.0%	50.8%	9.2%	13.8%	3.7%	78.4%	73.1%	3.14	2.36	2.78	73	65	156	-0.198
岡田 俊哉	307	16.6%	10.1%	6.5%	58.3%	34.5%	7.2%	9.1%	7.1%	77.7%	66.2%	4.40	3.93	4.36	102	101	146	-0.193
福谷 浩司	298	24.2%	8.7%	15.5%	51.5%	42.0%	6.5%	19.0%	3.0%	72.8%	72.3%	3.57	2.31	2.74	83	63	127	-0.173
祖父江 大輔	240	15.0%	7.9%	7.1%	58.8%	32.4%	8.8%	13.6%	9.8%	75.7%	73.9%	4.13	4.03	4.45	96	103	123	-0.208
田島 慎二	232	23.7%	12.5%	11.2%	52.1%	41.0%	6.9%	6.8%	9.1%	69.3%	66.0%	4.27	4.15	4.57	99	106	107	-0.188
伊藤 準規	186	12.9%	12.4%	0.5%	51.9%	41.0%	9.8%	8.8%	5.8%	65.7%	67.3%	5.65	4.76	5.19	131	120	24	-0.052
川上 憲伸	142	16.9%	12.0%	4.9%	39.4%	54.5%	6.1%	16.7%	4.4%	66.7%	72.1%	5.22	4.21	4.64	121	108	95	-0.272
岩瀬 仁紀	134	13.4%	7.5%	5.9%	43.4%	42.5%	14.2%	11.1%	2.5%	71.7%	64.1%	4.45	4.27	4.69	103	109	70	-0.213
N・バヤノ	104	25.0%	15.4%	9.6%	25.9%	69.0%	5.2%	5.0%	5.3%	80.0%	77.8%	5.43	5.08	5.51	126	128	35	-0.137
武藤 祐太	101	17.8%	8.9%	8.9%	45.8%	45.8%	8.3%	9.1%	6.7%	84.8%	78.6%	4.61	4.44	4.86	107	113	49	-0.197
岩田 慎司	101	21.8%	5.0%	16.8%	35.1%	59.5%	5.4%	15.9%	18.9%	69.2%	73.3%	3.88	5.54	5.97	90	138	38	-0.153
浅尾 拓也	87	23.0%	13.8%	9.2%	41.5%	54.7%	3.8%	20.7%	17.4%	81.8%	63.2%	4.85	5.20	5.63	112	131	26	-0.122
髙橋 聡文	81	23.5%	8.6%	14.9%	43.6%	52.7%	3.6%	17.2%	0.0%	70.8%	62.5%	3.90	2.07	2.50	90	58	47	-0.236
若松 駿太	72	6.9%	8.3%	-1.4%	54.1%	39.3%	6.6%	8.3%	0.0%	72.7%	63.6%	5.37	3.83	4.25	125	99	38	-0.215
吉見 一起	62	9.7%	3.2%	6.5%	50.0%	44.4%	5.6%	8.3%	18.2%	77.8%	77.8%	4.60	6.42	6.85	107	159	27	-0.177
山本昌	60	15.0%	5.0%	10.0%	51.1%	44.7%	4.3%	0.0%	0.0%	70.8%	52.4%	4.61	3.35	3.77	107	88	50	-0.407
小川 龍也	60	8.3%	20.0%	-11.7%	58.1%	39.5%	2.3%	23.5%	7.7%	72.0%	58.3%	6.69	5.28	5.71	155	132	50	-0.339
鈴木 翔太	26	30.8%	3.8%	27.0%	62.5%	37.5%	0.0%	16.7%	60.0%	60.0%	100%	2.68	6.63	7.06	62	164	9	-0.141
山内 壮馬	26	7.7%	19.2%	-11.5%	57.9%	42.1%	0.0%	0.0%	12.5%	63.6%	42.9%	8.31	7.14	7.57	193	176	0	0.000
小林 正人	12	8.3%	8.3%	0.0%	50.0%	40.0%	10.0%	0.0%	20.0%	20.0%	50.0%	7.34	4.29	4.72	170	109	1	-0.034
小熊 凌祐	10	0.0%	10.0%	-10.0%	22.2%	55.6%	22.2%	0.0%	20.0%	100%	75.0%	7.57	16.86	17.29	176	401	10	-0.407
三瀬 幸司	1	100%	0.0%	100%	0.0%	0.0%	0.0%	0.0%	0.0%	-	-	-2.51	-2.72	-2.30	-58	-53	1	-0.407
鈴木 義広	1	0.0%	0.0%	0.0%	0.0%	100%	0.0%	100%	0.0%	-	-	-	-	-	-	-	1	-0.407

守備成績

位置	選手名	試合	イニング	盗塁 企図	盗塁 許	盗塁 刺	盗塁 阻止率	捕逸	守備 得点
C	谷繁 元信	87	657.2	66	50	16	24.2%	2	2.4
C	松井 雅人	63	380.2	35	24	11	31.4%	2	1.0
C	武山 真吾	32	175	17	10	7	41.2%	3	0.6
C	小田 幸平	17	61	10	9	1	10.0%	3	-1.3
C	田中 大輔	3	12	2	2	0	0.0%	0	-0.2
C	赤田 龍一郎	2	7	1	1	0	0.0%	0	-1.1

位置	選手名	INN イニング	RNG 範囲	ARM 肩	ERR 失策	DP 併殺	UZR	UZR/1000
1B	森野 将彦	1201	7.9	-	-0.8	0.1	7.2	6.0
1B	H・ルナ	38	0.3	-	0.1	0.0	0.4	10.3
1B	小笠原 道大	29	0.2	-	0.1	0.3	0.7	23.5
1B	中田 亮二	12	-0.2	-	0.0	0.0	-0.1	-12.4
1B	福田 永将	7	0.5	-	0.1	0.0	0.5	75.6
1B	谷 哲也	5.1	0.0	-	0.0	0.0	0.0	0.0
1B	武山 真吾	1	0.0	-	0.0	0.0	0.0	0.0
2B	荒木 雅博	910.2	-13.4	-	2.0	3.1	-8.3	-9.1
2B	谷 哲也	188	-0.8	-	0.9	-0.4	-0.4	-1.9
2B	堂上 直倫	89.1	-1.9	-	-1.0	0.3	-2.6	-28.9
2B	岩崎 恭平	53.1	0.7	-	-0.3	0.6	0.9	16.9
2B	A・エルナンデス	19.2	0.2	-	0.1	0.0	0.2	12.1
2B	吉川 大幾	18.1	0.5	-	0.1	0.0	0.6	32.4
2B	森野 将彦	10	-1.3	-	0.0	0.0	-1.3	-126.2
2B	三ツ俣 大樹	3	0.0	-	0.0	0.0	0.0	11.6
2B	森越 祐人	1	0.0	-	0.0	0.0	0.0	0.0
3B	H・ルナ	984.2	4.0	-	-0.7	1.5	4.7	4.8
3B	高橋 周平	269	2.1	-	-0.1	1.9	7.0	
3B	谷 哲也	22	-0.7	-	0.1	-0.3	-0.8	-37.8
3B	堂上 直倫	12.2	0.6	-	0.4	0.2	1.2	97.9
3B	森越 祐人	4	0.8	-	0.1	0.0	0.8	211.6
3B	三ツ俣 大樹	1	-0.1	-	0.0	0.0	-0.1	-68.9
SS	A・エルナンデス	594	-5.4	-	-2.9	0.8	-7.6	-12.7
SS	堂上 直倫	510	4.9	-	1.6	1.3	7.7	15.1
SS	三ツ俣 大樹	110.2	1.6	-	0.3	1.9	17.0	
SS	森越 祐人	26	-0.2	-	0.1	0.2	0.1	4.2
SS	高橋 周平	20.2	0.3	-	0.2	0.0	0.5	22.0
SS	吉川 大幾	20	-0.3	-	0.2	0.9	0.8	39.4
SS	溝脇 隼人	12	0.5	-	0.1	-0.3	0.2	20.2

位置	選手名	INN イニング	RNG 範囲	ARM 肩	ERR 失策	DP 併殺	UZR	UZR/1000
LF	和田 一浩	617.1	3.9	-5.3	-0.4	-	-1.8	-2.9
LF	藤井 淳志	403.1	3.4	1.1	0.0	-	4.8	11.9
LF	松井 佑介	123.1	4.6	-0.7	0.1	-	4.0	32.5
LF	野本 圭	78	2.7	0.0	0.1	-	2.8	35.4
LF	工藤 隆人	59.1	0.5	1.8	0.0	-	2.4	40.0
LF	古本 武尊	12	-0.1	0.0	0.0	-	-0.1	-8.3
CF	大島 洋平	1227	14.8	7.6	-1.1	-	21.2	17.3
CF	藤井 淳志	38	1.3	-0.6	0.0	-	0.8	20.3
CF	工藤 隆人	28.1	0.4	-0.4	0.0	-	0.0	1.3
RF	平田 良介	1020	18.5	6.0	0.7	-	25.2	24.7
RF	藤井 淳志	200.2	1.3	0.1	0.1	-	1.5	7.5
RF	松井 佑介	65	-1.1	1.7	0.0	-	0.6	9.2
RF	A・ゴメス	5	0.2	-0.3	0.0	-	-0.1	-21.3
RF	工藤 隆人	2.2	0.0	0.0	0.0	-	0.3	128.9

中日ドラゴンズ

ポジション別成績

POS	打席	打数	安打	二塁打	三塁打	本塁打	打点	犠打	犠飛	四球	故意四球	死球	三振	併殺打	失策出塁(野選)
P	266	231	21	3	0	0	8	26	1	8	0	0	117	3	3
C	516	441	76	13	1	3	32	13	3	56	2	3	103	13	3
1B	623	539	158	37	0	14	92	5	6	71	2	2	71	20	2
2B	649	556	131	25	4	1	25	42	2	46		3	94	9	11
3B	633	565	178	32	6	19	84	2	6	55	4	5	113	13	4
SS	569	514	126	18	2	6	51	18	5	30	0	2	101	12	6
LF	607	521	142	26	4	23	103	7	5	66	1	8	86	14	5
CF	672	611	192	20	2	3	34	6	2	46	1	6	62	3	6
RF	612	540	147	22	2	11	68	3	5	62	0	2	92	16	1
DH	50	45	12	2	0	0	5	0	1	3	0	1	6	2	1
PH	324	291	67	17	0	7	35	4	3	24	1	2	81	4	3

POS	BB%	K%	ISO	BABIP	打率	長打率	出塁率	wOBA	wRC	POS wRAA	wRC+
P	3.0%	44.0%	.013	.183	.091	.104	.121	.117	-17.7	-4.2	86
C	10.9%	20.0%	.054	.216	.172	.227	.268	.237	15.8	-19.6	66
1B	11.4%	11.4%	.147	.313	.293	.440	.374	.360	81.0	1.7	103
2B	7.1%	14.5%	.065	.281	.236	.300	.297	.287	45.7	-27.0	62
3B	8.7%	17.9%	.179	.362	.315	.494	.377	.382	93.5	23.5	134
SS	5.3%	17.8%	.078	.291	.245	.323	.287	.280	37.2	-19.3	69
LF	10.9%	14.2%	.198	.285	.273	.470	.360	.370	83.7	-4.3	94
CF	6.8%	9.2%	.054	.344	.314	.368	.366	.334	73.1	-0.9	99
RF	10.1%	15.0%	.109	.308	.272	.381	.346	.325	61.9	-4.1	94
DH	6.0%	12.0%	.044	.300	.267	.311	.320	.302	4.1	-0.4	92
PH	7.4%	25.0%	.131	.291	.230	.361	.291	.297	25.4	-7.0	80

	守備					
RNG	ARM	ERR	DP	UZR	捕内外	合計
		-			1.4	1.4
8.7	-	-0.4	0.4	8.7		
-16.0	-	1.8	3.6	-10.7	9.4	71.1
6.7	-	-0.4	1.6	7.8		
1.3	-	-0.8	3.1	3.6		
15.0	-3.0	0.1	-	12.1		
16.5	6.7	-1.1	-	22.1	61.7	
19.2	7.5	0.9	-	27.5		

横浜DeNAベイスターズ 2015主要戦力と2014チームスタッツ

2015主要戦力（＊＝左投手or左打者　＋＝両打者　N＝新加入　P＝有望株）

先発投手	齢
久保 康友	35
井納 翔一	29
山口 俊	28
G・モスコーソ	32
三浦 大輔	42
三嶋 一輝	25
高崎 健太郎	30
山崎 康晃 N	23
高橋 尚成＊	40
東野 峻 N	29

リリーフ投手	齢
三上 朋也	26
岡島 秀樹＊N	40
国吉 佑樹	24
林 昌範＊	32
長田 秀一郎	35
Y・エレラ N	34
加賀 繁	30
大原 慎司＊	30
萬谷 康平	28

捕手	齢
黒羽根 利規	28
髙城 俊人	22
嶺井 博希＋	24
鶴岡 賢二郎	28

一塁手	齢
J・ロペス N	32
A・バルディリス	32
筒香 嘉智＊	24
後藤 武敏	35

二塁手	齢
石川 雄洋＊	29
柳田 殖生	33
Y・グリエル	31

三塁手	齢
Y・グリエル	31
A・バルディリス	32
筒香 嘉智＊	24

遊撃手	齢
白崎 浩之	25
山崎 憲晴	29
L・グリエル Jr.N	22
倉本 寿彦＊N	24

左翼手	齢
筒香 嘉智＊	24
多村 仁志	38
下園 辰哉＊	31
井手 正太郎	32

中堅手	齢
荒波 翔＊	29
桑原 将志	22
石川 雄洋＊	29
梶谷 隆幸＊	27
関根 大気＊P	20

右翼手	齢
梶谷 隆幸＊	27
松本 啓二朗＊	29

守備位置別 wRC+ （Weighted Runs Created Plus）

投	捕	一塁	二塁	三塁	遊撃	左翼	中堅	右翼	指名打者
-	62	97	71	133	51	139	85	109	-

wRC+ は100が平均で上回るほど攻撃力がある。値は各ポジションの筆頭選手のもの（2014）

守備位置別 UZR/1000 （Ultimate Zone Rating Per 1000Innings）

投	捕	一塁	二塁	三塁	遊撃	左翼	中堅	右翼	指名打者
-	-	0.0	-12.2	-21.2	3.0	4.1	-14.7	13.1	-

UZR/1000 は0が平均。値は得点換算した守備力で各ポジションの筆頭選手のもの（2014）

守備位置別 WAR （Wins Above Replacement）

投	捕	一塁	二塁	三塁	遊撃	左翼	中堅	右翼	指名打者
25.7 +山崎 +エレラ ほか	0.6	0.6	-0.2	1.5	0.1	3.4	0.0	4.3	-
		内野				外野			
		2.0				7.7			

WARは0を控え選手レベルに置いた勝利数換算した貢献度。投手は総計、その他のポジションは筆頭選手のもの（2014）

野手成績 1

選手	打席	打数	安打	二塁打	三塁打	本塁打	打点	犠打	犠飛	四球	故意四球	死球	三振	併殺打	失策出塁(野選)	得点	盗塁	盗塁刺	打率
梶谷 隆幸	609	525	138	26	9	16	72	3	4	70	5	7	135	12	5	76	39	8	.263
石川 雄洋	539	483	120	16	5	7	36	16	0	32	0	8	98	9	7	66	9	3	.248
A・バルディリス	510	451	115	29	1	17	52	0	5	43	2	11	66	20	1	44	0	1	.255
筒香 嘉智	461	410	123	24	2	22	77	0	2	47	6	2	100	7	5	58	2	1	.300
山崎 憲晴	374	309	74	9	1	2	20	38	2	19	0	6	64	4	0	36	2	2	.239
黒羽根 利規	374	326	86	10	0	2	24	17	2	24	1	5	78	10	3	32	1	2	.264
T・ブランコ	333	311	88	14	0	17	60	0	0	18	4	4	91	5	5	32	0	0	.283
Y・グリエル	258	239	73	22	0	11	30	0	2	15	0	2	40	4	2	46	3	0	.305
白崎 浩之	240	209	49	8	1	1	11	15	0	16	0	0	50	4	3	24	4	2	.234
荒波 翔	206	188	51	8	2	3	18	4	0	13	0	1	28	1	2	30	9	1	.271
金城 龍彦	175	160	32	6	0	0	11	1	0	13	2	1	21	3	4	9	0	1	.200
桑原 将志	169	144	37	7	2	1	13	8	0	15	0	2	32	1	0	15	4	0	.257
多村 仁志	166	147	40	5	1	4	23	1	1	15	1	2	23	4	2	11	0	2	.272
後藤 武敏	165	145	41	8	0	7	31	1	1	18	1	0	34	4	1	17	0	0	.283
下園 辰哉	117	101	28	4	0	1	8	1	0	14	0	1	18	1	0	14	0	0	.277
柳田 殖生	101	88	24	3	0	4	10	6	0	2	0	5	20	2	2	12	0	0	.273
井手 正太郎	77	73	15	3	0	3	13	0	1	3	0	0	23	1	0	7	0	0	.205
髙城 俊人	76	69	10	1	1	0	4	0	0	5	0	2	28	0	1	8	0	0	.145
松本 啓二朗	58	54	14	5	0	0	5	2	0	1	0	1	10	0	1	8	1	0	.259
中村 紀洋	56	49	12	2	0	0	10	0	1	6	0	0	10	0	0	5	0	0	.245
靍岡 賢二郎	49	45	12	0	0	0	2	0	0	4	1	0	10	1	0	4	0	0	.267
西森 将司	25	22	1	0	0	0	0	3	0	0	0	0	6	0	0	0	0	0	.045
嶺井 博希	14	11	3	0	0	1	3	1	0	2	0	0	2	0	0	1	0	0	.273
関根 大気	13	12	3	0	0	0	0	0	0	1	0	0	3	0	1	1	1	0	.250
宮﨑 敏郎	13	13	2	1	0	0	0	0	0	0	0	0	3	0	0	0	0	0	.154
飛雄馬	8	8	0	0	0	0	0	0	0	0	0	0	3	0	0	0	0	0	.000
内村 賢介	2	2	0	0	0	0	0	0	0	0	0	0	0	0	0	0	0	0	.000
乙坂 智	2	2	1	0	0	1	1	0	0	0	0	0	0	0	0	2	0	0	.500

投手成績 1

投手	登板	勝	敗	S	H	完投	完封	打者	回	安打	被本塁打	四球	敬遠	死球	三振	暴投	失点	自責点	防御率	FIP(ERA)	E-F	ERA-	FIP-
久保 康友	28	12	6	0	0	2	1	759	178.1	181	8	54	1	11	119	12	68	66	3.33	3.38	-0.05	86	87
井納 翔一	25	11	9	0	0	3	1	682	159.1	163	18	49	1	7	104	8	83	71	4.01	4.26	-0.24	103	109
G・モスコーソ	24	9	9	0	0	2	0	608	146	133	15	45	0	2	96	1	57	55	3.39	4.04	-0.65	87	104
山口 俊	33	8	5	0	3	3	2	536	124	107	5	60	0	3	96	5	58	40	2.90	3.56	-0.65	75	92
三浦 大輔	15	5	6	0	0	1	0	403	94.2	99	14	23	2	4	55	3	38	32	3.04	4.61	-1.57	78	119
三上 朋也	65	1	4	21	13	0	0	279	65.2	55	3	27	4	4	67	2	18	17	2.33	2.84	-0.51	60	73
国吉 佑樹	49	2	3	2	14	0	0	267	62.1	61	4	23	0	1	59	4	29	24	3.47	3.15	0.31	89	81
尚成	10	0	6	0	0	0	0	230	51	65	14	21	0	1	33	0	33	30	5.29	6.62	-1.33	136	170
高崎 健太郎	14	2	3	0	2	0	0	213	49.2	54	6	14	0	0	30	0	26	23	4.17	4.26	-0.10	107	110
長田 秀一郎	52	5	5	1	16	0	0	205	46.2	47	3	19	1	1	34	3	25	20	3.86	3.66	0.20	99	94
林 昌範	56	2	2	1	15	0	0	175	40	45	4	14	2	0	34	1	17	14	3.15	3.56	-0.41	81	92
加賀 繁	37	2	1	1	13	0	0	160	38.1	37	6	8	1	3	26	0	21	21	4.93	4.52	0.41	127	116
大原 慎司	44	3	1	0	15	0	0	143	32.1	32	1	13	1	2	28	2	18	16	4.45	3.03	1.43	115	78
萬谷 康平	26	1	1	0	4	0	0	117	27.2	23	3	11	0	0	23	3	12	11	3.58	4.00	-0.42	92	103
三嶋 一輝	8	1	2	0	0	0	0	126	24	41	5	14	0	1	24	4	30	29	10.88	5.64	5.24	280	145
J・ソーサ	27	0	3	3	12	0	0	118	23.2	35	2	14	1	1	14	2	15	13	4.94	4.75	0.20	127	122
E・ソト	26	1	1	1	8	0	0	93	23	17	2	6	0	0	10	0	6	4	1.57	4.36	-2.80	40	112
加賀美 希昇	5	0	3	0	0	0	0	99	21.2	27	4	9	0	1	18	0	13	13	5.40	5.18	0.22	139	133
田中 健二朗	11	1	0	0	0	0	0	68	15.1	21	1	3	0	1	17	1	8	7	4.11	2.47	1.64	106	64
藤江 均	16	1	0	0	1	0	0	73	15.1	19	3	6	0	0	14	1	12	8	4.70	4.95	-0.25	121	127
須田 幸太	9	0	0	0	0	0	0	64	14.1	20	2	2	0	0	14	2	12	8	5.02	3.34	1.69	129	86
平田 真吾	9	0	0	0	0	0	0	50	13	9	1	5	0	1	7	2	5	5	3.46	4.36	-0.90	89	112
土屋 健二	7	0	1	0	0	1	0	35	6.2	11	1	3	0	1	3	0	7	4	5.40	3.96	1.44	139	102
安部 建輝	4	0	0	0	0	0	0	23	4.2	5	2	4	0	0	6	0	3	3	5.79	8.63	-2.84	149	222
大田 阿斗里	3	0	0	0	0	0	0	20	4	3	0	5	0	0	2	0	0	0	0.00	5.81	-5.81	0	149
小林 太志	2	0	0	0	0	0	0	12	3	4	1	0	0	0	2	0	2	2	6.00	6.06	-0.06	154	156
陳 冠宇	1	0	0	0	0	0	0	14	2.1	5	2	2	0	0	3	0	4	3	11.57	14.20	-2.63	298	365
小杉 陽太	2	0	0	0	0	0	0	8	2	1	0	2	0	1	0	0	0	0	0.00	5.06	-5.06	0	130
菊地 和正	2	0	1	0	0	0	0	2	0.1	1	1	0	0	0	0	1	1	1	27.00	42.06	-15.06	695	1082

野手成績 2

選手	打席	BB%	K%	BB/K	ゴロ%	フライ%	IF/F	HR/OF	ISO	BABIP	打率/出塁率/長打率	wOBA	wRC	wRAA	wSB	UBR	Spd	wRC+	本拠地打席	PF-wOBA補正
梶谷 隆幸	609	11.5%	22.2%	0.52	47.4%	46.3%	11.4%	9.8%	.175	.323	.263/.355/.438	.347	72.8	5.8	2.9	5.9	7.6	109	270	.008
石川 雄洋	539	5.9%	18.2%	0.33	60.8%	34.4%	15.9%	6.0%	.097	.299	.248/.306/.346	.296	42.0	-17.3	0.3	4.4	5.7	71	242	.008
A・バルディリス	510	8.4%	12.9%	0.65	34.6%	56.2%	13.7%	9.0%	.182	.263	.255/.331/.437	.329	53.6	-2.5	-0.4	-1.3	1.1	96	250	.009
筒香 嘉智	461	10.2%	21.7%	0.47	39.1%	52.9%	14.5%	15.6%	.229	.348	.300/.373/.529	.389	70.5	19.8	-0.1	1.9	2.8	139	204	.008
山崎 憲晴	374	5.1%	17.1%	0.30	60.4%	31.6%	15.6%	2.6%	.055	.294	.239/.295/.294	.257	17.3	-23.9	-0.4	-2.5	3.1	42	181	.008
黒羽根 利規	374	6.4%	20.9%	0.31	58.8%	31.8%	4.7%	2.5%	.049	.339	.264/.322/.313	.284	25.7	-15.5	-0.6	-1.0	1.6	62	166	.008
T・ブランコ	333	5.4%	27.3%	0.20	33.8%	58.0%	14.2%	14.7%	.209	.350	.283/.330/.492	.359	42.9	6.2	0.0	-0.4	0.5	117	145	.008
Y・グリエル	258	5.8%	15.5%	0.38	40.8%	51.2%	13.6%	12.4%	.230	.326	.305/.349/.536	.381	37.8	9.4	0.4	3.2	4.0	133	128	.009
白崎 浩之	240	6.7%	20.8%	0.32	60.9%	32.8%	8.8%	1.9%	.062	.304	.234/.289/.297	.269	13.5	-13.0	-0.1	2.4	4.3	51	105	.008
荒波 翔	206	6.3%	13.6%	0.46	49.4%	44.5%	17.8%	5.0%	.112	.306	.271/.322/.383	.315	19.2	-3.5	1.0	2.5	6.8	85	76	.006
金城 龍彦	175	7.4%	12.0%	0.62	52.9%	41.4%	15.5%	0.0%	.038	.230	.200/.264/.238	.240	5.8	-13.5	-0.4	-4.2	1.2	30	82	.008
桑原 将志	169	8.9%	18.9%	0.47	50.0%	41.7%	18.0%	2.4%	.097	.324	.253/.325/.350	.316	15.9	-2.7	0.2	-1.5	5.4	85	71	.007
多村 仁志	166	9.0%	13.9%	0.65	44.9%	48.8%	11.3%	7.4%	.129	.298	.272/.345/.401	.331	17.6	-0.7	-0.7	0.3	2.0	96	86	.008
後藤 武敏	165	10.9%	20.6%	0.53	46.9%	47.8%	11.1%	14.6%	.200	.324	.283/.360/.483	.362	21.6	3.5	0.0	0.6	0.7	119	80	.008
下園 辰哉	117	12.0%	15.4%	0.78	53.6%	35.7%	16.7%	4.0%	.069	.329	.277/.371/.347	.316	11.0	-1.8	-0.1	-0.1	1.5	86	61	.009
柳田 殖生	101	2.0%	19.8%	0.10	50.0%	41.9%	9.7%	14.3%	.170	.313	.273/.326/.443	.349	12.2	1.1	0.0	-0.6	1.4	110	49	.008
井手 正太郎	77	3.9%	26.0%	0.15	30.0%	40.7%	6.0%	13.6%	.164	.235	.205/.234/.370	.249	3.1	-5.4	0.0	0.0	1.2	36	53	.012
髙城 俊人	76	6.6%	36.8%	0.18	53.7%	39.0%	12.5%	0.0%	.043	.244	.145/.224/.188	.199	2.0	-8.4	0.0	-0.8	5.0	0	41	.009
松本 啓二朗	58	1.7%	17.2%	0.10	60.9%	28.3%	0.0%	0.0%	.093	.318	.259/.286/.352	.290	4.2	-2.1	0.1	0.7	4.1	67	36	.011
中村 紀洋	56	10.7%	17.9%	0.60	35.0%	57.5%	17.4%	0.0%	.041	.300	.245/.321/.286	.265	3.0	-3.2	0.0	0.0	1.3	49	35	.011
霧岡 賢二郎	49	8.2%	20.4%	0.40	48.6%	37.1%	15.4%	0.0%	.000	.343	.267/.327/.267	.273	2.9	-2.5	0.0	-0.9	1.1	54	19	.007
西森 将司	25	0.0%	24.0%	0.00	84.2%	10.5%	0.0%	0.0%	.000	.063	.045/.045/.045	.032	-3.4	-6.1	0.0	0.1	0.1	-123	11	.008
嶺井 博希	14	14.3%	14.3%	1.00	70.0%	30.0%	0.0%	0.0%	.182	.333	.273/.385/.455	.362	1.8	0.3	0.0	-0.1	3.3	120	8	.010
関根 大気	13	0.0%	23.1%	0.00	33.3%	55.6%	0.0%	0.0%	.083	.333	.250/.308/.250	.330	1.4	-0.1	0.1	0.6	3.2	96	0	.000
宮崎 敏郎	13	0.0%	23.1%	0.00	90.0%	10.0%	0.0%	0.0%	.077	.200	.154/.154/.231	.154	-0.5	-1.9	0.0	0.0	0.1	-33	11	.015
飛雄馬	8	0.0%	37.5%	0.00	100%	0.0%	0.0%	0.0%	.000	.000	.000/.000/.000	-.002	-1.3	-2.2	0.0	0.0	0.1	-148	1	.002
内村 賢介	2	0.0%	0.0%	-	50.0%	50.0%	0.0%	0.0%	.000	.000	.000/.000/.000	.000	-0.5	-0.7	0.0	0.0	0.2	-146	0	.000
乙坂 智	2	0.0%	0.0%	-	50.0%	50.0%	0.0%	100%	1.500	.000	.500/.500/2.000	1.033	1.3	1.1	0.0	0.2	0.1	611	0	.000

投手成績 2

選手	打者	K%	BB%	K-BB%	ゴロ%	フライ%	ライナー%	IF/F	HR/OF	ゴロアウト	フライアウト	xFIP(RA)	tERA-PF	tRA-PF	xFIP-	tRA-	本拠地打席	PF-tRA補正
久保 康友	759	15.7%	7.1%	8.6%	50.8%	41.6%	7.7%	13.0%	3.8%	71.6%	66.0%	4.44	3.19	3.61	103	84	266	0.161
井納 翔一	682	15.2%	7.2%	8.0%	52.7%	39.5%	7.9%	4.4%	9.1%	76.4%	67.0%	4.50	4.28	4.70	104	109	327	0.220
G・モスコーソ	608	15.8%	7.4%	8.4%	46.0%	48.4%	5.6%	11.6%	7.5%	72.4%	73.9%	4.55	3.75	4.43	105	97	310	0.234
山口 俊	536	17.9%	11.2%	6.7%	52.0%	41.6%	6.4%	11.5%	3.6%	74.0%	70.9%	4.62	3.17	3.60	107	83	234	0.201
三浦 大輔	403	13.6%	5.7%	7.9%	45.2%	48.0%	6.9%	13.0%	10.4%	74.5%	71.7%	4.58	4.51	4.93	106	114	146	0.167
三上 朋也	279	24.0%	9.7%	14.3%	52.5%	40.9%	6.6%	16.2%	4.8%	75.8%	59.3%	3.66	2.43	2.85	85	66	146	0.241
国吉 佑樹	267	22.1%	8.6%	13.5%	49.5%	46.2%	4.3%	5.9%	5.0%	64.8%	68.4%	4.08	2.82	3.25	95	75	156	0.269
尚成	230	14.3%	9.1%	5.2%	45.5%	50.3%	4.6%	17.9%	17.5%	68.4%	65.2%	5.11	6.24	6.67	119	155	117	0.234
高崎 健太郎	213	14.1%	6.6%	7.5%	58.6%	31.4%	10.1%	5.7%	12.0%	75.8%	65.9%	4.17	4.09	4.52	97	105	162	0.350
長田 秀一郎	205	16.6%	9.3%	7.3%	45.7%	49.7%	4.6%	18.7%	4.9%	63.8%	72.4%	4.60	2.98	3.41	107	79	114	0.256
林 昌範	175	19.4%	8.0%	11.4%	58.3%	33.1%	8.7%	11.9%	10.8%	64.9%	69.7%	3.64	3.27	3.70	85	86	89	0.234
加賀 繁	160	16.3%	5.0%	11.3%	31.7%	59.3%	8.9%	23.3%	10.7%	76.9%	72.0%	4.42	4.18	4.60	103	107	99	0.285
大原 慎司	143	19.6%	9.1%	10.5%	49.0%	44.0%	7.0%	15.9%	2.7%	75.5%	61.1%	4.24	2.66	3.08	98	72	74	0.238
三嶋 一輝	126	19.0%	11.1%	7.9%	41.1%	40.9%	8.0%	0.0%	13.9%	55.6%	51.6%	4.91	5.46	5.89	114	137	17	0.062
J・ソーサ	118	11.9%	11.9%	0.0%	52.8%	37.1%	10.1%	12.1%	6.9%	63.8%	66.7%	5.35	4.62	5.04	124	117	48	0.187
萬谷 康平	117	19.7%	9.4%	10.3%	54.9%	39.0%	6.1%	9.4%	6.9%	77.8%	74.1%	4.10	3.16	3.58	95	83	42	0.165
加賀美 希昇	99	18.2%	9.1%	9.1%	40.8%	52.1%	7.0%	13.5%	12.5%	69.0%	60.7%	4.74	4.75	5.17	110	120	63	0.293
E・ソト	93	10.8%	6.5%	4.3%	60.0%	29.3%	10.7%	0.0%	9.1%	77.8%	85.0%	4.65	4.69	5.11	108	119	43	0.213
藤江 均	73	19.2%	8.2%	11.0%	39.6%	52.8%	7.5%	14.3%	12.5%	66.7%	66.7%	4.45	4.54	4.96	103	115	33	0.208
田中 健二朗	68	25.0%	4.4%	20.6%	48.9%	42.6%	8.5%	10.0%	5.6%	60.9%	52.9%	3.27	2.27	2.70	76	63	51	0.345
須田 幸太	64	21.9%	3.1%	18.8%	39.6%	54.2%	6.3%	7.7%	8.3%	47.4%	72.7%	3.68	3.42	3.84	85	89	25	0.180
平田 真吾	50	14.0%	10.0%	4.0%	54.1%	45.9%	0.0%	17.6%	7.1%	70.0%	84.6%	4.91	3.20	3.63	114	84	40	0.368
土屋 健二	35	8.6%	8.6%	0.0%	60.7%	32.1%	7.1%	22.2%	0.0%	58.8%	42.9%	5.47	3.06	3.49	127	81	14	0.184
安部 建輝	23	26.1%	17.4%	8.7%	23.1%	69.2%	7.7%	0.0%	22.2%	100%	71.4%	5.48	9.04	9.47	127	220	15	0.300
大田 阿斗里	20	10.0%	25.0%	-15.0%	53.8%	38.5%	7.7%	0.0%	0.0%	85.7%	60.0%	7.53	5.76	6.18	175	143	15	0.345
陳 冠宇	14	21.4%	14.3%	7.1%	33.3%	55.6%	11.1%	0.0%	40.0%	66.7%	33.3%	5.70	13.58	14.01	132	325	0	0.000
小林 太志	12	16.7%	0.0%	16.7%	40.0%	50.0%	10.0%	0.0%	20.0%	50.0%	100%	3.88	6.82	7.24	90	168	12	0.460
小杉 陽太	8	12.5%	25.0%	-12.5%	60.0%	0.0%	40.0%	0.0%	0.0%	0.0%	0.0%	5.49	7.85	8.27	127	192	8	0.460
菊地 和正	2	0.0%	0.0%	0.0%	50.0%	50.0%	0.0%	0.0%	100%	100%	0.0%	6.59	50.92	51.34	153	1191	0	0.000

守備成績

位置	選手名	試合	イニング	盗塁 企図	盗塁 許	盗塁 刺	阻止率	捕逸	守備得点
C	黒羽根 利規	109	892	76	46	30	39.5%	8	-0.1
C	髙城 俊人	45	205.1	18	13	5	27.8%	2	-1.0
C	鶴岡 賢二郎	17	91	14	12	2	14.3%	0	-1.2
C	西森 将司	10	69	9	9	0	0.0%	0	-0.7
C	嶺井 博希	10	32	5	4	1	20.0%	0	-0.9

位置	選手名	INN イニング	RNG 範囲	ARM 肩	ERR 失策	DP 併殺	UZR	UZR/1000
1B	T・ブランコ	585	-1.3	-	-3.8	-0.1	-5.2	-8.9
1B	A・バルディリス	213	0.2	-	-1.0	0.3	-0.5	-2.2
1B	後藤 武敏	179	0.9	-	-1.4	0.7	0.2	1.1
1B	中村 紀洋	113	-0.2	-	-0.3	0.3	-0.1	-0.9
1B	筒香 嘉智	83	-0.5	-	-0.5	0.0	-1.0	-11.6
1B	柳田 殖生	79.1	1.5	-	-0.1	0.1	1.4	17.3
1B	井手 正太郎	29	-0.1	-	0.0	0.0	0.0	-1.3
1B	山崎 憲晴	6	-1.6	-	0.0	0.0	-1.6	-272.2
1B	松本 啓二朗	2	-0.3	-	-0.7	0.0	-0.4	-196.7
2B	石川 雄洋	906.1	-9.6	-	0.1	-1.6	-11.1	-12.2
2B	Y・グリエル	289	-2.0	-	-0.1	-0.5	-2.6	-9.1
2B	柳田 殖生	51	0.8	-	-0.4	-0.2	0.2	4.4
2B	宮崎 敏郎	21	-1.0	-	0.1	-0.2	-1.1	-52.4
2B	山崎 憲晴	14	-0.1	-	0.1	0.0	0.0	-1.1
2B	桑原 将志	8	0.7	-	-0.7	-0.3	-0.3	-31.7
3B	A・バルディリス	868	-14.8	-	2.4	2.0	-10.4	-12.0
3B	Y・グリエル	228	-2.8	-	-2.2	0.2	-4.8	-21.2
3B	白崎 浩之	89	1.1	-	0.0	-0.3	0.8	8.7
3B	筒香 嘉智	40.1	-0.1	-	0.2	0.0	0.2	3.8
3B	柳田 殖生	27	-0.4	-	-0.5	-0.3	-0.5	-19.2
3B	後藤 武敏	17	-0.1	-	0.2	0.0	0.0	1.4
3B	山崎 憲晴	13	-0.5	-	0.0	0.0	-0.4	-33.5
3B	飛雄馬	6	-0.9	-	0.1	0.0	-0.8	-133.1
3B	宮崎 敏郎	1	-0.2	-	0.0	0.0	-0.2	-205.3
SS	山崎 憲晴	778.2	-1.7	-	-0.6	0.2	-2.1	-2.7
SS	白崎 浩之	437.2	4.1	-	-2.5	-0.4	1.3	3.0
SS	柳田 殖生	54	0.5	-	-0.3	-0.7	-0.5	-10.0
SS	飛雄馬	16	-0.8	-	-0.7	-0.6	-2.1	-129.7
SS	石川 雄洋	2	0.0	-	0.0	0.0	0.0	-18.4
SS	内村 賢介	1	0.0	-	0.0	0.0	0.0	0.0

位置	選手名	INN イニング	RNG 範囲	ARM 肩	ERR 失策	DP 併殺	UZR	UZR/1000
LF	筒香 嘉智	817.1	4.9	-0.6	-0.9	-	3.4	4.1
LF	金城 龍彦	126	1.4	0.0	0.1	-	1.5	11.7
LF	下園 辰哉	98.1	0.9	-1.3	-0.7	-	-1.1	-11.0
LF	多村 仁志	82.2	-0.8	-1.3	0.1	-	-2.0	-24.8
LF	井手 正太郎	54.1	-0.3	1.5	-0.7	-	0.5	8.8
LF	桑原 将志	33.1	1.2	-0.7	0.0	-	0.6	16.6
LF	石川 雄洋	32	0.6	-0.3	0.0	-	0.3	10.3
LF	松本 啓二朗	31.1	0.9	-0.7	0.0	-	0.3	8.5
LF	後藤 武敏	14	0.3	-0.4	-0.1	-	0.0	-2.4
CF	荒波 翔	387	-3.5	-0.9	-1.4	-	-5.7	-14.7
CF	桑原 将志	279.1	-0.6	-1.6	-0.7	-	-2.9	-10.4
CF	梶谷 隆幸	267	1.8	-0.2	0.1	-	1.6	6.2
CF	石川 雄洋	117	-1.7	0.0	0.0	-	-1.7	-14.5
CF	金城 龍彦	116.1	-2.5	-1.8	0.0	-	-4.3	-36.6
CF	松本 啓二朗	71.2	-1.0	-0.9	0.0	-	-1.9	-26.5
CF	多村 仁志	35	1.9	0.0	0.0	-	1.9	54.2
CF	大気	14	0.5	0.0	0.0	-	0.5	37.9
CF	乙坂 智	2	0.2	0.0	0.0	-	0.2	105.9
RF	梶谷 隆幸	938	14.4	-2.8	0.6	-	12.3	13.1
RF	多村 仁志	177	-2.4	2.1	0.0	-	-0.2	-1.0
RF	金城 龍彦	74	0.8	0.7	0.0	-	1.5	20.7
RF	下園 辰哉	52	0.4	-0.7	0.0	-	-0.3	-3.3
RF	井手 正太郎	29	-1.3	-0.3	0.0	-	-1.6	-54.3
RF	松本 啓二朗	11.1	0.0	0.0	0.0	-	0.0	4.0
RF	関根 大気	8	0.1	0.0	0.0	-	0.1	17.8

ポジション別成績

POS	打席	打数	安打	二塁打	三塁打	本塁打	打点	犠打	犠飛	四球	故意四球	死球	三振	併殺打	失策出塁(野選)
P	274	237	32	0	1	2	6	32	0	5	0	0	114	6	3
C	519	455	107	11	2	8	32	21	2	34	2	7	122	13	3
1B	614	555	150	30	0	24	97	2	3	47	2	7	140	15	6
2B	643	585	159	29	4	13	48	17	0	31	0	10	116	10	6
3B	597	533	142	36	1	22	69	2	7	44	2	11	85	19	3
SS	591	501	122	17	2	4	33	52	2	30	0	6	107	7	2
LF	603	534	151	24	3	21	84	3	2	61	6	3	122	10	6
CF	623	548	133	19	5	7	51	11	2	56	3	6	99	14	10
RF	626	554	138	28	8	15	68	6	3	56	4	7	133	12	5
DH	52	48	14	3	0	4	12	0	0	4	0	0	16	1	0
PH	322	283	76	14	1	7	40	3	0	32	2	4	53	3	7

POS	BB%	K%	ISO	BABIP	打率	長打率	出塁率	wOBA	wRC	POS wRAA	wRC+
P	1.8%	41.6%	.034	.248	.135	.169	.153	.154	-10.0	4.0	113
C	6.6%	23.5%	.046	.315	.235	.281	.297	.266	28.0	-7.5	87
1B	7.7%	22.8%	.184	.320	.270	.454	.333	.352	75.6	-2.5	96
2B	4.8%	18.0%	.130	.320	.272	.402	.319	.327	66.3	-5.7	92
3B	7.4%	14.2%	.195	.277	.266	.462	.331	.349	72.1	6.1	109
SS	5.1%	18.1%	.066	.301	.244	.309	.293	.273	51.5	-23.5	64
LF	10.1%	20.2%	.174	.331	.283	.457	.358	.363	79.7	-7.7	88
CF	9.0%	15.9%	.091	.284	.243	.334	.319	.308	54.5	-14.1	79
RF	8.9%	21.2%	.161	.301	.249	.410	.324	.330	66.1	-1.5	98
DH	7.7%	30.8%	.313	.357	.292	.604	.346	.394	8.2	3.4	160
PH	9.9%	16.5%	.131	.309	.269	.399	.351	.353	40.0	7.8	122

守備						
RNG	ARM	ERR	DP	UZR	捕内外	合計
		-			-4.0	-4.0
-0.8	-	-7.7	1.2	-7.2		
-11.2	-	-0.8	-2.8	-14.9	-41.8	-38.6
-18.1	-	0.2	1.7	-16.3		
2.0	-	-4.0	-1.5	-3.5		
9.2	-3.8	-2.1		3.3		
-4.9	-5.4	-1.9	-	-12.2	3.2	
12.2	-0.2	0.1	-	12.1		

東京ヤクルトスワローズ　2015主要戦力と2014チームスタッツ

2015主要戦力（＊＝左投手or左打者　＋＝両打打者　N＝新加入　P＝有望株）

先発投手	齢
小川 泰弘	25
石川 雅規＊	35
成瀬 善久＊N	30
石山 泰稚	27
杉浦 稔大 P	23
八木 亮祐＊	25
館山 昌平	34
古野 正人	29
木谷 良平	26
村中 恭兵＊	28
由規	26

リリーフ投手	齢
T・バーネット	32
秋吉 亮	26
山本 哲哉	30
L・オンドルセク N	30
松岡 健一	33
O・ロマン	37
中澤 雅人＊	30
久古 健太郎＊	29
七條 祐樹	31

捕手	齢
中村 悠平	25
西田 明央	23
藤井 亮太＊	27

一塁手	齢
畠山 和洋	33
松元 ユウイチ＊	35
武内 晋一＊	32

二塁手	齢
山田 哲人	23
田中 浩康	33
奥村 展征＊N	20

三塁手	齢
川端 慎吾＊	28
森岡 良介＊	31

遊撃手	齢
大引 啓次 N	31
森岡 良介＊	31
荒木 貴裕	28
谷内 亮太	24
西浦 直亨	24

左翼手	齢
飯原 誉士	32
L・ミレッジ	30
W・バレンティン	31
松井 淳＊	28

中堅手	齢
雄平＊	31
上田 剛史＊	27
比屋根 渉	28

右翼手	齢
W・バレンティン	31
雄平＊	31
川崎 成晃	29

守備位置別 wRC+（Weighted Runs Created Plus）

投	捕	一塁	二塁	三塁	遊撃	左翼	中堅	右翼	指名打者
-	89	121	150	104	91	97	133	165	-

wRC+ は100が平均で上回るほど攻撃力がある。値は各ポジションの筆頭選手のもの（2014）

守備位置別 UZR/1000（Ultimate Zone Rating Per 1000Innings）

投	捕	一塁	二塁	三塁	遊撃	左翼	中堅	右翼	指名打者
-	-	2.5	2.1	-2.4	7.8	21.1	-7.0	-19.3	-

UZR/1000は0が平均。値は得点換算した守備力で各ポジションの筆頭選手のもの（2014）

守備位置別 WAR（Wins Above Replacement）

投	捕	一塁	二塁	三塁	遊撃	左翼	中堅	右翼	指名打者
17.6 +オンドルセク ほか	1.9	1.9	7.9	2.1	2.3	1.2	5.6	2.7	-
		内野				外野			
		14.2				9.4			

WARは0を控え選手レベルに置いた勝利数換算した貢献度。投手は総計、その他のポジションは筆頭選手のもの（2014）

野手成績 1

選手	打席	打数	安打	二塁打	三塁打	本塁打	打点	犠打	犠飛	四球	故意四球	死球	三振	併殺打	失策出塁(野選)	得点	盗塁	盗塁刺	打率
山田 哲人	685	596	193	39	1	29	89	2	5	74	2	8	95	10	6	106	15	5	.324
川端 慎吾	637	580	177	33	2	10	69	8	3	43	1	3	62	10	8	86	2	2	.305
雄平	597	547	173	28	3	23	90	1	0	48	0	1	103	11	7	97	10	2	.316
畠山 和洋	464	422	131	19	1	17	79	1	3	36	1	2	54	17	4	52	2	0	.310
W・バレンティン	446	366	110	12	0	31	69	0	3	75	5	2	95	10	2	61	2	0	.301
中村 悠平	365	325	97	9	1	5	41	7	3	26	0	4	51	8	3	26	0	0	.298
森岡 良介	326	301	83	16	2	2	31	5	2	15	0	3	39	7	7	26	1	0	.276
上田 剛史	292	252	53	4	2	2	20	16	3	18	0	3	45	1	1	36	16	4	.210
飯原 誉士	244	222	68	12	1	4	29	4	3	14	0	1	29	4	2	26	1	1	.306
相川 亮二	207	192	48	8	0	2	21	2	2	9	1	2	31	5	4	19	0	0	.250
荒木 貴裕	168	149	41	3	1	2	12	2	0	16	0	1	25	2	2	23	1	2	.275
比屋根 渉	142	125	29	4	0	0	7	11	0	5	0	1	21	3	0	17	10	4	.232
武内 晋一	125	111	27	2	0	4	9	1	1	12	0	0	18	3	3	15	0	0	.243
田中 浩康	111	102	25	2	1	3	10	1	0	8	0	0	15	1	0	9	0	0	.245
谷内 亮太	99	89	17	4	0	1	16	2	3	4	0	1	14	1	1	6	0	0	.191
松元 ユウイチ	89	83	24	3	0	0	14	0	1	5	0	0	6	3	3	1	0	0	.289
岩村 明憲	79	74	18	6	0	1	14	0	0	4	0	1	21	0	0	6	0	0	.243
L・ミレッジ	47	39	9	2	0	1	6	0	2	6	0	0	6	4	0	3	0	0	.231
野口 祥順	44	42	12	4	0	0	1	1	0	1	0	0	11	0	0	11	0	0	.286
今浪 隆博	41	38	8	1	1	0	1	0	0	3	0	0	4	0	0	7	0	0	.211
西浦 直亨	36	32	5	1	0	1	5	0	0	4	0	0	6	0	0	5	0	0	.156
川島 慶三	36	26	7	2	0	0	1	2	0	7	2	1	6	0	0	8	1	0	.269
松井 淳	26	25	6	3	0	0	1	0	0	1	0	0	8	1	0	1	0	0	.240
三輪 正義	22	20	5	1	0	0	1	1	0	1	0	0	2	1	0	7	0	0	.250
西田 明央	22	20	5	2	0	1	4	0	0	1	0	1	4	0	0	2	0	0	.250
川崎 成晃	14	13	3	0	0	0	0	0	0	1	0	0	5	0	0	3	1	0	.231
藤井 亮太	7	6	0	0	0	0	0	0	0	1	0	0	3	0	0	0	0	1	.000

投手成績 1

投手	登板	勝	敗	S	H	完投	完封	打者	回	安打	被本塁打	四球	敬遠	死球	三振	暴投	失点	自責点	防御率	FIP(ERA)	E-F	ERA-	FIP-
石川 雅規	27	10	10	0	0	2	2	725	165	181	20	49	1	6	101	2	97	87	4.75	4.39	0.36	122	113
C・ナープソン	24	4	11	0	0	1	0	593	137	136	16	53	0	2	96	6	75	69	4.53	4.38	0.16	117	113
石山 泰稚	35	3	8	0	2	0	0	480	109.1	111	15	46	5	3	79	0	59	55	4.53	4.60	-0.07	117	118
小川 泰弘	17	9	6	0	0	0	0	469	108.1	119	13	22	0	3	108	1	52	44	3.66	3.31	0.34	94	85
八木 亮祐	23	5	6	0	2	1	0	461	103.2	119	10	41	3	2	76	2	50	45	3.91	4.00	-0.09	101	103
秋吉 亮	61	3	4	5	19	0	0	276	71	52	10	19	2	0	62	0	20	18	2.28	3.86	-1.58	59	99
古野 正人	17	3	4	0	0	0	0	316	69	92	10	29	0	1	47	0	47	41	5.35	4.88	0.47	138	126
木谷 良平	21	4	6	0	1	0	0	288	62	72	8	33	0	2	35	4	50	50	7.26	5.30	1.96	187	136
松岡 健一	39	3	3	0	6	0	0	218	51	52	6	20	1	2	35	1	32	29	5.12	4.45	0.67	132	114
山本 哲哉	52	3	4	3	10	0	0	207	45.2	54	4	18	0	2	22	0	21	18	3.55	4.55	-1.00	91	117
村中 恭兵	7	2	2	0	0	0	0	152	35.2	34	2	12	0	1	22	1	17	15	3.79	3.65	0.14	97	94
久古 健太郎	46	1	3	0	7	0	0	156	33.2	39	4	13	0	4	22	2	21	21	5.61	4.81	0.81	144	124
C・カーペンター	32	1	2	3	4	0	0	144	32.1	30	3	24	4	3	27	2	18	17	4.73	4.73	0.01	122	122
T・バーネット	33	1	2	14	4	0	0	132	32.1	27	4	11	2	0	42	0	12	12	3.34	2.90	0.44	86	75
赤川 克紀	14	0	2	0	0	0	0	140	29	41	6	18	1	0	16	5	25	24	7.45	6.40	1.05	192	165
七條 祐樹	10	2	1	0	0	1	0	117	27.1	27	3	11	0	0	15	0	13	13	4.28	4.59	-0.31	110	118
杉浦 稔大	4	2	2	0	0	0	0	92	23	23	5	2	0	1	28	0	9	9	3.52	3.84	-0.32	91	99
中澤 雅人	24	1	0	0	4	0	0	98	23	20	1	10	1	0	20	1	5	4	1.57	3.06	-1.49	40	79
徳山 武陽	7	1	1	0	0	0	0	97	22	19	3	12	0	2	15	0	13	13	5.32	5.37	-0.06	137	138
真田 裕貴	12	0	1	0	0	0	0	73	16.1	24	3	2	0	0	7	0	14	14	7.71	4.95	2.76	199	127
O・ロマン	16	1	0	5	0	0	0	65	16	11	0	7	0	1	9	1	2	1	0.56	3.43	-2.87	14	88
江村 将也	19	0	1	0	3	0	0	69	15.2	17	4	4	0	2	13	0	11	10	5.74	5.86	-0.12	148	151
阿部 健太	11	0	0	0	0	0	0	74	14.1	25	4	8	0	0	11	1	22	22	13.81	6.82	6.99	355	176
岩橋 慶侍	17	1	0	1	4	0	0	67	14	18	0	7	1	0	13	0	5	4	2.57	2.48	0.09	66	64
山中 浩史	9	0	1	0	0	0	0	52	10.2	17	4	4	1	0	7	1	8	8	6.75	7.46	-0.71	174	192
新垣 渚	3	0	0	0	0	0	0	44	8	14	0	5	0	2	6	6	8	7	7.88	4.18	3.69	203	108
押本 健彦	6	0	0	0	0	0	0	36	7	11	2	3	0	1	6	0	9	9	11.57	6.77	4.80	298	174
日高 亮	1	0	0	0	0	0	0	4	0.2	1	1	1	0	0	0	0	2	2	27.00	27.06	-0.06	695	696

野手成績 2

選手	打席	BB%	K%	BB/K	ゴロ%	フライ%	IF/F	HR/OF	ISO	BABIP	打率/出塁率/長打率	wOBA	wRC	wRAA	wSB	UBR	Spd	wRC+	本拠地打席	PF-wOBA補正
山田 哲人	685	10.8%	13.9%	0.78	42.2%	49.3%	11.2%	13.0%	.215	.344	.324/.403/.539	.403	112.8	37.4	0.4	4.9	4.0	150	316	.011
川端 慎吾	637	6.8%	9.7%	0.69	59.9%	31.8%	10.1%	6.6%	.116	.327	.305/.355/.421	.341	72.8	2.7	-0.4	4.1	2.9	104	301	.012
雄平	597	8.0%	17.3%	0.47	49.9%	42.5%	11.1%	13.7%	.188	.356	.316/.372/.505	.381	87.4	21.7	0.8	4.7	5.0	133	279	.011
畠山 和洋	464	7.8%	11.6%	0.67	40.1%	52.4%	16.9%	10.5%	.171	.322	.310/.365/.481	.364	61.7	10.6	0.3	-0.3	2.4	121	200	.011
W・バレンティン	446	16.8%	21.3%	0.79	38.0%	55.5%	11.8%	23.1%	.287	.325	.301/.419/.587	.425	81.2	32.1	0.3	0.6	1.8	165	181	.010
中村 悠平	365	7.1%	14.0%	0.51	45.1%	46.5%	7.6%	4.1%	.080	.338	.298/.355/.378	.320	35.6	-4.6	0.0	-1.4	1.1	89	176	.012
森岡 良介	326	4.6%	12.0%	0.38	47.2%	42.4%	4.4%	1.8%	.086	.309	.276/.315/.362	.309	28.8	-7.0	0.0	-1.3	2.7	80	150	.011
上田 剛史	292	6.2%	15.4%	0.40	55.3%	36.7%	9.6%	2.7%	.056	.245	.210/.268/.266	.232	7.7	-24.5	0.9	4.6	7.0	24	152	.013
飯原 誉士	244	5.7%	11.9%	0.48	42.5%	46.0%	3.3%	4.5%	.117	.333	.306/.346/.423	.331	26.0	-0.9	-0.2	0.4	2.6	97	124	.012
相川 亮二	207	4.3%	15.0%	0.29	46.7%	43.0%	4.2%	2.9%	.073	.286	.250/.288/.323	.276	12.9	-9.9	0.0	-0.1	1.4	57	89	.010
荒木 貴裕	168	9.5%	14.9%	0.64	46.8%	34.8%	3.4%	3.5%	.074	.320	.275/.347/.349	.311	15.6	-2.9	-0.6	0.6	3.6	84	71	.010
比屋根 渉	142	3.5%	14.8%	0.24	56.5%	36.5%	21.4%	0.0%	.032	.279	.232/.267/.264	.226	3.1	-12.5	0.1	0.6	5.9	20	67	.011
武内 晋一	125	9.6%	14.4%	0.67	44.2%	46.3%	9.1%	10.0%	.126	.256	.243/.315/.369	.312	11.4	-2.3	0.0	1.4	1.5	83	64	.012
田中 浩康	111	7.2%	13.5%	0.53	52.3%	36.4%	6.3%	10.0%	.127	.262	.245/.300/.373	.283	7.5	-4.7	0.0	-0.1	2.3	62	58	.013
谷内 亮太	99	4.0%	14.1%	0.29	60.0%	33.8%	7.4%	4.0%	.079	.208	.191/.227/.270	.216	1.3	-9.5	-0.4	-0.6	1.7	12	54	.013
松元 ユウイチ	89	5.6%	6.7%	0.83	65.4%	26.9%	0.0%	0.0%	.036	.308	.289/.326/.325	.310	8.0	-1.8	0.0	0.0	0.1	82	37	.010
岩村 明憲	79	5.1%	26.6%	0.19	47.2%	45.3%	5.9%	0.0%	.042	.327	.243/.291/.365	.301	6.5	-2.2	0.0	-0.2	1.2	75	50	.015
L・ミレッジ	47	12.8%	12.8%	1.00	42.9%	54.3%	15.8%	6.3%	.128	.235	.231/.319/.359	.287	3.3	-1.8	0.0	-0.4	0.4	64	24	.012
野口 祥順	44	2.3%	25.0%	0.09	43.8%	43.8%	7.1%	0.0%	.095	.387	.286/.302/.381	.288	3.3	-1.7	0.0	0.3	2.6	65	24	.013
今浪 隆博	41	7.3%	9.8%	0.75	44.1%	47.1%	25.0%	0.0%	.026	.235	.211/.268/.237	.216	0.6	-4.0	0.0	-0.2	2.6	12	25	.015
西浦 直亨	36	11.1%	16.7%	0.67	30.8%	65.4%	29.4%	8.3%	.125	.160	.156/.250/.281	.231	0.9	-3.0	0.0	0.2	2.6	23	18	.012
川島 慶三	36	19.4%	16.7%	1.17	50.0%	27.3%	16.7%	0.0%	.077	.350	.269/.441/.346	.402	5.9	1.9	0.1	0.1	4.0	149	11	.007
松井 淳	26	3.8%	30.8%	0.13	58.8%	41.2%	14.3%	0.0%	.120	.353	.240/.269/.360	.266	1.4	-1.5	0.0	0.0	0.0	49	15	.014
三輪 正義	22	4.5%	9.1%	0.50	68.4%	31.6%	33.3%	0.0%	.050	.278	.250/.286/.300	.242	0.8	-1.7	0.0	0.9	2.6	32	17	.019
西田 明央	22	4.5%	18.2%	0.25	25.0%	68.8%	9.1%	10.0%	.250	.267	.250/.318/.500	.343	2.6	0.1	0.0	-0.3	0.6	105	14	.016
川崎 成晃	14	7.1%	0.0%	-	46.2%	46.2%	16.7%	0.0%	.000	.231	.231/.286/.231	.226	0.3	-1.2	0.1	0.6	4.8	20	5	.009
藤井 亮太	7	14.3%	42.9%	0.33	66.7%	33.3%	0.0%	0.0%	.000	.000	.000/.143/.000	.092	-0.6	-1.4	-0.4	-0.4	2.5	-79	2	.007

投手成績 2

選手	打者	K%	BB%	K-BB%	ゴロ%	フライ%	ライナー%	IF/F	HR/OF	ゴロアウト	フライアウト	xFIP(RA)	tERA-PF	tRA-PF	xFIP-	tRA-	本拠地打席	PF-tRA補正
石川 雅規	725	13.9%	6.8%	7.1%	49.6%	41.9%	8.4%	9.6%	9.3%	74.9%	68.9%	4.60	4.23	4.65	107	108	343	0.311
C・ナーブソン	593	16.2%	8.9%	7.3%	39.8%	50.7%	9.5%	14.3%	8.3%	72.2%	72.2%	4.74	4.27	4.70	110	109	285	0.316
石山 泰稚	480	16.5%	9.6%	6.8%	41.2%	51.1%	6.8%	11.7%	9.4%	72.3%	68.1%	4.75	4.52	4.95	110	115	186	0.255
小川 泰弘	469	23.0%	4.7%	18.3%	44.0%	44.6%	11.3%	9.3%	9.6%	73.0%	65.0%	3.48	3.38	3.81	81	88	231	0.324
八木 亮祐	461	16.5%	8.9%	7.6%	45.3%	46.5%	8.3%	11.3%	7.1%	71.0%	64.1%	4.59	3.81	4.23	106	98	262	0.374
古野 正人	316	14.9%	9.2%	5.7%	48.1%	42.3%	9.6%	6.9%	10.6%	73.0%	59.5%	4.84	4.87	5.29	112	123	146	0.304
木谷 良平	288	12.2%	11.5%	0.7%	49.3%	42.5%	8.2%	11.8%	9.8%	75.9%	63.5%	5.42	5.06	5.48	126	127	84	0.192
秋吉 亮	276	22.5%	6.9%	15.6%	43.1%	49.7%	7.2%	14.3%	13.9%	77.3%	74.2%	3.51	3.50	3.92	81	91	114	0.272
松岡 健一	218	16.1%	9.2%	6.9%	49.7%	43.5%	6.8%	14.3%	10.0%	68.8%	70.4%	4.57	4.05	4.47	106	104	86	0.260
山本 哲哉	207	10.6%	8.7%	1.9%	42.4%	53.3%	4.2%	13.6%	5.3%	71.4%	63.9%	5.56	4.01	4.44	129	103	99	0.315
久古 健太郎	156	14.1%	8.3%	5.8%	53.8%	36.8%	9.4%	4.7%	9.8%	68.3%	75.7%	4.96	4.69	5.12	115	119	78	0.329
村中 恭兵	152	14.5%	7.9%	6.6%	52.1%	41.9%	6.0%	8.2%	4.4%	78.7%	62.8%	4.65	3.17	3.59	108	83	106	0.459
C・カーペンター	144	18.8%	16.7%	2.1%	60.0%	34.4%	5.5%	12.9%	11.1%	70.4%	62.5%	4.82	4.21	4.64	112	108	81	0.370
赤川 克紀	140	11.4%	12.9%	-1.5%	53.8%	39.6%	6.6%	11.9%	16.2%	68.4%	58.1%	5.46	5.77	6.20	127	144	62	0.291
T・バーネット	132	31.8%	8.3%	23.5%	54.4%	40.5%	5.1%	21.9%	16.0%	67.4%	71.4%	2.52	2.06	2.48	59	58	67	0.334
七條 祐樹	117	12.8%	9.4%	3.4%	38.5%	58.2%	3.3%	13.2%	6.5%	77.1%	67.4%	5.34	4.04	4.47	124	104	71	0.399
中澤 雅人	98	20.4%	10.2%	10.2%	51.5%	38.2%	10.3%	19.2%	4.8%	77.1%	55.0%	3.87	2.65	3.08	90	71	55	0.369
徳山 武陽	97	15.5%	12.4%	3.1%	36.8%	57.4%	5.9%	7.7%	8.3%	76.0%	78.8%	5.73	5.22	5.65	133	131	78	0.529
杉浦 稔大	92	30.4%	2.2%	28.2%	39.3%	50.8%	9.8%	12.9%	18.5%	79.2%	63.6%	2.66	3.45	3.87	62	90	71	0.508
阿部 健太	74	14.9%	10.8%	4.1%	25.5%	60.0%	14.5%	6.1%	12.9%	92.9%	55.6%	5.86	7.54	7.96	136	185	49	0.436
真田 裕貴	73	9.6%	2.7%	6.9%	43.8%	40.6%	15.6%	7.7%	12.5%	75.0%	61.9%	4.52	5.80	6.23	105	144	34	0.306
江村 将也	69	18.8%	5.8%	13.0%	30.0%	54.0%	16.0%	11.1%	16.7%	73.3%	85.0%	4.56	6.53	6.95	106	161	49	0.467
岩橋 慶侍	67	19.4%	10.4%	9.0%	51.1%	38.3%	10.6%	0.0%	0.0%	50.0%	72.2%	4.25	3.04	3.47	98	80	24	0.236
O・ロマン	65	13.8%	10.8%	3.0%	43.8%	47.9%	8.3%	0.0%	0.0%	85.7%	73.9%	5.35	3.80	4.23	124	98	42	0.425
山中 浩史	52	13.5%	7.7%	5.8%	39.0%	48.8%	12.2%	20.0%	25.0%	81.3%	50.0%	4.57	7.10	7.53	106	175	36	0.455
新垣 渚	44	13.6%	11.4%	2.2%	51.6%	38.7%	9.7%	0.0%	0.0%	43.8%	66.7%	6.16	4.46	4.88	143	113	6	0.090
押本 健彦	36	16.7%	8.3%	8.4%	23.1%	65.4%	11.5%	5.9%	12.5%	83.3%	64.3%	5.85	7.30	7.72	136	179	20	0.365
日高 亮	4	0.0%	25.0%	-25.0%	33.3%	66.7%	0.0%	0.0%	50.0%	100%	100%	11.09	34.26	34.69	257	804	4	0.658

守備成績

位置	選手名	試合	イニング	盗塁企図	盗塁許	盗塁刺	阻止率	捕逸	守備得点
C	中村 悠平	97	815	65	48	17	26.2%	2	3.2
C	相川 亮二	50	413	37	32	5	13.5%	4	-1.7
C	西田 明央	6	47	3	1	2	66.7%	0	0.9
C	藤井 亮太	2	8	0	0	0	-	0	0.1

位置	選手名	INN イニング	RNG 範囲	ARM 肩	ERR 失策	DP 併殺	UZR	UZR/1000
1B	畠山 和洋	936	0.6	-	2.1	-0.4	2.3	2.5
1B	岩村 明憲	110	-1.7	-	0.2	-0.2	-1.7	-15.6
1B	武内 晋一	64.2	-1.9	-	-0.5	-0.2	-2.6	-40.0
1B	田中 浩康	44	1.0	-	0.2	0.0	1.1	25.6
1B	荒木 貴裕	40	-1.2	-	-	0.0	-2.4	-60.0
1B	川端 慎吾	36	1.1	-	0.2	0.3	1.6	44.0
1B	松元 ユウイチ	25.1	0.1	-	0.0	0.0	0.1	5.0
1B	野口 祥順	21	0.3	-	0.1	-0.2	0.2	9.8
1B	三輪 正義	6	0.3	-	0.1	0.0	0.3	57.3
2B	山田 哲人	1271	1.6	-	-0.6	1.7	2.6	2.1
2B	田中 浩康	12	-0.5	-	0.1	0.0	-0.4	-31.3
3B	川端 慎吾	1201.1	-0.7	-	-1.0	-1.2	-2.9	-2.4
3B	森岡 良介	57.1	-1.4	-	-0.3	0.0	-1.7	-28.8
3B	田中 浩康	16	0.2	-	-0.5	0.0	-0.3	-21.6
3B	三輪 正義	6.1	0.0	-	0.0	0.0	0.0	0.7
3B	岩村 明憲	2	0.0	-	0.0	0.0	0.0	0.0
SS	森岡 良介	572.1	-0.2	-	-1.7	2.5	0.6	1.1
SS	谷内 亮太	233	3.1	-	-1.4	-0.3	1.4	6.2
SS	荒木 貴裕	224.2	-2.6	-	-1.3	-0.2	-4.1	-18.2
SS	西浦 直亨	89	-0.9	-	-1.0	-0.3	-1.8	-19.7
SS	川島 慶三	84.2	2.4	-	-0.1	0.1	2.4	28.7
SS	今浪 隆博	79.1	0.7	-	-0.1	-0.3	0.3	3.5

位置	選手名	INN イニング	RNG 範囲	ARM 肩	ERR 失策	DP 併殺	UZR	UZR/1000
LF	W・バレンティン	663.2	-10.3	-2.6	-1.0	-	-13.9	-21.0
LF	飯原 誉士	186	5.4	-0.8	-0.6	-	3.9	21.1
LF	L・ミレッジ	86.1	-2.1	-0.1	0.1	-	-2.1	-24.2
LF	武内 晋一	81	0.4	0.9	0.1	-	1.4	17.2
LF	比屋根 渉	66.1	2.3	0.3	0.1	-	2.7	40.5
LF	荒木 貴裕	65	1.2	-1.1	0.0	-	0.2	2.9
LF	野口 祥順	47	0.0	-0.8	0.0	-	-0.7	-15.9
LF	三輪 正義	38.2	-2.9	-0.6	0.0	-	-3.4	-88.3
LF	松井 淳	35	-4.1	1.0	0.0	-	-3.1	-89.9
LF	松元 ユウイチ	7	0.4	0.0	0.0	-	0.4	60.7
LF	川崎 成晃	6	-0.6	-0.2	0.0	-	-0.8	-132.7
LF	藤井 亮太	1	0.0	0.0	0.0	-	0.0	0.0
CF	上田 剛史	563	2.3	-2.5	0.2	-	-0.1	-0.2
CF	雄平	392	-1.3	-1.5	0.1	-	-2.7	-7.0
CF	比屋根 渉	229	2.8	-2.3	-0.7	-	-0.1	-0.6
CF	飯原 誉士	62	-1.9	-1.4	0.0	-	-3.3	-52.8
CF	武内 晋一	16	-0.1	0.4	0.0	-	0.4	22.8
CF	野口 祥順	13	0.4	0.0	0.0	-	0.4	32.7
CF	川崎 成晃	8	-1.1	-0.1	0.0	-	-1.2	-153.6
RF	雄平	821.1	22.2	-7.9	-0.2	-	14.1	17.1
RF	飯原 誉士	195.1	2.5	2.0	0.1	-	4.7	24.2
RF	W・バレンティン	91	-0.3	-1.5	0.0	-	-1.8	-19.3
RF	武内 晋一	90.2	2.4	1.9	-0.7	-	3.6	39.7
RF	上田 剛史	31	-0.2	0.0	0.0	-	-0.2	-5.0
RF	松元 ユウイチ	25	0.4	-1.4	0.0	-	-1.0	-38.6
RF	松井 淳	15.1	0.2	0.0	0.0	-	0.2	15.0
RF	川崎 成晃	8	0.4	0.0	0.0	-	0.4	53.5
RF	三輪 正義	5.1	-0.5	-0.3	0.0	-	-0.7	-138.5

ポジション別成績

POS	打席	打数	安打	二塁打	三塁打	本塁打	打点	犠打	犠飛	四球	故意四球	死球	三振	併殺打	失策出塁（野選）
P	282	226	27	3	0	0	7	51	0	5	0	0	103	4	0
C	585	527	148	19	1	8	66	9	5	37	1	7	83	12	7
1B	608	558	160	26	1	16	84	1	4	42	1	3	72	23	9
2B	690	601	194	39	1	30	90	2	5	74	2	8	95	10	6
3B	651	591	176	34	2	10	70	8	3	46	1	3	67	13	7
SS	592	527	137	25	2	6	61	11	5	43	2	6	75	7	9
LF	621	535	171	29	0	32	84	4	4	75	3	3	111	15	7
CF	639	569	154	17	3	13	66	27	3	35	0	5	101	8	6
RF	622	561	152	22	3	19	76	2	3	56	1	0	108	11	8
DH	54	44	8	0	1	0	5	0	0	10	1	0	11	2	0
PH	309	284	74	9	1	5	38	3	2	20	0	0	51	7	3

POS	BB%	K%	ISO	BABIP	打率	長打率	出塁率	wOBA	wRC	POS wRAA	wRC+
P	1.8%	36.5%	.013	.220	.119	.133	.139	.122	-17.5	-3.2	90
C	6.3%	14.2%	.085	.317	.281	.366	.333	.320	57.1	17.1	127
1B	6.9%	11.8%	.136	.304	.287	.423	.338	.346	72.2	-5.2	92
2B	10.7%	13.8%	.218	.341	.323	.541	.401	.415	119.9	42.6	156
3B	7.1%	10.3%	.115	.321	.298	.413	.350	.346	77.0	4.9	107
SS	7.3%	12.7%	.089	.290	.260	.349	.320	.312	53.8	-5.3	92
LF	12.1%	17.9%	.234	.351	.320	.553	.404	.421	111.3	21.2	131
CF	5.5%	15.8%	.109	.308	.271	.380	.317	.311	57.5	-12.9	82
RF	9.0%	17.4%	.152	.304	.271	.422	.335	.344	72.7	5.5	108
DH	18.5%	20.4%	.045	.242	.182	.227	.333	.264	2.8	-2.1	64
PH	6.5%	16.5%	.092	.300	.261	.352	.307	.300	25.1	-5.8	83

	守備					
	RNG	ARM	ERR	DP	UZR	捕内外	合計
			-			2.5	2.5
	-1.5	-	1.2	-0.7	-1.0		
	1.1	-	-0.6	1.7	2.3	-4.7	
	-1.9	-	-1.8	-1.1	-4.9		-7.5
	2.9	-	-5.5	1.5	-1.1		
	-10.3	-3.9	-1.3	-	-15.5		
	1.1	-7.5	-0.3	-	-6.7	-2.8	
	27.2	-7.1	-0.6	-	19.4		

東京ヤクルトスワローズ

2014 WAR ランキング

野手・捕手

[A] 打撃による得点貢献　[B] 走塁による得点貢献　[C] 守備による得点貢献
[D] 控えレベル選手の成績の平均との差　[E] POS 補正
[F] 控えレベル選手と比較した得点貢献　[G] 控えレベル選手と比較した勝利貢献

順	名前	球団	年齢	打席	位置	[A]	[B]	[C]	[D]	[E]	[F]	[G]	
R	Name	Team	Age	PA	POS	Bat	Running	Field	Rep	POS	RAR	WAR	2013
1	山田 哲人	ヤクルト	22	685	2B	37.4	4.9	2.6	22.2	9.4	76.6	7.9	2.1
2	陽 岱鋼	日本ハム	28	540	CF	34.7	4.0	18.0	16.9	-0.2	73.2	7.8	5.0
3	糸井 嘉男	オリックス	33	590	RF	44.3	-2.3	-0.2	18.4	-2.9	57.4	6.1	3.7
4	安達 了一	オリックス	27	601	SS	-0.6	5.2	26.5	18.8	4.4	54.3	5.8	2.3
5	丸 佳浩	広島	25	644	CF	34.4	4.2	-3.8	20.9	0.1	55.9	5.7	4.7
6	坂本 勇人	読売	26	616	SS	4.7	3.1	22.5	20.0	4.5	54.7	5.6	6.1
7	雄平	ヤクルト	30	597	RF	21.7	4.7	11.3	19.4	-2.5	54.6	5.6	0.3
8	栗山 巧	西武	31	642	LF	14.1	2.0	24.3	20.1	-8.9	51.5	5.5	3.5
9	菊池 涼介	広島	24	654	2B	10.8	-2.9	14.2	21.2	9.1	52.5	5.4	3.6
10	大島 洋平	中日	29	642	CF	3.5	6.1	21.2	20.9	0.2	52.0	5.3	3.8
11	H・ルナ	中日	34	527	3B	26.3	6.8	5.1	17.1	-4.6	50.8	5.2	3.1
12	鳥谷 敬	阪神	33	644	SS	27.0	1.7	-8.1	20.9	4.7	46.1	4.7	8.4
13	秋山 翔吾	西武	26	561	CF	4.1	3.3	19.2	17.5	0.2	44.3	4.7	2.3
14	柳田 悠岐	ソフトバンク	26	615	CF	36.1	4.4	-16.9	19.2	0.2	43.0	4.6	3.5
15	梶谷 隆幸	DeNA	26	609	RF	5.8	5.9	13.9	19.8	-3.0	42.4	4.3	2.8
16	本多 雄一	ソフトバンク	30	398	2B	1.4	5.2	14.8	12.4	5.5	39.3	4.2	2.7
17	平田 良介	中日	26	488	RF	3.4	-0.7	25.2	15.8	-3.1	40.5	4.2	4.2
18	中村 剛也	西武	31	466	DH	33.7	0.0	-0.3	14.6	-9.1	38.8	4.1	-0.1
19	上本 博紀	阪神	28	600	2B	12.4	3.7	-4.3	19.5	8.4	39.7	4.1	0.2
20	松田 宣浩	ソフトバンク	31	423	3B	17.6	-0.6	9.5	13.2	-3.5	36.2	3.8	4.8
21	M・マートン	阪神	33	591	LF	32.7	-1.9	-7.6	19.2	-7.7	34.8	3.6	3.3
22	銀次	楽天	26	509	3B	15.4	3.2	5.3	15.9	-7.1	32.7	3.5	2.7
23	筒香 嘉智	DeNA	23	461	LF	19.8	1.9	2.5	15.0	-6.2	33.0	3.4	-0.2
24	E・メヒア	西武	29	450	1B	28.2	-4.0	0.6	14.1	-9.0	29.8	3.2	-
25	李 大浩	ソフトバンク	32	625	DH	23.6	-6.3	4.7	19.5	-12.7	28.7	3.0	4.3
26	阿部 慎之助	読売	35	526	C	2.2	-6.3	6.0	17.1	9.4	28.4	2.9	8.4
27	田中 広輔	広島	25	333	SS	5.8	1.5	8.2	10.8	0.5	26.9	2.8	-
28	片岡 治大	読売	31	484	2B	-16.1	2.1	18.4	15.7	6.7	26.9	2.8	1.9
29	W・バレンティン	ヤクルト	30	446	LF	32.1	0.6	-15.7	14.5	-5.5	26.0	2.7	7.4
30	今宮 健太	ソフトバンク	23	662	SS	-21.1	4.1	15.6	20.7	4.7	24.0	2.5	2.8
31	大和	阪神	27	481	CF	-11.6	1.3	18.5	15.6	0.7	24.4	2.5	0.7
32	角中 勝也	ロッテ	27	544	RF	18.3	1.4	-8.2	17.0	-5.1	23.5	2.5	2.2
33	森野 将彦	中日	36	588	1B	13.2	-3.3	6.0	19.1	-11.6	23.4	2.4	3.5
34	長谷川 勇也	ソフトバンク	30	541	RF	12.6	-3.7	-0.1	16.9	-3.3	22.4	2.4	4.8
35	中島 卓也	日本ハム	24	461	2B	-11.3	3.9	9.6	14.4	5.5	22.0	2.3	0.8
36	大引 啓次	日本ハム	30	512	SS	-4.9	-0.5	8.1	16.0	3.2	21.9	2.3	0.9
37	W・ペーニャ	オリックス	32	572	DH	16.8	-0.3	-0.4	17.9	-12.4	21.7	2.3	-0.4
38	A・ジョーンズ	楽天	37	581	DH	22.7	-5.1	-1.8	18.1	-12.5	21.5	2.3	3.7
39	嶋 基宏	楽天	30	432	C	1.1	-1.1	-3.1	13.5	11.1	21.4	2.3	2.7
40	T-岡田	オリックス	26	533	1B	14.7	-4.3	3.7	16.6	-10.3	20.3	2.2	0.3
41	川端 慎吾	ヤクルト	27	637	3B	2.7	4.1	-1.3	20.7	-5.4	20.8	2.1	1.2
42	平野 恵一	オリックス	35	517	2B	-7.7	3.3	2.1	16.1	6.1	20.0	2.1	1.1
43	和田 一浩	中日	42	356	LF	17.9	-2.0	-1.8	11.6	-5.0	20.7	2.1	2.1
44	B・エルドレッド	広島	34	505	1B	14.2	0.7	-2.9	16.4	-8.4	20.0	2.1	0.4

順 R	名前 Name	球団 Team	年齢 Age	打席 PA	位置 POS	[A] Bat	[B] Running	[C] Field	[D] Rep	[E] POS	[F] RAR	[G] WAR	2013
45	中村 晃	ソフトバンク	25	638	LF	13.0	4.7	-10.2	19.9	-8.9	18.6	2.0	1.1
46	内川 聖一	ソフトバンク	32	534	LF	16.2	0.0	-5.2	16.7	-9.0	18.6	2.0	4.6
47	浅村 栄斗	西武	24	501	2B	4.4	-1.4	-3.8	15.6	3.7	18.6	2.0	7.1
48	R・ロサリオ	広島	25	264	LF	18.6	-1.9	-2.7	8.6	-3.4	19.1	2.0	-
49	C・ハフマン	ロッテ	29	210	LF	9.1	-0.7	6.0	6.6	-2.6	18.4	2.0	-
50	伊藤 光	オリックス	25	429	C	-8.4	1.4	0.4	13.4	11.4	18.1	1.9	2.9
51	畠山 和洋	ヤクルト	32	464	1B	10.6	-0.3	2.3	15.1	-9.0	18.7	1.9	-1.0
52	M・ゴメス	阪神	30	616	1B	28.9	-0.5	-17.5	20.0	-12.4	18.5	1.9	-
53	中村 悠平	ヤクルト	24	365	C	-4.6	-1.4	3.2	11.9	9.4	18.5	1.9	0.3
54	岡島 豪郎	楽天	25	618	RF	9.7	0.9	-8.0	19.3	-4.0	17.8	1.9	0.4
55	福留 孝介	阪神	37	367	RF	1.3	0.9	5.9	11.9	-2.2	17.9	1.8	0.4
56	A・デスパイネ	ロッテ	28	182	DH	17.5	0.7	-3.4	5.7	-3.2	17.3	1.8	-
57	小谷野 栄一	日本ハム	34	274	3B	5.0	-1.3	7.6	8.6	-2.9	17.0	1.8	0.2
58	西川 遥輝	日本ハム	22	637	2B	6.1	5.2	-14.0	19.9	-0.9	16.3	1.7	1.4
59	大谷 翔平	日本ハム	20	234	DH	9.8	3.0	-0.2	7.3	-4.3	15.7	1.7	1.5
60	亀井 善行	読売	32	268	RF	8.3	-0.2	1.2	8.7	-2.6	15.5	1.6	-0.5
61	會澤 翼	広島	26	200	C	6.2	-2.2	-0.2	6.5	5.0	15.3	1.6	-0.1
62	藤井 淳志	中日	33	300	LF	1.1	-0.1	7.1	9.7	-2.9	14.9	1.5	2.2
63	Y・グリエル	DeNA	30	258	2B	9.4	3.2	-7.5	8.4	1.0	14.5	1.5	-
64	鈴木 大地	ロッテ	25	610	SS	9.1	0.4	-20.3	19.1	5.8	14.0	1.5	0.7
65	L・アンダーソン	読売	32	325	LF	14.5	-1.7	-4.3	10.6	-4.9	14.3	1.5	-
66	市川 友也	日本ハム	29	166	C	-3.3	1.0	5.1	5.2	4.4	12.4	1.3	0.0
67	荒木 雅博	中日	37	471	2B	-3.8	2.5	-8.3	15.3	6.6	12.4	1.3	0.4
68	岡田 幸文	ロッテ	30	249	CF	-4.3	0.2	7.8	7.8	0.1	11.6	1.2	1.4
69	飯原 誉士	ヤクルト	31	244	RF	-0.9	0.4	5.4	7.9	-1.6	11.3	1.2	0.9
70	聖澤 諒	楽天	29	209	CF	0.5	-0.4	3.8	6.5	0.0	10.5	1.1	0.8
71	吉村 裕基	ソフトバンク	30	192	1B	7.4	-1.1	0.2	6.0	-2.5	10.0	1.1	0.1
72	森 友哉	西武	19	92	C	6.5	0.2	-1.2	2.9	1.4	9.8	1.0	-
73	今江 敏晃	ロッテ	31	478	3B	3.7	-1.7	-3.1	14.9	-4.0	9.8	1.0	3.0
74	井口 資仁	ロッテ	40	408	1B	3.1	0.3	1.7	12.7	-8.1	9.7	1.0	3.7
75	天谷 宗一郎	広島	31	128	RF	4.0	0.7	1.2	4.2	-0.8	9.3	1.0	-0.1
76	梵 英心	広島	34	416	SS	0.8	-0.8	-4.2	13.5	-0.1	9.3	1.0	3.0
77	中田 翔	日本ハム	25	602	LF	17.1	-2.2	-15.5	18.8	-9.7	8.5	0.9	4.4
78	松井 稼頭央	楽天	39	488	3B	8.6	5.6	-18.0	15.2	-3.3	8.1	0.9	0.9
79	熊代 聖人	西武	25	140	RF	-3.7	-2.1	9.5	4.4	-0.6	7.5	0.8	0.1
80	近藤 健介	日本ハム	21	291	3B	-4.3	-0.5	4.5	9.1	-1.5	7.4	0.8	-0.2
81	後藤 武敏	DeNA	34	165	1B	3.5	0.6	0.2	5.4	-2.6	7.1	0.7	0.6
82	森本 稀哲	西武	33	173	1B	-2.3	2.0	4.0	5.4	-2.3	6.8	0.7	-0.1
83	小笠原 道大	中日	41	99	PH	3.4	0.0	0.7	3.2	-0.5	6.9	0.7	-0.1
84	今成 亮太	阪神	27	362	3B	-7.5	1.2	4.2	11.8	-2.8	6.9	0.7	0.4
85	小窪 哲也	広島	29	182	3B	2.4	-2.2	2.1	5.9	-1.4	6.8	0.7	0.5
86	C・ブラゼル	ロッテ	34	91	DH	6.1	-0.9	0.0	2.8	-1.6	6.5	0.7	0.5
87	新井 良太	阪神	31	196	3B	6.6	0.1	-5.2	6.4	-1.5	6.4	0.7	0.7
88	駿太	オリックス	21	277	CF	1.1	-4.2	0.6	8.7	0.0	6.1	0.6	0.0
89	長野 久義	読売	30	523	RF	10.0	2.3	-20.9	17.0	-2.0	6.2	0.6	3.2
90	関本 賢太郎	阪神	36	66	PH	2.3	0.8	1.0	2.1	-0.1	6.1	0.6	0.5
91	J・ロペス	読売	31	407	1B	-1.4	1.8	0.2	13.2	-7.7	6.1	0.6	2.9
92	斉藤 彰吾	西武	25	127	RF	-4.7	1.9	5.4	4.0	-0.8	5.8	0.6	0.0
93	大田 泰示	読売	24	74	CF	1.7	0.4	1.6	2.4	-0.2	5.9	0.6	0.0
94	鈴木 誠也	広島	20	68	RF	3.1	-0.9	1.8	2.2	-0.3	5.9	0.6	-0.1
95	川島 慶三	ヤクルト	31	36	SS	1.9	0.1	2.4	1.2	0.2	5.8	(0.6)	-0.7
96	サブロー	ロッテ	38	249	DH	1.9	-0.3	0.4	7.8	-4.2	5.6	0.6	0.1
97	金澤 岳	ロッテ	30	96	C	1.0	-0.1	-0.2	3.0	1.8	5.6	0.6	-0.5

順	名前	球団	年齢	打席	位置	[A]	[B]	[C]	[D]	[E]	[F]	[G]	
R	Name	Team	Age	PA	POS	Bat	Running	Field	Rep	POS	RAR	WAR	2013
98	Z・ラッツ	楽天	28	58	3B	5.5	0.6	-1.9	1.8	-0.6	5.5	0.6	-
99	荻野 貴司	ロッテ	29	155	LF	1.2	2.8	-2.4	4.8	-1.1	5.4	0.6	2.2
100	加藤 翔平	ロッテ	23	342	CF	-9.1	-1.0	5.8	10.7	-1.0	5.4	0.6	-0.4
101	北 篤	日本ハム	26	60	1B	2.1	0.1	2.1	1.9	-0.7	5.3	0.6	-
102	黒羽根 利規	DeNA	27	374	C	-15.5	-1.0	-0.1	12.1	9.9	5.4	0.6	0.3
103	明石 健志	ソフトバンク	29	273	2B	-7.6	1.1	2.4	8.5	0.6	5.0	0.5	-0.3
104	J・ミランダ	日本ハム	31	427	1B	-2.0	-1.7	4.2	13.3	-8.8	5.0	0.5	-
105	鉄平	オリックス	32	102	LF	-1.9	-0.7	5.2	3.2	-0.9	4.9	0.5	0.0
106	福浦 和也	ロッテ	39	106	1B	0.2	-0.4	3.2	3.3	-1.8	4.7	0.5	-0.2
107	松井 佑介	中日	27	102	LF	-3.1	0.8	4.6	3.3	-0.9	4.8	0.5	-0.6
108	武内 晋一	ヤクルト	31	125	RF	-2.3	1.4	2.8	4.1	-1.2	4.7	0.5	-0.7
109	炭谷 銀仁朗	西武	27	423	C	-28.0	1.5	6.7	13.2	11.1	4.5	0.5	0.1
110	藤田 一也	楽天	32	579	2B	-20.8	-3.5	2.6	18.1	8.1	4.5	0.5	2.7
111	赤松 真人	広島	32	32	LF	-1.5	1.5	3.7	1.0	-0.2	4.5	0.5	-0.3
112	工藤 隆人	中日	33	46	LF	1.5	-1.0	2.8	1.5	-0.3	4.4	0.5	-
113	高橋 周平	中日	20	156	3B	-0.6	-1.5	2.3	5.1	-1.0	4.4	0.4	0.1
114	柳田 殖生	DeNA	32	101	SS	1.1	-0.6	0.5	3.3	0.0	4.3	0.4	-0.3
115	梅野 隆太郎	阪神	23	265	C	-12.9	0.7	1.2	8.6	6.5	4.2	0.4	-
116	金子 侑司	西武	24	272	2B	-7.4	3.3	-3.5	8.5	2.9	3.8	0.4	0.0
117	小林 誠司	読売	25	121	C	-1.7	-1.1	-0.5	3.9	3.1	3.8	0.4	-
118	多村 仁志	DeNA	37	166	RF	-0.7	0.3	-0.3	5.4	-1.0	3.7	0.4	1.8
119	E・ヘルマン	オリックス	36	595	3B	-9.2	-0.4	-0.6	18.6	-5.0	3.4	0.4	1.6
120	森山 周	楽天	33	53	CF	-3.8	-2.7	8.2	1.7	-0.1	3.2	0.3	0.3
121	脇谷 亮太	西武	33	233	3B	-4.2	1.6	0.1	7.3	-1.8	3.1	0.3	0.0
122	森岡 良介	ヤクルト	30	326	SS	-7.0	-1.3	-1.0	10.6	1.8	3.0	0.3	-0.7
123	里崎 智也	ロッテ	38	41	C	-0.4	-0.1	0.7	1.3	1.0	2.4	0.3	0.4
124	赤田 将吾	日本ハム	34	19	LF	1.5	0.4	-0.2	0.6	-0.2	2.2	0.2	0.5
125	清田 育宏	ロッテ	28	59	RF	3.0	-0.6	-1.8	1.8	-0.3	2.1	0.2	2.2
126	狩野 恵輔	阪神	32	26	RF	1.5	0.4	-0.5	0.8	-0.1	2.2	0.2	0.0
127	枡田 慎太郎	楽天	27	251	LF	-1.8	0.8	-0.8	7.8	-3.9	2.1	0.2	0.1
128	谷繁 元信	中日	44	274	C	-12.0	-4.4	2.4	8.9	7.1	2.1	0.2	1.2
129	西田 明央	ヤクルト	22	22	C	0.1	-0.3	0.9	0.7	0.5	2.1	0.2	-0.2
130	J・バトラー	オリックス	28	66	LF	1.1	-0.6	0.2	2.1	-0.8	1.9	0.2	-
131	岩崎 恭平	オリックス	28	9	2B	-1.1	0.5	2.0	0.3	0.1	1.8	(0.2)	0.0
132	江川 智晃	ソフトバンク	28	37	PH	0.8	0.1	-0.2	1.2	-0.1	1.8	0.2	0.8
133	鈴木 尚広	読売	36	25	LF	1.7	1.1	-1.6	0.8	-0.2	1.8	0.2	0.1
134	大松 尚逸	ロッテ	32	90	LF	-3.4	0.2	3.5	2.8	-1.4	1.7	0.2	-0.3
135	K・ユーキリス	楽天	35	79	1B	-0.2	-0.1	1.1	2.5	-1.6	1.7	0.2	-
136	野本 圭	中日	30	72	LF	-2.7	-0.2	2.8	2.3	-0.5	1.7	0.2	-0.2
137	隠善 智也	読売	30	29	RF	-1.3	0.4	1.8	0.9	-0.2	1.7	0.2	0.0
138	高橋 由伸	読売	39	130	LF	3.5	-0.5	-4.6	4.2	-1.0	1.7	0.2	0.5
139	乙坂 智	DeNA	21	2	PH	1.1	0.2	0.2	0.1	0.0	1.6	0.2	-
140	関根 大気	DeNA	19	13	CF	-0.1	0.6	0.7	0.4	0.0	1.6	0.2	-
141	井端 弘和	読売	39	187	2B	-4.6	0.0	-1.2	6.1	1.3	1.5	0.1	0.2
142	三好 匠	楽天	21	7	2B	1.1	0.0	0.0	0.0	1.3	0.1	0.1	-0.2
143	谷 哲也	中日	29	131	2B	-2.7	-0.5	-1.2	4.3	1.3	1.1	0.1	-0.2
144	加藤 健	読売	33	12	C	0.7	-0.2	-0.1	0.4	0.3	1.1	0.1	0.0
145	髙濱 卓也	ロッテ	25	78	1B	-1.2	-0.2	0.7	2.4	-0.6	1.1	0.1	-0.2
146	A・アブレイユ	西武	25	17	RF	0.3	-0.9	1.2	0.5	-0.1	1.0	0.1	-
147	藤井 彰人	阪神	38	73	C	-3.0	0.0	-0.2	2.4	1.9	1.0	0.1	1.4
148	石川 亮	日本ハム	19	4	C	0.4	0.0	0.4	0.1	0.1	1.0	0.1	-
149	川端 崇義	オリックス	29	184	LF	1.3	-3.3	-1.2	5.7	-1.7	0.9	0.1	-0.1
150	新井 貴浩	阪神	37	194	3B	-4.5	-0.2	0.8	6.3	-1.7	0.8	0.1	1.5

順	名前	球団	年齢	打席	位置	[A]	[B]	[C]	[D]	[E]	[F]	[G]	
R	Name	Team	Age	PA	POS	Bat	Running	Field	Rep	POS	RAR	WAR	2013
151	橋本 到	読売	24	402	CF	-9.8	-0.5	-1.1	13.1	-0.8	0.8	0.1	-0.1
152	川島 慶三	ソフトバンク	31	21	3B	-1.1	0.4	0.9	0.7	-0.1	0.8	(0.1)	-0.7
153	緒方 凌介	阪神	24	69	RF	0.5	-0.4	-1.3	2.2	-0.3	0.8	0.1	0.0
154	金子 圭輔	ソフトバンク	29	61	2B	-2.0	0.0	0.1	1.9	0.8	0.7	0.1	0.4
155	岸里 亮佑	日本ハム	19	3	LF	0.6	-0.3	0.4	0.1	0.0	0.7	0.1	-
156	竹原 直隆	オリックス	34	43	LF	0.2	-0.7	0.3	1.3	-0.5	0.7	0.1	0.3
157	B・カニザレス	ソフトバンク	35	14	PH	0.3	0.0	0.0	0.4	-0.2	0.6	0.1	-
158	鶴岡 慎也	ソフトバンク	33	190	C	-12.9	-0.6	3.4	5.9	4.8	0.6	0.1	1.4
159	森越 祐人	中日	26	12	SS	-0.3	-0.6	1.0	0.4	0.1	0.5	0.1	0.1
160	小島 脩平	オリックス	27	1	DH	-0.3	0.2	0.6	0.0	0.0	0.5	0.1	-0.5
161	白崎 浩之	DeNA	24	240	SS	-13.0	2.4	2.1	7.8	1.3	0.5	0.1	-0.1
162	丸毛 謙一	オリックス	26	0	1B	0.0	0.5	0.0	0.0	0.0	0.5	0.1	-
163	岩崎 恭平	中日	28	30	2B	-3.1	1.4	0.9	1.0	0.3	0.5	(0.1)	0.0
164	猪本 健太郎	ソフトバンク	24	1	PH	0.4	0.0	0.0	0.0	0.0	0.5	0.0	-
165	中東 直己	広島	33	87	PH	-5.1	0.7	2.5	2.8	-0.4	0.5	0.0	0.1
166	松元 ユウイチ	ヤクルト	34	89	PH	-1.8	0.0	-0.4	2.9	-0.3	0.4	0.0	0.4
167	寺内 崇幸	読売	31	41	2B	-4.4	0.5	2.7	1.3	0.2	0.4	0.0	0.0
168	高田 知季	ソフトバンク	24	12	PH	0.7	-0.4	-0.3	0.4	0.0	0.4	0.0	-0.2
169	T・ブランコ	DeNA	34	333	1B	6.2	-4.7	-5.2	10.8	-6.7	0.4	0.0	4.1
170	渡邉 諒	日本ハム	19	6	SS	-0.3	0.0	0.3	0.2	0.0	0.2	0.0	-
171	相川 亮二	ヤクルト	38	207	C	-9.9	-0.1	-1.7	6.7	5.1	0.1	0.0	1.2
172	横川 史学	読売	30	21	PH	0.3	0.0	-0.7	0.7	-0.1	0.1	0.0	-
173	尾崎 匡哉	日本ハム	30	0	1B	0.0	0.0	0.1	0.0	0.0	0.1	0.0	0.0
174	杉谷 拳士	日本ハム	23	146	RF	-4.7	1.2	0.0	4.6	-0.9	0.1	0.0	-0.7
175	宮﨑 祐樹	オリックス	28	8	LF	0.3	-0.3	0.0	0.2	-0.1	0.1	0.0	-0.5
176	福田 永将	中日	26	12	PH	-0.7	0.0	0.5	0.4	-0.1	0.1	0.0	-0.1
177	嶺井 博希	DeNA	23	14	C	0.3	-0.1	-0.9	0.5	0.3	0.1	0.0	-
178	荒波 翔	DeNA	28	206	CF	-3.5	2.5	-5.7	6.7	0.1	0.0	0.0	0.2
179	堂上 剛裕	中日	29	5	PH	-0.6	0.5	0.0	0.2	0.0	0.0	0.0	0.3
180	拓也	ソフトバンク	22	0	1B	0.0	0.0	0.0	0.0	0.0	0.0	0.0	-
181	下妻 貴寛	楽天	20	0	1B	0.0	0.0	0.0	0.0	0.0	0.0	0.0	-
182	美沢 将	西武	26	0	1B	0.0	0.0	0.0	0.0	0.0	0.0	0.0	-0.3
183	山下 斐紹	ソフトバンク	22	0	1B	0.0	0.0	0.0	0.0	0.0	0.0	0.0	0.0
184	梅田 尚通	西武	25	12	RF	-0.3	-0.3	0.3	0.4	-0.1	0.0	0.0	-
185	安部 友裕	広島	25	3	PH	-0.1	0.0	0.0	0.1	0.0	0.0	0.0	-0.5
186	中島 俊哉	楽天	34	9	LF	-1.6	0.0	1.5	0.3	-0.1	0.0	0.0	-0.3
187	伊志嶺 翔大	ロッテ	26	138	CF	-3.8	1.9	-2.1	4.3	-0.3	0.0	0.0	-0.7
188	M・アブレイユ	日本ハム	36	22	DH	-0.3	0.0	0.0	0.7	-0.5	-0.1	0.0	3.7
189	堂上 直倫	中日	26	261	SS	-18.9	1.8	6.4	8.5	2.1	-0.1	0.0	-0.6
190	日高 剛	阪神	37	0	1B	0.0	0.0	-0.1	0.0	0.0	-0.1	0.0	0.6
191	谷 佳知	オリックス	41	20	LF	-0.8	0.0	0.3	0.6	-0.2	-0.1	0.0	-0.2
192	中嶋 聡	日本ハム	45	0	1B	0.0	0.0	-0.1	0.0	0.0	-0.1	0.0	-0.1
193	溝脇 隼人	中日	20	5	SS	-0.6	0.0	0.2	0.2	0.0	-0.1	0.0	-
194	石井 義人	読売	36	6	PH	-0.4	0.0	0.0	0.2	0.0	-0.2	0.0	-0.5
195	下園 辰哉	DeNA	30	117	PH	-1.8	-0.1	-1.3	3.8	-0.8	-0.2	0.0	-0.4
196	川本 良平	ロッテ	32	41	C	-3.0	0.0	0.5	1.3	1.1	-0.2	0.0	-0.5
197	大嶋 匠	日本ハム	24	1	PH	-0.3	0.0	0.0	0.0	0.0	-0.2	0.0	-
198	中川 大志	楽天	24	1	PH	-0.3	0.0	0.0	0.0	0.0	-0.2	0.0	0.0
199	武山 真吾	西武	30	1	PH	-0.3	0.0	0.0	0.0	0.0	-0.2	(0.0)	-0.3
200	三ツ俣 大樹	オリックス	22	1	PH	-0.3	0.0	0.0	0.0	0.0	-0.2	(0.0)	0.1
201	庄司 隼人	広島	23	1	PH	-0.3	0.0	0.0	0.0	0.0	-0.2	0.0	-
202	飯山 裕志	日本ハム	35	62	3B	-3.7	-0.8	2.4	1.9	-0.2	-0.3	0.0	0.1
203	稲葉 篤紀	日本ハム	42	89	1B	0.3	-0.1	-1.9	2.8	-1.3	-0.3	0.0	-1.3

順	名前	球団	年齢	打席	位置	[A]	[B]	[C]	[D]	[E]	[F]	[G]	
R	Name	Team	Age	PA	POS	Bat	Running	Field	Rep	POS	RAR	WAR	2013
204	小山 桂司	楽天	34	0	1B	0.0	0.0	-0.3	0.0	0.0	-0.3	0.0	0.1
205	田上 健一	阪神	27	43	RF	-2.5	0.3	0.7	1.4	-0.2	-0.3	0.0	0.0
206	田中 大輔	中日	30	4	C	-0.4	0.0	-0.2	0.1	0.1	-0.4	0.0	0.0
207	城所 龍磨	ソフトバンク	29	12	LF	-0.1	-0.1	-0.4	0.4	-0.1	-0.4	0.0	0.0
208	上本 崇司	広島	24	8	3B	-0.2	0.0	-0.4	0.3	0.0	-0.4	0.0	0.0
209	堂林 翔太	広島	23	330	RF	-5.7	0.8	-4.0	10.7	-2.3	-0.4	0.0	0.2
210	野口 祥順	ヤクルト	33	44	LF	-1.7	0.3	-0.1	1.4	-0.4	-0.5	0.0	-
211	内村 賢介	DeNA	28	2	PH	-0.5	0.0	0.0	0.1	0.0	-0.5	0.0	-0.7
212	立岡 宗一郎	読売	24	2	LF	-0.5	0.0	0.0	0.1	0.0	-0.5	-0.1	-0.2
213	田村 龍弘	ロッテ	20	148	C	-12.0	-0.9	3.8	4.6	4.0	-0.5	-0.1	0.0
214	阿部 俊人	楽天	26	24	2B	-2.1	0.3	0.2	0.7	0.3	-0.5	-0.1	-0.2
215	髙谷 裕亮	ソフトバンク	33	5	C	-1.3	-0.1	0.6	0.2	0.1	-0.6	-0.1	-0.2
216	武田 健吾	オリックス	20	10	CF	-0.8	0.4	-0.5	0.3	0.0	-0.6	-0.1	0.0
217	松中 信彦	ソフトバンク	41	33	PH	-1.7	0.0	0.0	1.0	0.0	-0.6	-0.1	-0.1
218	岡田 雅利	西武	25	36	C	-2.6	0.2	-0.2	1.1	0.8	-0.7	-0.1	-
219	縞田 拓弥	オリックス	27	29	2B	-2.1	0.2	0.1	0.9	0.1	-0.8	-0.1	-0.5
220	西村 弥	楽天	31	12	2B	-1.0	-0.1	-0.2	0.4	0.1	-0.8	-0.1	-
221	堤 裕貴	オリックス	21	16	2B	-2.6	0.0	1.0	0.5	0.2	-0.9	-0.1	-0.1
222	三ツ俣 大樹	中日	22	41	SS	-4.2	-0.2	1.8	1.3	0.3	-0.9	(-0.1)	0.1
223	塚田 正義	ソフトバンク	25	4	PH	-1.0	0.0	0.0	0.1	0.0	-0.9	-0.1	-
224	柴田 講平	阪神	28	40	CF	-4.5	0.2	2.1	1.3	-0.1	-1.0	-0.1	0.2
225	星 孝典	西武	32	13	C	-2.4	0.0	0.7	0.4	0.3	-1.0	-0.1	-0.2
226	伏見 寅威	オリックス	24	5	PH	-1.3	0.0	0.0	0.2	0.0	-1.1	-0.1	0.2
227	大野 奨太	日本ハム	28	304	C	-19.1	-2.6	2.9	9.5	8.1	-1.1	-0.1	2.2
228	青松 敬鎔	ロッテ	28	5	1B	-0.6	-0.2	-0.5	0.2	-0.1	-1.2	-0.1	0.1
229	李 杜軒	ソフトバンク	26	9	1B	-1.6	0.0	0.1	0.3	0.0	-1.2	-0.1	0.4
230	キラ	広島	30	335	1B	0.9	-5.0	-1.4	10.9	-6.6	-1.3	-0.1	1.4
231	鬼屋敷 正人	読売	23	1	C	-0.3	0.0	-1.1	0.0	0.0	-1.3	-0.1	0.0
232	藤井 亮太	ヤクルト	26	7	C	-1.4	-0.4	0.1	0.2	0.1	-1.4	-0.1	-
233	榎本 葵	楽天	22	23	LF	-2.1	-0.7	1.0	0.7	-0.2	-1.3	-0.1	-0.2
234	廣瀬 純	広島	35	148	RF	-5.4	-0.7	0.8	4.8	-0.9	-1.4	-0.1	1.6
235	桑原 将志	DeNA	21	169	CF	-2.7	-1.5	-2.6	5.5	-0.1	-1.5	-0.1	-0.1
236	田中 浩康	ヤクルト	32	111	PH	-4.7	-0.1	0.4	3.6	-0.7	-1.5	-0.1	-1.4
237	荒木 郁也	阪神	26	9	2B	-1.6	-0.4	0.0	0.3	0.1	-1.5	-0.2	-0.1
238	岩本 貴裕	広島	28	55	PH	-4.5	-0.2	1.7	1.8	-0.4	-1.5	-0.2	-0.2
239	林﨑 遼	西武	26	44	2B	-0.3	0.0	-3.1	1.4	0.4	-1.5	-0.2	-0.7
240	髙橋 大樹	広島	20	6	DH	-1.7	0.0	0.0	0.2	-0.1	-1.6	-0.2	-
241	松本 啓二朗	DeNA	28	58	CF	-2.1	0.7	-2.0	1.9	-0.1	-1.6	-0.2	-0.4
242	石川 雄洋	DeNA	28	539	2B	-17.3	4.4	-12.5	17.5	6.3	-1.7	-0.2	1.2
243	清水 誉	阪神	30	32	C	-3.3	0.2	-0.6	1.0	0.8	-1.8	-0.2	0.0
244	吉川 大幾	中日	22	17	SS	-3.8	0.0	1.4	0.6	0.2	-1.8	-0.2	-0.1
245	鵜久森 淳志	日本ハム	27	44	LF	-2.9	-0.2	0.4	1.4	-0.5	-1.8	-0.2	-0.4
246	川崎 成晃	ヤクルト	28	14	PH	-1.2	0.6	-1.6	0.5	0.0	-1.8	-0.2	-0.1
247	白濱 裕太	広島	29	71	C	-7.0	0.5	0.4	2.3	1.8	-1.9	-0.2	-0.1
248	C・ランサム	西武	38	138	3B	-3.4	-0.4	-1.0	4.3	-1.3	-1.9	-0.2	-
249	早坂 圭介	ロッテ	30	6	2B	0.2	-2.9	0.6	0.2	0.1	-1.9	-0.2	-0.2
250	伊志嶺 忠	楽天	29	25	C	-3.9	-0.3	0.9	0.8	0.6	-1.9	-0.2	-0.2
251	靏岡 賢二郎	DeNA	27	49	C	-2.5	-0.9	-1.2	1.6	1.0	-2.0	-0.2	-
252	松井 雅人	中日	27	162	C	-11.9	-0.5	1.0	5.3	4.1	-2.0	-0.2	-0.5
253	小斉 祐輔	楽天	31	32	1B	-0.7	-0.5	-1.3	1.0	-0.5	-2.0	-0.2	-0.1
254	江村 直也	ロッテ	22	61	C	-4.0	-0.8	-0.8	1.9	1.6	-2.0	-0.2	-1.0
255	古本 武尊	中日	24	20	PH	-2.5	0.0	-0.1	0.6	-0.1	-2.1	-0.2	-
256	A・ゴメス	中日	36	14	PH	-2.5	0.0	-0.1	0.5	0.0	-2.1	-0.2	-

順 R	名前 Name	球団 Team	年齢 Age	打席 PA	位置 POS	[A] Bat	[B] Running	[C] Field	[D] Rep	[E] POS	[F] RAR	[G] WAR	2013
257	迎 祐一郎	広島	33	8	RF	-1.5	-0.2	-0.7	0.3	-0.1	-2.2	-0.2	-0.3
258	赤田 龍一郎	中日	27	5	C	-1.4	0.0	-1.1	0.2	0.1	-2.2	-0.2	0.0
259	村田 修一	読売	34	575	3B	-3.7	-6.6	-5.8	18.7	-4.8	-2.2	-0.2	4.6
260	今浪 隆博	ヤクルト	30	41	SS	-4.0	-0.2	0.3	1.3	0.3	-2.3	-0.2	-0.1
261	大嶺 翔太	ロッテ	23	26	3B	-0.5	-0.7	-1.7	0.8	-0.2	-2.3	-0.2	-
262	根元 俊一	ロッテ	31	224	2B	-7.8	-1.5	-0.4	7.0	0.5	-2.3	-0.2	0.8
263	石原 慶幸	広島	35	223	C	-14.4	0.8	-1.9	7.2	5.8	-2.4	-0.2	2.5
264	三木 亮	ロッテ	23	20	3B	-2.1	-0.4	-0.4	0.6	-0.1	-2.4	-0.3	-
265	木村 文紀	西武	26	330	RF	-9.1	-1.0	-0.3	10.3	-2.3	-2.4	-0.3	0.3
266	L・クルーズ	ロッテ	30	478	2B	-3.9	-6.1	-11.6	14.9	4.3	-2.4	-0.3	-
267	中村 紀洋	DeNA	41	56	1B	-3.2	0.0	-0.1	1.8	-1.1	-2.6	-0.3	0.8
268	米野 智人	西武	32	21	RF	-2.7	-0.2	0.0	0.7	-0.2	-2.5	-0.3	-0.2
269	鬼﨑 裕司	西武	31	96	SS	-5.1	0.5	-1.2	3.0	0.3	-2.5	-0.3	1.2
270	西岡 剛	阪神	30	46	3B	0.4	-2.1	-2.4	1.5	0.0	-2.6	-0.3	2.2
271	宮﨑 敏郎	DeNA	26	13	2B	-1.9	0.0	-1.3	0.4	0.1	-2.6	-0.3	-0.1
272	岩村 明憲	ヤクルト	35	79	1B	-2.2	-0.2	-1.7	2.6	-1.1	-2.6	-0.3	-0.3
273	鶴岡 一成	阪神	37	163	C	-12.3	0.0	0.2	5.3	4.1	-2.7	-0.3	0.9
274	山本 和作	オリックス	28	16	1B	-2.2	0.0	-0.7	0.5	-0.1	-2.6	-0.3	0.2
275	木村 昇吾	広島	34	253	SS	-12.8	0.3	0.8	8.2	0.7	-2.7	-0.3	1.2
276	伊藤 隼太	阪神	25	131	CF	1.1	0.0	-7.8	4.3	-0.3	-2.7	-0.3	-0.6
277	矢野 謙次	読売	34	85	LF	-7.9	-0.1	3.1	2.8	-0.6	-2.8	-0.3	0.0
278	谷口 雄也	日本ハム	22	175	LF	-2.7	-1.5	-2.6	5.5	-1.5	-2.9	-0.3	-0.4
279	A・エルナンデス	中日	32	304	SS	-4.7	-3.0	-7.3	9.9	2.2	-3.0	-0.3	-
280	坂 克彦	阪神	29	78	3B	-3.0	1.9	-4.2	2.5	-0.3	-3.0	-0.3	-0.6
281	牧原 大成	ソフトバンク	22	15	3B	-3.0	-0.3	-0.1	0.5	0.0	-3.0	-0.3	-0.1
282	山川 穂高	西武	23	34	3B	-2.8	0.0	-0.9	1.1	-0.4	-3.0	-0.3	-
283	荒木 貴裕	ヤクルト	27	168	SS	-2.9	0.6	-6.3	5.5	0.1	-3.1	-0.3	-0.3
284	西浦 直亨	ヤクルト	23	36	SS	-3.0	0.2	-1.8	1.2	0.3	-3.1	-0.3	-
285	上本 達之	西武	34	30	C	-2.3	-2.2	-0.3	0.9	0.7	-3.1	-0.3	-0.4
286	中田 亮二	中日	27	22	PH	-2.3	-1.3	-0.1	0.7	-0.2	-3.2	-0.3	0.1
287	藤村 大介	読売	25	29	2B	-2.1	0.3	-2.7	0.9	0.3	-3.2	-0.3	0.2
288	L・ミレッジ	ヤクルト	29	47	LF	-1.8	-0.4	-2.1	1.5	-0.6	-3.4	-0.4	0.7
289	細谷 圭	ロッテ	27	39	1B	-2.3	-2.3	0.2	1.2	-0.2	-3.3	-0.4	0.0
290	A・バルディリス	DeNA	32	510	3B	-2.5	-1.3	-10.9	16.6	-5.3	-3.5	-0.4	3.3
291	實松 一成	読売	33	27	C	-3.2	0.4	-2.2	0.9	0.7	-3.5	-0.4	0.5
292	N・エバンス	楽天	28	18	1B	-3.3	0.0	-0.3	0.6	-0.4	-3.4	-0.4	-
293	大﨑 雄太朗	西武	30	113	DH	-5.9	-0.4	0.6	3.5	-1.3	-3.4	-0.4	-0.9
294	内田 靖人	楽天	19	17	3B	-3.7	0.0	-0.2	0.5	-0.1	-3.5	-0.4	-
295	島内 宏明	楽天	24	243	CF	-7.2	1.9	-5.8	7.6	0.0	-3.5	-0.4	1.8
296	中村 一生	オリックス	32	64	CF	0.0	-1.5	-3.8	2.0	-0.3	-3.6	-0.4	-0.1
297	中井 大介	読売	25	52	LF	-4.0	-0.1	-0.8	1.7	-0.6	-3.7	-0.4	0.5
298	山﨑 浩司	西武	34	35	3B	-1.4	0.2	-3.3	1.1	-0.1	-3.6	-0.4	-0.4
299	松井 淳	ヤクルト	27	26	LF	-1.5	0.0	-2.9	0.8	-0.2	-3.8	-0.4	-0.4
300	井上 晴哉	ロッテ	25	104	1B	-3.6	-0.2	-1.1	3.2	-2.0	-3.7	-0.4	-
301	髙橋 信二	オリックス	36	32	1B	-2.3	0.2	-2.0	1.0	-0.6	-3.7	-0.4	-0.2
302	三輪 正義	ヤクルト	30	22	LF	-1.7	0.9	-3.8	0.7	-0.2	-4.1	-0.4	0.0
303	西田 哲朗	楽天	23	415	SS	-10.5	1.2	-10.6	13.0	2.9	-4.0	-0.4	-0.4
304	小田 幸平	中日	37	17	C	-3.8	0.0	-1.3	0.6	0.5	-4.1	-0.4	-0.3
305	武山 真吾	中日	30	72	C	-9.8	0.9	0.6	2.3	1.8	-4.2	(-0.4)	-0.3
306	倉 義和	広島	39	50	C	-7.9	0.1	0.2	1.6	1.3	-4.7	-0.5	0.0
307	石川 貢	西武	23	11	RF	-2.3	-0.3	-2.3	0.3	-0.1	-4.6	-0.5	-0.4
308	飛雄馬	DeNA	23	8	SS	-2.2	0.0	-2.9	0.3	0.0	-4.8	-0.5	-
309	井手 正太郎	DeNA	31	77	LF	-5.4	0.0	-1.1	2.5	-0.8	-4.8	-0.5	-0.1

順	名前	球団	年齢	打席	位置	[A]	[B]	[C]	[D]	[E]	[F]	[G]	
R	Name	Team	Age	PA	POS	Bat	Running	Field	Rep	POS	RAR	WAR	2013
310	谷内 亮太	ヤクルト	23	99	SS	-9.5	-0.6	1.4	3.2	0.7	-4.9	-0.5	-0.4
311	牧田 明久	楽天	32	204	LF	-7.4	-1.3	-1.0	6.4	-1.4	-4.7	-0.5	0.3
312	比屋根 渉	ヤクルト	27	142	CF	-12.5	0.6	2.6	4.6	-0.2	-4.9	-0.5	0.5
313	西森 将司	DeNA	27	25	C	-6.1	0.1	-0.7	0.8	0.7	-5.3	-0.5	0.0
314	渡辺 直人	西武	34	429	SS	-8.5	2.9	-14.6	13.4	1.6	-5.3	-0.6	-1.0
315	原 拓也	オリックス	30	185	2B	-4.2	-0.3	-7.6	5.8	1.0	-5.3	-0.6	-0.6
316	髙城 俊人	DeNA	21	76	C	-8.4	-0.8	-1.0	2.5	2.0	-5.7	-0.6	-1.2
317	松本 哲也	読売	30	90	CF	-3.5	-1.8	-3.3	2.9	-0.2	-5.8	-0.6	-0.1
318	松山 竜平	広島	29	250	RF	4.6	-1.2	-15.5	8.1	-1.9	-5.9	-0.6	1.5
319	岩﨑 達郎	楽天	30	63	3B	-3.2	-2.2	-2.1	2.0	-0.2	-5.7	-0.6	-0.5
320	俊介	阪神	27	119	RF	-6.0	-2.0	-1.9	3.9	-0.4	-6.4	-0.7	0.4
321	村田 和哉	日本ハム	29	63	CF	-4.9	0.4	-3.6	2.0	-0.1	-6.2	-0.7	0.3
322	岡 大海	日本ハム	23	39	RF	-5.5	0.1	-1.8	1.2	-0.3	-6.3	-0.7	-
323	金子 誠	日本ハム	39	23	3B	-3.3	0.0	-3.7	0.7	-0.1	-6.3	-0.7	-0.4
324	吉田 裕太	ロッテ	23	132	C	-7.8	-2.0	-4.5	4.1	3.5	-6.7	-0.7	-
325	細川 亨	ソフトバンク	35	294	C	-19.6	-1.7	-2.1	9.2	7.6	-6.7	-0.7	0.6
326	佐藤 賢治	日本ハム	26	114	RF	-6.2	-1.4	-2.2	3.6	-1.0	-7.2	-0.8	0.6
327	山崎 勝己	オリックス	32	79	C	-11.7	0.4	-0.7	2.5	2.1	-7.4	-0.8	0.4
328	J・ボウカー	楽天	31	230	LF	-2.9	-1.7	-7.1	7.2	-3.1	-7.7	-0.8	1.8
329	坂口 智隆	オリックス	30	382	LF	-9.2	-1.4	-7.2	11.9	-2.9	-8.8	-0.9	-0.6
330	F・セペダ	読売	34	132	LF	-1.3	0.1	-10.6	4.3	-1.7	-9.2	-0.9	-
331	後藤 光尊	楽天	36	141	3B	-13.0	0.1	-0.3	4.4	-0.8	-9.6	-1.0	-1.0
332	永江 恭平	西武	21	100	SS	-8.5	-1.1	-3.8	3.1	0.7	-9.6	-1.0	-0.5
333	上田 剛史	ヤクルト	26	292	CF	-24.5	4.6	-0.3	9.5	0.0	-10.7	-1.1	0.9
334	石川 慎吾	日本ハム	21	93	RF	-4.6	-0.8	-7.5	2.9	-0.6	-10.6	-1.1	-0.2
335	小関 翔太	楽天	23	111	C	-11.9	0.5	-6.8	3.5	2.9	-11.9	-1.3	-
336	Y・ベタンコート	オリックス	32	74	1B	-11.0	-0.5	-2.6	2.3	-0.8	-12.5	-1.3	-
337	金城 龍彦	DeNA	38	175	CF	-13.5	-4.2	-1.2	5.7	-0.8	-14.0	-1.4	-0.2
338	山崎 憲晴	DeNA	28	374	SS	-23.9	-2.5	-4.2	12.1	2.6	-15.9	-1.6	0.5

川島慶三、岩崎恭平、三ツ俣大樹、武山真吾は移籍前後の成績を分割して掲載（前年WARは2013通算）

投手

[A] 控えレベル先発投手との比較　[B] 控えレベル救援投手との比較
[C] 控えレベル投手と比較した失点抑止　[D] 控えレベル投手と比較した勝利貢献

順	名前	球団	年齢	[A]	先発投球回	[B]	救援投球回	[C]	[D]	
R	Name	Team	Age	Starting	Start-IP	Relieving	Relief-IP	RAR	WAR	2013
1	金子 千尋	オリックス	31	69.9	191	0.0	0	69.9	7.4	7.1
2	則本 昂大	楽天	24	56.3	199.1	0.9	3.1	57.2	6.1	3.4
3	前田 健太	広島	26	58.5	187	0.0	0	58.5	6.0	6.1
4	R・メッセンジャー	阪神	33	54.4	208.1	0.0	0	54.4	5.6	6.1
5	大谷 翔平	日本ハム	20	49.2	155.1	0.0	0	49.2	5.2	0.5
6	藤浪 晋太郎	阪神	20	50.2	163	0.0	0	50.2	5.2	3.7
7	菅野 智之	読売	25	49.2	158.2	0.0	0	49.2	5.0	6.0
8	久保 康友	DeNA	34	47.1	178.1	0.0	0	47.1	4.8	1.1
9	L・メンドーサ	日本ハム	31	43.0	162	0.0	0	43.0	4.6	-
10	B・ディクソン	オリックス	30	38.6	154	0.0	0	38.6	4.1	3.2
11	杉内 俊哉	読売	34	39.4	159.1	0.0	0	39.4	4.0	3.3
12	内海 哲也	読売	32	38.8	144.2	0.0	0	38.8	4.0	4.4
13	能見 篤史	阪神	35	38.1	169.1	0.0	0	38.1	3.9	3.8
14	岸 孝之	西武	30	35.5	160.1	0.2	1	35.7	3.8	3.9
15	石川 歩	ロッテ	26	31.6	160	0.0	0	31.6	3.4	-
16	山口 俊	DeNA	27	28.2	106	4.4	18	32.6	3.3	1.1
17	牧田 和久	西武	30	31.4	170.2	0.0	0	31.4	3.3	3.3

順	名前	球団	年齢	[A]	先発投球回	[B]	救援投球回	[C]	[D]	
R	Name	Team	Age	Starting	Start-IP	Relieving	Relief-IP	RAR	WAR	2013
18	西 勇輝	オリックス	24	31.1	156	0.0	0	31.1	3.3	3.3
19	岩田 稔	阪神	31	31.1	148.2	0.0	0	31.1	3.2	0.7
20	G・モスコーソ	DeNA	31	29.5	146	0.0	0	29.5	3.0	-
21	J・スタンリッジ	ソフトバンク	36	28.5	172	0.0	0	28.5	3.0	3.7
22	D・サファテ	ソフトバンク	33	0.0	0	28.4	68.1	28.4	3.0	1.6
23	松井 裕樹	楽天	19	24.9	101	3.4	15	28.3	3.0	-
24	大野 雄大	中日	26	28.6	165	0.0	0	28.6	2.9	3.1
25	辛島 航	楽天	24	27.5	154.1	0.0	0	27.5	2.9	0.6
26	又吉 克樹	中日	24	0.0	0	27.1	81.1	27.1	2.8	-
27	小川 泰弘	ヤクルト	24	26.3	108.1	0.0	0	26.3	2.7	6.2
28	髙橋 朋己	西武	26	0.0	0	24.8	62.2	24.8	2.6	0.8
29	大瀬良 大地	広島	23	25.3	151	0.0	0	25.3	2.6	-
30	福谷 浩司	中日	24	0.0	0	25.2	74.2	25.2	2.6	-0.3
31	澤村 拓一	読売	26	23.6	68.2	1.3	4	24.9	2.6	4.3
32	石川 雅規	ヤクルト	34	24.6	165	0.0	0	24.6	2.5	3.3
33	中田 賢一	ソフトバンク	32	23.1	145	0.0	0	23.1	2.4	1.4
34	大竹 寛	読売	31	23.8	129	0.0	0	23.8	2.4	3.1
35	B・バリントン	広島	34	23.7	131.2	0.0	0	23.7	2.4	3.1
36	五十嵐 亮太	ソフトバンク	35	0.0	0	22.9	59.1	22.9	2.4	1.7
37	菊池 雄星	西武	23	22.8	139.2	0.0	0	22.8	2.4	2.8
38	小山 雄輝	読売	26	23.2	93.1	0.0	0	23.2	2.4	0.5
39	呉 昇桓	阪神	32	0.0	0	23.0	66.2	23.0	2.4	-
40	上沢 直之	日本ハム	20	21.7	132.1	0.4	3	22.1	2.3	-
41	井納 翔一	DeNA	28	22.8	159.1	0.0	0	22.8	2.3	2.1
42	森 唯斗	ソフトバンク	23	0.0	0	21.9	65.2	21.9	2.3	-
43	松葉 貴大	オリックス	24	21.7	113.2	0.0	0	21.7	2.3	0.9
44	三上 朋也	DeNA	25	0.0	0	21.3	65.2	21.3	2.2	-
45	涌井 秀章	ロッテ	28	20.2	164.2	0.0	0	20.2	2.1	2.4
46	八木 亮祐	ヤクルト	24	18.8	96	1.3	7.2	20.1	2.1	2.6
47	山井 大介	中日	36	20.0	173.2	0.0	0	20.0	2.1	0.3
48	C・ナーブソン	ヤクルト	33	19.7	137	0.0	0	19.7	2.0	-
49	佐藤 達也	オリックス	28	0.0	0	18.8	74.1	18.8	2.0	1.9
50	平野 佳寿	オリックス	30	0.0	0	18.5	60.1	18.5	2.0	2.3
51	谷元 圭介	日本ハム	29	0.0	0	18.4	68	18.4	1.9	0.8
52	S・マシソン	読売	30	0.0	0	18.5	65.1	18.5	1.9	2.8
53	岸田 護	オリックス	33	5.5	23.1	12.3	57	17.8	1.9	1.4
54	雄太	中日	34	18.2	100	0.2	1	18.4	1.9	0.2
55	岩崎 優	阪神	23	18.2	90	0.0	0	18.2	1.9	-
56	国吉 佑樹	DeNA	23	3.9	12.2	14.0	49.2	17.8	1.8	0.1
57	野村 祐輔	広島	25	17.7	104.2	0.0	0	17.7	1.8	3.3
58	西野 勇士	ロッテ	23	0.0	0	16.9	58	16.9	1.8	3.2
59	山口 鉄也	読売	31	0.0	0	17.4	56.1	17.4	1.8	2.7
60	福山 博之	楽天	25	0.0	0	15.5	67.1	15.5	1.6	1.0
61	R・ウィリアムス	西武	39	0.0	0	15.4	51.2	15.4	1.6	1.1
62	比嘉 幹貴	オリックス	32	0.0	0	15.0	56.2	15.0	1.6	1.5
63	中田 廉	広島	24	0.0	0	15.1	78.2	15.1	1.5	0.3
64	秋吉 亮	ヤクルト	25	2.5	11	12.4	60	14.9	1.5	-
65	D・カブレラ	中日	33	14.5	77	0.0	0	14.5	1.5	2.9
66	森福 允彦	ソフトバンク	28	0.0	0	13.6	47.2	13.6	1.4	1.2
67	美馬 学	楽天	28	13.6	72.2	0.0	0	13.6	1.4	1.0
68	K・ミコライオ	広島	30	0.0	0	13.7	47.2	13.7	1.4	1.2
69	大隣 憲司	ソフトバンク	30	13.0	54	0.2	1	13.2	1.4	0.7
70	大谷 智久	ロッテ	29	1.3	5.1	11.9	55	13.2	1.4	-0.1

順	名前	球団	年齢	[A]	先発投球回	[B]	救援投球回	[C]	[D]	
R	Name	Team	Age	Starting	Start-IP	Relieving	Relief-IP	RAR	WAR	2013
71	浦野 博司	日本ハム	25	12.8	114	0.1	1	12.9	1.4	-
72	攝津 正	ソフトバンク	32	12.7	134	0.0	0	12.7	1.3	3.4
73	一岡 竜司	広島	24	0.0	0	13.1	31	13.1	1.3	0.3
74	B・ファルケンボーグ	楽天	36	0.0	0	12.7	37.2	12.7	1.3	1.0
75	西村 健太朗	読売	29	0.0	0	13.1	51.1	13.1	1.3	2.5
76	岡田 俊哉	中日	23	6.6	36.1	5.7	36.1	12.3	1.3	1.5
77	長田 秀一郎	DeNA	34	0.0	0	12.3	46.2	12.3	1.3	1.3
78	安藤 優也	阪神	37	0.0	0	12.2	47.1	12.2	1.3	1.1
79	増井 浩俊	日本ハム	30	0.0	0	11.7	58	11.7	1.2	1.7
80	石山 泰稚	ヤクルト	26	9.5	81.1	2.6	28	12.0	1.2	1.1
81	濱田 達郎	中日	20	11.0	72.1	0.9	7.1	11.9	1.2	-
82	T・バーネット	ヤクルト	31	0.0	0	11.8	32.1	11.8	1.2	1.4
83	益田 直也	ロッテ	25	0.0	0	11.4	51	11.4	1.2	1.4
84	武田 翔太	ソフトバンク	21	11.4	43.1	0.0	0	11.4	1.2	0.2
85	西宮 悠介	楽天	23	0.0	0	11.4	48.1	11.4	1.2	-
86	中山 慎也	オリックス	32	1.1	4	10.0	38.1	11.1	1.2	-0.3
87	福井 優也	広島	26	11.4	60	0.0	0	11.4	1.2	0.3
88	D・ヒース	広島	29	11.3	41.2	0.0	0	11.3	1.2	-
89	岡本 洋介	西武	29	10.0	76.2	0.8	7.2	10.9	1.2	1.5
90	三浦 大輔	DeNA	41	11.2	94.2	0.0	0	11.2	1.1	3.0
91	M・クロッタ	日本ハム	30	0.0	0	10.5	58.1	10.5	1.1	-
92	吉田 一将	オリックス	25	10.2	75	0.1	.2	10.2	1.1	-
93	古谷 拓哉	ロッテ	33	9.8	96.1	0.4	5	10.2	1.1	2.0
94	馬原 孝浩	オリックス	33	0.0	0	10.2	50.2	10.2	1.1	0.1
95	久保 裕也	読売	34	1.5	7.1	9.0	51.2	10.5	1.1	-
96	成瀬 善久	ロッテ	29	9.9	142.2	0.0	0	9.9	1.1	0.2
97	東明 大貴	オリックス	25	8.6	84	1.3	15.2	9.9	1.0	-
98	増田 達至	西武	26	0.0	0	9.8	44.2	9.8	1.0	1.5
99	嘉弥真 新也	ソフトバンク	25	0.0	0	9.7	36.2	9.7	1.0	1.8
100	塩見 貴洋	楽天	26	9.5	113.2	0.1	1	9.6	1.0	-
101	飯田 優也	ソフトバンク	24	9.3	57.1	0.1	1	9.5	1.0	-
102	香月 良太	読売	32	0.0	0	9.7	36.1	9.7	1.0	0.2
103	大原 慎司	DeNA	29	0.0	0	9.7	32.1	9.7	1.0	0.7
104	武隈 祥太	西武	25	0.8	4	8.5	44.2	9.3	1.0	-0.2
105	A・カーター	日本ハム	28	0.0	0	9.3	45.1	9.3	1.0	-
106	村中 恭兵	ヤクルト	27	9.0	33.2	0.5	2	9.5	1.0	0.8
107	林 昌範	DeNA	31	0.0	0	9.3	40	9.3	0.9	0.1
108	青山 浩二	楽天	31	5.4	30.2	3.4	22	8.8	0.9	1.0
109	千賀 滉大	ソフトバンク	21	0.0	0	8.8	22.2	8.8	0.9	2.2
110	唐川 侑己	ロッテ	25	8.2	107	0.5	9	8.7	0.9	2.4
111	帆足 和幸	ソフトバンク	35	8.6	71.1	0.0	0	8.6	0.9	0.8
112	榎田 大樹	阪神	28	5.7	27.1	3.2	17.1	8.9	0.9	1.1
113	C・セドン	読売	31	8.8	52	0.0	0	8.8	0.9	-
114	祖父江 大輔	中日	27	0.0	0	8.6	58.2	8.6	0.9	-
115	岩尾 利弘	西武	27	0.0	0	8.2	20	8.2	0.9	-0.2
116	B・ウルフ	ソフトバンク	34	8.1	47.1	0.0	0	8.1	0.9	3.1
117	木佐貫 洋	日本ハム	34	7.9	26	0.0	0	7.9	0.8	1.9
118	中﨑 翔太	広島	22	0.0	0	8.2	43.2	8.2	0.8	0.7
119	宮西 尚生	日本ハム	29	0.0	0	7.8	50	7.8	0.8	1.2
120	藤岡 貴裕	ロッテ	25	7.5	126	0.2	6.2	7.7	0.8	1.3
121	高崎 健太郎	DeNA	29	7.0	42.2	1.0	7	8.0	0.8	1.0
122	青木 高広	読売	33	0.0	0	7.6	33	7.6	0.8	0.8
123	松岡 健一	ヤクルト	32	1.7	10.1	5.9	40.2	7.6	0.8	0.7

順	名前	球団	年齢	[A]	先発投球回	[B]	救援投球回	[C]	[D]	
R	Name	Team	Age	Starting	Start-IP	Relieving	Relief-IP	RAR	WAR	2013
124	岡島 秀樹	ソフトバンク	39	0.0	0	7.3	42.2	7.3	0.8	-
125	中澤 雅人	ヤクルト	29	0.5	1.2	6.4	21.1	6.9	0.7	-0.4
126	髙橋 聡文	中日	31	0.0	0	6.9	19	6.9	0.7	0.6
127	G・レイノルズ	西武	29	6.7	61	0.0	0	6.7	0.7	-
128	田島 慎二	中日	25	0.0	0	6.8	51	6.8	0.7	1.2
129	金田 和之	阪神	24	1.3	10	5.5	52.1	6.8	0.7	-
130	山本 哲哉	ヤクルト	29	0.0	0	6.8	45.2	6.8	0.7	0.8
131	萬谷 康平	DeNA	27	0.0	0	6.7	27.2	6.7	0.7	-
132	九里 亜蓮	広島	23	6.2	77.2	0.3	5.2	6.6	0.7	-
133	永川 勝浩	広島	34	0.0	0	6.3	55.2	6.3	0.6	0.9
134	岡本 篤志	西武	33	0.0	0	6.0	39.1	6.0	0.6	0.5
135	大嶺 祐太	ロッテ	26	5.2	45.2	0.8	9	6.0	0.6	0.6
136	A・マエストリ	オリックス	29	0.3	2	5.5	48.1	5.8	0.6	-0.1
137	篠田 純平	広島	29	5.3	45.2	0.5	6	5.8	0.6	-0.1
138	十亀 剣	西武	27	4.3	44.1	1.1	14.2	5.4	0.6	3.8
139	笠原 将生	読売	24	0.4	2.1	5.2	35.2	5.6	0.6	0.4
140	杉浦 稔大	ヤクルト	22	5.4	23	0.0	0	5.4	0.6	-
141	筒井 和也	阪神	33	0.0	0	5.4	34	5.4	0.6	1.2
142	川井 貴志	楽天	38	5.2	40.1	0.0	0	5.2	0.5	0.5
143	加賀 繁	DeNA	29	2.1	13.1	3.3	25	5.3	0.5	0.7
144	田中 健二朗	DeNA	25	0.0	0	5.2	15.1	5.2	0.5	-0.3
145	古野 正人	ヤクルト	28	4.5	58	0.6	11	5.1	0.5	-0.3
146	吉川 光夫	日本ハム	26	4.9	72	0.0	0	4.9	0.5	2.9
147	上園 啓史	楽天	30	2.3	10.1	2.5	12.2	4.8	0.5	0.4
148	戸田 隆矢	広島	21	2.6	26.1	2.3	30.2	5.0	0.5	-0.1
149	福原 忍	阪神	38	0.0	0	5.0	53.1	5.0	0.5	1.3
150	野上 亮磨	西武	27	4.7	115.1	0.1	5	4.8	0.5	1.9
151	R・クルーズ	楽天	28	0.0	0	4.7	29.1	4.7	0.5	-
152	川上 憲伸	中日	39	4.8	32	0.0	0	4.8	0.5	0.0
153	菊池 保則	楽天	25	4.4	49	0.2	2.1	4.5	0.5	-0.2
154	久本 祐一	広島	35	0.0	0	4.6	11	4.6	0.5	2.0
155	斎藤 隆	楽天	44	0.0	0	4.4	31.1	4.4	0.5	0.5
156	矢貫 俊之	日本ハム	31	0.0	0	4.3	27	4.3	0.5	1.4
157	藤原 良平	西武	28	3.2	35	1.1	15.1	4.2	0.4	-0.1
158	柳瀬 明宏	ソフトバンク	31	0.0	0	4.2	33.2	4.2	0.4	1.2
159	七條 祐樹	ヤクルト	30	2.5	15	1.8	12.1	4.3	0.4	0.5
160	朝倉 健太	中日	33	3.9	64.2	0.4	10.1	4.3	0.4	0.0
161	歳内 宏明	阪神	21	1.9	10	2.4	14	4.3	0.4	-0.6
162	C・カーペンター	ヤクルト	29	0.0	0	4.1	32.1	4.1	0.4	-
163	金 無英	ソフトバンク	29	0.0	0	3.8	31.2	3.8	0.4	0.5
164	宮田 和希	西武	26	0.0	0	3.7	14.2	3.7	0.4	-
165	江柄子 裕樹	読売	28	1.0	6.2	2.7	22.1	3.7	0.4	0.1
166	岩瀬 仁紀	中日	40	0.0	0	3.7	30.2	3.7	0.4	1.1
167	岩橋 慶侍	ヤクルト	23	0.0	0	3.6	14	3.6	0.4	-
168	井川 慶	オリックス	35	3.4	33	0.0	0	3.4	0.4	1.4
169	岩貞 祐太	阪神	23	3.5	29.1	0.0	0	3.5	0.4	-
170	山本昌	中日	49	3.5	14	0.0	0	3.5	0.4	0.4
171	宮川 将	楽天	24	1.7	18.1	1.6	23.2	3.3	0.4	0.0
172	伊藤 準規	中日	24	3.3	37	0.1	1.2	3.4	0.4	-
173	M・ボウデン	西武	28	0.3	3	2.9	37	3.2	0.3	-
174	木谷 良平	ヤクルト	25	3.1	54	0.3	8	3.3	0.3	2.0
175	海田 智行	オリックス	27	0.0	0	3.1	19	3.1	0.3	1.0
176	須田 幸太	DeNA	28	0.7	3	2.4	11.1	3.2	0.3	0.7

順 R	名前 Name	球団 Team	年齢 Age	[A] Starting	先発投球回 Start-IP	[B] Relieving	救援投球回 Relief-IP	[C] RAR	[D] WAR	2013
177	平田 真吾	DeNA	25	0.0	0	3.1	13	3.1	0.3	-
178	藤岡 好明	日本ハム	29	0.0	0	2.9	12	2.9	0.3	0.7
179	若松 駿太	中日	19	1.7	8.2	1.3	7.2	3.0	0.3	-
180	岩嵜 翔	ソフトバンク	25	2.5	51.2	0.3	10.1	2.7	0.3	0.4
181	高木 京介	読売	25	0.0	0	2.8	28.1	2.8	0.3	0.0
182	加藤 康介	阪神	36	0.0	0	2.8	23.2	2.8	0.3	1.8
183	O・ロマン	ヤクルト	36	0.0	0	2.8	16	2.8	0.3	1.7
184	二神 一人	阪神	27	0.6	3	2.1	11.1	2.7	0.3	-
185	森 雄大	楽天	20	2.2	23.1	0.4	6	2.6	0.3	-
186	東浜 巨	ソフトバンク	24	2.2	28.1	0.4	7	2.6	0.3	0.3
187	武藤 祐太	中日	25	0.6	5	2.0	20	2.7	0.3	0.6
188	西原 圭大	広島	26	0.0	0	2.6	16.1	2.6	0.3	-
189	久古 健太郎	ヤクルト	28	0.0	0	2.5	33.2	2.5	0.3	0.6
190	長谷部 康平	楽天	29	0.0	0	2.3	35.2	2.3	0.2	0.9
191	今村 猛	広島	23	0.0	0	2.3	20.2	2.3	0.2	1.9
192	今井 啓介	広島	27	0.0	0	2.3	17	2.3	0.2	0.8
193	高宮 和也	阪神	33	0.0	0	2.3	18.2	2.3	0.2	-0.2
194	Z・フィリップス	広島	28	0.0	0	2.3	11	2.3	0.2	-
195	鍵谷 陽平	日本ハム	24	0.0	0	2.1	28.2	2.1	0.2	0.3
196	江草 仁貴	広島	34	0.0	0	2.2	6.2	2.2	0.2	-0.2
197	加賀美 希昇	DeNA	26	2.0	21.2	0.0	0	2.0	0.2	0.2
198	J・ソーサ	DeNA	37	0.0	0	1.9	23.2	1.9	0.2	0.3
199	P・オセゲラ	ソフトバンク	31	1.8	12	0.0	0	1.8	0.2	0.7
200	伊藤 和雄	阪神	25	0.0	0	1.8	10	1.8	0.2	-
201	建山 義紀	阪神	39	0.0	0	1.8	7.1	1.8	0.2	-
202	土屋 健二	DeNA	24	0.0	0	1.7	6.2	1.7	0.2	-0.2
203	E・ソト	DeNA	32	0.0	0	1.7	23	1.7	0.2	1.1
204	近藤 一樹	オリックス	31	1.6	7.2	0.0	0	1.6	0.2	-0.1
205	白村 明弘	日本ハム	23	0.0	0	1.5	11	1.5	0.2	-
206	松永 昂大	ロッテ	26	0.2	3.2	1.3	37.2	1.5	0.2	1.9
207	桑原 謙太朗	オリックス	29	0.0	0	1.5	5.1	1.5	0.2	0.2
208	藤江 均	DeNA	28	0.0	0	1.4	15.1	1.4	0.1	1.0
209	梅津 智弘	広島	31	0.0	0	1.4	18.1	1.4	0.1	0.3
210	小嶋 達也	阪神	29	0.0	0	1.3	5.2	1.3	0.1	-0.1
211	L・ファンミル	楽天	30	0.0	0	1.2	8.2	1.2	0.1	-
212	田原 誠次	読売	25	0.0	0	1.2	18.2	1.2	0.1	0.3
213	玉置 隆	阪神	28	0.0	0	1.2	4.2	1.2	0.1	0.0
214	松田 遼馬	阪神	20	0.0	0	1.2	4.2	1.2	0.1	0.4
215	齊藤 勝	日本ハム	27	0.0	0	1.2	4	1.2	0.1	0.0
216	多田野 数人	日本ハム	34	0.0	0	1.1	5.1	1.1	0.1	-0.6
217	相原 和友	楽天	25	0.0	0	1.0	19.1	1.0	0.1	-
218	香月 良仁	ロッテ	30	0.0	0	0.9	3	0.9	0.1	0.0
219	新垣 渚	ヤクルト	34	0.9	7	0.1	1	1.0	0.1	-0.9
220	小石 博孝	西武	27	0.7	12	0.2	4	0.9	0.1	0.0
221	濱矢 廣大	楽天	21	0.9	5	0.0	0	0.9	0.1	-
222	小林 宏	西武	36	0.0	0	0.9	11.1	0.9	0.1	-
223	八木 智哉	オリックス	31	0.4	1.2	0.4	2	0.9	0.1	-0.1
224	武田 久	日本ハム	36	0.0	0	0.7	7.2	0.7	0.1	0.5
225	N・パヤノ	中日	32	0.0	0	0.7	24.1	0.7	0.1	-
226	江尻 慎太郎	ソフトバンク	37	0.0	0	0.7	5.2	0.7	0.1	0.3
227	徳山 武陽	ヤクルト	25	0.6	15	0.1	7	0.7	0.1	0.0
228	豊田 拓矢	西武	27	0.1	2	0.6	37.2	0.6	0.1	-
229	巽 真悟	ソフトバンク	28	0.0	0	0.6	2.1	0.6	0.1	0.3

順 R	名前 Name	球団 Team	年齢 Age	[A] Starting	先発投球回 Start-IP	[B] Relieving	救援投球回 Relief-IP	[C] RAR	WAR	[D] 2013
230	福田 聡志	読売	31	0.0	0	0.6	14	0.6	0.1	0.1
231	永井 怜	楽天	30	0.0	0	0.6	6	0.6	0.1	0.4
232	木村 優太	ロッテ	29	0.3	10	0.3	27	0.6	0.1	-
233	星野 大地	ソフトバンク	21	0.0	0	0.6	4	0.6	0.1	0.1
234	森内 壽春	日本ハム	30	0.0	0	0.5	4.1	0.5	0.1	-0.5
235	山中 浩史	ソフトバンク	29	0.0	0	0.5	3	0.5	(0.0)	0.4
236	E・バリオス	ソフトバンク	26	0.0	0	0.4	2.2	0.4	0.0	0.1
237	古川 侑利	楽天	19	0.0	0	0.4	2	0.4	0.0	-
238	内 竜也	ロッテ	29	0.0	0	0.3	5.1	0.3	0.0	1.0
239	浅尾 拓也	中日	30	0.0	0	0.3	19	0.3	0.0	0.3
240	榊原 諒	オリックス	29	0.0	0	0.3	15	0.3	0.0	0.0
241	三瀬 幸司	中日	38	0.0	0	0.3	0.1	0.3	0.0	0.5
242	大山 暁史	オリックス	26	0.0	0	0.3	0.2	0.3	0.0	-
243	池ノ内 亮介	広島	26	0.0	0	0.2	2	0.2	0.0	-
244	伊藤 義弘	ロッテ	32	0.0	0	0.2	5	0.2	0.0	0.2
245	小川 龍也	中日	23	0.1	4.1	0.1	8	0.2	0.0	-0.3
246	日高 亮	ソフトバンク	24	0.0	0	0.2	1	0.2	(0.0)	0.0
247	三嶋 一輝	DeNA	24	0.2	20	0.0	4	0.2	0.0	2.5
248	山本 翔也	阪神	26	0.0	0	0.2	1	0.2	0.0	-
249	小林 正人	中日	34	0.0	0	0.2	1.1	0.2	0.0	0.5
250	乾 真大	日本ハム	26	0.0	0	0.1	1	0.1	0.0	0.3
251	上野 弘文	広島	33	0.0	0	0.0	2	0.0	0.0	-0.1
252	鈴木 義広	中日	32	0.0	0	0.0	0	0.0	0.0	0.2
253	須永 英輝	読売	29	0.0	0	0.0	0.1	0.0	0.0	-
254	岩本 輝	阪神	22	0.0	0	0.0	3.2	0.0	0.0	0.1
255	武藤 好貴	楽天	27	0.0	0	-0.1	18.2	-0.1	0.0	-
256	榎下 陽大	日本ハム	26	0.0	0	-0.1	0.1	-0.1	0.0	0.1
257	岩田 慎司	中日	27	0.0	14.2	-0.2	9	-0.1	0.0	0.4
258	宮國 椋丞	読売	22	-0.2	14	0.0	0	-0.2	0.0	1.0
259	大田 阿斗里	DeNA	25	0.0	0	-0.2	4	-0.2	0.0	1.0
260	大場 翔太	ソフトバンク	29	-0.1	4.2	-0.1	3	-0.2	0.0	0.5
261	平井 正史	オリックス	39	0.0	0	-0.2	1	-0.2	0.0	0.7
262	小山 伸一郎	楽天	36	0.0	0	-0.2	9.1	-0.2	0.0	0.3
263	平野 将光	西武	31	0.0	0	-0.2	8.1	-0.2	0.0	-
264	南 昌輝	ロッテ	25	0.0	0	-0.2	22.2	-0.2	0.0	0.2
265	金平 将至	日本ハム	23	0.0	0	-0.3	6	-0.3	0.0	-
266	小野 淳平	広島	27	0.0	5	-0.5	32.1	-0.4	0.0	-0.5
267	小林 太志	DeNA	31	0.0	0	-0.5	3	-0.5	-0.1	-0.1
268	阿南 徹	読売	30	-0.1	1	-0.4	4	-0.5	-0.1	0.3
269	小杉 陽太	DeNA	29	0.0	0	-0.6	2	-0.6	-0.1	0.3
270	小松 聖	オリックス	33	0.0	0	-0.6	3.2	-0.6	-0.1	0.5
271	田中 靖洋	西武	27	0.0	0	-0.7	7	-0.7	-0.1	-
272	山内 壮馬	中日	29	-0.7	4	0.0	0	-0.7	-0.1	-0.2
273	石井 裕也	日本ハム	33	0.0	0	-0.7	9.2	-0.7	-0.1	0.9
274	真田 裕貴	ヤクルト	30	0.0	0	-0.8	16.1	-0.8	-0.1	-
275	黒沢 翔太	ロッテ	26	0.0	0	-0.8	4	-0.8	-0.1	0.0
276	鈴木 翔太	中日	19	0.0	0	-0.9	6	-0.9	-0.1	-
277	斎藤 佑樹	日本ハム	26	-0.9	26	0.0	0	-0.9	-0.1	0.0
278	山田 大樹	ソフトバンク	26	-0.9	5	0.0	0	-0.9	-0.1	0.3
279	中後 悠平	ロッテ	25	0.0	0	-0.9	4	-0.9	-0.1	-0.2
280	今野 龍太	楽天	19	0.0	0	-1.0	5.1	-1.0	-0.1	-
281	土田 瑞起	読売	25	0.0	0	-1.0	11.2	-1.0	-0.1	-
282	河野 秀数	日本ハム	27	0.0	0	-1.1	17	-1.1	-0.1	0.2

Sabermetrics Report part 4

順	名前	球団	年齢	[A]	先発投球回	[B]	救援投球回	[C]	[D]	
R	Name	Team	Age	Starting	Start-IP	Relieving	Relief-IP	RAR	WAR	2013
283	カルロス・ロサ	ロッテ	30	0.0	0	-1.1	41.2	-1.1	-0.1	1.1
284	T・ブラックリー	楽天	32	-1.1	13	0.0	0	-1.1	-0.1	-
285	赤川 克紀	ヤクルト	24	-0.1	3.1	-1.2	25.2	-1.3	-0.1	0.2
286	河内 貴哉	広島	33	0.0	0	-1.3	10	-1.3	-0.1	0.0
287	片山 博視	楽天	27	0.0	0	-1.3	1	-1.3	-0.1	0.6
288	吉見 一起	中日	30	-1.4	15	0.0	0	-1.4	-0.1	0.6
289	押本 健彦	ヤクルト	32	0.0	0	-1.5	7	-1.5	-0.2	0.7
290	菊地 和正	DeNA	32	0.0	0	-1.7	0.1	-1.7	-0.2	0.2
291	渡辺 亮	阪神	32	0.0	0	-1.8	14	-1.8	-0.2	-0.2
292	戸村 健次	楽天	27	0.0	0	-1.8	5.1	-1.8	-0.2	0.6
293	安部 建輝	DeNA	28	0.0	0	-1.9	4.2	-1.9	-0.2	-0.1
294	江村 将也	ヤクルト	27	0.0	0	-2.0	15.2	-2.0	-0.2	0.1
295	山中 浩史	ヤクルト	29	0.0	0	-2.1	10.2	-2.1	(-0.2)	0.4
296	陳 冠宇	DeNA	24	-2.1	2.1	0.0	0	-2.1	-0.2	0.4
297	横山 竜士	広島	38	0.0	0	-2.1	6.2	-2.1	-0.2	0.2
298	武田 勝	日本ハム	36	-1.1	40.2	-1.0	21	-2.1	-0.2	1.0
299	日高 亮	ヤクルト	24	0.0	0	-2.1	0.2	-2.1	(-0.2)	0.0
300	新垣 勇人	日本ハム	29	-2.2	4	0.0	0	-2.2	-0.2	-0.1
301	秋山 拓巳	阪神	23	-1.6	4.2	-0.7	2	-2.3	-0.2	0.7
302	小熊 凌祐	中日	24	0.0	0	-2.6	2	-2.6	-0.3	0.5
303	誠	西武	20	-2.5	4.1	0.0	0	-2.5	-0.3	-
304	金刃 憲人	楽天	30	0.0	0	-2.8	10.1	-2.8	-0.3	1.0
305	阿部 健太	ヤクルト	30	0.0	0	-3.5	14.1	-3.5	-0.4	0.4
306	尚成	DeNA	39	-3.8	51	0.0	0	-3.8	-0.4	-
307	大塚 豊	日本ハム	27	0.0	0	-3.8	20	-3.8	-0.4	0.1
308	服部 泰卓	ロッテ	32	0.0	0	-4.0	8.2	-4.0	-0.4	0.4
309	金森 敬之	ロッテ	29	0.0	0	-4.2	9.1	-4.2	-0.4	-
310	中郷 大樹	西武	30	0.0	0	-4.2	22.1	-4.2	-0.4	0.8
311	西口 文也	西武	42	0.0	0	-4.4	11	-4.4	-0.5	0.0
312	中村 勝	日本ハム	23	-4.4	97.1	0.0	0	-4.4	-0.5	-0.4
313	吉原 正平	ロッテ	25	0.0	0	-4.6	9.1	-4.6	-0.5	-
314	横山 貴明	楽天	23	-4.7	18	-0.1	0.1	-4.8	-0.5	-
315	今村 信貴	読売	20	-3.6	24.2	-2.0	11.2	-5.6	-0.6	0.4
316	鶴 直人	阪神	27	-2.0	9	-4.4	17.2	-6.5	-0.7	0.5
317	上野 大樹	ロッテ	28	0.0	0	-7.6	44.1	-7.6	-0.8	0.5
318	寺原 隼人	ソフトバンク	31	-11.3	27.2	0.0	0	-11.3	-1.2	1.2

山中浩史、日高 亮は移籍前後の成績を分割して掲載（前年WARは2013通算）

WAR（Wins Above Replacement）の考え方・算出方法などについては下記URLにて、解説PDFを無償配布しています。ぜひ御覧下さい。

『総合評価指標WARの考え方と算出方法』
http://deltagraphs.co.jp/R2_WAR_20140403/R2_war_20140403.pdf

セイバーメトリクス用語解説

◇ 基本用語

セイバーメトリクス(Sabermetrics)
野球についての客観的・統計的な研究。ビル・ジェイムズというひとりの野球ファンによって提唱され、アメリカ野球学会の略称である SABR と測定を意味する metrics からその名がつけられている。当初は好事家の間の趣味として広まったが現在では MLB の多くの球団が専門家を雇い入れ、チームの運営に活用している。

マネー・ボール(MONEY BALL)
MLB の貧乏球団オークランド・アスレチックスがセイバーメトリクスを採り入れた独自の球団運営で躍進する様子を描いたノンフィクション・ドキュメント。マイケル・ルイス著。そこに描かれた人間ドラマに加え革新的なセイバーメトリクスの理論が注目を集め、ベストセラーとなった。2011年、ブラッド・ピット主演で映画化。

パークファクター (Park Factor)
球場の特性がプレーに与える影響を特定の側面について数値化した指標。本拠地球場での成績と本拠地球場以外での成績を比較することによって球場による成績の偏りを明らかにし、異なる環境下でプレーする選手同士を比較する際に成績を補正する目的等で使用される。

パークファクター＝(本拠地球場での試合当たり得点＋失点)÷(他球場での試合当たり得点＋失点)
※得点についてのパークファクターの場合

得点期待値(Run Expectancy)
特定のアウト・走者状況から、当該イニングが終了するまでに平均して何得点が期待できるかを表す数値。状況の変化を得点期待値の差で表すことにより特定の出来事(イベント)の価値を計る目的や戦術の有効性を計測するのに用いられる。

例：2013 年 NPB の得点期待値表

走者 アウト	走者 無し	一塁	二塁	三塁	一・ 二塁	一・ 三塁	二・ 三塁	満塁
無死	0.446	0.839	1.022	1.452	1.410	1.736	2.108	2.201
一死	0.233	0.482	0.713	0.873	0.868	1.128	1.346	1.449
二死	0.088	0.219	0.344	0.365	0.407	0.556	0.679	0.828

LWTS (Linear Weights)
試合中に発生する各種のイベントが持つ価値を求め、個々のイベントに価値を掛けて足し合わせることで選手・チームの評価を行う手法。各種のイベントが持つ価値は得点期待値に基づいて算出されるのが一般的である。扱いやすいため多くの指標の開発に用いられており、wOBA、FIP、UZR はいずれも LWTS に基づく指標である。

勝利期待値・勝利確率(Win Expectancy)
特定の点差・イニング・アウトカウント・走者状況から平均的にチームに見込まれる勝率。一般的な安打・三振などが発生する確率から数学的に計算する場合と、過去のデータを基に計算する場合がある。

WPA（Win Probability Added）
勝利期待値を基に、各選手がどれだけ勝利期待値を増減させたかによって貢献度を評価する指標。仮に打席に入った時点のチームの勝利期待値が 40% で、ヒットを打つことにより勝利期待値を 42% に高めた場合、打者には 0.02 ポイントが与えられる。平均的な選手の WPA は± 0。
セイバーメトリクスにおいて多くの指標はプレーした状況に依存せず成績を中立的に評価するよう設計されているが、WPA はあえてプレーした状況における評価をすることにより同じヒットでも勝敗の分かれ目となる重要な場面のヒットをより高く評価し、試合のダイナミズムを描写する指標となっている。その一方で、数字の高低は選手の能力以外の要素にも影響されることとなる。

LI（Leverage Index）
特定の試合状況(点差・イニング・アウトカウント・走者)から、その局面の重要度を表す指標。トム・タンゴ考案。平均的な局面の LI は 1.0 であり、チームに見込まれる勝利の確率が変動しやすい重要な場面では 1.5 や 2.0 など大きい数字になる。

リプレイスメント・レベル (Replacement Level)
最小のコストで用意することができる代替要員の成績水準。選手の貢献度を数値化する際の基準として用いられる。MLB の算定では一般的に、リプレイスメント・レベルの選手でチームを構成した場合の得点率は平均の 80% 程度、失点率は平均の 120% 程度、勝率は .300 程度になるとされる。

Sabermetrics Report part 4

ピタゴラス勝率
（Pythagorean Winning Percentage）

チームの総得点と総失点から見込まれる勝率を計算する式。ビル・ジェイムズ考案。勝利と敗戦の比は得点と失点の比の二乗に比例するという統計的な法則を基にしている。細部を改変した派生バージョンが多数存在。式の形が「ピタゴラスの定理」を思い起こさせるところからその名がついている。
ピタゴラス勝率＝得点の二乗÷（得点の二乗＋失点の二乗）

成績予測システム（Projection Systems）

選手の将来の成績を予測するシステム。MLBでは多くのシステムが開発されている。計算方法は各システムによって異なるが、基本的には過去数年の成績を土台として基準となる成績を見積もり、平均への回帰や年齢の変化による影響等を考慮した補正を行うことによって算出される。代表的な成績予測システムにMarcel、PECOTA、ZiPS、Oliver等がある。

Baseball Prospectus

米国の野球シンクタンク。気鋭の研究者が所属し、ウェブサイトや書籍を通じ先進的な研究内容を発信している。

◇ 攻撃関連

打率（Batting Average）

打数のうちの安打の割合を示す指標。伝統的に広く利用されているが、四死球を考慮しないこと、長打を区別しないこと等の理由により出塁率や長打率に比して得点との関連性が弱い。
打率＝安打÷打数

出塁率（On-Base Percentage）

犠打・インターフェアを除く打席のうちアウトにならず出塁した割合を表す指標。セイバーメトリクスによりアウトにならないことの重要性が認識され、有用性が指摘された。
出塁率＝（安打＋四球＋死球）÷（打数＋四球＋死球＋犠飛）

長打率（Slugging Percentage）

1打数当たり、平均してどれだけ塁打を得たかを表す指標。塁打とは「1×単打＋2×二塁打＋3×三塁打＋4×本塁打」で計算され、打者が進んだ塁の数で加重した安打数である。安打がすべて単打の場合、長打率は打率に等しくなる。
長打率＝塁打÷打数

BB/K（Walk-to-Strikeout ratio）

四球と三振の比。打席でのアプローチが適切で、ストライクゾーンの管理能力に長けた打者ほど高い数値を記録する。
BB/K＝四球÷三振

OPS（On-Base Plus Slugging Percentage）

総合的な打撃能力を表す指標。数値が高いほど、打席当たりでチームの得点増に貢献する打撃をしている打者だと判断することができる。出塁率と長打率の和によって簡単に求めることができ、かつ得点との相関関係が強いことからセイバーメトリクスで重用される。
OPS＝出塁率＋長打率

OPS+
（On-Base Plus Slugging Percentage Plus）

OPSの打撃評価を応用し、リーグ平均からの傑出度を計る指標。OPS+が100の打者は平均的で、90ならば平均より10％下回ることを意味する。球場やリーグごとの得点環境の補正が行われるため、異なるシーズンやリーグで選手を比べる際に有用。
OPS+＝100×（出塁率÷リーグ出塁率＋長打率÷リーグ長打率 -1） ※リーグ出塁率とリーグ長打率にはそれぞれパークファクター補正がかけられる。

ISO（Isolated Power）

打者の長打力を表す指標。長打率から単打を除外する形で計算されるため、単打はどれほど打ってもプラスとならず長打のみが加算の対象となる。
ISO＝長打率－打率

RC（Runs Created）

打者が創出した得点数を表す指標。ビル・ジェイムズ考案。RCが60ならチームの得点のうち60点を対象の打者が生み出したという意味。「出塁率×塁打数」という基本構造をしている。
RC＝｛(A＋2.4×C)×(B＋3×C)÷(9×C)｝－0.9×C
A＝安打＋四球＋死球－盗塁死－併殺打　B＝塁打＋｛0.24×(四球－故意四球＋死球)｝＋0.62×盗塁＋｛0.5×(犠打＋犠飛)｝－0.03×三振　C＝打数＋四球＋死球＋犠打＋犠飛

RCAA（Runs Created Above Average）

ビル・ジェイムズが開発した打者の評価指標。打者が創出した得点数を表すRCから同じ打席数でリーグの平均的な打者が創出するであろうRCを

減じて算出する。異なる年度やリーグの選手同士を比較する際、時代やリーグによって環境は異なる。打率や本塁打数などを単純に比較すると打高投低の環境でプレーした打者が過大評価されてしまうが、RCAA はリーグ平均との比較において評価する平均に対する傑出という共通の尺度で評価できる。打者の働きを得点で評価する同種の指標には他に Batting Runs、wRAA、XR+ 等があるが、いずれの指標でも結果はほぼ同一となる。得点化を行う以外で環境による影響を標準化して打者を評価する方法としては、出塁率などの指標をリーグ平均値で割った相対値での評価などがある。

RC27（Runs Created per 27 outs）
ある打者の 27 アウト当たりの RC。RC27=RC ÷（打数 − 安打 + 盗塁死 + 犠打 + 犠飛 + 併殺打）× 27

wOBA（Weighted On-Base Average）
打者が打席当たりにどれだけチームの得点増に貢献しているかを評価する指標。総合的な攻撃力を表す。四球、単打、二塁打、三塁打、本塁打等の各項目について得点期待値に基づき得点価値の加重を与え、打席当たりで平均することによって算出される。数字のスケールは出塁率に合わせられており .330 程度が平均。トム・タンゴによって開発された。各項目への重みづけが OPS よりも適切であり、wRAA や wRC という形で得点換算することが容易である点が特徴。
wOBA（NPB 版）=｛0.692 ×（四球−故意四球）+ 0.73 × 死球 + 0.966 × 失策出塁 + 0.865 × 単打 + 1.334 × 二塁打 + 1.725 × 三塁打 + 2.065 × 本塁打｝÷（打数 + 四球−故意四球 + 死球 + 犠飛）

wRAA（Weighted Runs Above Average）
同じ打席数をリーグの平均的な打者が打つ場合に比べてどれだけチームの得点を増やしたか、または減らしたか。平均的な打者であればゼロとなり、優れた打者では正の値、平均より劣る打者では負の値となる。wRAA が 10 であれば、理論的にはその打者が打つことによって同じ打席数を平均的な打者が打つ場合に比べてチームの得点が 10 点増えたと評価できる。
wRAA=（wOBA −リーグ平均 wOBA）÷ 1.24 ×打席

wRC（Weighted Runs Created）
打者が創出した得点数を表す指標。数字が大きいほどチームに多くの得点をもたらしている打者と評価でき、リーグ全打者の wRC 合計はリーグの得点数合計に等しくなるという性格を持つ。打席数が多い選手ほど多くの wRC を稼ぐ機会が与えられていることになり、打席数が異なる選手同士の単純比較はできない。
wRC=｛(wOBA −リーグ平均 wOBA) ÷ 1.24 + リーグ総得点÷リーグ総打席｝×打席

wRC+（Weighted Runs Created Plus）
打者が 1 打席当たりに創出した得点の傑出度を表した指標。100 を平均とし、130 であれば平均的な打者より 30% 多く得点を創り出していると評価できる。リーグごとの得点環境やパークファクターも計算に含まれているため、異なる時代やリーグの選手同士での比較に有用。
wRC+ = 100 ×｛(wRAA ÷打席) ÷ (リーグ総得点÷リーグ総打席) + 1｝ ※ wRAA にはパークファクター補正が施される

BABIP（Batting Average on Balls In Play）
本塁打を除いてグラウンド上に飛んだ打球のうち安打となった割合を表す指標。主に投手において、多くの機会数を経れば BABIP の値はどの選手もリーグ平均値付近に収束していくこと、年度ごとの変動は運の影響が大きいことが明らかになっている。したがって極端に高いまたは低い BABIP は、翌年以降平均値に回帰していく傾向がある。
BABIP=（安打−本塁打）÷（打数−三振−本塁打 + 犠飛）

BsR（Base Runs）
チームの成績から見込まれる得点を予測する指標。デイビット・スミス考案。BsR が 550 なら 550 点が見込まれるという意味。「得点 =（出塁走者数×生還率）+本塁打数」という基本構造をしている。得点環境が変化しても精度がぶれにくいという長所を持つが、このままのかたちでは打者個人に当てはめることができない。略称は定まっておらず、BR（Base Runs）と表記する場合もある。BsR は走塁 "Base Running" の評価の略称として使われることもある。
BsR=A ×｛B ÷ (B + C)｝+ D　A ＝安打+四球+死球−本塁打− 0.5 ×故意四球　B ＝｛1.4 ×塁打− 0.6 ×安打− 3 ×本塁打 + 0.1 ×（四球−故意四球+死球）+ 0.9 ×（盗塁−盗塁刺−併殺打）｝× 1.1　C ＝打数−安打+盗塁刺+併殺打　D ＝本塁打

◇ 走塁関連

SB%
盗塁成功率。
SB%＝盗塁÷盗塁企図

wSB（Weighted Stolen Base Runs）
盗塁での貢献を得点化した指標。リーグの平均的な走者と比べてどれだけ多く盗塁で得点を生み出したかを表す。平均的な走者であればゼロとなり、優れた走者では正の値、平均より劣る走者では負の値となる。wSBが3であれば、理論的にはその走者が盗塁することによって同じ盗塁企図を平均的な走者が走る場合に比べてチームの得点が3点増えたと評価できる。
wSB＝A－B×C
A＝(盗塁×盗塁得点)＋(盗塁死×盗塁死得点) B＝(リーグ総盗塁数×盗塁得点)＋リーグ総盗塁死数×盗塁死得点)÷(リーグ総単打＋リーグ総四球＋リーグ総死球－リーグ総敬遠) C＝単打＋四球＋死球－敬遠

UBR（Ultimate Base Running）
盗塁、盗塁死を除く走塁での貢献を得点化した指標。リーグの平均的な走者と比べてどれだけ多く走塁で得点を生み出したかを表す。安打の際の進塁、タッチアップなどが評価の対象となる。

Spd（Speed Score）
足の速さを評価する指標。盗塁成功、盗塁企図の頻度、三塁打の多さ、得点の多さをポイントに変換して平均し、0から10の数値で評価する。平均は5前後で、数値が高いほど足が速い選手となる。本書では下記4要素から算出している。
Spd＝(A＋B＋C＋D)÷4
A（盗塁成功率）＝｛(盗塁＋3)÷(盗塁＋盗塁死＋7)－0.4｝×20 B（盗塁企図）＝SQRT｛(盗塁＋盗塁死)÷(単打＋四球＋死球)｝÷0.07 C（三塁打割合）＝三塁打÷(打数－本塁打－三振)÷0.02×10 D（得点割合）＝｛(得点－本塁打)÷(安打＋四球＋死球－本塁打)－0.1｝÷0.04
※各要素で0以下及び10以上はそれぞれ0、10に変換して計算

◇ 投球関連

防御率（Earned Run Average）
9イニング当たりの自責点数。自責点は守備の失策によるものを除いた失点数。自責点に大きく影響する被安打が守備や運に左右されるためセイバーメトリクスにおいては投手の実力を表すものとしては必ずしも重視されない。
防御率＝9×自責点÷投球回

防御率傑出
リーグ平均防御率に対してどれだけ優れた成績を残したか。3.80を標準とすると、リーグ平均防御率が4.00の年に防御率3.00だった投手の評価は(3.00÷4.00)×3.80＝2.85となる。

失点率（Run Average）
9イニング当たりの失点数。防御率と異なり守備の失策による失点も含まれる。
失点率＝9×失点÷投球回

WHIP（Walks plus Hits per Innings Pitched）
イニング当たりに平均してどれだけ走者を許したかを表す指標。1.20〜1.40程度が平均的で、値が低いほど出塁を許さず安定した投球をしていると評価することができる。
WHIP＝(被安打＋与四球)÷投球回

LOB%（Left On Base Percentage）
出塁させた走者を生還させなかった割合。LOB%の高低は運の影響が大きいとされ、年度ごとの変動が大きくても長期的には一定の値に収束していくと考えられている。そのため単年度の好不調の1つの要素としてLOB%が関わっている場合、その結果は翌年以降平均に近づく傾向にある。
LOB%＝(安打＋四死球－得点)÷(安打＋四死球－1.4×本塁打)

Pitching Runs
自責点ベースの平均に対する失点阻止。失点ベースでこれを算出する指標はRSAA（Runs Saved Above Average）と呼ばれる。
PR＝(リーグ平均防御率－防御率)÷9×投球回

UERA（UnEarned Run Average）
9イニング当たりの自責点以外の失点。
UERA＝(失点－自責点)×9÷投球回

RSAA（Runs Saved Above Average）
同じイニング数をリーグの平均的な投手が投げる場合に比べてどれだけ失点を防いだかを表す指標。リーグの平均失点率が4.50の場合、120回では60失点が見込まれる。このとき投手が120回を50失点に抑えた場合、平均に比べて失点を10点分「防いだ」と評価する。平均的な投手では0となり、優れた投手では正の値、平均より劣る投手では負の値となる。
RSAA＝(リーグ失点率－失点率)÷9×投球回

DIPS（Defense Independent Pitching Stats）

守備の影響から独立した投手数値。ボロス・マクラッケンが、グラウンド上に飛んだ打球がアウトになるかどうかは投手ごとに安定しておらず運の影響が大きいという発見に基づいて提唱した。守備の関与する被安打を平準化する形で投手の成績を補正して算出する。DIPSにはその考え方に基づいた派生的な計算式が数多く存在し、一般にもっともよく利用されるのはトム・タンゴによるFIPである。

FIP（Fielding Independent Pitching）

守備の関与しない与四球・奪三振・被本塁打という3つの項目から、守備から独立した防御率を評価する指標。本塁打以外の打球が安打になるかどうかは運の要素が大きいとするDIPSの考え方に基づき、投手の成績を独立して評価するために用いられる。トム・タンゴ考案。

FIP＝（13×被本塁打＋3×（与四球－故意四球＋与死球）－2×奪三振）÷投球回＋定数

※定数＝リーグ全体の［防御率－{13×被本塁打＋3×（与四球－故意四球＋与死球）－2×奪三振｝÷投球回］

xFIP
（Expected Fielding Independent Pitching）

被本塁打による揺らぎを補正したFIP。統計的な研究により、投手の外野フライに対する本塁打の割合は長期的には一定の割合に収束するとされる。この性質に基づき、外野フライに一定の割合の本塁打を見込んでFIPを計算するのがxFIPである。絶対数が少なく揺らぎが大きい被本塁打の影響を排除して投手の実力を評価することができる。

xFIP＝（13×0.11×外野フライ＋3×（与四球－故意四球＋与死球）－2×奪三振）÷投球回＋定数

※定数＝リーグ全体の｛防御率－（13×0.11×外野フライ＋3×（与四球-故意四球＋与死球）－2×奪三振）÷投球回｝

※本書では"0.11"の部分をNPB平均のHR/OFに調整して算出している。

K%（Strikeouts rate）

打席のうちの三振の割合。
K%＝三振÷打席数

BB%（Walks rate）

打席のうちの四球の割合。
BB%＝四球÷打席数

HBP%（Hit by Pitch rate）

打席のうちの死球の割合。
HBP%＝死球÷打席数

K/9（Strikeouts per 9 innings pitched）

9イニング当たりの奪三振数。
K/9＝9×奪三振÷投球回

BB/9（Walks per 9 innings pitched）

9イニング当たりの与四球数。
BB/9＝9×与四球÷投球回

HR/9（Home runs per 9 innings pitched）

9イニング当たりの被本塁打数。
HR/9＝9×被本塁打÷投球回

HR/PA（Home runs per Plate Appearance）

打席あたりの本塁打数
HR/PA＝本塁打÷打席

K/BB（Strikeout-to-walk ratio）

奪三振と与四球の比。数値が高いほど与四球に対し奪三振が多く有効な投球をしていることを表す。
K/BB＝奪三振÷与四球

K-BB%（Strikeout minus walk Percentage）

奪三振率から与四球率を引いた値。比ではなく差を用いることにより、分母である与四球が少ないと極端な数字になりやすいK/BBの欠点を克服している。
K-BB%＝（三振÷打席）-（四球÷打席）

E-F（ERA minus FIP）

防御率とFIPの差。結果的な失点である防御率と偶然や守備の影響を排除したFIPを比較することで、投手が実力通りの結果を残しているかどうかを知る目安となる。平均的には0になる。
E-F＝防御率－FIP

FIP-（FIP minus）

FIPをリーグ平均と対比させた数値。リーグの平均値を100として、低いほど優秀。FIP-が80であれば失う点が平均的な投手の80%である（リーグ平均より20%優れている）ことを表し、リーグにおける優秀さを端的に示す。
FIP-＝FIP÷リーグ平均FIP×100

Batted Ball

打球の内容についてまとめられたデータ。DELTAでは打球の種類をゴロ、フライ、ライナー、フライナーの4種類に区別している。

ゴロ%（Ground Ball Percentage,GB%）

インプレーになった打球のうちのゴロの割合。
ゴロ%= ゴロ÷（打数－三振＋犠打＋犠飛）

フライ%（Fly Ball Percentage,FB%）

インプレーになった打球のうちのフライの割合。
フライ%= フライ÷（打数－三振＋犠打＋犠飛）

ライナー%（Line Drive Percentage,LD%）

インプレーになった打球のうちのライナーの割合。
ライナー%= ライナー÷（打数－三振＋犠打＋犠飛）

IF/F（Infield Fly Ball Percentage,IFFB%）

フライになった打球のうちの内野に飛んだフライの割合。
IF/F= 内野フライ÷フライ

HR/OF（Home runs to Outfield Fly Ball ratio）

外野に飛んだフライのうちの本塁打の割合。外野フライだけでなくすべてのフライのうちの本塁打の割合を表すHR/FBもよく使われる。
HR/OF= 本塁打÷外野フライ

tERA（True Runs Allowed）

守備の関与しない与四死球・奪三振・被本塁打という3つの項目（FIP）に加え、どのような打球を打たれたかまで投手の責任範囲として、守備から独立した防御率を評価する指標。投手を守備から独立して評価するという点についてはFIPと同一ながら、打球の種類にまで踏み込んで、より詳細に投手の失点阻止パフォーマンスを評価するために用いられる。球場による影響を成績から取り除くため、tERAや後述するtRAに打席単位でパークファクター補正をかける方法もある。それぞれtERA-PF、tRA-PFと表記される。

tERA ={（0.297×四球＋0.327×死球－0.108×奪三振＋1.401×被本塁打＋0.036×ゴロ－0.124×内野フライ＋0.132×外野フライ＋0.289×ライナー）÷（奪三振＋0.745×ゴロ＋0.304×ライナー＋0.994×内野フライ＋0.675×外野フライ）×27}＋定数

※定数＝リーグ全体の［防御率－{（0.297×四球＋0.327×死球－0.108×奪三振＋1.401×被本塁打＋0.036×ゴロ－0.124×内野フライ＋0.132×外野フライ＋0.289×ライナー）÷（奪三振＋0.745×ゴロ＋0.304×ライナー＋0.994×内野フライ＋0.675×外野フライ）×27}］

tRA（True Run Average）

防御率を評価するtERAに対し、守備から独立した失点率を評価する。

tRA ={（0.297×四球＋0.327×死球-0.108×奪三振＋1.401×被本塁打＋0.036×ゴロ－0.124×内野フライ＋0.132×外野フライ＋0.289×ライナー）÷（奪三振＋0.745×ゴロ＋0.304×ライナー＋0.994×内野フライ＋0.675×外野フライ）×27}＋定数

※定数＝リーグ全体の［失点率－{（0.297×四球＋0.327×死球－0.108×奪三振＋1.401×被本塁打＋0.036×ゴロ－0.124×内野フライ＋0.132×外野フライ＋0.289×ライナー）÷（奪三振＋0.745×ゴロ＋0.304×ライナー＋0.994×内野フライ＋0.675×外野フライ）×27}］

tRA-（tRA minus）

tRAをリーグ平均と対比させた数値。リーグの平均値を100として低いほど優秀。tRA-が80であれば、平均的な投手に比べ20%優れていたと評価できる。

tRA-=100×tRA÷リーグ平均tRA

◇ 守備関連

DER（Defense Efficiency Ratio）

本塁打を除いてグラウンド上に飛んだ打球のうち、どれだけを野手がアウトにしたかを表す指標。チームの守備力を表す指標として用いられる。BABIPを守備の視点から見たものである。

DER=（打席－安打－四球－死球－三振－失策）÷（打席－本塁打－四球－死球－三振）

RF（Range Factor）

野手の守備力を表す指標。9イニング当たりのアウト関与数（刺殺＋補殺）として計算され、数値が高いほど積極的に安打を防いでおり優秀な守備者であると判断できる。ただし投手の奪三振率や打球の偏りなどに影響されるため守備力の指標としての信頼度は低いとされている。ビル・ジェイムズ考案。

RF=9×（刺殺＋補殺）÷守備イニング

RRF（Relative Range Factor）

出場イニング当たりにどれだけアウトに関与したかによって守備力を評価する指標。ただし、そのままでは奪三振が多い投手の後ろを守っていた場合に守備力に関係なく不当に数字が低く出るなど偏りが生じる可能性がある。そこでRRFでは投手の奪三振率・ゴロ／フライ傾向・右投手と左投手の割合・チーム全体の守備力等に関する補正を行い、偏りを回避している。単年度など短い期間を対象にした算出ではZR系の指標に比べて打球分

布のばらつきによる変動が大きいが、長期的にはばらつきは平均化されて選手の実力を反映すると考えられている。また、RCAA 等と同様、リーグ（同守備位置）平均を基準としているため異なる年度・リーグの選手同士の比較が可能である。

ZR（Zone Rating）

責任範囲に飛んできた打球のうち何割をアウトにしたかによって守備力を表す指標。対象を守備者の周辺に飛んできた打球に限定しているため RF よりも少ないノイズで守備力を測定することができるが、算出にあたっては打球のデータを 1 つひとつ記録する必要がある。現在では改良バージョンにあたる RZR（Revised Zone Rating）が開発されている。

ZR ＝（責任範囲の打球処理数＋責任範囲外での処理数）÷責任範囲の打球総数

DRS（Defensive Runs Saved）

同じ守備位置の平均的な守備者が守る場合に比べて防いだ失点数を表す守備力の指標。内容としては ZR の発展形で、打球を位置や種類、速度ごとに細分化した上で平均的な守備者が 40% しかアウトにできない性質の打球をアウトにした場合アウトの期待値 0.4 を 1 にしたとして差分の 0.6 をプラスとして記録、アウトにできなかった場合 0.4 を 0 にしたものとして 0.4 をマイナスとして記録していくという方式で守備者の「平均的な守備者が守る場合に比べて多く獲得したアウト数」を計算、その後アウト数を得点数に換算するとともにその他の補正を加えて最終評価となる。ベースボール・インフォ・ソリューションズ社のジョン・デュワンによって開発された。

UZR（Ultimate Zone Rating）

守備の貢献を同じ守備位置の平均と比較して得点化した守備指標。基本的な考え方は DRS と共通しており、打球を位置、種類、速度ごとに細分化した上で守備者のプレーが失点阻止へもたらした影響をプレーごとに計測していきそれらを合計し、いくつかの補正を加えたものが最終評価となる。DRS とともにもっとも信頼できる守備指標の 1 つとして利用される。ミッチェル・リクトマンが開発した。

UZR は RNG、ERROR、DP、ARM に分けられ、それぞれの貢献が得点化されている。RNG は守備範囲、ERROR は失策抑止、DP は併殺能力を表す。ARM は外野手の送球を得点化したもので、補殺数だけでなくどれだけ走者の進塁を抑止したかも評価の対象となる。

◇ 総合指標

WAR（Wins Above Replacement）

打撃、守備、走塁、投球を総合的に評価して選手の貢献度を表す指標。あらゆる選手を同じ土俵で比較することができる。評価は同じ出場機会分を最小のコストで代替可能な選手（リプレイスメント・レベルの選手）が出場する場合に比べてどれだけチームの勝利数を増やしたかによって計算される。勝利数に換算する前段階の代替可能な選手と比べて増やした得点（減らした失点）は RAR（Run Above Replacement）という指標で、これを評価に使うこともある。さまざまな算出法が提案されているが、一般的な枠組みは「攻撃評価＋守備評価＋守備位置補正＋投球評価＋代替水準対比価値」となる。米国のセイバーメトリクス情報サイト FanGraphs が掲載している WAR では、打撃は wOBA、守備は UZR、投球は FIP に基づいて評価される。

WS（Win Shares）

選手の総合的な貢献度を表す指標。打撃、投球、守備を勝利への貢献という同一の尺度によって評価し合算することで、特定の側面ごとではなく 1 人の選手としての総合的な働きを表すことができる。これにより、投手と打者など異なる役割の選手を同一の土俵で比較することが可能となる。単位は勝利数の 3 倍となっており、チームの選手の WS 合計はチームの勝利数の 3 倍と一致する。ビル・ジェイムズ考案。

執筆者プロフィール

岡田 友輔（おかだ・ゆうすけ）
統計的な見地から野球の構造・戦略を探るセイバーメトリクス分析を専門に分析活動に取り組む。2011年にスポーツデータの分析を手がける合同会社DELTA（デルタ）を設立。日本でのセイバーメトリクスの普及を目指し基盤整備に取り組む。著書に『日本ハムに学ぶ 勝てる組織づくりの教科書』（講談社プラスアルファ新書）など。
twitterID @ Deltagraphs

道作（どうさく）
1980年代後半より分析活動に取り組む日本でのセイバーメトリクス分析の草分け的存在。2005年にウェブサイト『日本プロ野球記録統計解析試案「Total Baseballのすすめ」』を立ち上げ、自身の分析結果を発表。セイバーメトリクスに関する様々な話題を提供している。
http://www16.plala.or.jp/dousaku/
http://dousaku.jugem.jp

三宅 博人（みやけ・ひろと）
2003年の松井秀喜の米移籍を機に分析活動を始める。幅広い分野の分析に取り組む。

morithy
野球データの計量分析サイト『日本プロ野球計量分析レポート＆データ集』を運営。
http://homepage2.nifty.com/kappino/

蛭川 皓平（ひるかわ・こうへい）
セイバーメトリクスの体系的な解説を行うウェブサイト『Baseball Concrete』を開設。米国での議論の動向なども追いかけている。
http://baseballconcrete.web.fc2.com
twitterID @bbconcrete

高多 薪吾（たかだ・しんご）
デルタが配信するメールマガジンではレギュラーで記事を執筆する。ファンタジーベースボールのファン。
twitterID @hausmlb

Student
ブログ『野球いじり―野球データの分析・解析』で分析・執筆活動を行うほか、デルタが配信するメールマガジンでレギュラーで分析記事を提供。バレーボールの分析にも取り組んでいる。
http://www.plus-blog.sportsnavi.com/student/
twitterID @ Student_murmur

水島 仁（みずしま・じん）
首都圏の民間病院の救急病棟に医師として勤務する傍らセイバーメトリクスを活用した分析に取り組む。メジャーリーグのほか、マイナーリーグや海外のリーグにも精通。アメリカ野球学会（SABR）会員。

神事 努（じんじ・つとむ）
中京大学体育学部卒。同大大学院にて博士号（体育学）を取得。専門はバイオメカニクス。2007年から2012年まで国立スポーツ科学センターに研究員として勤務。北京オリンピックでは、女子ソフトボール代表チームをサポートした。これまで、500名を超える投手のフォームを分析。

市川 博久（いちかわ・ひろひさ）
学生時代、知人が書いていた野球の戦術に関する学術論文を読み、分析に興味を持つ。その後『マネー・ボール』やDELTAアナリストらが執筆したリポートを参考に自らも考察を開始。

大南 淳（おおみなみ・じゅん）
ストップウォッチによる時間計測など、地道なデータ収集からの分析に取り組む。

（順不同）

デルタでは野球に関する分析活動が普及し、新たな知見が生み出される環境を創りだすために、より多くの方々との連携を図りたく思っております。分析活動を行っておられる方々からのご意見、ご感想、新たなご提案を広くお待ちしております。またコンテンツ制作にご協力頂けるライター、編集者の方々からのご連絡もお待ちしております。
DELTA
info@deltagraphs.co.jp

プロ野球を統計学と客観分析で考える
セイバーメトリクス・リポート4

発行日　2015年3月31日　初版　第1刷

著者　岡田友輔・道作・三宅博人・morithy・
　　　蛭川皓平・高多薪吾・Student・
　　　水島 仁・神事 努・市川博久・大南 淳

発行人　仙道弘生
発行所　株式会社水曜社
　　　　160-0022　東京都新宿区新宿1-14-12
　　　　TEL 03-3351-8768　FAX 03-5362-7279
　　　　URL www.bookdom.net/suiyosha/

装丁・レイアウト　若月智之（wakatsuki.biz）

編集　秋山健一郎・市川博久・大南 淳

印刷　亜細亜印刷株式会社

©DELTA,2015,Printed in Japan
ISBN 978-4-88065-357-0　C0075